FRANKFURTER BEITRÄGE
ZUR GERMANISTIK
Band 36

Herausgegeben von
Volker Bohn
Klaus von See

ANGELIKA KLEINZ

# Individuum und Gemeinschaft in der juristischen Germanistik

## Die Geschworenengerichte und das »gesunde Volksempfinden«

Universitätsverlag
C. WINTER
Heidelberg

Die Deutsche Bibliothek – CIP-Einheitsaufnahme

*Kleinz, Angelika:*

Individuum und Gemeinschaft in der juristischen Germanistik:
Die Geschworenengerichte und das »gesunde Volksempfinden«/
Angelika Kleinz. – Heidelberg: Winter, 2001

(Frankfurter Beiträge zur Germanistik; Bd. 36)
Zugl.: Frankfurt (Main), Univ., Diss., 2001
ISBN 3-8253-1239-9

D. 30

ISBN 3-8253-1239-9



Imprimé en Allemagne · Printed in Germany
Druck: Betz-Druck, Darmstadt

Gedruckt auf umweltfreundlichem, chlorfrei gebleichtem
und alterungsbeständigem Papier

MEINER MUTTER

# Vorwort

Die nachstehende Untersuchung gehört in den größeren Kontext der Geschichte des Verhältnisses von Individuum und Gemeinschaft im 19. und 20. Jahrhundert, das heißt des allmählichen Wandels vom individualistischen, mit den Ideen der Aufklärung und der Französischen Revolution übereinstimmenden Denken zur Volksgemeinschaftsideologie des Dritten Reiches. Im Zentrum der Untersuchung steht der Kampf um die Einführung des Geschworenengerichts, in dem nicht mehr die gelehrten und als römischrechtlich „verbildet" kritisierten Richter über die Schuld oder die Unschuld eines Angeklagten urteilen sollen, sondern das „Volk" selbst mit seinen Repräsentanten.

Die Besonderheit dieses Themas – seine Herausforderung wie auch seine Attraktivität – beruhte darin, dass es sich auf einem Grenzterrain zwischen zwei Disziplinen bewegt, die sich hinsichtlich ihrer forschungsgeschichtlichen Traditionen, ihrer Fragestellungen und ihrer Methoden einigermaßen fernstehen: der philologischen Germanistik und der juristischen Germanistik. Angeregt wurde die Beschäftigung mit dem Thema durch die Teilnahme an mehreren Seminaren, die Prof. Dr. Klaus von See zur Geschichte völkischer Ideologien und germanischer Rechtsvorstellungen hielt. Die Arbeit wurde im März 2000 am Fachbereich Neuere Philologien der Johann Wolfgang Goethe-Universität Frankfurt als Dissertation eingereicht und für den Druck leicht überarbeitet.

Mein besonderer Dank gilt meinem Doktorvater Prof. Dr. Klaus von See, der mich zu diesem Vorhaben ermutigt und es mit zahlreichen Anregungen und Hinweisen gefördert hat. Prof. Dr. Joachim Rückert möchte ich danken für seine wertvollen Hinweise und seine kritische Begleitung, dies alles aus dem Blickwinkel des juristischen Zeithistorikers. Nützliche Ratschläge und freundliches Interesse erfuhr ich von Prof. Dr. Albrecht Cordes.

Für die kritische Durchsicht des Textes danke ich Jürgen Schunke. Schließlich möchte ich auch meinem Mann danken, der für so manche abendfüllende Gespräche über die Thesen der Arbeit immer ein offenes Ohr hatte.

April 2001 Angelika Kleinz

# INHALT

III. Kapitel
Das „Rechtsempfinden des Volkes“ im englischen Geschworenengericht



IV. Kapitel
Das „Rechtsempfinden des Volkes“ im deutschen Geschworenengericht nach 1849



V. Kapitel
Das „Rechtsempfinden des Volkes“ in Rechts- und Gemeinschaftsvorstellungen des beginnenden 20. Jahrhunderts bis 1945

# EINLEITUNG

Der Prozess um O. J. Simpson hat 1995 weltweit für großes Aufsehen gesorgt. Die Bekanntgabe des Freispruchs der Geschworenenbank hat den Blick auf einen sensiblen Bereich innerhalb der nordamerikanischen Kriminaljustiz gelenkt: den der Wahrsprüche der Geschworenen und der Frage, worauf die in den Wahrsprüchen manifestierte Überzeugung beruht. Dieser Prozess, dem auf dem Jahreskongress der American Society of Criminology 1995 mehrere Veranstaltungen gewidmet waren, hat Auswirkungen auf Grundsätze der nordamerikanischen Kriminaljustiz. Nach Aussage von Ezzat A. Fattah, einem Kriminologen und Jurykenner des US-amerikanischen Jurorensystems, resultiere die Fragwürdigkeit des Geschworenensystems aus der Art und Weise, wie die Laien zu ihrem Urteil gelangen: Die Geschworenen gingen nicht wirklich von den Fakten aus, sondern urteilten „auf der Grundlage ihrer Einstellung zu den Personen, die vor das Gericht kommen [...], egal ob es sich dabei um Opfer oder Angeklagte oder Zeugen handelt“.[1]

Fattahs Kritik bezieht sich auf die Entscheidungsgrundlagen des laienhaften Urteils – oder anders ausgedrückt – auf die *Fragwürdigkeit des Rechtsempfindens der Laien*: Das laienhafte Urteil gründe nicht auf das Prüfen und Abwägen der Fakten, also auf eine durchdachte und rational nachvollziehbare Überzeugung, sondern lediglich auf den Grad des Wohlwollens oder Missfallens, welches die angeklagte Person bei den Geschworenen erregt. Im Hinblick auf diese Art von Strafverfahren mit Geschworenen müssen – unabhängig von Fattahs Kritik – drei Aspekte besonders herausgestellt werden: Erstens obliegt den Geschworenen *keine Begründungspflicht*. Nach Bekanntgabe ihres Urteils kann also nur darüber spekuliert werden, was exakt den Ausschlag für ihren Wahrspruch gegeben hat. Es bleibt die Frage offen, ob der Wahrspruch möglicherweise nur auf einer emotional bestimmten Meinung gründet. Zweitens ist den Laien *kein Kodex* vorgegeben, dessen Inhalt

---

1 Interview U. Ewald mit E. A. Fattah, Der O. J. Simpson-Prozeß – Farce oder Normalität?, in: Neue Justiz 2, 1996, 72 f. (73); zum O. J. Simpson-Prozess ist jüngst eine juristische Dissertation erschienen: „Der O. J. Simpson-Prozeß“. Das strafprozessuale Vorverfahren und dessen Auswirkungen in rechtsvergleichender Darstellung, 1999.

ihre Entscheidung präjudiziert. Und drittens ist der Wahrspruch der Geschworenen im Falle eines Freispruchs *nicht revisionsfähig*.[2]

## FRAGE

Dass die Laienurteile unbestimmt seien, weil aufgrund der fehlenden Begründung die Frage ungeklärt bleibt, auf welcher Entscheidungsgrundlage die Urteile fußen, geben einem Kapitel deutscher Strafrechtsgeschichte eine erneute Aktualität: der Statuierung des „*gesunden Volksempfindens*" in den Gesetzbüchern der NS-Zeit. Wenngleich im Nationalsozialismus das empirisch reale „Volk" in Form von Laiengeschworenen aus dem Bereich der Rechtsanwendung ausgeschlossen war, ist es so, dass man dem Begriff nach auf ein kollektives „Rechtsempfinden" Bezug nahm, das nun aufgrund seiner terminologischen Einflechtung in die Gesetze zu einer Entscheidungsgrundlage des Richterurteils wurde. Nach § 2 des novellierten Strafgesetzbuches vom 28. Juni 1935 wurde erklärt:

> „Bestraft wird, wer eine Tat begeht, die das Gesetz für strafbar erklärt oder die nach dem Grundgedanken eines Strafgesetzes und nach gesundem Volksempfinden Bestrafung verdient".[3]

Nach § 267a in der im selben Jahr novellierten Strafprozessordnung wurde der Richter aufgefordert:

> „Ergibt die Hauptverhandlung, daß der Angeklagte eine Tat begangen hat, die nach gesundem Volksempfinden Bestrafung verdient, die aber im Gesetz nicht für strafbar erklärt ist, so hat das Gericht zu prüfen, ob auf die Tat der Grundgedanke eines Strafgesetzes zutrifft und ob durch entsprechende Anwendung dieses Strafgesetzes der Gerechtigkeit zum Siege verholfen werden kann (§ 2 des Strafgesetzbuchs)".[4]

Die Statuierung des „gesunden Volksempfindens" in den Gesetzen wirft die Frage auf, worauf man sich eigentlich dem Begriff nach berufen hat, und damit auch auf die Frage, was genau die Entscheidungsgrundlage von „gesundem Volksempfinden" bildet. Diese Fragen sind bislang in der Forschung unbeantwortet geblieben.

---

2 In dieser Art von Strafverfahren beantworten die Laienrichter (Geschworene) die Schuldfrage. Sie werden abschließend gefragt, ob sie für „schuldig" oder „nicht schuldig" plädieren.

3 § 2, Gesetz zur Änderung des Strafgesetzbuchs, v. 28.6.1935 (RGBl. I, 839).

4 § 267a, Gesetz zur Änderung von Vorschriften des Strafverfahrens und des Gerichtsverfassungsgesetzes, v. 28.6.1935 (RGBl. I, 844).

Die Klärung dieser Fragen ist aber insofern wichtig, als diese Aufforderung, die mit dem Verweis auf das „gesunde Volksempfinden“ verbunden war, ihrem damaligen Anspruch gemäß über eine etwaige Ermächtigung weit hinausging. In diesem Zusammenhang spielt es eine untergeordnete Rolle, ob der praktische Erfolg der Formel „gesundes Volksempfinden“ bei der Unterwanderung der Gesetzestexte im Nationalsozialismus zunächst einmal bescheiden geblieben ist.[5] Die „unbegrenzten“ Möglichkeiten, die theoretisch mit der Berufung auf ein im Kodex aufgenommenes „gesundes Volksempfinden“ für die Rechtsanwendung verbunden waren, waren aber real vorhanden. Roland Freisler, Staatssekretär im Reichsjustizministerium und späterer Präsident des Volksgerichtshofes, betonte 1941 in seiner Arbeit „Grundlegende Denkformen des Rechts im Wandel unserer Rechtserneuerung“: Der neue § 2 StGB sei *„keine Erlaubnis ausnahmsweiser 'gesetzesanaloger' Verurteilung* eines Übeltäters [...], sondern *ein neuer Strafrechtsgrundsatz*“, der das Strafrecht nicht modifiziert, sondern es auf eine neue Grundlage stellt, „die der Volksgesittung“.[6] So wurde die Verwurzelung der juristischen Urteilsfindung in der völkischen „Gemeinschaftsgesittung“ 1935 im NS-Parteiorgan als *die* Revolution auf dem Gebiet des Strafrechts gefeiert.[7]

## FORSCHUNGSSTAND

Arbeiten über den Begriff „gesundes Volksempfinden“ und über die Vorgeschichte der darauf bezogenen Rechtsvorstellung gibt es – abgesehen von einer Spezialuntersuchung[8] – in der bisherigen Forschung nicht. Der Forschungsgegenstand „gesundes Volksempfinden“ bleibt bislang in Arbeiten eingebettet, die das „gesunde Volksempfinden“ vornehmlich als Formel in ihrer funktionalen Bedeutung als Einbruchstelle für das sog. „völkische

---

5 Freilich blieb dem „gesunden Volksempfinden“ der große Erfolg nur deshalb versagt, weil die Reform des Strafrechtes Plan blieb, der nie Wirklichkeit wurde, so J. Gernhuber, Das völkische Recht. Ein Beitrag zur Rechtstheorie des Nationalsozialismus, in: Tübinger Festschrift für Eduard Kern, 1968, 167-200 (172).

6 R. Freisler, Grundlegende Denkformen des Rechts im Wandel unserer Rechtserneuerung, 1941, 13.

7 „Völkischer Beobachter“ vom 5. Juli 1935, Ausg. A, Nr. 186, s. K. Peters, Das gesunde Volksempfinden, in: Deutsches Strafrecht, N.F. Bd. 5, 1938, 337-350 (337).

8 J. Rückert, Das 'gesunde Volksempfinden' – eine Erbschaft Savignys?, in: ZRG GA 103, 1986, 199-247 (Zeitschrift der Savigny-Stiftung für Rechtsgeschichte, Germanistische Abt.).

Gemeinschaftsrecht" analysieren.[9] Das „gesunde Volksempfinden" wird dabei meist mit ähnlich lautenden „Begriffshülsen"[10] wie

die „gesunde Volksüberzeugung",
die „herrschende Volksauffassung" (bzw. -"anschauung"),
das „Volksbewusstsein",
das „Rechtsgewissen des Volkes" oder
das „lebendige Rechtsbewusstsein des Volkes" u.ä.

gleichgesetzt. Klaus Anderbrügge schreibt in seinem Buch über das „völkische Rechtsdenken" von 1978, dass diese Formeln in ihrer funktionalen Verwendung als weitgehend miteinander austauschbar und vielfältig einsetzbar gelten, ohne dass sich im Einzelnen immer zurückverfolgen ließe, wer sie eingeführt hat.[11] Hier tritt insofern die Frage nach einer Begriffsgenese gegenüber der Klärung des konkreten Gehaltes, der funktionalen Bedeutung und dem intendierten Ziel der Formel in den Hintergrund.[12] Für Anderbrügge manifestiert sich im „gesunden Volksempfinden" die Lehre vom „völkischen Gemeinschaftsrecht" mit ihrer stark intensivierten Hervorhebung der Gemeinschaftsidee im Recht und der besonderen Betonung der Bindung des Volksgenossen durch seine Glied- und Pflichtstellung in der Volksgemeinschaft.[13] Deutlich herausgearbeitet wird diese starke Vergemeinschaftung der Lebens- und Rechtsverhältnisse und der damit zusammenhängenden Proklamierung der Pflichtstellung der Volksgenossen in Arbeiten, die das Verhältnis von Nationalsozialismus und Privatrechtsordnung und die Aufhebung des subjektiven Rechts zum Inhalt haben.[14]

Mit dem „gesunden Volksempfinden" selbst beschäftigt sich – wie schon angedeutet – eine einzige rechtshistorische Untersuchung: „Das 'gesunde

---

9 Gernhuber, Das völkische Recht, s.o. A. 5; K. Anderbrügge, Völkisches Rechtsdenken. Zur Rechtslehre zur Zeit des Nationalsozialismus, 1978.

10 Ebd., 17.

11 Ebd., 135 A. 22.

12 Ebd., 136 ff.; zur Frage nach der weit zurückreichenden Entwicklungsgeschichte der begrifflichen Formeln des NS-Rechts und der Klärung ihrer Urheberschaft verweist Anderbrügge ausschließlich auf Gernhuber, dessen Aufsatz von 1968 aber nur wenig auf die Genese der begrifflichen Formeln des „völkischen Rechts" eingeht, ebd., 136 A. 23.

13 Ebd., 135 f.

14 B. Rüthers, Die unbegrenzte Auslegung. Zum Wandel der Privatrechtsordnung im Nationalsozialismus, 1968; P. Thoss, Das subjektive Recht in der gliedschaftlichen Bindung. Zum Verhältnis von Nationalsozialismus und Privatrecht, 1968; D. Klippel, Subjektives Recht und germanisch-deutscher Rechtsgedanke in der Zeit des Nationalsozialismus, 31-54, auch K. Luig, „Römische und germanische Rechtsanschauung, individualistische und soziale Ordnung", 95-137, beide Aufsätze in: Rückert/Willoweit, (Hg.), Die Deutsche Rechtsgeschichte in der NS-Zeit, 1995.

Volksempfinden' – eine Erbschaft Savignys?“ von Joachim Rückert. Wie aus dem Titel ersichtlich, untersucht Rückert auch die Frage nach der Genese des Ausdrucks. Sein Zugang zum Forschungsgegenstand „gesundes Volksempfinden“ ist eine vergleichend-funktionelle Analyse des Logiktypus von „gesundem Volksempfinden“ und dem Savigny'schen „Volksgeist“.[15] Der Blick auf Savigny wird von Rückert deswegen gewählt, weil sich nationalsozialistische Juristen „bemerkenswert häufig und nicht nur oberflächlich“ auf Savigny berufen haben.[16] Die erstmals in dem Titel einer rechtshistorischen Arbeit aufgenommene Verknüpfung von „gesundem Volksempfinden“ und Savigny ziele aber nicht auf Kausalitäten oder inhaltliche Kontinuitäten. Rückerts Ansatzpunkt ist die Annahme, dass „[wenn] es etwas wie die 'Wiederkehr von Rechtsfiguren' gibt, könnte es auch eine Wiederkehr von Denkfiguren geben…“, wie zum Beispiel Savignys Volksgeistlehre.[17] Rückerts vergleichend-funktionelle Analysen ergeben, dass die Savigny- und NS-Texte zu „Volk“ und „Volksempfinden“ in einer methodischen Parallele stehen, indem ein nichtempirisches, substantiell ganzheitliches Denken verwendet wird.[18]

## Spezifizierung der Fragestellung

Der vorliegende Forschungsbeitrag zum „gesunden Volksempfinden“ meint nicht eine Untersuchung zur Genese der begrifflichen Formeln des „völkischen Rechts“. Das Thema gehört vielmehr in den größeren Kontext der Geschichte des Verhältnisses von Individuum und Gemeinschaft im 19. und 20. Jahrhundert, das heißt des allmählichen Wandels vom individualistischen, mit den Ideen der Aufklärung und der Französischen Revolution übereinstimmenden Denken zur Volksgemeinschaftsideologie des Dritten Reiches. Es geht hier um eine Erforschung des Topos „gesundes Volksempfinden“ und der Vorgeschichte der darauf bezogenen Rechtsvorstellung. Als ein philologisch orientierter Beitrag zur juristischen Germanistik soll der Sinn, der

---

[15] Friedrich Carl v. Savigny ist der Begründer der historischen Rechtsschule, die im 19. Jahrhundert juristische Germanisten und Romanisten in sich vereinigte. Durch ihn und seine bedeutende Schrift „Vom Beruf unsrer Zeit für Gesetzgebung und Rechtswissenschaft“ von 1814 wurde in Deutschland eine neue Phase der Verwissenschaftlichung des Rechts eingeleitet. 1842 wurde Savigny in Preußen zum Staats- und Justizminister ernannt. Otto v. Gierke gilt als der letzte große germanistische Vertreter der historischen Schule, s. ders., Die historische Rechtsschule und die Germanisten, 1903.

[16] Mit vielen Nachweisen, Rückert, Das „gesunde Volksempfinden“, s.o. A. 8, 200 f.

[17] Ebd., 199.

[18] Ebd., 239.

sich mit dem Begriff „gesundes Volksempfinden" verbindet, erschlossen werden, um aufzuklären, worauf man sich eigentlich mit dem „gesunden Volksempfinden" der Idee nach berufen hat.

Juristische Germanistik meint hier nicht diejenige Germanistik, die – zur historischen Rechtsschule gehörend – vornehmlich durch ihr theoretisches und historisches Interesse an den dogmatischen Figuren der deutschrechtlichen Anteile des Rechts gekennzeichnet ist. Gemeint ist vielmehr in einem weiteren Sinn diejenige Germanistik, die sich durch ihr philologisches Interesse am Recht auszeichnet, indem sie Recht wie Sprache und Sitte als Teil der nationalen Geschichte und Kultur begreift.[19] Somit muss diese philologische Aufgabe, will sie ihren Zweck erfüllen, auch in den Bereich des Juristischen vordringen.

Mit dem „gesunden Volksempfinden" rekurrierte man im Nationalsozialismus auf ein kollektiv orientiertes Rechtsdenken. Der Kerngedanke der Statuierung des „gesunden Volksempfindens" in den Gesetzestexten war die Verschiebung des Bezugspunktes für die Rechtsfindung aus dem Bereich des Gesetzesrechtes hinaus. Man kreierte ein Leitbild, dass in Richtung „Volk" wies, aber nicht in Richtung des empirisch realen „Volkes", sondern in Richtung „...Volksgeist, der den eigentlichen Wesensgehalt des Volkes ausmacht".[20] In einer der wenigen Arbeiten der damaligen Zeit, die sich mit dem „gesunden Volksempfinden" auseinandersetzen[21], wird dieser Begriff als das „...vom Volksgeist geschaffene, im Volke lebendige Rechtsempfinden" beschrieben: Dieses Rechtsempfinden sei etwas „...weniger Geformtes und äu-

---

19 Rechtsgeschichte erscheint dann als Geschichte des deutschen Rechts eingebettet in einem größeren Zusammenhang einer deutschen bzw. germanischen Kulturgeschichte. In diesem Sinn schreibt der Rechtshistoriker H. Conrad, dass Geschichte des Rechts dann nicht mehr nur Geschichte von Rechtseinrichtungen (Institutionengeschichte) ist, sondern im Zusammenhang mit der gesamten geschichtlichen und kulturellen Entwicklung eines Volkes steht, H. Conrad, Deutsche Rechtsgeschichte, Bd. I, 1954, Vorwort; *zu den juristischen Germanisten der historischen Rechtsschule, ihrem Problemverständnis, ihrer Methode und Mentalität*: Dilcher/Kern, Die juristische Germanistik des 19. Jahrhunderts und die Fachtradition der Deutschen Rechtsgeschichte, ZRG GA 101, 1984, 1-46 (2).

20 R. Bartsch, Das „gesunde Volksempfinden" im Strafrecht, jur. Diss. Hamburg 1940, 12.

21 *Arbeiten zum „gesunden Volksempfinden" in der NS-Zeit*: K. Peters, Das gesunde Volksempfinden, 1938; Bartsch, Das „gesunde Volksempfinden" im Strafrecht, 1940; E. Mirievsky, Die Volksanschauung und ihre Berücksichtigung in der Strafrechtswissenschaft des 19. Jahrhunderts und der bisherigen Rechtsprechung des Reichsgerichts in Strafsachen, jur. Diss. Leipzig 1940; F. Kadecka, Gesundes Volksempfinden und gesetzlicher Grundgedanke, in: Zeitschrift für die gesamte Strafrechtswissenschaft, 1944, 1-27.

ßerlich Gestaltetes als eine allgemeine Überzeugung".[22] Die Verschiebung des Bezugspunktes durch den Begriff „gesundes Volksempfinden" in Richtung „Volksgeist" leitete sich von der ideologischen Lehre ab, dass die Rechtsordnung nun ihren Ausgangspunkt nicht mehr vom Individuum nehmen sollte, sondern von der völkischen Gemeinschaft, die als eine „organische Lebenseinheit" verstanden wurde. Das Rechtsdenken im Nationalsozialismus ging vom Leitbild einer geschlossenen Volksgemeinschaft aus, deren Einheit durch Kulturgemeinsamkeiten (Sitte) und Naturgemeinsamkeiten („Blut" und „Boden") determiniert wurde.[23] Für das Individuum konnte die Einordnung in diese völkische Gemeinschaft sehr schnell zu einer Unterordnung unter die Gemeinschaft werden nach dem altdeutschen Rechtsgrundsatz – „Gemeinnutz geht vor Eigennutz" –, der zur NS-Zeit wiederentdeckt wurde.[24]

Aus philologischer Sicht ist es bemerkenswert, dass sich das Rechtsdenken im Nationalsozialismus auch auf *Vorstellungen über germanische Rechtsverhältnisse und germanische Gemeinschaftsformen* stützte, in denen die besondere Gemeinschaftsgebundenheit dieser Formen gezeichnet wurde. Nie zuvor empfand man sich dem Menschenbild, den Tugenden, den Rechts- und Lebensformen seiner germanischen Vorfahren – wie beispielsweise der *Sippe* – so nah:

> „Gerade uns Heutigen, die wir rückschauend die germanische Zeit betrachten, drängt sich die ungeheure Wucht der Gemeinsamkeiten in Sprache und Brauchtum, Religion und Recht, in der Kulturhöhe und in der körperlichen Beschaffenheit so eindrucksvoll auf...".[25]

Die Aufnahme des „gesunden Volksempfindens" in das Strafgesetzbuch wurde als eine Verkündigung angesehen, dass „...alles Strafrecht auf dem Boden der völkischen Sippenordnung, aus dem Volksempfinden, erwächst".[26]

---

22 Bartsch, Das „gesunde Volksempfinden" im Strafrecht, 33.

23 Ebd., 12 f.

24 W. Crohne, Vorbereitung der Strafrechtspflege auf das Deutsche Strafgesetzbuch, in: F. Gürtner/R. Freisler, Das neue Strafrecht, 1936, 153.

25 R. v. Kienle, Germanische Gemeinschaftsformen (Deutsches Ahnenerbe), 1939, 237; *zur deutschen Germanen-Ideologie*: K. v. See, Deutsche Germanen-Ideologie, 1970; ders., Germanenbilder, in: W. Storch (Hg.), Die Nibelungen. Bilder von Liebe, Verrat und Untergang, 1987, 85-90; *zur Behauptung eines germanischen Tugendmonopols*: ders., Barbar, Germane, Arier. Die Suche nach der Identität der Deutschen, 1994, 99, 107, 226.

26 Bartsch, Das „gesunde Volksempfinden" im Strafrecht, 11.

Mit der „völkischen Sippenordnung“, die eine „völkische Sittenordnung“ sei, war auch die Vorstellung verbunden, dass eine strafrechtlich relevante Tat gleichzeitig auch moralisch gegen diese „völkische Sittenordnung“ verstoße:

> „Handelt er [der Volksgenosse] gegen das Interesse der Volksgemeinschaft, so verletzt er die völkische Sittenordnung und fordert das Unwerturteil der Gemeinschaft heraus. Diesem Unwerturteil gibt die Gemeinschaft mit und in der Strafe Ausdruck. [...] Strafrecht ist [...] das 'Rüstzeug der Volksgemeinschaft, das dem Reinigungs- und Schutzbedürfnis des Volkes dient'. Daraus ergibt sich [...], daß jede irgendwie erhebliche Verletzung der völkischen Sittenordnung und der dem Einzelnen obliegenden Gemeinschaftspflichten strafwürdig sein muß“.[27]

Dass die Tat eines Individuums ein übergesetzliches Normengebilde eines „völkischen“ Ordnungssystems verletze und damit das „Unwerturteil“ der Gemeinschaft herausfordere, baut auf Vorstellungen von der germanischen „Friedlosigkeit“ auf.[28] Zudem erinnert die Vorstellung, dass das Strafrecht einem „Reinigungsbedürfnis“ des Volkes diene, stark an die Theorie über die germanischen Todesstrafen des germanistischen Rechtshistorikers Karl von Amira. In einer rechts- und religionsgeschichtlichen Untersuchung aus dem Jahre 1922 hatte Amira den Zweck der germanischen Todesstrafen aus dem „...*Trieb zur Reinhaltung der Rasse*“ bestimmt. Damit wolle „...die Gesellschaft so energisch als möglich *ausmerzen, was aus ihrer Art geschlagen war*“.[29]

Der Begriff vom „gesunden Volksempfinden“ baut auf zwei rechtshistorischen Denkbildern über das germanische Recht auf: dessen *Gemeinschaftsgebundenheit* und dessen *Autonomie.* Obwohl diese Denkbilder heute von der Forschung als fragwürdig erachtet werden, werden sie in einem aktuellen juristischen Standard-Lehrbuch – „Deutsche Rechtsgeschichte“ von Mitteis-Lieberich – immer noch aufgeführt:

Mit der Gemeinschaftsgebundenheit rekurriert man auf Vorstellungen über die germanischen Rechts- und Gemeinschaftsformen, in denen der Germane lediglich als ein organisches Glied in gewachsenen, naturgegebenen Gemeinschaftsformen – wie Familie, Sippe, Volk – erscheint. Noch heute geht man von der germanischen Sippe als einem „Element der Verfassung“ aus und leitet davon bestimmte öffentliche Aufgaben ab: Die Sippe soll eine Friedens- und Rechtsgemeinschaft gewesen sein, von der sich sowohl die

---

27 Bartsch bezieht sich an dieser Stelle auf Freisler (Das „gesunde Volksempfinden“ im Strafrecht), 13.

28 W. E. Wilda, Das Strafrecht der Germanen, 1842, 278 ff.

29 K. v. Amira, Die germanischen Todesstrafen, 67.

Rechtsstellung als auch die Rechtsfähigkeit des Einzelnen abgeleitet habe.[30] Derjenige, der keine Sippe hatte, stehe außerhalb der Gemeinschaft und damit außerhalb des Rechts und sei „friedlos“. Autonomie des germanischen Rechts bedeutet, dass das germanische Recht ein *Volksrecht* gewesen sei, das im Bewusstsein des Einzelnen verankert sei. Dieses Volksrecht sei eine „...*autonome*, nicht heteronome Ordnung“ gewesen, die im Gewissen jedes Einzelnen und in der Überzeugung aller lebte.[31] Autonomie in diesem Sinn bedeutet also, dass dieses Volksrecht nicht menschengemacht ist, also durch einen Akt bewussten Schaffens entstanden ist, sondern vielmehr eine objektive Wahrheit gewesen sei, die eben nur gefunden, aber nicht gemacht werden könne.[32] Gefunden werde diese Wahrheit im Gericht, „...wo das Recht aus dem Unterbewußtsein geschöpft wird; es ist 'Spruchrecht', das Urteil [ist] nicht bloß Rechtsanwendung, sondern allgemein verbindliche Erkenntnis“.[33] Wenn Freisler 1937 nun den praktischen Juristen zu einem „Priester des Volksgewissens“ stilisiert, knüpft er genau an dieses Bild vom Recht als einer autonomen Ordnung an.[34]

Zusammenfassend kann man sagen, dass die Ähnlichkeiten der Aussagen der zeitgenössischen Rechtsphilosophie über Sinn und Zweck des Rechts und denen der Rechtsgeschichtsforschung in der NS-Zeit bezüglich der Vorstellungen über das germanische Recht frappierend sind: 1941 schrieb der Rechtshistoriker Claudius Freiherr von Schwerin in seinem Buch „Grundzüge der deutschen Rechtsgeschichte“:

> „Das Recht [...] ist in germanischer Zeit nicht das Erzeugnis einer bewußten Rechtssetzung oder Gesetzgebung [...]. Es ist die im Volke, in der Brust jedes einzelnen lebendige, und daher unbemerkt sich entfaltende und ändernde Überzeu-

---

30 Mitteis-Lieberich, Deutsche Rechtsgeschichte, 1992, Kap. 4.I.3.

31 Ebd., Kap. 3.II.1.

32 Die Vorstellung, dass Recht nicht gemacht, sondern nur gefunden werden könne, tritt in der folgenden rechtshistorischen Arbeit deutlich hervor: „Der Deutsche kann nicht leben ohne 'das Recht', ohne die lex, die ihm im wahrsten Sinne des Wortes 'im Blute' liegt, so daß er sie nicht erst wie der Römer und seine Gesinnungsgenossen zu 'vereinbaren' braucht. Er braucht sie nur zu suchen in sich und seinem Rechtsbewußtsein; und er wird finden, daß sie schon da ist, ehe er sie überhaupt vereinbaren kann, zum wenigsten in ihren Grundzügen“, W. Schönfeld, Das Rechtsbewußtsein der Langobarden auf Grund ihres Edikts, 1934, 25; *zur Vorstellung von der „Rechtsfindung“*: K. Kroeschell, Rechtsfindung. Die mittelalterlichen Grundlagen einer modernen Vorstellung, 1972.

33 Mitteis-Lieberich, Deutsche Rechtsgeschichte, Kap. 3.II.2.

34 Freisler, Der Volksrichter in der neuen deutschen Strafrechtspflege, 1937, 11.

gung von dem Richtigen und Billigen, die von allen anerkannte Friedensordnung. Daher ist es ungeschrieben nicht nur, sondern auch schriftfeindlich".[35]

Ganz entsprechend hieß es 1937 beim Privatrechtler Franz Wieacker in seiner Arbeit „Der Stand der Rechtserneuerung auf dem Gebiete des bürgerlichen Rechts":

„Hier wird [...] davon ausgegangen, daß das völkische Recht sich nicht in positiven Befehlsnormen erschöpft, sondern mit der Gesamtgemeinschaft [...] schon eine geordnete Volkswirklichkeit bildet, die in ihrem Recht lebt und ihr Recht aus sich hervorbringt; dieses Recht wird vorzugsweise von der Führung durch Gesetze gewiesen und durch den Richter gefunden, ist aber einer erschöpfenden Normierung nicht zugänglich".[36]

Für die Zeit nach dem Zweiten Weltkrieg kann man sagen, dass das Bild vom germanischen Recht tiefgreifende Wandlungen erfahren hat, allein schon deshalb, weil die Vorstellung einer Kontinuität des Germanischen, die sich im neuzeitlichen Denken aufzeigen lasse, weggebrochen ist. Eine veränderte Sichtweise gegenüber dem überlieferten Bild des Germanischen hatte schon hier und da zur Zeit des Nationalsozialismus begonnen[37], so etwa als der Skandinavist Hans Kuhn in seinem Aufsatz „Die Rangordnung der Daseinswerte im alten Sittengedicht der Edda" die starke Gemeinschaftsgebundenheit des Einzelnen in germanischer Zeit in Frage stellte. Diesen Aufsatz, der in der „Zeitschrift für deutsche Bildung" 1939 veröffentlicht wurde, versah die Schriftleitung mit dem Kommentar: „Wir geben dieser Darstellung Raum mit dem Vorbehalt, daß wir mit der vorgetragenen Auffassung des Germanischen nicht in allem übereinstimmen".[38] Kuhn erklärte hier:

„Nach den Schlußstrophen des alten Sittengedichts sah es so aus, als hätte der Germane seine Verwandten zwar sehr hoch geschätzt, da sie ihm sehr viel nützen konnten, als wäre das Gefühl der Verpflichtung ihnen gegenüber aber gering gewesen. [...] Die Verpflichtung zu Hilfe, Treue und Blutrache war da und wurde von jedem anerkannt und ernst genommen. Die eigene Ehre stand dabei auf dem Spiele.

---

35 Schwerin, Grundzüge der deutschen Rechtsgeschichte, 2. Aufl., 1941, § 8, 20.

36 F. Wieacker, Der Stand der Rechtserneuerung auf dem Gebiete des bürgerlichen Rechts, 1937, 10, dort: „Die wesentlichen Grundbegriffe des bürgerlichen Rechts gehören meist nicht zu dem geschriebenen Recht, das den Richter auch heute bindet...", 25 f.; *zu Wieackers Stellung zum Nationalsozialismus*: D. Simon, Nekrolog auf Franz Wieacker, in: Rechtshistorisches Journal 13, 1994, 1-31.

37 S. die Rezension von F. Genzmer zu R. v. Kienle, Germanische Gemeinschaftsformen, in: Historische Zeitschrift 164, 1941, 563-567.

38 H. Kuhn, Die Rangordnung der Daseinswerte im alten Sittengedicht der Edda, 62-71 (62).

> Aber dies ist noch weit entfernt von der Unterordnung aller persönlichen Interessen unter die Sippe und von dem Untergehen des Einzelnen in der Gemeinschaft. Ein solcher romantischer Urzustand wird durch die Quellen ausgeschlossen".[39]

1975 konstatiert der Rechtshistoriker Hans Thieme, dass die deutsche rechtsgeschichtliche Germanistik „vor einem Scherbenhaufen" stehe, weil eine ganze Reihe von Rechtsinstituten, „die bisher als wesentliche und gesicherte Bestandteile des altgermanischen Rechts" galten, fragwürdig geworden sind: so die Sippe, die germanische Verfassung etc.[40] Und in einem Aufsatz von 1986 mit dem Titel „Germanisches Recht als Forschungsproblem" erklärt der Rechtshistoriker Karl Kroeschell, dass durch die Fragwürdigkeit einst gesicherter Bestandteile das Bild vom germanischen Recht insgesamt tiefgreifende Wandlungen erfahren hat. Bedingt sei dies durch die neue Bewertung und veränderte Gewichtung einzelner Quellengruppen, durch die kritische Auflösung vieler hergebrachter Denkmodelle, wie die germanische Friedlosigkeit, die Vorstellung von der „Rechtsfindung" etc., und schließlich auch durch die Fragwürdigkeit des Germanenbegriffs selbst.[41] Zur Rekonstruktion des germanischen Rechts dienen der Forschung bestimmte Quellengruppen, wie die Überlieferungen antiker Schriftsteller („Germania" des Tacitus), die mittelalterlichen Bauernweistümer und insbesondere die altnordischen – skandinavischen und isländischen – Rechte. Gerade die altnordischen Rechte haben in der Forschung eine große Rolle gespielt, weil man durch die geographische Lage des Nordens annahm, dass sich dort Rechtsinstitutionen unbeschadet fremder Einflüsse halten konnten, die auf genuin germanische Traditionen zurückzuführen sind. Hinsichtlich der Quellenzeugnisse der altnordischen Rechte verweist Kroeschell auf das 1964 erschienene Buch „Altnordische Rechtswörter. Philologische Studien zur Rechtsauffassung und Rechtsgesinnung der Germanen" des germanistischen Philologen Klaus von See, das einen „Wendepunkt" in der deutschen Rechtsgeschichtsforschung bedeute, da

---

39 Kuhn, Die Rangordnung der Daseinswerte im alten Sittengedicht der Edda, 68.

40 H. Thieme, Über Zweck und Mittel der Germanischen Rechtsgeschichte (Juristenzeitung 1975), 725 f.; Über die germanische Sippe schrieb Genzmer: „Die Sippe als Rechtsbegriff, insbesondere als rechtlich gestalteter Verband, ist [...] eine Erfindung der Professoren des 19. Jahrhunderts", Die germanische Sippe als Rechtsgebilde, in: ZRG GA 67, 1950, 34-49 (49); Ähnlich kritisch gegenüber dem hergebrachten Sippenbegriff: K. Kroeschell, Die Sippe im germanischen Recht, ZRG GA 77, 1960, 1-25 (11).

41 Kroeschell, Germanisches Recht als Forschungsproblem, 5; H. Nehlsen, Grabfrevel in den germanischen Rechtsaufzeichnungen – zugleich ein Beitrag zur Diskussion um Todesstrafe und Friedlosigkeit bei den Germanen, 1978; E. Kaufmann, Zur Lehre von der Friedlosigkeit im Germanischen Recht, in: Beiträge zur Rechtsgeschichte. Gedächtnisschrift f. H. Conrad, 1979, 329-365.

dessen terminologische Untersuchungen dazu geführt haben, dass die nordischen Rechte – so Kroeschell – „...als Zeugnisse unverfälschter altgermanischer Rechtsvorstellungen ausscheiden müssen“.[42]

Es ist nachgewiesen worden, dass die Vorstellung eines über dem Individuum stehenden Rechts sich erst durch das Bemühen von Königtum und Kirche durchgesetzt hatte und somit jüngeren Datums ist.[43] Die Vorstellung, das Recht sei volkstümlicher Brauch, ist zunächst kaum entwickelt gewesen. Die Forderung nach Gemeinverständlichkeit des Rechts tauchte erst in den Texten des 13. Jahrhunderts auf, die unter dem Einfluss des kanonischen Rechts standen.[44] Die Annahme, dass die Rechtsordnung eine Friedensordnung sei, kam erst in Verbindung mit der kontinentalen Landfriedensbewegung in den Norden und blieb im Hinblick auf die Strafrechtsterminologie nicht ohne Folgen.[45] Am altnordischen Rechtswort „lög“ zeigt sich, dass in der altnordischen Gesetzesauffassung der Genossenschafts- und Vertragsgedanke eine nicht unwesentliche Rolle gespielt hat.[46] Das zugrunde liegende Genossenschaftsprinzip zeigt nun sehr deutlich, dass das rationale Zweckdenken in germanischer Vorzeit auch seinen Platz gehabt hatte.[47] Im Unterschied zu der Gemeinschaft steht in der Genossenschaft das Individuum mit seinen Interessen im Vordergrund. Die Genossenschaft ist somit eine Zweckgemeinschaft und resultiert aus der Summierung einzelner Individuen.

## VORGEHENSWEISE

Da das „gesunde Volksempfinden“ seinem Begriff nach aus dem Bereich des Gesetzesrechts hinausdrängt und damit das Pflichtgebot verbunden war, die rechtliche Urteilsfindung nun an einem „Rechtsempfinden im Volke“ zu orientieren, lenkt der Begriff als übergesetzliche Erkenntnisinstanz den Blick auf Formen von Gerichtsbarkeit, in die diese Erkenntnisinstanz in die Rechtspflege hineingetragen ist: auf die *Geschichte der deutschen Schwur- und Schöffengerichtsbarkeit des 19. und 20. Jahrhunderts*, die von Laien mitgetragen wird. Hier bildet der Kampf um die Einführung der Geschworenengerichte im 19. Jahrhundert einen Schwerpunkt der Untersuchung, denn dieser Kampf bedeutete nicht nur den Wunsch des Bürgertums, an den öf-

---

42 Kroeschell, Germanisches Recht als Forschungsproblem, 8.
43 K. v. See, Altnordische Rechtswörter, 65 ff.
44 Ebd., 83.
45 Ebd., 139 ff., 162 ff.
46 Ebd., 174 ff., 190.
47 S. auch K. v. See, Kontinuitätstheorie und Sakraltheorie in der Germanenforschung. Antwort an Otto Höfler, 1972, 6.

fentlichen Angelegenheiten des Gemeinwesens teilzunehmen, sondern auch das Rechtsprechungsmonopol des beamteten, gelehrten Richters aufzubrechen. Mit der Beteiligung von Laien am Gericht versprach man sich die Wiederbelebung des volkstümlichen Elements der älteren deutschen Rechtspflege, an der das „Volk" ursprünglich in der Funktion der „Rechtsfindung" beteiligt war. In den Geschworenengerichten sollten nun nicht mehr die gelehrten und als römischrechtlich „verbildet" kritisierten Richter über die Schuld oder die Unschuld eines Angeklagten urteilen, sondern das „Volk" selbst mit seinen Repräsentanten.

Die Idee hierbei war, ob die Auseinandersetzung um die Urteilsfindung durch Laienrichter (Geschworene) als eine konkrete Ausformung von „Rechtsempfinden im Volke" eine Auskunft gibt, ob man sich hier auf Denkmodelle, auf die das „gesunde Volksempfinden" aufbaut, berufen hat. Damit ist der Bezugsrahmen der Arbeit abgesteckt. Dabei hat sich herausgestellt, dass die Auseinandersetzung um die Einbindung von Geschworenen in die Rechtspflege und speziell die Frage nach der Legitimation ihres Wahrspruchs im Verlauf des 19. Jahrhunderts zunehmend *die Fragwürdigkeit der Fiktion eines kollektiven Rechtsbewusstseins* zutage hat treten lassen. An diese Fiktion sollte der Nationalsozialismus mit dem Ausdruck „gesundes Volksempfinden" anknüpfen. Die Auswahl der Literatur ergab sich aus der Überlegung, welche Gelehrte des 19. und 20. Jahrhunderts sich mit Fragen des „Volksempfindens", „Rechtsbewusstseins im Volke", der „Volksanschauung", des Laienverstandes oder anderen Formen von „Volk" im Recht beschäftigt haben. Viele Gelehrte waren dabei in der einen oder anderen Form (justiz-)politisch tätig.[48] Die Kapitel der Arbeit sind in der folgenden Weise angeordnet:

---

[48] *Heinrich G. W. Daniels* war Mitglied der Rheinischen Immediat-Justizkommission, die sich nach dem Abzug der Franzosen aus dem Rheinland 1818 für die Beibehaltung des Schwurgerichts im Rheinland ausgesprochen hat; *Carl Joseph Anton Mittermaier* war der prominenteste Vertreter seiner Zeit auf dem Gebiet der Strafrechtsreform. In den 30er- und 40er-Jahren des 19. Jahrhunderts gehörte er dem badischen Landtag an. 1846 und 1847 nahm er an den Germanistenversammlungen in Frankfurt und Lübeck teil. Auf der Lübecker Germanistenversammlung hat er die allgemeine Einführung der Schwurgerichte befürwortet. Sein Votum für die Jury gilt in der Forschung als die Anerkennung des Geschworenengerichts von seiten der deutschen Rechtswissenschaft. 1848 war er Präsident des Frankfurter Vorparlaments. In der Paulskirche war er Vorsitzender des Gesetzgebungsausschusses; *Friedrich G. Leue* war Paulskirchenabgeordneter und verfasste ein Rahmengesetz über die Grundlagen des Geschworenengerichts für Kriminalsachen, das dem Paulskirchenparlament 1849 vorgelegt wurde, er ist derjenige, der in Deutschland maßgeblich die Lehre von der sog. „Allmacht der Jury" („omnipotence du jury") verbreitet hat; *Georg Beseler*, der germanistische Verfechter des sog. „Volksrechts", saß 1850/51 dem Strafrechtsausschuss im preußischen

Es ist zu vermuten, dass der *Topos* „gesundes Volksempfinden“ eine bewusste Umdeutung des älteren Topos „gesunder“ oder „gemeiner (Menschen-)Verstand“ ist. Daher wird im *Kapitel I* nach der Präzisierung der Rechtsvorstellung, die dem „gesunden Volksempfinden“ zugrunde liegt, auf das begriffliche Gegenstück „gesunder Menschenverstand“, auf seine Semantik und seine Vorgänger „sensus communis“, „common sense“ und „bon sens“ eingegangen.

Die Berufung auf das Auffassungsvermögen des „gemeinen Verstandes“ hat gerade im juristischen Kontext in Bezug auf die Urteilsfindung durch Geschworene im beginnenden 19. Jahrhundert eine große Rolle gespielt. Dabei repräsentierte der „gemeine Verstand“ der Laienrichter in Anlehnung an die englisch-schottische Common-Sense-Philosophie des 18. Jahrhunderts Unverdorbenheit, Schlichtheit und „Unverbildetsein“. Für die Wahrheitsfindung im Juryverfahren maß man dem Laienverstand eine besondere Qualität zu, weil er im Gegensatz zum Gelehrten die Wahrheit durch den unmittelbaren Eindruck auf sein *unverbildetes* Gefühl finde. Dieser unmittelbare Eindruck, den man auch „Totaleindruck“ oder „Totalanschauung“ nannte, schien eine besondere Gewähr für die Richtigkeit der Überzeugung zu sein. In diesem Sinn unterschied der Richter Joseph Zentner in seiner Abhandlung „Das Geschworenengericht mit Öffentlichkeit und Mündlichkeit“ von 1830 zwischen der Erkenntnisart des „gemeinen gesunden Menschenverstandes“ und des „wissenschaftlich gebildeten Verstandes“:

> „Der gemeine, gesunde Menschenverstand findet die Wahrheit nicht, wie der wissenschaftlich gebildete Verstand, durch Zergliederung und Vereinzelung der Begriffe; sie offenbart sich ihm durch den unmittelbaren Eindruck der äußern Gegenstände, der Verhandlungen auf sein Gefühl, dessen Reinheit und Richtigkeit ihm in der Evidenz stärkere Gewißheit gewährt, als dem wissenschaftlich Gebildeten die Prüfung jedes einzelnen Momentes an den abstrakten Regeln der Schule und der Theorie. Der einfache natürliche Verstand, verbunden mit dem unverbildeten Gefühl, faßt das Ganze richtiger in der Totalanschauung auf, als in einzelnen, zersplitterten, ihm besonders vorgehaltenen Punkten, weil er die Handlungen leichter und besser versteht, als die abgezogenen Begriffe…“.[49]

Allerdings begann etwa zur Mitte des 19. Jahrhunderts der Glaube an den „gemeinen“ bzw. „gesunden Menschenverstand“ als einer richtigkeitsverbürgenden Erkenntnisinstanz im juristischen Kontext zu schwinden. Stattdessen

---

Abgeordnetenhaus vor. Wie bekannt beruhte das spätere Reichsstrafgesetzbuch von 1871 im Wesentlichen auf dem preußischen Strafgesetzbuch von 1851, an dessen Ausarbeitung Beseler mitgewirkt hat; *Roland Freisler* war in der NS-Zeit Staatssekretär im Reichsjustizministerium und der spätere Präsident des Volksgerichtshofes.

[49] J. Zentner, Das Geschworenengericht mit Öffentlichkeit und Mündlichkeit, 439.

wandte man sich innerhalb der Diskussion um die Laieneinbindung in die Rechtspflege stärker einem kollektiven Rechtsbewusstsein zu, das sich in einer Vielzahl unbestimmter Termini ausdrückte: Man sprach von „Volksbewusstsein", „Denkart und Sitte des Volkes", „Rechtsbewusstsein im Volke", „Volksmoral", „Ansicht des Vaterlandes", „Volksrechtsbewusstsein" und zu Beginn des 20. Jahrhunderts dann auch vom „gesunden Volksempfinden". Die Begriffsgenese des „gesunden Volksempfindens" baut auf *einer* Komponente des Ausdrucks „gesunder Menschenverstand" auf, die im Zitat von Zentner deutlich hervortritt: Die Vorstellung eines – von allen verbildenden Einflüssen des Kulturlebens abgeschotteten – schlichten und unverdorbenen Beurteilungsvermögens.

Heute konstatiert man dem juristischen Denken „Gewißheitsverluste".[50] Der Rechtsphilosoph Karl Engisch fragt in seiner Schrift „Wahrheit und Richtigkeit im juristischen Denken", ob der Jurist von der Richtigkeit seiner Aussagen reden kann, oder ob er seine Entscheidungen allenfalls „vertretbar" nennen sollte, denn in den Geisteswissenschaften lasse sich die Subjektivität des Erkennenden nicht in derselben Weise ausschalten wie in den Naturwissenschaften.[51] Gleiches gelte für die Rechtswissenschaft. Engisch betont, dass Subjektivität nicht zur Willkür mutiert, so lange sie mit „Übersubjektivität" gekoppelt bleibt. Subjektivität und „Übersubjektivität" – diese Verbindung schafft eine funktionierende Richtigkeitskontrolle im juristischen Denken.[52] Dabei knüpft Engisch an den Tübinger Philosophen Otto Friedrich Bollnow an. Für Bollnow bedeutet Objektivität in einer Geisteswissenschaft „Übersubjektivität". „Übersubjektivität" ist die „...Überwindung der Subjektivität in der Verständigung mit einem andern Menschen".[53] Bollnow fordert daher die „Offenheit des Gesprächs", Diskussion und Absage an jegliche Selbstherrlichkeit der Überzeugung.[54] Im Gegensatz zum „gesunden Menschenver-

---

50 G. Haverkate, Gewißheitsverluste im juristischen Denken, 1977.

51 Engisch, Wahrheit und Richtigkeit im juristischen Denken, 1963, 18.

52 Engisch: „Wir denken auch an die Bedeutung des Kollegialgerichts, dessen Vorzug nicht so sehr darin besteht, daß hier mehrere Richter das Gewicht ihrer Stimmen in die Waagschale der Entscheidung zu werfen haben – die eindeutige Entscheidung des Einzelrichters ist vielleicht vertrauenserweckender als die Majoritätsentscheidung im Kollegialgericht –, sondern besteht im Gedankenaustausch innerhalb der Beratung", Wahrheit und Richtigkeit im juristischen Denken, 20.

53 O. F. Bollnow, Die Objektivität der Geisteswissenschaften und die Frage nach dem Wesen der Wahrheit, in: Zeitschrift für philosophische Forschung, Bd. XVI, 1962, 3-25 (17).

54 Bollnow, Die Objektivität der Geisteswissenschaften, 19; Gerade diese Punkte scheinen ein wesentliches Element des angloamerikanischen Rechtsdenkens zu sein, das dem kontinentaleuropäischen Juristen an den Urteilen des Common-Law-Richters auffällt: „...die ungezwungene, freie und persönliche Art, mit denen die praktischen, po-

stand“ und seinem Zugeständnis an Subjektivität ist im „gesunden Volksempfinden“ aber das Individuum als Subjekt und Persönlichkeit als der eigentliche Hort des Empfindens komplett ausgeblendet.

Das *Kapitel II* beginnt mit den ersten Stellungnahmen über die Laieneinbindung in der Form des französisch-rheinischen Geschworenengerichts, das Napoleon im Rheinland während seiner Besatzungszeit 1798 eingeführt hatte. Hier wird mit der Kontroverse zwischen Anselm von Feuerbach, dem ersten Gelehrten in Deutschland, der sich sowohl kritisch mit dem französischen Geschworeneninstitut als auch mit der Erkenntnisart von Laien beschäftigt hatte, und der juryfreundlichen Rheinischen Immediat-Justizkommission begonnen.[55] In seiner Kritik ging Feuerbach auf eine französische Überzeugungsbildungstheorie ein, die Lehre von der „intime conviction“. In Frankreich verstand man unter „intime conviction“ eine höchstpersönliche Gewisseinsicht, die sich nicht durch Argumentation und Überlegung, sondern durch Gefühl konstituiert. Die Überzeugung, die auf der Durchschlagskraft dieser „intime conviction“ beruhte, resultierte nicht aus „Übersubjektivität“ im Bollnow'schen Sinne, sondern entsprang der letztgültigen, nicht mehr hinterfragbaren Instanz des eigenen Gewissens. Sowohl die Feuerbach'sche Kritik als auch die Argumente der Kommission haben die Weichen gestellt für die spätere Auseinandersetzung im 19. Jahrhundert um die Qualität, Formen und Aufgaben von „Volk“ im Recht.

Ein Aspekt, der mit der Beteiligung der Laien an der Strafrechtspflege verbunden war, war die Instrumentalisierung der Geschworenen als herrschaftlich-machtpolitisches Werkzeug der Regierung zur Justizaufsicht zu Beginn des 19. Jahrhunderts in Deutschland. Anhand der Argumentation der Rheinischen Immediat-Justizkommission kann dieser Aspekt belegt werden.[56] Es zeigt sich, dass die Jury – wie „Publicität“ und Gerichtsöffentlichkeit – als Form von Öffentlichkeit und „öffentlicher Meinung“ nun von den Regierenden entdeckt wird, die gleichzeitig eine Reihe von neuen Möglichkeiten im volkserzieherischen Sinn bietet. Das Geschworeneninstitut wurde dabei als eine bildungspolitische Einrichtung verklärt. Man vermeinte durch die

---

litischen und ethischen Gesichtspunkte diskutiert werden, welche bei der Fallentscheidung eine Rolle spielen“, H. Coing, Grundzüge der Rechtsphilosophie, 312.

55 Feuerbach, Betrachtungen über das Geschwornen-Gericht, 1813; Die Rheinische Immediat-Justizkommission war von der Preußischen Regierung einberufen worden, um zu prüfen, ob das Geschworenengericht nach den Befreiungskriegen 1814 weiterhin in den rheinischen Provinzen Bestand haben sollte, sie hat sich in ihrem Gutachten für die Beibehaltung der Schwurgerichte ausgesprochen, dieses ist abgedruckt in: E. Landsberg, Die Gutachten der Rheinischen Immediat-Justiz-Kommission, 1914, 119 ff.

56 S. Kap. II.4. dieser Arbeit.

faktische Übertragung eines Teils der öffentlichen Aufgaben des Gemeinwesens an Privatpersonen (Laien), deren Gemeinsinn und Rechtsgefühl ausbilden zu können.

Eine weitere französische Theorie, die in den 40er-Jahren des 19. Jahrhunderts die Diskussion um die Laieneinbindung in die Rechtspflege beeinflusst hat, war die sog. „omnipotence du jury" („Allmacht der Jury"). Danach konnten die Geschworenen bei ihrem Wahrspruch eigenverantwortlich über die Strafwürdigkeit der Tat entscheiden. Der Strafrechtler und Präsident des Frankfurter Vorparlaments Carl Joseph Anton Mittermaier erklärte auf der Lübecker Germanistenversammlung 1847 diesen erweiterten Befugnisraum der Geschworenen als eine verständliche Reaktion auf die Gesetzgebung, die Strafbücher aufrechterhalte, die nicht mehr mit dem „Volksempfinden" im Einklang stünden.[57]

Im *Kapitel III* werden die englischen Juryprinzipien behandelt, weil sich etwa seit der Mitte des 19. Jahrhunderts zunehmend das Bewusstsein bildet, dass das französisch-rheinische Geschworenengericht, das auf der französischen Juryform basiert, eine Verfälschung der englischen Urform sei. Ausschlaggebendes Moment für das nun zunehmende Interesse am englischen Recht war die Kritik, dass die französische Jury vornehmlich aus politischen Gründen eingeführt worden war, und sich lediglich über das Prinzip der Volkssouveränität legitimiere.

Ungleich zum subjektiven, im persönlichen Gewissen verorteten, und letztlich *einsamen* „Totaleindruck" betont die englische Theorie das Walten eines „moral consensus" zwischen der Geschworenen- und der Richterbank. Dieser „moral consensus" selbst gilt als Beweis für die Richtigkeit des aufgefundenen Urteils.[58] Dieser Begriff greift Vorstellungen der englisch-schottischen Common-Sense-Philosophie auf. Auch hier wird die Übereinstimmung aller – der „consensus omnium" – als Beweis für die Richtigkeit eines Urteils angesehen.

Das *Kapitel IV* versucht die Auseinandersetzung mit den verschiedenen Formen und Aspekten der Laienjustiz in der zweiten Hälfte des 19. Jahrhunderts widerzuspiegeln. Die Forschung in dieser Jahrhunderthälfte war nun bestrebt, eine ideale Form der Laieneinbindung in die Rechtspflege zu bestimmen. Aus ganz grundsätzlichen Erwägungen, die in diesem Kapitel ausführlich darge-

---

[57] S. Mittermaiers Bericht auf der Lübecker Germanistenversammlung 27.-30. September 1847, 68-91.

[58] John H. Langbein, The English Criminal Trial Jury on the Eve of the French Revolution, in: A. P. Schioppa (Hg.), The Trial Jury in England, France, Germany 1700-1900, 1987, 13-39 (39).

stellt werden, grenzte man sich sowohl gegen die französische als auch gegen die englische Form von Laieneinbindung in die Strafrechtspflege ab. Es stellte sich außerdem vermehrt die Frage, ob eher das Schöffengericht, in dem Juristen und Nicht-Juristen eine gemeinsame Richterbank bilden, zweckmäßiger als das Geschworenengericht sei. Bis zur Reichseinigung grenzte man sich aber auch gegen das Schöffengericht ab, weil dieses Gericht als eine *reduzierte* Form der Teilhabe von Laien an der Rechtspflege empfunden wurde. Dass in Schöffengerichten Laien und Juristen in einem gemeinsamen Urteilergremium beratschlagen und entscheiden, wurde von Jurybefürwortern als eine gelehrte Bevormundung des „gesunden Menschenverstandes" kritisiert und als „Scheincollegialität" verworfen.

Für die Zeit nach 1849 ist es charakteristisch, dass man zum einen die Einbindung des empirisch realen Volkes in die öffentlichen Angelegenheiten eines Gemeinwesens (Geschworeneninstitut, Volksrepräsentation in Ständeversammlungen, politisches Parteienwesen etc.) mehr und mehr hinterfragt. Auch Argumente, wie die Ausbildung des Rechtsgefühls im Einzelnen durch tätige Teilhabe an den öffentlichen Angelegenheiten, spielen jetzt eine untergeordnete Rolle. Stattdessen interessiert man sich mehr für die politische Bildung des Volkes, die als Geistes- und Charakterbildung verstanden wird.[59] Dabei wird die ideelle Teilhabe an den öffentlichen Aufgaben eines Gemeinwesens zum Teil sogar höher bewertet als die tätige Teilhabe. Zum anderen kann man sagen, dass die Forschung ihrer Suche nach einer idealen Form der Laieneinbindung in die Rechtspflege keine klaren Konturen geben kann. Die Verweise auf die zahlreichen unbestimmten Termini („Volksbewusstsein" etc.), mit denen man auf ein kollektives Rechtsbewusstsein Bezug nimmt, sind dafür symptomatisch.

Das *Kapitel V* schließlich wendet sich den Vorstellungen über die Gemeinschaft als einer höheren „Lebenseinheit" im beginnenden 20. Jahrhundert zu, deren real existierende „Volksseele" oder „Volksempfindung" der letzte Germanist der historischen Rechtsschule Otto von Gierke 1902 wissenschaftlich zu beweisen suchte, und der Auffassung des „gesunden Volksempfindens" in nationalsozialistischer Zeit.

In der heutigen Zeit scheint es, dass man sich wieder mit dem Begriff des „gesunden Volksempfindens" in der Rechtspflege auseinandersetzt. Dies belegen sowohl aktuelle ministerielle[60] als auch publizistische Äußerungen, wie

---

59 J. K. Bluntschli, Lehre vom modernen Staat, 3. Bd. (Politik als Wissenschaft), 1876, 45.

60 In einer Pressemeldung des Hessischen Sozialministeriums vom 9. Mai 2000 heißt es, dass es die Aufgabe der Schöffen sei, „...stellvertretend für die Bevölkerung ihr

in der „Berliner Morgenpost“[61], die die Novellierung des Ausländerrechts, wonach die Abschiebung straffälliger Ausländer in ihr Heimatland vereinfacht wird, mit einem „Rechtsempfinden“ in Verbindung bringen: Derjenige, der sich gegen diese Novellierung stelle, verkenne das „Rechtsempfinden auf der Straße“. Hier könnte man den Gedanken weiterverfolgen und fragen, ob sich die Schöffen der heutigen deutschen Strafjustiz als Vertreter eben dieses „Rechtsempfindens auf der Straße“ verstehen? Hasso Lieber, der Vorsitzende der deutschen Schöffenvereinigung, hat 1995 in einer Fernsehsendung die Schöffen mit „Seismographen beim Erdbeben“ verglichen.

---

gesundes Rechtsempfinden in einen Strafprozess mit einzubringen und somit einen wichtigen Beitrag zur Demokratie zu leisten“.

[61] Ausgabe, 15. November 1996.

# I. Kapitel
# Wortgeschichtliche Untersuchung des terminologischen Komplexes „gesundes Volksempfinden"

## 1. Der Topos „gesundes Volksempfinden" – Präzisierung der Rechtsvorstellung

Die Statuierung des „gesunden Volksempfindens" in den Gesetzbüchern des Nationalsozialismus ist das Zugeständnis, dass „Volk" ein rechtsbildender Faktor ist. Damit verknüpft war die Vorstellung, dass letztlich das Wissen um das, was Recht ist oder idealiter sein soll, in der Volksanschauung wurzelt, die nun explizit als eine Rechtsquelle akzeptiert war.[1] „Gesundes Volksempfinden" setzt dem Begriff nach eine einheitliche geistige und moralische Anschauung aller Gemeinschaftsglieder voraus. Diesen gedanklichen Schritt hat man zur Zeit des Nationalsozialismus in Bezug auf die Volksgemeinschaft vollzogen: „Volk" war nach nationalsozialistischer Auffassung eine „Gemeinschaft des Blutes und des Bodens": eine „organische Lebenseinheit".[2] Aus der gemeinsamen Abstammung und der Verwurzelung mit dem Boden entspringe eine geistige Verwandtschaft. Es entstehen die „gleichen geistigen Grundeigenschaften" und die „gleichen moralischen Empfindungen und ethischen Werte".[3]

Das dieser Volksgemeinschaft entsprechende Menschenbild ging von einem in der „völkischen Lebensganzheit gliedhaft" eingebundenen Menschen aus.[4] Dieser Menschentyp war der „völkische" Mensch, „eingespannt zwischen Rasse und Geschichte".[5] Mit der besonderen Hervorhebung der gliedhaften Stellung des Einzelnen in der völkischen Gemeinschaft war die Idee individueller Selbstbestimmung und Selbstverwirklichung nach selbst gewählten Zielen nicht mehr vereinbar. Dieses Menschenbild wurde zur NS-

---

1 Das „gesunde Volksempfinden" galt zur NS-Zeit als eine *Rechtsquelle*, die der Rechtsphilosoph Karl Larenz 1938 in seiner Abhandlung „Über Gegenstand und Methode des völkischen Rechtsdenkens" mit den Begriffen „gesunde Volksüberzeugung" oder „Rechtsgewissen des Volkes" umschrieb, 10.

2 Bartsch, Das „gesunde Volksempfinden" im Strafrecht, 12.

3 Ebd., 12.

4 R. Höhn, Weltanschauung und Wissenschaft, in: Dt. Rechtswissenschaft, I, 1936, 176.

5 Das war das Menschenbild der völkisch-politischen Anthropologie von Ernst Krieck, s. Höhn, Weltanschauung und Wissenschaft (Dt. Rechtswissenschaft, I), 176.

Zeit zur politischen und rechtlichen Leitidee. Im „Verfassungsrecht des Großdeutschen Reiches“ von 1937 hieß es:

> „Das neue deutsche Reich geht von dem Begriff des politischen Volkes aus, das durch die naturhafte Art und die geschichtliche Idee einer geschlossenen Gemeinschaft gekennzeichnet ist“.[6]

Das „Volk“ wurde als eine durch gemeinsame Abstammung „*überpersönliche Geschlechtereinheit*“ angesehen. In seiner Frühphase sei dieses „naturhafte Volk“ eine organische Einheit, aus der Sprache und Religion hervorgehen:

> „[Es] ist nicht bewußt geschaffen und wird nicht durch äußere Formen und Ordnungen zusammengehalten“.[7]

Zu einer politischen Einheit werde das Volk erst durch die „geschichtliche Idee“, d.h. durch sein Sendungsbewusstsein:

> „Die geschichtliche Sendung weist aus der Vergangenheit in die Zukunft [...]. Geschichtliches Erlebnis und geschichtliche Aufgabe wecken im Volk das Bewußtsein der eigenen Art und den Willen, dieser Art gemäß zu leben, zu handeln und zu gestalten“.[8]

Die Idee individueller Selbstentfaltung war hier vom Einzelnen auf das Subjekt „politisches Volk“ übergegangen.[9] Mit diesem politischen Volksbegriff war ein Weiteres verbunden: Dieser Begriff wurde nicht bloß als eine künstliche Neudefinition von „Volk“ angesehen, die auf den Bereich der staatlich-politischen Organisation reduziert war:

> „Das politische Volk ist als geschichtliche Erscheinung durch die Prinzipien der Einheit und Ganzheit bestimmt“.[10]

Die Prinzipien der „völkischen Einheit und Ganzheit“ bewirken, dass „Volk“ in einem gleichsam philosophischen Sinne „eine universale, allumfassende

---

6 E. R. Huber, Verfassungsrecht des Großdeutschen Reiches, 1937/39, 153.

7 Ebd., 154.

8 Ebd., 154.

9 So bedeutete für Huber der „konkrete Begriff des Volkes“ die Entfaltung der Individualität eines Volkes, die mit dem speziellen Wesen des Volkes zusammenhängt: „Nicht der abstrakte Begriff des Staatsvolkes, sondern der konkrete Begriff des lebendigen Volkes ist die Grundlage der völkischen Verfassung“, ebd., 151.

10 Ebd., 157.

und alldurchdringende Erscheinung“ sei.[11] Daher spreche man von einer „politischer Totalität“[12], die die vorbehaltlose Verbindlichkeit eines alle Lebensbereiche durchdringenden „völkischen Lebensgesetzes“ bedeute.[13] Diese Einbindung des Einzelnen in die philosophisch gefärbte „völkische Ganzheit“ wurde als Rückführung in die Volksgemeinschaft verstanden. Damit werde der Einzelne zum „Volksgenossen“. Dies sei aber nur dann gewährleistet, wenn die Einbindung des Einzelnen keine äußere Anpassung sei, sondern eine wesensmäßige, substanzhafte Einordnung in diese Ganzheit.[14]

Diese völkischen Prinzipien veränderten den Gesetzesbegriff[15] und strahlten in die Wissenschaft hinein: In der Privatrechtslehre wurde der Einzelne nicht mehr als juristische „Privatperson“ angesehen, die mit einer privaten Willenssphäre ausgestattet ist, sondern als „Volksgenosse“, der sich dadurch auszeichnete, dass er „konkrete Rechtsstellungen“ besaß, die für ihn aber in erster Linie Pflichten gegenüber der Gemeinschaft bedeuteten.[16] War für die juristische „Privatperson“ die Abstammung irrelevant, hieß es jetzt, dass „Volksgenosse“ nur noch derjenige sein könne, wer „deutschen Blutes“ sei.[17]

---

11 Huber, Verfassungsrecht des Großdeutschen Reiches, 158; Damit sollte ausgedrückt werden, dass alle Umgestaltungen der „nationalsozialistischen Revolution“ *keine künstlich gemachten* seien; In diesem Sinne auch Höhn: „Die nationalsozialistische Revolution ist nicht aus den Bezirken des Geistes und Bildung gekommen, sondern aus den Lebensgründen des deutschen Volkes entstanden“, Weltanschauung und Wissenschaft (Dt. Rechtswissenschaft, I ), 176.

12 Für Huber kompensierte das „Prinzip der politischen Totalität“ verfassungspolitisch die *chaotische Machtzersplitterung*, den *Pluralismus politischer Machtträger* und die *Gewaltenteilung des bürgerlichen Rechtsstaates*, s. O. W. Kägi, Zur Entstehung, Wandlung und Problematik des Gewaltenteilungsprinzipes, jur. Diss. Zürich 1937, 145.

13 Huber, Verfassungsrecht des Großdeutschen Reiches, 159.

14 Ebd., 159.

15 „An die Stelle des liberal-rechtstaatlichen Gesetzesbegriffs tritt der *politische* Gesetzesbegriff, das Gesetz als 'formulierter Gemeinwille dieses (– d. h. eines *konkreten* –) politischen Volkstums', nicht mehr als Ausdruck individualistischen staatlichen Seins im Sinne der 'volonté générale', sondern ganz im Gegensatz als 'Ausdruck objektiver völkischer Seinsprinzipien und Lebensnotwendigkeiten'. Politisch gesehen ist es nicht mehr der Ausdruck eines gesellschaftlichen Kompromisses, sondern der (charismatischen) politischen Entscheidung des 'Führers'; es ist der 'Ausdruck des im Führer lebendigen Gemeinwillens'. Das Gesetz ist *eines* der Mittel des Führers zur Wahrung und Verwirklichung des *völkischen Nomos*“, Kägi, Zur Entstehung, Wandlung und Problematik des Gewaltenteilungsprinzipes, 146.

16 K. Larenz, Gemeinschaft und Rechtsstellung, in: Dt. Rechtswissenschaft, I, 1936, 32 f.

17 „*Rechtsgenosse ist nur, wer Volksgenosse ist*; Volksgenosse ist, wer deutschen Blutes ist. Dieser Satz könnte an Stelle des die Rechtsfähigkeit jedes Menschen aussprechen-

Diese völkische Ableitung der Rechtsstellung des „Volksgenossen" blieb nicht ohne Auswirkungen auf den Grundsatz der allgemeinen Rechtsfähigkeit.[18] In der Strafrechtslehre wurde ebenfalls auf die neue „Ordnungskategorie der Pflichtverletzung" verwiesen.[19] Da das Strafrecht nun ebenfalls gemeinschaftsorientiert war, wurde das Verbrechen primär als Pflichtverletzung des Täters gegen den höchsten Wert angesehen: die Volksgemeinschaft und deren völkische Sittenordnung.[20]

Die Vorstellung von der Volksgemeinschaft als höchsten Wert, aus der erst der „Volksgenosse" Lebenskraft und Lebensinhalt schöpfe, hatte zur Zeit des Nationalsozialismus eine umfassende politische und rechtliche Bedeutung erlangen können. Das Beziehungsgeflecht zwischen dem Einzelnen und dem größeren Ganzen war neu definiert worden. Der Ausgangspunkt der Rechts- und Verfassungsordnung war nicht mehr das Individuum sondern die Volksgemeinschaft. Folgerichtig wurden Grundstrukturen von Gemeinschaften, die vom Einzelnen ausgingen und den Aufbau einer Gemeinschaft als eine vernunftgemäße und vertragliche Vereinigung vieler Einzelner betrachten, als dem Wesen des deutschen Volkes nicht entsprechend verworfen.[21] Diese Vereinigungen wurden mit dem negativen Prädikat „künstlich" oder „mechanisch" versehen, weil diese auf selbstgewählten, rationalen Zweckerwägungen fußen, d.h. auf dem bewussten Zutun selbstbestimmter Subjekte. Hier lag der Stein des Anstoßes. Menschengemachte Verbindungen, die aus der Willensautonomie Einzelner resultieren, vertrugen sich nicht mit den Prinzipien der „völkischen Einheit und Ganzheit". Letztere suggerierten nämlich, dass

---

den § 1 BGB an die Spitze unserer Rechtsordnung gestellt werden", Larenz, Rechtsperson und subjektives Recht. Zur Wandlung der Rechtsgrundbegriffe, 1935, 21.

18 „So wenig also die Rechtsfähigkeit jedem Menschen als solchem zusteht, so wenig bedeutet sie für jeden Volksgenossen das gleiche. Sie ist niemals die Fähigkeit, Subjekt *aller* nur denkbaren Pflichten und Rechte zu sein, sondern *immer die Fähigkeit zu bestimmten Gliedstellungen innerhalb der Volksgemeinschaft*, die teils allen Volksgenossen offen stehen, teils an weitere Voraussetzungen geknüpft sind", Larenz, Rechtsperson und subjektives Recht, 22 f.

19 F. Schaffstein, Das subjektive Recht im Strafrecht, in: Dt. Rechtswissenschaft, I, 1936, 45.

20 Bartsch, Das „gesunde Volksempfinden" im Strafrecht, 13.

21 „Die Weltanschauung des Liberalismus stellte den Einzelnen in den Mittelpunkt seiner Betrachtung. [...] Der Staat wurde als eine auf vernunftgemäßer vertraglicher Grundlage bestehende Vereinigung betrachtet. Seine Aufgabe war größtmöglicher Schutz des Einzelnen unter weitestmöglicher Sicherstellung des Einzelnen vor staatlichem Zwang. Dagegen steht im Mittelpunkt der nationalsozialistischen Weltanschauung das Volk, und zwar das Volk, wie es die nationalsozialistische Weltanschauung in seinen drei Wesensmerkmalen sieht...", „Blut", „Boden" und Sitte, s. Bartsch, Das „gesunde Volksempfinden", 11 f.

sie gemeinschaftsbildende und -formende Kräfte seien, die als „völkisches Lebensgesetz" *über* dem bewussten Zutun der Menschen stehen, und von denen sich der in der Gemeinschaft eingebundene Einzelne nicht emanzipieren könne.

Diese übersteigerte Skepsis gegenüber rationalen und zweckgerichteten Verbindungen fand zur NS-Zeit ihren Höhepunkt und wurde auch in Bezug auf menschengemachte Kulturprodukte – wie den rechtlichen Normenkomplexen – thematisiert: Es sei nicht angängig, davon auszugehen, als „...sei das Strafrecht ein künstlich geschaffener, rationalen Zweckerwägungen entspringender Normenkomplex".[22] Denn über allen Zweckerwägungen stehe als „ursprüngliche Sinngebung" der Geist des Volkes. Wie ein Volk über den Wert und die Ehre einer Person oder die Bestimmung des Eigentums denke, das finde in der Rechts- und Sittenordnung schon einen bestimmten, *vordefinierten* Ausdruck, *bevor* es dem Individuum „zum deutlichen Bewußtsein gekommen ist".[23] Man kann ohne Übertreibung sagen, dass alles, was letztlich auf der persönlichen Willensautonomie fußte, als Ausdruck grenzenloser Selbstherrlichkeit und übergesteigertem Egoismus angesehen wurde.[24] Dies wurde als Folge der Denkkultur der Aufklärungszeit und des Liberalismus erachtet, die nun von der Weltanschauung des Nationalsozialismus überwunden werden musste. Der „liberalistische" Individualismus wurde durch den Grundsatz „Gemeinnutz geht vor Eigennutz" kompensiert.[25] Die Durchschlagskraft des Gemeinschaftsgedankens und die damit zusammenhängende negative Einstellung gegenüber dem Individualismus und Rationalismus begann nicht erst 1933, gleichwohl hier die Gemeinschaftsideologie und der Irrationalismus erstmals grundlegende Konsequenzen in Wissenschaft[26] und

---

22 Schaffstein, Das subjektive Recht im Strafrecht (Dt. Rechtswissenschaft, I ), 43.

23 Larenz, Volksgeist und Recht, in: Zeitschrift f. Dt. Kulturphilosophie, 1935, 44.

24 So gehe beispielsweise der privatrechtliche Begriff des „subjektiven Rechts" auf die Weltanschauung und Rechtsphilosophie des „Frühliberalismus" zurück. Das subjektive Recht sei unmittelbarer Ausdruck der Willensautonomie, der Selbstherrlichkeit und Selbstgenügsamkeit des Individuums und daher Selbstzweck, so Larenz, Gemeinschaft und Rechtsstellung (Dt. Rechtswissenschaft, I ), 32.

25 Unter dem Bekenntnis „Gemeinnutz geht vor Eigennutz" seien die Grundbegriffe nationalsozialistischer Geisteshaltung vereint: Ehre als Kern deutscher Würde, Treue zum Volk als Pflicht des Deutschen, Wahrung von Rasse und Erbgut etc., s. Crohne, Vorbereitung der Strafrechtspflege auf das Deutsche Strafgesetzbuch, in: Gürtner/Freisler, Das deutsche Strafrecht, 1936, 153; Diese „nationalsozialistische" Geisteshaltung fand ihren Niederschlag auch in Wörterbüchern: z. B. in Trübners Wörterbuch von 1939, Art. „gemein": „*Gemeingeist, Gemeinsinn, Gemeinnutz* und *gemeinnützig* sind in unseren Tagen zu neuem Leben erwacht", Bd. 3, 90.

26 Irrationalismus im Rechtsdenken zeigt sich in dem Zugeständnis, dass es Kräfte gibt, die zwar rational nicht fassbar und damit unerklärbar bleiben, aber dadurch dass sie in gewisser Weise wirksam sind (oder als wirksam erklärt werden), als Bausteine in wis-

Praxis hatten – wie beispielsweise die Statuierung des „gesunden Volksempfindens" in den Gesetzbüchern 1935. Der Mythus vom deutschen Wesen, das sich nur in der Gemeinschaft erfüllen könne[27], wurde von der zeitgenössischen Rechtshistorie nicht kritisch hinterfragt, sondern historisch legitimiert.[28] Dem germanisch-deutschen Recht wurde von der Rechtshistorie ein gemeinschaftsorientiertes Wesen zugeschrieben:

> „Der Gedanke des Contrat social ist gänzlich ungermanisch. Denn der Vertrag begründet erst Gemeinschaft, wo von Natur Gemeinschaft fehlt. Er kann daher dort nicht an erster Stelle stehen, wo die Gemeinschaft es schon tut, wie dies im Deutschen also ist".[29]

In der aktuellen Rechtsgeschichtsforschung heißt es dazu, dass die politische Dimension der Betonung eines genuin germanisch-deutschen Rechtsgedankens sich gerade daraus ergibt, dass die Begriffe „deutsch" und „deutschrechtlich" als Gegenpositionen gegen das gesamte Spektrum liberaler, aufklärerischer, individualistischer und demokratischer Gedanken dienen.[30] So können rechtshistorische Argumente – wie beispielsweise die obige Aus-

---

senschaftlichen Theorien eingeflochten werden, und aus diesen nicht länger ausgeschlossen bleiben: 1938 leitete Karl Peters das „gesunde Volksempfinden" aus dem „Volksgeist" ab. Er betonte, dass sich zwar der Begriff „Volksgeist" gegen eine eindeutige, klare und rationell erfassbare Bestimmung sträubt. Aber nicht auf eine eindeutige Definition komme es an, „[vielmehr] müssen wir uns damit begnügen, daß Geschichte, Erfahrung und Leben immer wieder die Wirksamkeit eines das Volk als Einheit kennzeichnenden Denkens, Fühlens und Wertens, eben des Volksgeistes, erweisen", s. Peters, Das gesunde Volksempfinden, 340.

27 „Der Volksgenosse ist [...] Mitträger des Lebens der Volksgemeinschaft, in die er hineingeboren wird, die ihm im Blute liegt, in der sich sein eigenes Wesen allein entfalten kann", Larenz, Gemeinschaft und Rechtsstellung (Dt. Rechtswissenschaft, I ), 32.

28 Letztlich war die historische Legitimierung der politischen Realität zur NS-Zeit gewollt und diktiert. Hans Frank, Reichsminister und Präsident der Akademie für Deutsches Recht, erwartete auf dem 5. Deutschen Rechtshistorikertag in Tübingen 1936 von den deutschen Rechtshistorikern die Lieferung der „geistigen Waffen" für den „letztlich entscheidenden Existenzkampf": Die Wissenschaft dürfe sich nicht von der Gemeinschaft des geschichtlichen Erlebnisses des Volkes entfernen. Frank schloss mit der Versicherung, dass der Führer und die Reichsregierung gerade in der Rechtsgeschichte ein Fundament des gesetzgeberischen Wirkens im nationalsozialistischen Reich erblicken, s. H. Conrad/G. Dulckeit, ZRG RA 57, 1937, 534-543, (534).

29 W. Schönfeld, Das Rechtsbewußtsein der Langobarden auf Grund ihres Edikts, 1934, 25.

30 Klippel, Subjektives Recht und germanisch-deutscher Rechtsgedanke, (A. 14, Kap. Einleitung dieser Arbeit), 41.

sage des Rechtshistorikers Schönfeld – eine Bedeutung als Legitimation der angestrebten nationalsozialistischen Rechtserneuerung gewinnen.

Für die große Durchschlagskraft der Volksgemeinschaftsideologie zur NS-Zeit sind allgemeine kulturspezifische Erörterungen um das Verhältnis zwischen dem Einzelnen und dem größeren Ganzen (Familie, Gemeinschaft, Volk) *vor* 1933 wichtig geworden.[31] Ein Aspekt ist hierbei besonders herauszuheben: die Frage nach den gemeinschaftsbildenden Kräften. Kulturspezifische Leitideen – ein gewisses Menschenbild[32] oder Überlegungen zum Aufbau, Sinn und Zweck von Gemeinschaften etc. – können für die Staats- und Rechtsgestaltung bedeutsam werden, weil sie das Vorverständnis prägen, aus dem heraus bestimmte aktuelle Sachverhalte für wichtig gehalten oder überhaupt erst problematisiert werden. Nach diesen Leitbildern bemisst es sich auch, welcher Lösung die erkannten Probleme zugeführt werden und in welchen Begriffen diese Lösungen gesucht und gedacht werden.[33]

Im Hinblick auf die gemeinschaftsbildenden Kräfte ist die Unterscheidung zwischen Gesellschaft und Gemeinschaft, die in Verbindung mit dem Erfolg der gleichlautenden Schrift des Soziologen Ferdinand Tönnies von 1887 steht, wichtig geworden. Tönnies hatte zwischen den gemeinschaftlichen und gesellschaftlichen Verhältnissen und Verbindungen unterschieden. Erstere sind diejenigen der Abstammung, der Nachbarschaft und der Freundschaft, d.h. des Bewusstseins der geistigen Nähe und Verwandtschaft. Letztere sind ihrer Art nach rational beschaffen, da sie sich durch den vernünftigen Willen der beteiligten Individuen bilden.[34] 1872 hatte Gustav Rümelin in seiner Rede „Über den Begriff des Volkes" die Frage gestellt: „Machen wir das Volk oder macht das Volk uns?" Für ihn gab es drei gemeinschaftsbildende Faktoren:

---

31 Zu „Volk" und „Gemeinschaft" als den Grundbegriffen antidemokratischen Denkens zur Weimarer Zeit, s. K. Sontheimer, Antidemokratisches Denken in der Weimarer Republik, 1962, 308 ff.

32 „Das Recht ist nicht autonom. [...] Es ist zugleich ein Bekenntnis derjenigen Grundanschauungen, die in einem Rechtskreis und von einzelnen Menschen als Selbstverständlichkeiten vorausgesetzt werden. [...] Das Recht wächst nicht von selbst. Was für ein Recht ich habe, hängt davon ab, welche Vorstellungen ich vom Wesen und Sinn des Menschen hege", H. Hattenhauer, Die geistesgeschichtlichen Grundlagen des deutschen Rechts, 1983, Rdnr. 384 f.

33 R. Zippelius, Die Bedeutung kulturspezifischer Leitideen für die Staats- und Rechtsgestaltung, 1987, 22; s. auch E. Döhring, Die gesellschaftlichen Grundlagen der juristischen Entscheidung, 1977, 62 f.

34 F. Tönnies, Die Entstehung meiner Begriffe Gemeinschaft und Gesellschaft, in: Kölner Zeitschrift f. Soziologie u. Sozialpsychologie, 1955, 463-467 (464); ders.: „Ich habe immer alle Versuche, durch Machtgebot oder Gesetz [...] sozusagen aus dem Handgelenk eine Volksgemeinschaft zu schaffen, für verfehlt und unbedacht gehalten, um so mehr, mit je größeren Ansprüchen sie auftreten", ebd., 465 f.

den „Trieb der Gruppierung“ und Abgrenzung[35], das subjektive Zusammengehörigkeitsgefühl und die objektiven Merkmale wie Sprache, Boden etc. Das subjektive Zusammengehörigkeitsgefühl resultiert für ihn aus der Suche nach geistiger Anlehnung.[36] Objektive Merkmale stehen in der zweiten Reihe, weil sie „für sich kein Band der Gemüter, aber eine Verflechtung der Interessen und Gewöhnungen bewirken...“.[37] Die Zugehörigkeit zu einem Volk erfordert vor allem die „subjektive Empfindung“:

> „Mein Volk sind diejenigen, die ich als mein Volk ansehe, die ich die Meinen nenne, denen ich mich verbunden weiß durch unlösbare Bande“.[38]

Für Rümelin konstituiert sich „Volk“ wesentlich durch dieses subjektive Zusammengehörigkeitsgefühl. Damit ist auch die vorangestellte Frage beantwortet: Das Volk wird von den Menschen gemacht aufgrund der menschlichen Freiheit, die sich über die kulturellen Bindemittel der Sprache, Bildung, Sitte, des Bodens usw.[39] erheben kann. Die Freiheit wird aber kanalisiert durch den Drang einer bestimmten Gruppe anzugehören, die dem Menschen einen geistigen Halt zu geben vermag. Diese Gruppenzugehörigkeit ist somit selbst gewählt, d.h. abhängig von meinem Willen. Vor diesem Hintergrund lehnte Rümelin Vorstellungen ab, die auf biologischen Analogien beruhen und das Volk als Organismus zu einem „beseelten Einzelwesen“ stilisieren, dem gegenüber dem Individuum die eigentliche Realität zukomme:

> „Wenn man aber mit diesem Bild nun vollends soweit Ernst machen will, daß man das Volk zu einem Individualbegriff, zu einem beseelten Einzelwesen von einer höheren Ordnung der Geisteswelt steigert, dem gegenüber von den atomistischen

---

35 „Dem Sich anschließen wollen ist untrennbar gleich das Sich abschließen wollen beigesellt“, G. Rümelin, Über den Begriff des Volkes (Kanzlerreden), 73.

36 Ebd., 77.

37 Ebd., 79.

38 Ebd., 79 f.

39 „Nicht jeder Ort, wo man geboren ist, ist eine Heimat, nicht jedes Land der Väter auch ein Vaterland. Ich kann durch die Gemeinschaft von Staat und Recht an solche gekettet sein, deren Sprache ich nicht verstehe, deren Sitte, Bildung und Glaube mir fremd ist. Die menschliche Freiheit steht wieder über allen diesen Anziehungskräften....“, Rümelin, Über den Begriff des Volkes, 79; vgl. aber die negative Einstellung zu den „subjektiven Merkmalen“, die auch eine Zugehörigkeit zu einem Volk bestimmen können in nationalsozialistischer Zeit bei Huber: „Dieser voluntaristische Volksbegriff ('zum Volk gehört, wer dazu gehören *will*') führt zum extremen Individualismus. [...] Doch ist diese Auffassung gerade in Deutschland im Begriff der *Kulturnation* lange Zeit bestimmend gewesen. Als Deutscher erschien, wer sich zur deutschen Kultur und damit zum deutschen Volke bekannte“, Verfassungsrecht des Großdeutschen Reiches, 152.

wechselnden Individuen die wahre und eigentliche Realität zukomme, dann gestehe ich mit meinen Gedanken zu solcher Höhe nicht mehr nachfolgen zu können. Von einem Volksgeist, Volkscharakter, einer Volksseele können wir nur in demselben Sinn reden, in welchem wir dies auch vom Geist eines Zeitalters, vom Charakter einer Gegend, Versammlung, von der Seele eines Gedichtes tun".[40]

In seiner Arbeit „Das Wesen der menschlichen Verbände" von 1902 bedient sich der Germanist Otto von Gierke biologischer Analogien, um seine These von der leiblich-geistigen Existenz der Gemeinschaften anschaulich zu machen.[41] Zwischen Individuum und Gemeinschaft finde

„...ein geistiger Zusammenhang [statt], der durch psychisch motivirtes Handeln hergestellt und gestaltet, bethätigt und gelöst wird".[42]

Die Gemeinschaft falle nicht mit der Summe der sie bildenden Individuen zusammen, sondern sei ein „Ganzes mit überindividueller Lebenseinheit".[43] Den Beweis dafür erbringt Gierke mittelbar über die „Gemeinschaftswirkungen" *im* Individuum:

„Denn wir finden die Realität der Gemeinschaft auch in unserem Bewusstsein. Die Eingliederung unseres Ich in ein gesellschaftliches Sein höherer Ordnung ist für uns ein inneres Erlebnis. Wir empfinden uns als ein in sich beschlossenes Selbst, aber wir empfinden uns auch als Theil eines in uns wirkenden lebendigen Ganzen".[44]

---

40 Rümelin, Über den Begriff des Volkes, 83.

41 O. v. Gierke, Das Wesen der menschlichen Verbände, 1902, 12.

42 Ebd., 16; In seiner Habilitationsschrift „Das deutsche Volk als Rechtsbegriff im Reichs-Staatsrecht der Gegenwart" von 1927 ging auch der Jurist Hans Liermann von einer umfassenden psychischen Wechselwirkung aus, die „jene geistige Gemeinschaft auslöst, welche die Masse zum Volke macht", diese psychische Massenerscheinung, die von den Einzelnen in ihrer Gesamtheit getragen ist, könne man „Volksgeist" oder „Volksseele" nennen, 20.

43 Gierke, Wesen der menschlichen Verbände, 21.

44 Ebd., 21; Die Vorstellung von einer *realen* Wechselwirkung zwischen den Einzelnen und dem „Gemeingeist" des gesellschaftlichen Körpers tauchte schon beim Soziologen Albert Schäffle und seinem Werk „Bau und Leben des socialen Körpers" von 1875 auf, das wegen der darin enthaltenen biologischen Analogien für Aufruhr gesorgt und zu einer Kürzung der 2. Auflage von 1896 geführt hatte: „Allerdings Gemeingeist, Collektivkraft, 'objektiver' Geist oder wie man die Erscheinung sonst nennen mag, ist nicht in einem Sinne anzunehmen, wonach derselbe, ohne vermittelnde reale Wechselwirkungen zwischen Einzelnen, *über* Allen als ein Einfaches schwebte, nicht *in* Vielen zugleich wirkte, also *nicht* als ein System individueller geistiger Spannkräfte, vorhanden wäre", 1. Bd. 1. Aufl., 1875, 420.

Gierke betont, dass die Zugehörigkeit des Individuums in größeren Gemeinschaften, wie Familie, Genossenschaften, Berufsgemeinschaften, Volk etc., nicht bloß auf „äussere Ketten" basiert, sondern auch auf diesen psychischen Zusammenhängen, die in das Innerste des Menschen hineinreichen und so zu integrierenden Bestandteilen seines geistigen Wesens werden.[45] Diese psychischen Wirkungen im Individuum gehen von den höheren Lebenseinheiten aus:

> „Denn diese Wirkungen bestehen in leiblich vermittelten psychischen Vorgängen. Darum sprechen wir nicht nur von den gesellschaftlichen Körpern und ihren Gliedern, sondern auch von der Volksseele, Volksempfindung, Volksüberzeugung und Volkswillen, von Standesgeist, Korpsgeist und Familiengeist u.s.w.".[46]

Es gibt nach Ansicht Gierkes eine Lebenseinheit jenseits der Lebenseinheit des Individuums, der *Realität* zukommt und die darüber hinaus fähig ist, einen überindividuellen Willen hervorzubringen, der unter Umständen mit dem persönlichen Willen des Einzelnen in Kollision geraten kann. Daher bezeichnet Gierke „Volksseele", „Volksempfindung" etc. im Gegensatz zu Rümelin als

> „...sehr lebendige psychische Mächte, deren Realität wir nicht am wenigsten dann empfinden, wenn wir, von unserer Individualität Gebrauch machend, uns gegen sie auflehnen".[47]

Zur Zeit des Nationalsozialismus wurde das Argument, dass es nicht äußere Ketten sind, die das Einzelne an das größere Ganze binden, beibehalten. Während aber noch für Gustav Rümelin die menschliche Freiheit über alle kulturellen Bindemittel erhaben war, und die Zugehörigkeit zu einem Volk letztlich eine selbst gewählte war, ist diese menschliche Freiheit als Voraussetzung für die Volkszugehörigkeit im Nationalsozialismus verschwunden. In den kulturphilosophischen Erörterungen von Karl Larenz heißt es: Ohne seinen freien Willen sei der Mensch durch Geburt in eine bestimmte Gemeinschaft hineingestellt, die er als „Bluts-, Geistes- und Schicksalszusammenhang" verstand.[48] Dieser Zusammenhang zwischen dem Einzelnen und der Gemeinschaft sei kein äußerlicher, sondern ein substanzhafter Zusammenhang, der unabhängig vom persönlichen Willen des Einzelnen sei und das Wesen des Individuums bestimme: „Ich bin nur dieses Ich als Sohn meines

---

45 Gierke, Wesen der menschlichen Verbände, 21 f.
46 Ebd., 22.
47 Ebd., 22.
48 Larenz, Volksgeist und Recht, 41.

Volkes".[49] Hier liegt die kulturphilosophische Fundierung der völkischen Staatslehre.[50]

Die Rechtsvorstellung, die dem Topos „gesundes Volksempfinden" zugrunde liegt, zeichnet sich durch folgende Komponenten aus:

1. „Gesundes Volksempfinden" hat das völkische Kollektiv als letzte Instanz zum Rechtsfindungsorgan erhoben. Als solches ist es auf das eigene Volk beschränkt und nur für dieses gültig. In den Begriff „Volk" ist die Vorstellung eines überpersönlichen „Gemeingeistes" eingeflossen. Entgegen „sensus communis"/"common sense"/"bon sens" besitzt aber „Gemeingeist" keine allgemeinmenschlichen und damit übernationalen Qualitäten, sondern ist eben auf dieses bestimmte, historische Volk beschränkt. „Gemeingeist" ist Ausdruck der Volksindividualität, die aus dem Volksgeist entspringt, dem „Geist einer *bestimmten* Gemeinschaft".[51] Die Berufung darauf schafft im Individuum ein Bewusstsein von der Zugehörigkeit zu diesem durch den „Gemeingeist" repräsentierten Volk. Diese Bewusstwerdung kann vom Individuum als eminent belangvoll angesehen werden, da damit tiefere Schichten des menschlichen Erlebens angesprochen werden.[52] „Gesundes Volksempfinden" tritt nicht als artikulierte und sich immer neu konstituierende Auffassung über Gesetz, Moral, Recht etc. zutage.[53] Das „gesunde Volksempfinden" fällt weder mit den persönlichen Richtigkeitsvorstellungen[54] noch mit dem „Empfinden der großen Mehrheit der Volksgenossen"[55] zusammen. „Gesundes Volksempfinden" ist ei-

---

49 Larenz, Volksgeist und Recht, 42.

50 Vgl. Huber und seine negative Einstellung zum subjektiven Zugehörigkeitsgefühl als Merkmal der Volkszugehörigkeit im „Verfassungsrecht des Großdeutschen Reiches" von 1937/39, s.o. A. 39.

51 Larenz, Volksgeist und Recht, 43.

52 „Aber es giebt [sic] Stunden, in denen sich uns der Gemeinschaftsgeist mit elementarer Kraft in fast sinnenfälliger Gestalt offenbart und unser Inneres so erfüllt und überwältigt, dass wir unser Einzeldasein kaum noch als solches empfinden. Eine geweihte Stunde solcher Art durchlebte ich hier in Berlin unter den Linden am 15. Juli des Jahres 1870", Gierke, Wesen der menschlichen Verbände, 22.

53 Analog der Bildung des moralischen Urteils im Sinn von Carl Ludwig von Bar: Damit das moralische Urteil des Einzelnen sich an dem moralischen Urteile der Übrigen in einer Gesellschaft bilden kann, muss eine *gewisse Mitteilung und Öffentlichkeit des moralischen Urteilens* gewährleistet sein (Geschichte des Deutschen Strafrechts und der Strafrechtstheorien, 1882), 316.

54 „Und dann muß der Richter sich davor hüten, seine eigene Anschauung und sein Empfinden ohne weiteres als gesundes Volksempfinden anzusehen", R. Freisler, Volk, Richter und Recht (Dt. Justiz, 97. Jg., 1935), 1163.

55 Bei der Frage, ob eine Tat nach „gesundem Volksempfinden" Bestrafung verdient, „...wird zu beachten sein, daß das gesunde Volksempfinden sich nicht unbedingt mit

ne „innere geistige Ausrichtung" aller Gemeinschaftsglieder und will keine durchschnittliche Meinung repräsentieren.[56] Daher ist mit diesem Begriff ein absoluter Geltungsanspruch verbunden, der sich über jegliche Argumentation erhebt und Übersubjektivität, die wie bei „common sense" erkenntnissichernd wirken könnte, überflüssig macht. Als übergesetzliche Instanz erhebt das „gesunde Volksempfinden" den Anspruch auf *Infallibilität.*

2. „Gesund" setzt seinem Begriff nach voraus, das „Gesunde" vom „Kranken" zu trennen und eine Wertung vorzunehmen: „Die Feststellung der Übereinstimmung mit dem gesunden Volksempfinden ist eine *wertende* Feststellung".[57] Sie entspricht dann eher dem „Gesunden", wenn sie einem *unverbildeten Gefühl* entspringt und nicht dem „Dünkel der ratio".[58] „Empfinden" steht in einem antagonistischen Verhältnis zu Verstand und Wille. 1938 versucht Karl Peters zu beschreiben, was das „gesunde Volksempfinden" vom Richter im Akt der Rechtsanwendung verlangt: „Demgegenüber verlangt unser Strafrecht nicht die Erkenntnis des Volksgeistes aus dem Willensakt, sondern verweist den Rechtsanwendenden auch auf das noch nicht Gestalt gewordene Empfinden des Volkes. Der Richter soll eine Entscheidung treffen, die der Volksgeist noch nicht vor-

---

dem Empfinden der großen Mehrheit der Volksgenossen zu decken braucht", Amtliche Sonderveröffentlichungen der Deutschen Justiz, Heft 10, Die Strafrechtsnovellen v. 28. Juni 1935 und die amtlichen Begründungen zu diesen Gesetzen, 29.

56 „Das Wort 'Anschauung' darf dabei aber auch nicht etwa in einem rein psychologischen Sinn verstanden werden. Es handelt sich nicht um eine durchschnittliche Meinung, um eine bloß tatsächliche Überzeugung einiger oder vieler oder aller, sondern um die innere geistige Ausrichtung und Haltung unseres völkischen Gesamtdaseins...", Larenz, Gegenstand und Methode des völkischen Rechtsdenkens, 1938, 11 f.

57 Amtliche Sonderveröffentlichungen der Deutschen Justiz, Heft 10, 29; J. Gernhuber: „Der als psychologische Realität gesetzte Volksgeist barg in sich ferner keinen Maßstab, an dem er selbst gemessen werden konnte, wenn es galt, die wandelbare Tagesmeinung von den bleibenden Gehalten und das „Kranke" vom „Gesunden" (= dem volksethisch Werthaften) zu scheiden" (Das völkische Recht, 1968), 175.

58 Der Richter wird „...mit untrüglich sicherem Gefühl [...] erkennen müssen, wo und worin er sich zum unbedingten Herrn und Meister des Rechtsganges erheben muß. Hat er sich eingefühlt in den Lebensvorgang, der seine Entscheidung heischt, so darf er nicht mehr gewähren lassen, sondern muß richten, d.i. Richtung geben. [...] Es gilt nicht mehr und nicht weniger, als den Dünkel der *ratio* als Alleinrichterin zurückzuführen auf das richtige Maß. Der Lebensvorgang selbst ist mit der reinen Verstandestätigkeit allein weder zu fassen noch zu begreifen, sondern vor allem aus der Einfühlung, der allseitigen Schau, zu der andere persönliche Fähigkeiten vonnöten sind als zur abstrakten Subsumtion", F. Rostosky, Recht und Rechtsgang als Erlebnis, in: Dt. Rechtswissenschaft, I, 1936, 156 f.

weggeformt hat, sondern noch in dem Fühlen und Denken des Volkes ruht, ohne daß es sich schon zur Regel konkretisiert hat".[59]

3. Im Gegensatz zum Begriff „*Rechtsüberzeugung*" als die „'unverrückbare' Meinung, daß die Rechtsordnung im Kern richtig sei, daß sie insoweit zu Recht Verbindlichkeit beanspruche, [...] und daß es sich lohne, sie aus eigenem Willen zu verwirklichen"[60] im Akt der Rechtsanwendung, ist das „*Volksempfinden*" weder einer objektiven Rechtsordnung noch allgemeinen Vorstellungen und Werturteilen verpflichtet.[61] 1936 sagte Karl Larenz, das Recht „...im objektiven Sinn ist uns nicht mehr die abstrakte Zwangsordnung, sondern die völkische Lebenswirklichkeit als konkret gestaltete Ordnung, in der jedes Gemeinschaftsglied seinen Platz hat".[62] Larenz deutet den Rechtsbegriff im *objektiven* Sinn um: Er erläutert diesen „neuen" objektiven Sinn des Rechts ausgehend von den Rechtsstellungen der Einzelnen im Ganzen: „Die Rechtsstellung ist die Stellung im Recht als der völkischen Lebensordnung und daher diese Ordnung selbst, gesehen vom Standpunkt des betreffenden Volksgenossen, sie ist Konkretion des Rechts der Gemeinschaft und daher Recht im 'objektiven' Sinn (dieses jetzt in der neuen Bedeutung verstanden); sie bleibt also an die völkische Gesamtordnung gebunden und wird immer durch sie bestimmt".[63]

Die suggestive Wirkung des Begriffes „gesundes Volksempfinden" liegt darin begründet, dass er glauben macht, er sei ein übergesetzliches Richtmaß, das allgemeinen Wertvorstellungen in der Rechtsanwendung Geltung verschaffen wolle. In diesem Zusammenhang hatte der Prozess der Ethisierung des Rechts eine vorbereitende Wirkung für die Durchsetzungskraft der Idee, dass neben dem Gesetz auch andere übergesetzliche Wertungsmaßstäbe ein verpflichtendes Moment für die richterliche Urteilsfindung beinhalten. Spätestens in der Weimarer Republik hatte sich die Vorstellung etabliert, dass für

---

59 Peters, Das gesunde Volksempfinden, 343.

60 P. Schneider, „...ein einzig Volk von Brüdern", Recht und Staat in der Literatur, 1987, 18.

61 *Leitsätze über Stellung und Aufgaben des Richters*: „Der Richter ist nicht als 'Hoheitsträger des Staates' über 'Staatsbürger' gesetzt, sondern er steht als Glied in der lebendigen Gemeinschaft des deutschen Volkes. Es ist nicht seine Aufgabe, einer über der Volksgemeinschaft stehenden Rechtsordnung zur Anwendung zu verhelfen, oder 'allgemeine Wertvorstellungen' durchzusetzen; vielmehr hat er die konkrete völkische Gemeinschaftsordnung zu wahren, Schädlinge auszumerzen, gemeinschaftswidriges Verhalten zu ahnden und Streit unter den Gemeinschaftsgliedern zu schlichten", in: Dt. Rechtswissenschaft I, 1936, 123.

62 Larenz, Gemeinschaft und Rechtsstellung (Dt. Rechtswissenschaft, I ), 39.

63 Ebd., 39.

die Verwirklichung von Recht im materiellen Sinne immer auch Übergesetzliches (über das persönliche Rechtsgefühl des Richters) einfließen muss.[64] Die Vorstellung eines „gesunden Volksempfindens" in dem Sinn eines konkreten Einfallstores für allgemeine Anschauungen über Sittlichkeit war insofern nichts Ungewöhnliches.[65] Dieses Übergesetzliche, das mit dem „gesunden Volksempfinden" verbunden war, war aber in Wirklichkeit ein trojanisches Pferd. Denn es sollte weder Ideen, Ideale noch eine besondere Ethik in das Recht transportieren und dort verwirklichen.[66]

Belegt wird dies durch die widersprüchlichen Aussagen zur NS-Zeit über die *Erkenntnisquellen* von „gesundem Volksempfinden", „Volksanschauung" oder „Volksüberzeugung": Einerseits wurde die „Volksüberzeugung" als wahre Quelle des Rechts postuliert, die mit den im Volk lebendigen, sittlichen Anschauungen zusammenhänge, und die ihrerseits auf die praktische Rechtsgestaltung Einfluss nehmen.[67] Andererseits wurde nun betont, dass diese „Volksüberzeugung" weder mit der persönlichen Richtigkeitsüberzeu-

---

64 Für die Zeit nach 1918 spricht der Rechtshistoriker H. Hattenhauer von einem Wandel des traditionellen Richterleitbildes. Ausgelöst wurde dieser Wandel im richterlichen Selbstverständnis durch den Ungehorsam gegenüber dem Inflationsgesetz von 1914. In einer Erklärung von 1924 drohte der Richterverein mit einem „Gesetzesungehorsam" für den Fall, dass das Parlament die Aufwertungsrechtsprechung des Reichsgerichts durch einen neuen Gesetzesakt umstoßen sollte. Hattenhauer konstatiert, dass die Richter „bestärkt durch das empörte Rechtsgefühl des Bürgers" im Namen der Sittlichkeit das Recht gegen das Gesetz ausspielten und damit die strenge Trennung zwischen Recht und Moral aufgaben, die seit Kant verbindlich gewesen war, s. Wandlungen des Richterleitbildes im 19. und 20. Jahrhundert, in: Dreier/Sellert (Hg.), Recht und Justiz im „Dritten Reich", 1989, 18 f.; s. auch Art. „Nationalsozialistisches Recht", Handwörterbuch zur deutschen Rechtsgeschichte (HRG): „Die Richterschaft hatte schon in der Weimarer Republik sehr weitgehend gegen den demokratisch legitimierten Gesetzgeber optiert, [...] so daß nunmehr die propagierte ‚Überwindung des engen Normativismus' durch Auslegung anhand der Topoi ‚konkretes Ordnungs- und Gestaltungsdenken', ‚Wille des Führers', ‚Bedürfnisse der Volksgemeinschaft', ‚Gemeinwohl', ‚Treu und Glauben', ‚Sittenwidrigkeit', ‚gesundes Volksempfinden' keine methodischen Schwierigkeiten mehr machte", Bd. III, Sp. 880 f.

65 In diesem Sinn verstand Karl Peters das „Volksempfinden" als „sittlich gegründetes Empfinden": „Das Hineinstellen des Ursprungs des Rechts in das Volk führt notwendigerweise zu einer Verbindung von Recht und Sittlichkeit", Das gesunde Volksempfinden, 1938, 340; s. Beispiele für die Berufung auf das Rechtsgefühl in der Gerichtspraxis: E. Riezler, Das Rechtsgefühl, 2. Aufl., 1946, 182 ff.

66 Vgl. Leitsätze über Stellung und Aufgaben des Richters, 1936, s.o. A. 61.

67 „Da die Volksüberzeugung die wahre Quelle des Rechts ist, hängt die Gestaltung des Rechts wesentlich auch mit den im Volk lebendigen, sittlichen Anschauungen zusammen", Einige Leitsätze aus der Denkschrift des Preußischen Justizministers Hanns Kerrl „Nationalsozialistisches Strafrecht", in: Gürtner/Freisler, Das neue Strafrecht, 7.

gung[68], noch mit den tatsächlich herrschenden Anschauungen im Volk, auch wenn diese von der Mehrzahl der Volksgenossen getragen werden[69], oder mit einem „Empfinden der großen Mehrheit der Volksgenossen“[70] zusammenzufallen brauche. Vor diesem Hintergrund scheint es somit sicher zu sein, dass es bei dem „gesunden Volksempfinden“ gar nicht darum ging aufzuzeigen, *wie* „gesundes Volksempfinden“ analog zu „Treu und Glauben“, „gute Sitten“ etc. im Akt der Rechtsanwendung annähernd bestimmt und konkretisiert werden könnte. Die besondere Bedeutung des Begriffes und seine einzige und konkrete Zielsetzung lag vielmehr darin, ein permanentes Streben *zum* „gesunden Volksempfinden“ beim Richter zu gewährleisten.[71]

Die Wissenschaft reagierte größtenteils mit Schweigen, was letztlich die tiefe Verunsicherung gegenüber dem, was das „gesunde Volksempfinden“ eigentlich repräsentierte, deutlich macht. In einer Arbeit aus dem Jahre 1944 schrieb der Jurist Ferdinand Kadecka, dass obgleich der Paragraph 2 StGB nun seit mehreren Jahren in Geltung sei, man bezüglich seiner Anwendung von einer Klarheit weit entfernt sei. Diese Frage sei fast nie geprüft, vielfach werde sie als indiskutabel behandelt, und die meisten literarischen Äußerungen gingen ihr aus dem Weg.[72] Eines hingegen war sicher: „Gesundes Volksempfinden“ repräsentierte keine unabhängige Instanz, die auf der richterlichen Unvoreingenommenheit fußte: „*Die Justiz mit verbundenen Augen ist nicht unsere Justiz*“, hieß es 1936.[73] Wenn Freisler dezidiert den neuen Strafrechtsgrundsatz des § 2 StGB als den tragenden Grundsatz „der strafenden Seite unserer Gemeinschaftsgesittung“ bestimmte, dann drückt „Gemeinschaftsgesittung“ in diesem Sinne Voreingenommenheit und Weltanschauung aus.[74]

---

68 Freisler, Richter, Volk und Recht, 1935, s.o. A. 54.

69 Larenz, Gegenstand und Methode des völkischen Rechtsdenkens, 1938, s.o. A. 56.

70 Amtliche Sonderveröffentlichungen der Deutschen Justiz, Heft 10, Die Strafrechtsnovellen v. 28. Juni 1935, s.o. A. 55.

71 „Natürlich soll *jeder deutsche Mann* und so auch *jeder Richter* danach streben, *sein Empfinden mit dem gesunden Volksempfinden stets in Übereinstimmung zu bringen.* Aber er darf nicht meinen, daß ihm das ein für allemal gelungen wäre, er muß vielmehr wissen, daß dieses Ziel *vollkommen* von ihm nie erreicht werden wird, und darin eine stete Mahnung zur Überprüfung seines Empfindens auf sein Übereinstimmen mit dem gesunden Volksempfinden erblicken“, Freisler, Volk, Richter und Recht, 1163.

72 Kadecka, Gesundes Volksempfinden und gesetzlicher Grundgedanke, in: Zeitschrift für die gesamte Strafrechtswissenschaft, 6.

73 Rostosky, Recht und Rechtsgang als Erlebnis (Dt. Rechtswissenschaft, I), 137.

74 Freisler, Grundlegende Denkformen des Rechts im Wandel unserer Rechtserneuerung, 1941, 22 f.

Für die vorliegende Untersuchung war die Frage wichtig, ob von den Gelehrten des 19. Jahrhunderts, die positiv auf ein „Volksrecht“ (G. Beseler) oder ein „Rechtsbewusstsein im Volke“ (J. D. H. Temme) rekurrierten, damit gleichzeitig auch eine höhere Wertigkeit übergesetzlicher Postulate – eingekleidet in Begriffe wie „Volksrecht“, „Volksbewusstsein“ etc. – gegenüber der Positivität (und damit auch der Machbarkeit) des Rechts behauptet worden ist. Der praktische Umgang mit Recht setzt voraus, dass angewandtes Recht auf die tatsächlich herrschenden Lebensverhältnisse passen muss, die es regeln soll. Vor diesem Hintergrund stellt sich die Frage, ob durch den Bezug auf Begriffe wie „Volksrecht“, „Rechtsbewusstsein im Volke“ etc. die gelehrte Rechtsüberzeugung als eine Erkenntnisquelle lediglich durch eine weitere Quelle ergänzt, oder ob sie in einem weiter reichenden Sinn in ihrer Geltung zurückgedrängt werden sollte. Letzteres kann für Beseler verneint werden.

Es gibt aber Wissenschaftler, wie beispielsweise den Strafrechtler Carl Joseph Anton Mittermaier, bei dem in Bezug auf das „Volksrechtsbewusstsein“ die Tendenz des Zurückdrängens des gelehrten Judiziums, das sich auf das Gesetz als primäre Erkenntnisquelle stützt, nachweisen lässt.[75] Auch der Münsteraner Oberlandesgerichtspräsident Temme konstatierte, dass er in seinem 1853 erschienenen „Lehrbuch des preußischen Strafrechts“, „die Auslegung und Anwendung des neuen preußischen Strafgesetzbuchs durchgängig auf das im Volke lebende Rechtsbewußtsein hinzuleiten suchte“.[76] Hier heißt es weiter, dass sich in der deutschen Rechtswissenschaft die Auffassung mehr und mehr Bahn breche, dass das wahre Recht nur dasjenige sein könne, das in dem allgemeinen Rechtsbewusstsein lebe. Für ihn gehe das Anerkennen dieser Erkenntnis nicht eigentlich auf die historische Rechtsschule zurück, sondern auf andere Richtungen in der Rechtswissenschaft: die *Strafrechtslehre*.[77]

---

[75] Zu Mittermaier und seiner Einschätzung zum Verhältnis zwischen Gesetz und „Volksrechtsbewusstsein“, s. Kap. IV.1. dieser Arbeit, A. 85.

[76] J. D. H. Temme, Die Berufung auf das Rechtsbewußtsein im Volke, in: Archiv des Criminalrechts, N.F. 1854, 586; *zu seiner Person*: E. Döhring, Geschichte der deutschen Rechtspflege seit 1500, 450.

[77] Temme verweist u.a. auf Mittermaier, s. Die Berufung auf das Rechtsbewußtsein im Volke, 586; zu Mittermaier, s. Kap. II.6. und Kap. IV.1. dieser Arbeit.

## 2. BEGRIFFSWELT UND WIRKLICHKEITSBETRACHTUNG DES „COMMON SENSE“ – REZEPTION IN DEUTSCHLAND UND AUSWIRKUNGEN AUF DIE BEGRIFFE „GEMEINER VERSTAND“ UND „GEMEINSINN“ ALS SOZIALGEFÜHL

Wann und wo der Gesamtausdruck „gesundes Volksempfinden“ das erste Mal verwendet wird, lässt sich mit absoluter Gewissheit nicht ermitteln. Obwohl schon Herder den Begriff der „Volksempfindung“ kannte und als erster von einer „Volksseele“ gesprochen hatte,[78] taucht der Gesamtausdruck „gesundes Volksempfinden“ im juristischen Kontext relativ spät auf. Hier ist der Ausdruck eingebettet in die Kontroverse, ob Schwurgerichte oder Schöffengerichte zweckdienlicher sind und bezeichnet das Rechtsempfinden der Laien.[79] In den juristischen Texten des ausgehenden 18. und beginnenden 19. Jahrhunderts erscheint der Gesamtausdruck „gesundes Volksempfinden“ nicht. Gelehrte, die sich zu dieser Zeit mit Fragen des Rechts und der Moral auseinandersetzen, argumentieren mit Begriffen wie „gesunder Menschenverstand“,[80] „Gemeingeist“,[81] „gesunde Vernunft des Volkes“[82], „Rechtsge-

---

78 Art. Volk, Trübners Deutsches Wörterbuch, Bd. 7, 1956, 692.

79 In einem Aufsatz mit dem Titel „Vom Richtertume“ von v. Pfister (Landgerichtsrat in Darmstadt), in: Mittermaier/Liepmann (Hg.), Schwurgerichte und Schöffengerichte, 1908, Bd. I: „das gesunde Volksempfinden des Laienrichters“, 665.

80 So einige naturrechtliche Juristen des 18. Jahrhunderts, wie zum Beispiel der Privatrechtler Justus Friedrich Runde und seine Kritik gegenüber den gelehrten Richtern, die es nicht gewohnt seien, sich ihres „gesunden Menschenverstandes“ zu bedienen, und stattdessen „Vorurteilen“ nachhängen: W. Neusüss, Gesunde Vernunft und Natur der Sache. Studien zur juristischen Argumentation im 18. Jahrhundert, 1970, 97.

81 Kernfrage des Reformprogramms vom Freiherrn vom Stein war die Frage „Wie kann der Gemeingeist wieder belebt werden?“, s. D. Schwab, Die „Selbstverwaltungsidee“ des Freiherrn vom Stein und ihre geistigen Grundlagen, 1971, 28.

82 „Archiv für die civilistische Praxis“: „Es ist das Archiv nicht sowohl für den Kreis academischer Rechtslehrer berechnet, als vorzüglich dahin, den Sinn einer historisch-theoretisch-praktischen Rechtswissenschaft in dem Kreise der Richter und Advocaten zu erhalten und zu erwecken, insonderheit aber auch diejenigen jungen Rechtsmänner gegen Schlaffheit und Schlendrian zu sichern, welche von der Hochschule in das praktische Leben hinüber treten, und mit diesem Schritt, gewöhnlich und leider! den aufgeregten Sinn für Rechtswissenschaft verlieren, indem sie in den nicht kleinen Haufen derjenigen oberflächlichen Formsclaven eintreten, die Juristen sich nennend, das Recht mißhandeln und tödten, so daß es der gesunden Vernunft des Volkes als Unrecht und als eine zu verbannende Plage erscheinen darf und muß“, 1. Heft, 1818, Einleitung, aus Hattenhauer, Geistesgeschichtliche Grundlagen des deutschen Rechts, Rdnr. 248.

fühl“[83]. Später spricht man dann auch von einem „Rechtsbewußtsein im Volke“[84]. Zu dieser Zeit fehlt die Vorstellung, dass die eben aufgezählten Begriffe mit einem überpersönlichen Geist des Volkes verflochten sind, der sich substanzhaft *im* Individuum befinde und in einer rational nicht genau erklärbaren Weise in ihm wirke. Die eben aufgezählten Begriffe rekurrieren zu Beginn des 19. Jahrhunderts in erster Linie auf die Erkenntnisart des Individuums und die Art, wie der Mensch der Welt zugewandt ist. Im juristischen Kontext dieser Zeit hat insbesondere die Erkenntnisart des „gemeinen gesunden Menschenverstandes“ eine wichtige Rolle gespielt, die der Erkenntnisart des „wissenschaftlich gebildeten Verstandes“ entgegengesetzt wurde.[85]

In einer aktuellen Arbeit zum Thema „Common Sense“ konstatiert die Autorin Helga Albersmeyer-Bingen, dass Begriffe wie „gemeiner“ oder „gesunder Menschenverstand“, „Gemeinsinn“ oder „common sense“ Allgemeinheit, Intersubjektivität, Sozialität und Praxisbezug unterstellen.[86] Sie setzen innerhalb einer Gemeinschaft ein von allen Mitgliedern geteiltes Wissen voraus: „Auf solch fraglos Gewußtes verläßt sich auch der Gesetzgeber…“.[87] So enthalten die deutschen Gesetze zahlreiche Topoi, wie „Treu und Glauben“, „sittenwidriges Verhalten“ etc., die auf Basis dieses vorausgesetzten Wissens die richterliche Entscheidung anheim stellen. Auch der Begriff „gesundes Volksempfinden“ nehme auf dieses vorausgesetzte Wissen Bezug:

> „Kein Rechtssystem, selbst unser in hohem Maße kodifiziertes Recht nicht, kann auf einen Rückgriff auf das 'stille', gemeinschaftliche Wissen der Gesellschaftsmitglieder verzichten, wobei nochmals daran erinnert werden muß, daß dieser Rückgriff, abhängig von der politischen Verfaßtheit einer Gesellschaft, in Praxis totalitär pervertiert werden kann, wie z. B. der Begriff ‚gesundes Volksempfinden‘ im nationalsozialistischen Sprachgebrauch gezeigt hat“.[88]

---

83 Beispielsweise die Rheinische Immediat-Justizkommission in ihrem Gutachten über das französisch-rheinische Geschworenengericht von 1818, in: E. Landsberg (Hg.), Die Gutachten der Rheinischen Immediat-Justiz-Kommission und der Kampf um die rheinische Rechts- und Gerichtsverfassung 1814 - 1819, Bonn 1914, 177.

84 So J. D. H. Temme, Critik des Entwurfes des Strafgesetzbuchs für die Preussischen Staaten, 1843, VII; mit Temme und seinem starken Rekurs auf das „Rechtsbewußtsein im Volke“ setzt sich E. Osenbrüggen kritisch auseinander: Osenbrüggen, Die Berufung auf das Rechtsbewußtsein im Volke, in: Archiv des Criminalrechts, N.F. 1854, 152-170.

85 J. Zentner, Das Geschworenengericht mit Öffentlichkeit und Mündlichkeit, 1830, 439.

86 Albersmeyer-Bingen, Common Sense. Ein Beitrag zur Wissenssoziologie, 1986, 31.

87 Ebd., 32.

88 Ebd., 32.

In den deutschen Begriffen „gesunder Menschenverstand“ und „Gemeinsinn“ hatte sich im 19. Jahrhundert der Einfluss der englisch-schottischen Common-Sense-Philosophie niedergeschlagen. Besonders im Begriff „Gemeinsinn“ hat sich ein moralisch-politischer Sinn manifestiert, der sich trotz der andersartigen Akzentuierung, die beide Begriffe in der Kantischen Philosophie erfahren haben,[89] im juristischen Kontext des frühen 19. Jahrhunderts halten konnte und bei den Verfassern nachweisbar ist, die sich mit rechts- und gesellschaftspolitischen Fragestellungen befassten. Hier erscheint der Verweis auf den Gemeinsinn als Sozialgefühl synonym in Begriffen wie „Gemeingeist“ oder „Sinn für das Gemeinwesen“.[90] Die Hebung des Gemeinsinns im Individuum stand in diesen Texten im Vordergrund und diente der gesinnungsethischen Veredelung des Einzelnen. Die Idee war, dass ein moralisch guter Mensch gleichzeitig auch ein guter Bürger sei. Als eine dazu geeignete Erziehungsmaßnahme galt die aktive Teilnahme an den öffentlichen Angelegenheiten des Gemeinwesens.[91]

Der englische „common sense“ und sein französisches Pendant „bon sens“ und die im Vergleich dazu semantisch etwas anders akzentuierte deutsche Übersetzung „gesunder Menschenverstand“ führen teilweise die Traditionsstränge des älteren lateinischen Ausdrucks „sensus communis“ weiter, der auch eine allen gemeinsame Überzeugung, Meinung oder Ansicht repräsentiert, die nicht nur vorausgesetzt, sondern auch eingeklagt werden kann.[92] Dabei war seit Shaftesbury, dem Begründer der englischen Moralphilosophie (Lehre des „moral sense“), und Vico mit „common sense“/“moral sense“/“senso commune“ zudem die Annahme eines besonderen Sozialgefühls in Rücksicht auf das Gemeinwohl verknüpft. Die französische Begriffe „sens commun“ und „bon sens“ und dann auch der englische „common sense“ grenzten sich im 17. Jahrhundert inhaltlich ab gegen: Pedanterie, eingebilde-

---

89 Kant ordnete „Gemeinsinn“ in seinem Werk „Kritik der Urteilskraft“ (1790) seiner Theorie des Geschmacks unter.

90 „Gemeingeist“ bei Freiherr vom Stein, s.o. A. 81; „Sinn für das Gemeinwesen“ in den Gutachten der Rheinischen Immediat-Justizkommission über das Geschwornengericht, Landsberg, 181.

91 Der Gedanke der Erziehung nahm im Denken des Freiherrn vom Stein eine Schlüsselrolle ein, denn er war der Meinung, dass nur durch die Veredelung der Menschen die tragenden institutionellen Fundamente einer Gesellschaft wahrhaft gesichert werden: M. Herberger, Die Staats- und Gesellschaftstheorie des Freiherrn vom Stein, in: Rechtsgeschichte als Kulturgeschichte, FS f. Adalbert Erler, 1976, 611-648 (631).

92 Art. „Sensus communis“, Historisches Wörterbuch der Philosophie, Bd. 9, Sp. 630.

tes Scheinwissen, Voreingenommenheit, starke Leidenschaften, Einbildung, Streben nach Außergewöhnlichem.[93]

In der *cartesianischen Philosophie* wurde „bon sens“ bzw. „sens commun“ gegen die „docta ignorantia“ synonym zu „sens“, „raison“, „lumen naturale“ u.ä. gebraucht.[94] Motiviert war Descartes Berufung auf „bon sens“ durch die Vielfalt der philosophischen Schulen und den daraus entstehenden Meinungsdivergenzen. „Bon sens“ als die „allen Menschen gemeinsame Urteilskraft“ erhebt den Menschen generell über das Tier, und vorausgesetzt sie werde richtig angewandt, könne sie auch zu einem Instrument philosophischer Selbstvergewisserung werden.[95] Wo das gelehrte Wissen widersprüchlich erscheint, wird der „bon sens“ zum Führer und Aufklärer – zum „lumen naturale“ –, der im Gegensatz zu einem nach falschen Regeln der Logik geschulten oder von irrigen Prämissen und Vorurteilen ausgehenden Verstand besser zur Erforschung der Wahrheit geeignet sei.[96]

Durch den Religionsphilosophen *Claude Buffier* erfuhr der Begriff „bon sens“ eine Bedeutungsverschiebung. Für Buffier war „bon sens“ das natürliche Vermögen, das alle Menschen in den Besitz der „premières vérités“ im Sinn eines „gemeinsamen Wissensfundus“ bringt.[97] Die allen Menschen gemeinsamen Grundwahrheiten („premières vérités“) unterscheiden sich damit von den privaten Einsichten des „lumen naturale“ im Sinn von Descartes. Die Gewissheit der Wahrheit resultiert nicht mehr aus der privaten Einsicht des je einzelnen „sensus communis“, sondern wahr ist, „was auch von anderen überall und zu aller Zeit als feste Überzeugung vertreten wird“.[98] Buffier hatte starken Einfluss auf den Common-Sense-Philosophen und Begründer der „Schottischen Schule“ Thomas Reid.

Die positiven Konnotationen der Begriffe „bon sens“ und „sens commun“ des französischen Rationalismus wirkten sich positiv auf die Etymologie des englischen „common sense“ aus, so dass „common sense“ zum Synonym für

---

93 H. Körver, Common Sense, Die Entwicklung eines englischen Schlüsselwortes und seine Bedeutung für die englische Geistesgeschichte vornehmlich zur Zeit des Klassizismus und der Romantik, phil. Diss. Bonn 1967, 78.

94 Ebd., 72 f.

95 Albersmeyer-Bingen, Common Sense, 63.

96 Körver, Common Sense, 73; *zu den Auswirkungen auf die Rechtsgelehrsamkeit*: „Mit dem Wandel des Wahrheitskriterium vom aristotelischen *consensus omnium* zum *common sense* (Descartes) wurde der Disputation die gedankliche Grundlage entzogen. Nicht mehr im Streitgespräch war die Wahrheit durch Aufdeckung des consensus omnium aufzudecken, nun mußte es genügen, den Spruch der *gesunden Vernunft* in sich allein zu vernehmen“, Neusüss, Gesunde Vernunft und Natur der Sache, 28.

97 Art. Sensus communis, Historisches Wörterbuch der Philosophie, Bd. 9, Sp. 641.

98 Ebd., Sp. 641.

„judgement“, „reason“ und „right understanding“ avancierte.[99] Im 18. Jahrhundert erreichte „common sense“ in England den Höhepunkt seiner Aufwertungsentwicklung. Der Begriff avancierte zur geistigen und gesellschaftlichen Norm.[100] „Common sense“ war gleichbedeutend mit „the genuine uncorrupted judgment of all mankind“ (*Georg Berkeley*) und stand für diejenigen Überzeugungen, die von allen Menschen zu allen Zeiten für wahr gehalten werden, über die also ein „common consent“ besteht.[101] Man glaubte, dass der „common sense“ in der Lage sei, alle notwendigen Wahrheiten zu erkennen. Ein außergewöhnlicher Geist, Bildung oder ein umfangreiches Wissen seien nicht notwendig, sondern sogar eher hinderlich: Der „common sense“ repräsentierte Schlichtheit und Unvoreingenommenheit, wohingegen sich das besondere Wissen („learning“) sogar mit „prejudiced“, „false“ oder „corrupted“ verband.[102]

Durch *Giambattista Vico*, Lehrer der Rhetorik in Neapel, erhielt „sensus communis“ einen prinzipiell neuen Akzent. Vico kritisierte die Einseitigkeit des neuzeitlichen Wissenschaftsideals in seinem deterministischen Glauben an Naturgesetze und an die rational-experimentellen Erkenntnismethoden.[103] Der Geltungsanspruch des an den Erkenntnissen und Methoden der Naturwissenschaften orientierten Wissensbegriffs scheitere an der menschlichen Praxis, dem phronetischen Bereich menschlicher Klugheit, Gesellschaft und Geschichte.[104] Vicos Begriff des „senso commune“ griff auf dessen sozialethische Komponente der antiken Tradition zurück, die in der cartesianischen Philosophie weggefallen war.[105] „Senso commune“ war nicht mehr das cartesianische geistige Vermögen „de bien juger & distinguer le vray d'auec le faux“, sondern ein Sinn, der Gemeinschaft *erzeugt*. Als ein Prinzip sozialer Tugend wirke er richtungsweisend auf den menschlichen Willen und das

---

99 Art. Sensus communis, Historisches Wörterbuch der Philosophie, Bd. 9, Sp. 643; Für Körver war die seit etwa 1660 einsetzende Aufwertung von „common sense“ in England durch die französischen Rationalisten vor allem durch die Literaturtheoretiker beeinflusst (79 ff.). Aber auch in England selbst forderte man nach einer Epoche der innenpolitischen Spannungen und des religiösen Fanatismus auf den verschiedenen Gebieten des Lebens ein Umdenken (90). Man suchte eine möglichst breite Grundlage, auf der eine allgemeine Verständigung möglich sein konnte, ohne Ansehen der Parteizugehörigkeit, Konfessionsschranken etc. (90), Körver, Common Sense.

100 Ebd., 96.

101 Art. Sensus communis, Historisches Wörterbuch der Philosophie, Bd. 9, Sp. 643.

102 *Zur Hochblüte des „common sense“ zur Zeit des Klassizismus in England*: Körver, Common Sense, 115 ff.

103 Albersmeyer-Bingen, Common Sense, 72.

104 Ebd., 73.

105 Ebd., 72.

menschliche Handeln.[106] Gegen das einseitige Interesse seiner Zeitgenossen an dem theoretischen Wissen betonte Vico damit die Wichtigkeit der Bildung des „senso commune“ als eines Prinzips der lebensweltlichen Orientierung. Für den Philosophen Hans-Georg Gadamer ist dieser „senso commune“ ein Sinn für das Rechte und das Gemeinwohl, der allen Menschen gegeben ist, und der durch die Ordnungen und Zwecke des Lebens erworben und bestimmt wird.[107] Dieser allen Menschen gemeinsame Sinn ist aber ein Urteil ohne Reflexion, allgemein empfunden von einer ganzen Gruppe oder dem gesamten Menschengeschlecht.[108]

Vicos Berufung auf den „senso commune“ als eines sozialen Gemeinsinns findet sich bei *Anthony Ashley Cooper Earl of Shaftesbury* als der „Sense of Publick Weal and of the Common Interest“ in einem weiter reichenden Sinn wieder, indem er soziale, politische und moralische Tugend in sich begreift.[109] Diesen als Gemeinsinn gefassten „common sense“ grenzte Shaftesbury sowohl von der Meinung der Mehrheit über das Gute, die immer veränderlich sei, als auch von einer allen Menschen gemeinsamen Ansicht über Religion, Politik und Moral ab, die aufgrund ihrer geschichtlichen und kulturellen Unterschiede gar nicht möglich sei.[110] Für Gadamer ist „sensus communis“ im Sprachgebrauch des Shaftesbury nicht so sehr eine naturrechtliche, allen Menschen verliehene Ausstattung, sondern mehr eine Tugend des Herzens als des Verstandes.[111] Während Shaftesburys moralischer Optimismus in England gering geschätzt wurde, haben seine Theorien in Deutschland nachhaltig gewirkt, beispielsweise bei Christian Thomasius wie auch bei Justus Möser.[112] Der Engländer Leslie Stephen begründet dies in seinem Werk „History of English Thought in the Eighteenth Century“ folgendermaßen:

> „In Germany, where sentimentalism is more congenial to the national temperament, he [Shaftesbury] found a warmer reception than amongst his own countrymen. In England, the contempt for flimsy speculation, which often leads to the rejection of

---

[106] H.-G. Gadamer, Wahrheit und Methode, 1972, 18.
[107] Ebd., 19.
[108] Albersmeyer-Bingen, Common Sense, 77.
[109] Ebd., 78.
[110] Art. Sensus communis, Historisches Wörterbuch der Philosophie, Bd. 9, Sp. 644 f.
[111] Gadamer, Wahrheit und Methode, 22.
[112] Albersmeyer-Bingen, Common Sense, 82 A. 156, 105 f.; Für Schwab war auch Freiherr vom Stein von dem moralisch-politischen Denken der schottischen Moralphilosophie maßgeblich beeinflusst worden, s. Die „Selbstverwaltungsidee“ des Freiherrn vom Stein und ihre geistigen Grundlagen, 53, auch 57.

> much that is valuable because it is not palpable and definite, brought Shaftesbury into unmerited neglect“.[113]

„Sensus communis“, der bei Shaftesbury in einem umfassenden Sinn als Sozialgefühl verstanden wurde, wurde von *Francis Hutcheson* nur noch als „moral sense“ weiterentwickelt.[114] Diesem „moral sense“ kommen ausschließlich perzeptorische Fähigkeiten zu. Wie das Auge Licht und Dunkelheit wahrnimmt, so nimmt der „moral sense“ Moralität wahr, da er bestimmte Handlungen billigt und andere missbilligt. Über dieses „Prinzip der Billigung“ hinaus entwirft der „moral sense“ aber selbst keine allgemeinen Lehrsätze oder Prinzipien ethischen Verhaltens:

> "The object of the sense is merely the internal feeling; and our judgments of actions may vary indefinitely as we infer that they proceed from one or other motive".[115]

Man hat Hutcheson vorgeworfen, dass sein „moral sense“, der von Gefühlen abhänge, zugleich in seinem ethischen Urteil unbeständig sei. Hutcheson erklärte die Unbeständigkeit menschlicher Urteile nicht aus einer Unregelmäßigkeit (irregularity) des „moral sense“, sondern aus den Motiven, die hinter den Urteilen stehen.[116] An Shaftesburys und Hutchesons „moral sense“ knüpfte *David Hume* an. Im Unterschied zu beiden erscheint der Hume'sche „moral sense“ als der „common point of view“. „Common sense“ ist abhängig von der individuellen Erfahrung und Gewohnheit. Der Begriff erscheint

---

[113] Stephen, History of English Thought in the Eighteenth Century, 1949, 33.

[114] H. Kleger, Common sense als Argument. Zu einem Schlüsselbegriff der Weltorientierung und politischen Philosophie, in: H. G. Gadamer/J. Ritter (Hg.), Archiv für Begriffsgeschichte, Bd. 33, 1990, 34.

[115] "...but it [moral sense] no more frames general propositions than the external sense provides us with mathematical theorems", Stephen, History of English Thought, 59; Anders aber „Historisches Wörterbuch der Philosophie“: Bei Hutcheson ist „moral sense“ zunächst eine Instanz für die Beurteilung von Verhaltensweisen, in zweiter Linie aber ein Prinzip, das Handlungen auch bestimmen kann, s. Art. Moral, moralisch, Moralphilosophie, Bd. 6, Sp. 157.

[116] Stephen, History of English Thought, 59; Die Bestimmung des „moral sense“ bei Hutcheson ist ähnlich schwierig wie bei Shaftesbury: Die Frage bleibt offen, ob es sich bei „r sense“ bei Hutcheson um einen instinkthaften Sinn für das Moralische handelt, um eine bloß gefühlsmäßige Regung, die auf der intuitiven Beurteilung vom Handeln beruht, oder ob diesem Begriff eine Urteilskraft inhärent ist, die eine durch Vernunft vermittelte Erkenntnisleistung bewirkt, s. Albersmeyer-Bingen, Common Sense, 83; vgl. H. Bock: „Für Francis Hutcheson ist das Wesen des Moral Sense [...] ein natürliches Gefühl der Billigung von Handlungen, die von dem Instinkt des Helfens bestimmt sind, und der Mißbilligung egoistischer Betätigung“, Common Sense als Lebenshaltung und Philosophie in England, in: Archiv für das Studium der neueren Sprachen, 104. Jg., 1953, 126.

als der in der „*gesellschaftlichen Konversation kultivierte Sinn* für die gemeinschaftliche Auffassung des Guten“, der die moralischen Subjekte als die „party of humanity against vice or disorder“ zusammenschließt[117]:

> "yet in all questions with regard to morals, as well as critism, there is really no other standard, by which any controversy can ever be decided. And nothing is a clearer proof, that a theory of this kind is erroneous, than to find that it leads to paradoxes, which are repugnant to the common sentiment of mankind and to general practice and opinion".[118]

In seiner Moralphilosophie kritisierte Hume eine rationalistisch orientierte Ethik. Moralische Einsichten leiten sich nicht bloß aus Vernunftgründen ab, sondern aus dem moralischen Gefühl: „morality is determined by sentiment“.[119] Moralisches Gefühl ist das Vermögen moralischer Billigung und Missbilligung (sentiment of approbation).[120] Zwar sind Vernunfteinsichten über die Moralität eines Verhaltens möglich. Die Verbindlichkeit der moralischen Einsichten erwachse aber erst aus dem Zusammenspiel des „sentiment of approbation“ anderer Individuen. Das Gefühl für Recht und Rechtswidrigkeit entspringt nicht aus der Natur des Menschen, sondern bedarf der „künstlichen Tugenden“, des vom Menschen geschaffenen Rechts oder Regelwerks. In seiner Arbeit „An Enquiry concerning the Principles of Morals“ von 1751 fragte Hume, welches Motiv eine Person veranlasse, eine Summe geliehenen Geldes wieder zurückzugeben. Er antwortete, das Motiv, geliehenes Geld zurückzugeben, entspringt einem Gefühl für Rechtlichkeit, das aber künstlich erzeugt wird,[121] durch Erziehung und menschliche Übereinkunft. Diese „künstliche Tugenden“ seien zwingend notwendig für den Erhalt der Zivilisation.

Im Anschluss an die englisch-schottische Moralphilosophie gehörte der „common sense“ zum klassischen Erziehungsideal zum „gentleman“ im 18. und 19. Jahrhundert.[122] „Common sense“ bezeichnete in Abkehr vom himmelstürmenden Idealismus und mystischen Sichversenken das Normale, All-

---

117 Art. Sensus communis, Historisches Wörterbuch der Philosophie, Bd. 9, Sp. 645 f.

118 Hume aus W. T. Krug, Art. Gemeinsinn, Allgemeines Handwörterbuch der philosophischen Wissenschaften, 2. Aufl. 1832-38, Bd. 2, 185.

119 Art. Moralisches Gefühl, Historisches Wörterbuch der Philosophie, Bd. 3, Sp. 96.

120 Ebd., Sp. 96.

121 Diesen Gedanken führt Kant weiter, wenn er sagt, also nicht in der Ethik, sondern im Ius liegt die Gesetzgebung, dass angenommene Versprechen gehalten werden müssen, Kant, Die Metaphysik der Sitten (MdS), 1991 (zuerst 1797), (Werksausg. hrg. v. W. Weischedel) Bd. VIII, 325, (=AB 16,17).

122 S. die bekannten Briefe Earls von Chesterfield an seinen Sohn, Albersmeyer-Bingen, Common Sense, 81.

tägliche und „Gesunde".[123] In der „Times" vom 16. Januar 1888 wurde der „common sense" als „sanity of thinking" beschrieben.[124] Überhaupt schien der Begriff die englische Nationaltugend schlechthin zu repräsentieren, und in allen praktischen Bereichen des Lebens das geltende Richtmaß zu sein.[125] Es bleibt festzuhalten, dass Shaftesbury und die Common-Sense-Philosophie mehr auf die moralische Funktion des „common sense" bzw. „moral sense" gerichtet waren. Der Schotte *Thomas Reid* ging hingegen davon aus, dass der „common sense" eine Urteilskraft ist und nicht bloß ein Gefühl.[126] Diese angeborene Urteilskraft sei aber jedem gesunden Menschen in unterschiedlichem Maß gegeben.[127] Über die rational nicht begründbaren Urteile des „common sense" bestehe im gewöhnlichen Leben ein überzeitlicher, übernationaler „consensus omnium".[128] In den Vereinigten Staaten sollte die Common-Sense-Philosophie Reids zur „offiziellen Metaphysik Amerikas" werden.[129]

Die Rezeptionsgeschichte von „sensus communis" und „common sense" in Deutschland ist sehr komplex und lässt sich nicht leicht auf einen gemeinsamen Nenner bringen.[130] Der Grund liegt in den zahlreichen Bedeutungsüberlappungen der deutschen Ausdrücke für „sensus communis". Das macht schon die Formulierung des Historischen Wörterbuchs der Philosophie deutlich:

> „Nachdem in Deutschland der sensus communis eher am Rande, und zwar in erster Linie in seiner 'alten' Bedeutung etwa von G. W. Leibniz thematisiert wurde, hatte im 18. Jahrhundert die sensus communis-Auffassung Shaftesburys unter der Bezeichnung 'Gemeinsinn' oder 'gemeiner Sinn', aber auch die rationale Bedeutung

---

123 Bock, Common Sense als Lebenshaltung und Philosophie in England, 123.

124 Times, 16.1.1888, 8/I, s. Bock, Common Sense als Lebenshaltung, 123.

125 Trotzdem scheint „common sense" weniger reale nationale Tugend gewesen zu sein, als mehr das Ideal der nationalen Tugend, s. Körver, Common Sense, 201.

126 Albersmeyer-Bingen, Common Sense, 95.

127 Art. Sensus communis, Historisches Wörterbuch der Philosophie, Bd. 9, Sp. 647.

128 So z.B. die Untrüglichkeit des Selbstbewusstseins, die Existenz der Außenwelt etc., ebd., Sp. 647.

129 Albersmeyer-Bingen, Common Sense, 111; Thomas Jefferson, James Wilson und Benjamin Franklin waren Verfechter der schottischen Common-Sense-Philosophie. Vermittlungsorgane bei der Verbreitung des schottischen „common sense" waren die Universitäten und Colleges. Albersmeyer-Bingen benennt in diesem Zusammenhang die beiden „mother of colleges": Princeton und Yale, ebd., 112.

130 Eine Auswahl sinnverwandter Wörter und Wendungen des Deutschen zu „common sense" sind: allgemeine Menschenvernunft, gemeiner (Menschen-)Verstand, gemeine Vernunft, gemeiner, gerader oder schlichter Menschenverstand, Gemeinsinn, allgemeiner Sinn, gesunder Menschensinn etc., s. Körver, Common Sense, 212 ff.

> von 'sensus communis' unter der Bezeichnung 'gemeiner' oder 'gesunder (Menschen-)Verstand' bzw. 'gesunde Vernunft' usw. Eingang gefunden“.[131]

Zudem hatte sich in Deutschland des ausgehenden 17. und beginnenden 18. Jahrhunderts relativ unabhängig von den englischen bzw. französischen Vorbildern eine philosophische Richtung zu etablieren begonnen, „die die aufklärerische Forderung des ‚Selbstdenkens‘ mit Hilfe der ‚allgemeinen Menschenvernunft‘ popularisieren wollte“.[132] Die in „common sense“ repräsentierte Einheit einer aufklärerischen, allen Menschen gemeinsamen theoretischen Verstandeskraft, praktischen Vernunft und sozialen Tugend wurde im deutschen Ausdruck „Gemeinsinn“ bereits früh in zwei Bedeutungsvarianten zerlegt:

1. Als niederes theoretisches Urteilsvermögen aller Menschen, das sich jedoch im alltäglichen Handeln bewährt, und
2. als soziale Tugend im Sinne von Gemeinschaftssinn, Bürgersinn.

Die semantische Entwicklung trennte die Bedeutungsgehalte in Form zweier Begriffe: „gesunder Menschenverstand“ (1.), der im Wesentlichen die theoretische und praktische Urteilsfunktion des alltäglichen Denkens repräsentiert, und „Gemeinsinn“ (2.) als soziale, gemeinschaftsbezogene Tugend.[133]

Innerhalb der Übersetzungsgeschichte von „sensus communis“ tauchte der Ausdruck „Gemeinsinn“ schon im 17. Jahrhundert auf. Sein terminologischer Gebrauch blieb aber bis zu Beginn des 19. Jahrhunderts von dem Bewusstsein begleitet, dass der lateinische Ausdruck „sensus communis“ im Deutschen keine adäquate Entsprechung hat.[134] So fanden sich neben „Gemeinsinn“ als deutsche Ausdrücke in mannigfacher Bedeutungsüberschneidung *gemeiner Sinn, Menschensinn, gemeiner* oder *gesunder Menschenverstand, gesunde Vernunft.* Zu festen Bedeutungsabgrenzungen kam es nicht. Erst im 18. Jahrhundert änderte das deutsche Wort „Gemeinsinn“ seine Bedeutung unter dem Einfluss des englischen „common sense“, so dass es zur semantischen Entsprechung des englischen Ausdrucks wurde.[135] So ging gerade für Justus Möser, Staatsmann, Schriftsteller und dem Verfechter des „gesunden Menschenverstandes“, der englische „common sense“ (= Gemeinsinn) ursprünglich nicht im deutschen Ausdruck „gesunder Menschenverstand“

---

131 Art. Sensus communis, Bd. 9, Sp. 650.

132 Albersmeyer-Bingen, Common Sense, 103 f.

133 So Albersmeyer-Bingen, Common Sense, 28.

134 Art. Gemeinsinn, Historisches Wörterbuch der Philosophie, Bd. 3, Sp. 243.

135 P. Ganz, Der Einfluß des Englischen auf den Deutschen Wortschatz 1640-1815, 1957, 83.

auf.[136] Möser zeichnete sich in seinem Bestreben aus, den deutschen Ausdruck „gesunder Menschenverstand“ mit dem englischen „common sense“ als Gemeinsinn oder soziale Tugend in Kongruenz zu bringen. Die ursprüngliche Bedeutung von „gemein“ als gemeinsam, zusammengehörig hatte sich bereits im Mittelalter verschoben in die Bedeutung von gewöhnlich, alltäglich, durchschnittlich im Gegensatz zum Besonderen, Außergewöhnlichen. Dennoch weist das Grimm'sche Wörterbuch dem Begriff „gemein“ einen tieferen Sinn aus:

> „der eigentliche Begriff in seinem kern war ein wahrhaft hoher oder tiefer, von sittlicher höhe im schönsten sinn, gewiss schon in alter zeit dem wesentlichen nach entwickelt. [...] Auch recht und gesetz müssen gemeinen sein, um zu sein was sie sein sollen“.[137]

Während in der Philosophie „Gemeinsinn“ eine erste klare Begriffsabgrenzung gegenüber den menschlichen Verstandes- und Vernunftvermögen durch die Kantische Theorie des Geschmacks von 1790 erfuhr, und damit die Verfallsgeschichte des Begriffs beginnt,[138] interpretiert Helga Albersmeyer-Bingen die Rezeption des Begriffes „Gemeinsinn“ durch Kant in einem anderen Sinn, indem sie die Kantische Weiterführung als Reduktion des Begriffes in eines seiner Bedeutungssegmente kritisiert.[139] In dem juristischen Kontext

---

136 W. Spael, Common sense oder Gesunder Menschenverstand und sein Ausdruck bei Justus Möser, 1947, Vorwort.

137 Art. gemein, Deutsches Wörterbuch von J. und W. Grimm, Bd. 5, Sp. 3190 f.

138 Art. Gemeinsinn, Historisches Wörterbuch der Philosophie, Bd. 3., Sp. 244.

139 Kant: „Man gibt oft der Urteilskraft, wenn nicht sowohl ihre Reflexion als vielmehr bloß das Resultat derselben bemerklich ist, den Namen eines Sinnes, und redet von einem Wahrheitssinne, von einem Sinne für Anständigkeit, Gerechtigkeit u.s.w.; ob man zwar weiß, wenigstens billig wissen sollte, daß es nicht ein Sinn ist, in welchem diese Begriffe ihren Sitz haben können, noch weniger, daß dieser zu einem Ausspruche allgemeiner Regeln die mindeste Fähigkeit habe: sondern daß uns von Wahrheit, Schicklichkeit, Schönheit oder Gerechtigkeit nie eine Vorstellung dieser Art in Gedanken kommen könnte, wenn wir uns nicht über die Sinne zu höhern Erkenntnisvermögen erheben könnten. *Der gemeine Menschenverstand*, den man, als bloß gesunden (noch nicht kultivierten) Verstand, für das geringste ansieht, dessen man nur immer sich von dem, welcher auf den Namen eines Menschen Anspruch macht, gewärtigen kann, hat daher auch die kränkende Ehre, mit dem Namen des Gemeinsinnes (sensus communis) belegt zu werden; und zwar so, daß man unter dem Worte *gemein* [...] so viel als das vulgare, was man allenthalben antrifft, versteht, welches zu besitzen schlechterdings kein Verdienst oder Vorzug ist“, Kritik der Urteilskraft (KdU), 1989 (zuerst 1790), (Werksausg. hrg. v. W. Weischedel) Bd. X., 224 f. (= B 155,156,157); für Albersmeyer-Bingen hätte es nicht zu einer generellen Abwertung des „gemeinen Menschenverstandes“ durch Kant kommen müssen, da er doch selbst in seinen „Maximen des gemeinen Menschenverstandes“ dem „gemeinen Menschenverstand“ die

kann die Verfallsgeschichte von „Gemeinsinn“ nicht aufgezeigt werden. Im Gegenteil zeigt sich gerade hier durch den Verweis und die Berufung auf den „gemeinen Verstand“ und das „gemeine Rechtsbewusstsein“ eine Aufwertung von „gemein“ und damit auch von „Gemeinsinn“. Als Beispiel wird in diesem Zusammenhang im folgenden Kapitel das Gutachten über das Geschworenengericht der Rheinischen Immediat-Justizkommission von 1818 angeführt, das in seinem moralisch-politischen Denken stark an die englisch-schottische Moralphilosophie erinnert, indem es durch den Ausdruck „Sinn für das Gemeinwesen“ die Bedeutung von „Gemeinsinn“ als sozialer Tugend im rechtlichen Bereich unterstreicht. Mit „Gemeinsinn“ eng verwandt sind die Ausdrücke *Gemeinschaftssinn, Gemeingefühl* und *Gemeingeist.* „Gemeingeist“ ist eine Lehnübersetzung des englischen „public spirit“, den Adelung 1793 als „ein erst in den neueren Zeiten gebildetes Wort, eine allgemein verbreitete lebhafte und thätige Theilnahme an der gemeinschaftlichen Wohlfahrt...“ bezeichnet.[140] „Public spirit“ wird vom Juristen Friedrich Gottfried Leue 1847 als „die lebendigste Theilnahme an allen öffentlichen Angelegenheiten“ beschrieben.[141]

Für die deutsche Jurisprudenz war *gesunde Vernunft* einer der Leitbegriffe des 18. Jahrhunderts. In der Argumentation des Rechtsgelehrten Christian Thomasius zielte „gesunde Vernunft“ – ähnlich wie das cartesianische „bon sens“ – gegen das Vorurteil, das „praejudicum auctoritatis“.[142] Statt an die Autorität eines Textes appellierte Thomasius an die einem jeden eingepflanzte Vernunft.[143] Der Appell an die angeborene „gesunde Vernunft“ richtete sich gegen die autoritätsgebundene Rationalität der alten Texte, nicht gegen die Rationalität als solche.[144] Zumindest für Thomasius hatte die „gesunde Vernunft“ auch eine positiv gleichmachende soziale Qualität, da weder

---

positiven Kriterien des Verstandes, der Urteilskraft und der Vernunft zuweist. Vor allem *Urteilskraft* als intersubjektiv konstituiertes Vermögen des „Sich-Hineinversetzen-Können an die Stelle jedes Anderen“ sichert die Moralität des Urteils (Common Sense), 109; s. die „Maximen des gemeinen Menschenverstandes“, Kant, KdU, 226 f. (= B 158,159,160); auch Gadamer: Der grundlegende moralische Sinn, der sich mit „Gemeinsinn“ (sensus communis) verband, hat bei Kant in KdU keinen systematischen Ort mehr (Wahrheit und Methode), 29.

140 Ganz, Der Einfluss des Englischen auf den Deutschen Wortschatz 1640-1815, 82.

141 F. G. Leue, Das deutsche Schöffen-Gericht, 157.

142 Neusüss, Gesunde Vernunft und Natur der Sache, 24.

143 Ebd., 24.

144 Anders aber Historisches Wörterbuch der Philosophie: Thomasius ist Anti-Rationalist. „Gesunde Vernunft“ ist für ihn ein allen Menschen gemeinsames Erkenntnisvermögen auf Basis eines Gefühls. Damit hebt er vor allem auf die praktische Nützlichkeit von „gesunder Vernunft“ im täglichen Leben ab, Art. Sensus communis, Bd. 9, Sp. 650.

die Herkunft, das Alter, das Amt noch die Belesenheit zu besonderen Erkenntnissen prädestinierten.[145] Auch Justus Möser bezog sich positiv auf den Begriff von der „gesunden Vernunft". In seinem Aufsatz „Ist es billig, daß Gelehrte die Criminalurtheile sprechen?" verneint er diese Frage mit dem Verweis auf die „gesunde Vernunft":

> „Denn was kann unbilliger und grausamer sein, als einen Menschen zu verdammen, ohne versichert zu sein, daß er das Gesetz, dessen Uebertretung ihm zu Last geleget wird, begriffen und verstanden habe, oder begreifen und verstehen können! Die deutlichste Probe aber, daß ein Verbrecher das Gesetz verstanden habe, [...] ist unstreitig diese, wenn sieben oder zwölf ungelehrte Männer ihn darnach verurtheilen, und durch eben dieses Urtheil zu erkennen geben, wie der allgemeine Begriff des übertretenen Gesetzes gewesen, und wie jeder mit bloßer gesunder Vernunft begabte Mensch solches ausgeleget habe".[146]

Für Möser repräsentierte die „gesunde Vernunft" das Auffassungsvermögen des *ungelehrten* Menschen. Nur der mit bloßer „gesunder Vernunft" begabte Mensch könne ein richtigkeitsverbürgendes Zeugnis über die Schuld eines anderen Menschen abgeben. Dabei stand Mösers „gesunde Vernunft" auf einem festen Fundament: Der „gesunde Menschenverstand" war ein allgemeinmenschliches Urteilsvermögen, das in Kenntnis der *konkreten* Lebensverhältnisse Stellung bezieht. „Gesund" nahm auf *Erfahrung* Bezug: Mit Erfahrung und Reife des Menschen nehme sein „gesunder Menschenverstand" zu. Möser dachte an den bodenständigen Menschen, der mit beiden Beinen im Leben steht, und aus einer unmittelbaren alltäglichen Anschauung konkrete Kenntnisse der Lebensverhältnisse besitzt. Die „gesunde Vernunft" resultierte aus dem angesammelten, konkreten Erfahrungsschatz.

„Gesundheit" und „gesunder Sinn" spielten auch bei Goethe eine große Rolle. Im Vergleich zu Möser meinte „gesund" hier aber etwas anderes: Der „gesunde Verstand" gehört zu den Veranlagungen des Menschen und ist kein Erziehungs- und Bildungsprodukt:

> „Der Menschenverstand wird mit dem gesunden Menschen rein geboren, entwikkelt sich aus sich selbst und offenbart sich durch ein entschiedenes Gewahrwerden und Anerkennen des Notwendigen und Nützlichen".[147]

---

[145] Neusüss, Gesunde Vernunft und Natur der Sache, 27.

[146] J. Möser, Patriotische Phantasien, 1. Teil, 1842, 417.

[147] J. W. Goethe, Maximen und Reflexionen, In sieben Abteilungen, (Anordnung nach d. ersten Ausg. v. Riemer und Eckermann), in: Sprüche in Prosa, 1947, 54.

Bei Goethe war der „gesunde Menschenverstand“ ein individueller Orientierungssinn zur Weltaufnahme. Daher sprach er lieber von Sinn als von Verstand. Der „gesunde Menschenverstand“ stand für ein nicht wissenschaftliches, methodisch ungebildetes und unkritisches Denken. Dieser Sinn sei nicht auf Kritik ausgerichtet, denn obgleich er „mit dem gesunden Menschen rein geboren“ sei, könne er sich doch „von Neigungen und Leidenschaften bestimmen“ lassen, d.h. also in seiner Wahrnehmung trüben lassen. Betätigungsfeld des „gesunden Menschenverstandes“ ist das des Handelns und der Tätigkeit.[148] Der gesunde Mensch zeichnete sich für Goethe durch die Art aus, wie er der Welt zugewandt ist, in dem richtigen Reagieren auf äußere Anstöße und in seinem unbefangenen Verhältnis zu sich selbst.[149]

Noch in den 30er-Jahren des 19. Jahrhunderts griff Wilhelm Traugott Krug in seinem „Allgemeinen Handwörterbuch der philosophischen Wissenschaften“ die verschiedenen Bedeutungsnuancen auf, die sich bei Möser und Goethe abgezeichnet hatten. Gleichzeitig kritisierte Krug die allmähliche Herabsetzung des „Gemeinsinns“ bzw. des „gesunden Menschenverstandes“:

> „Wenn man nun auch vielleicht sagen möchte, daß Britten und Franzosen, wegen ihres mehr auf das Praktische gerichteten Geistes, den Gemeinsinn oder den gesunden Menschenverstand (common sense, bon sens) überschätzt haben: so sollen doch die Deutschen nicht in den entgegengesetzten Fehler fallen und ihn zu gering schätzen“.[150]

Krug unterschied zwischen drei Bedeutungen von *Gemeinsinn*:

1. *Gemeingefühl*,
2. *gemeine Vernunft* bzw. *gemeiner Verstand*:

> „Gemeine Vernunft oder gemeiner Verstand [...] [das] ist dann nichts anderes als die schlichte, einfache, natürliche, unverdorbene Art zu empfinden, zu denken und zu urtheilen, wie sie bei solchen Menschen vorkommt, welche noch keine feinere und künstlichere Bildung empfangen haben, also auch durch dieselbe noch nicht verbildet und verkünstelt werden konnten“.[151]

Indem Krug mit dem „gemeinen Verstand“ die Vorstellung des Schlichten und Unverdorbenen verband, befand er sich in Übereinstimmung mit dem klassizistischen Verständnis von „common sense“.[152]

---

[148] Goethe, Maximen und Reflexionen, 111.

[149] G. Hager, Gesund bei Goethe. Eine Wortmonographie, 1955, 14.

[150] W. T. Krug, Art. Gemeinsinn, Handwörterbuch der philosophischen Wissenschaften, Bd. 2, 183.

[151] Ebd., 183.

[152] So Körver, Common Sense, 216.

3. *Gemeingeist* (*esprit de corps*):

> „Sobald nämlich Menschen einen gesellschaftlichen Körper bilden, von welcher Art er auch sei, so wird in demselben meist eine gewisse Ansicht, Denkart oder Handlungsweise herrschend, die man dessen *Sinn* oder *Geist* nennt; und weil er bei allen oder wenigstens den meisten Gliedern jenes Körpers angetroffen wird so heißt er ebendarum ein *Gemein-Sinn* oder *Geist*. Dieser kann gut oder schlecht sein, je nachdem die Zwecke der Gesellschaft und ihre dadurch bestimmten Interessen sind".[153]

Im Verlauf des 19. Jahrhunderts wurde der „sensus communis" für die klassische Soziologie zu einem zentralen Thema.[154] In Deutschland erschien „Gemeingeist" beim Soziologen Albert Schäffle 1875 als *Volksgeist* und *Collektivkraft*:

> „So erscheint das geistige Volksleben nicht mehr als eine Reihe einzelgeistiger Thatsachen, sondern als ein Ganzes von Thatsachen eines 'Volksgeistes', einer Collektivkraft, welche dem socialen Körper als Produkt und als Stamm geistiger Gesammtthätigkeit angehört, obwohl sie in den Individuen wirkt".[155]

Als Fazit bleibt festzuhalten, dass die positiven Konnotationen, die mit „common sense" / „bon sens" / „gemeiner Verstand" als ein geistiges Vermögen, das jedem Menschen zukommt, im juristischen Kontext beibehalten wurden. Nur über das Vertrauen in die Urteilsfähigkeit des „gemeinen Verstandes" konnten sich die Laien(-geschworenen) in der Strafrechtspflege gegenüber dem gelehrten Wissen der Juristen zu Beginn des 19. Jahrhunderts legitimieren. Allerdings büßte im Verlauf des 19. Jahrhundert der Begriff „Gemeinsinn" und „gesunder" bzw. „gemeiner (Menschen-)Verstand" im juristischen Kontext seine Popularität ein. Vor dem Hintergrund der zunehmenden Verwissenschaftlichung des Rechts wurde die Geltung des „gemeinen gesunden Menschenverstandes" als Erkenntnisinstanz trotz seiner generellen Berechtigung zum Urteilen auf die gewöhnlichen Lebensbereiche beschränkt.[156] Im Kontext der Laieneinbindung in die Rechtspflege tauchten

---

[153] Körver, Common Sense, 185 f.

[154] Die englisch-schottische Moralphilosophie wird vielfach als eine Wurzel der Soziologie begriffen, Albersmeyer-Bingen, Common Sense, 82 A. 156.

[155] A. Schäffle, Bau und Leben des socialen Körpers, Bd. 1, 1. Aufl., 1875, 394; *zu Schäffle (1831-1903)*: Albersmeyer-Bingen, Common Sense, 145 ff.

[156] „Fassen wir nun das Verhältnis des gesunden Menschenverstandes, der mit Recht diesen Namen verdient, und der Jurisprudenz ins Auge, so wird sich ergeben, daß der erstere, trotz seiner Berechtigung zum Urtheilen, doch als solcher alle Rechtsfragen jetzt zu beantworten und alle Rechtsverhältnisse aufzufassen und zu würdigen nicht im

zeitgleich eine Vielzahl unbestimmter Ausdrücke auf („Volksbewusstsein", „Volksrechtsbewusstsein" etc.), die allesamt auf ein kollektives „Rechtsbewusstsein" abstellten. Dessen Geltung wurde auch von denjenigen Gelehrten nicht bezweifelt, die sonst den Erkenntnisinstanzen „gemeiner Verstand" oder „natürliches Gefühl" etc. eher skeptisch gegenüberstanden:

> „Daß das Rechtsbewußtsein im Volke kein Phantom sei, davon bin ich überzeugt, wie *Savigny* und *Temme* und alle deutschen Juristen, deren geistiges Auge nicht durch Actenstaub blöde oder in der Bücherwelt kurzsichtig geworden ist. Wer an seiner Existenz zweifeln wollte, der kann seine Stimme hören, wenn es durch einen großen Gewaltstreich gekränkt wird".[157]

Während im ausgehenden 18. und beginnenden 19. Jahrhundert die Betrachtung primär auf den Einzelnen gerichtet ist, ist für den weiteren Verlauf des 19. Jahrhunderts zu beobachten, dass sich die Betrachtung vom Individuum als Subjekt und Träger von Gemeinsinn löst und sich immer stärker den größeren Ganzen (Gruppen, Gemeinschaften, Volk) zuwendet. Diesen größeren Ganzen wird nun „Rechtsbewusstsein" / „Gemeingeist" / „Volksgeist" / „Collektivkraft" etc. zugesprochen. Gegen Ende des 19. Jahrhunderts erscheinen die größeren Ganzen wie Subjekte, die nun „ausgestattet" mit „Gemeingeist" etc. – wenn man von Schäffle oder Gierke ausgeht – die Entfaltung des Individuums als Persönlichkeit im philosophischen Sinn[158] aber zurückdrängen:

> „Dieser objektive Gemeingeist kann zwar nicht außerhalb der zur Gemeinschaft gehörigen Individuen wirksam sein, aber er wird doch in allen Gliedern zusammen eine gleichartige Kraft, welche über die Einzelansichten, Einzelgefühle und Einzelbestrebungen maßgebend sich erhebt".[159]

---

Stande ist", Osenbrüggen, Die Berufung auf das Rechtsbewußtsein im Volke, 1854, 167.

157 Osenbrüggen, Die Berufung auf das Rechtsbewußtsein im Volke, 164.

158 Persönlichkeit im philosophischen Sinn heißt, das innere Eigensein des Einzelnen, so wie er sich subjektiv als unvergleichbar und daher als einmalig erlebt und dieses Eigensein vollbewusst reflektiert. Der ethische Wert der Persönlichkeit besteht in dem Sich-Selbst-Getreu-Bleiben, in der Echtheit und Gediegenheit ihres Wesens. Die Verwirklichung dieses ethischen Wertes, d.h. also die Selbstverwirklichung der Persönlichkeit, ist eine Tugend, Art. Persönlichkeit, Philosophisches Wörterbuch, neu bearb. v. G. Schischkoff, 1982.

159 Schäffle, Bau und Leben des socialen Körpers, 416; Gierke, s.o. A. 47.

## 3. Das Menschenbild des Neuhumanismus und die Abkehr von einer rational orientierten Kulturauffassung

Für das deutsche Geistesleben im ausgehenden 18. Jahrhundert ist die Wendung zum Individuum, die volle Entfaltung der individuellen Persönlichkeit und die „Selbstvervollkommnung der menschlichen Seelenkräfte" nach dem Bildungsgedanken, der aufs engste mit dem Neuhumanismus verbunden war, folgenreich geworden.[160] Für den Neuhumanisten Wilhelm von Humboldt entsprach dem Ideal des universalen Menschen dasjenige eines Menschen, der allen Seiten des Kulturlebens offen ist und die höchste Stufe umfassender Bildung repräsentiert. Bildung meinte aber nicht nur äußerlich erworbenes Wissen, sondern eine gesamte harmonische Persönlichkeitsentwicklung, in die der Charakter mit einfließt, und die für Humboldt „über und durch die Schulung des Geistes" gebildet wurde.[161] Humboldts Humanitätsideal machte den Schritt, der zur Kantischen Ethik führte, in gewisser Weise wieder rückgängig, da die Unabhängigkeit des moralischen Wertes von der Kultur des Menschen abgelehnt wird.[162]

Diese Abwehrhaltung richtete sich gegen die Betrachtung des Menschen unter generellen Aspekten, die auf Traditionen zurückzuführen sind, die dem aufklärerischen Rationalismus verpflichtet sind. Während die Kantische Ethik von gleichartigen Individuen ausging, indem sie die Individuen unter ein allgemeines abstraktes Sitten- und Vernunftgesetz stellte, und damit also die Unabhängigkeit des moralischen Wertes von der Kultur des Menschen behauptete, sprach der Romantiker Friedrich Ernst Daniel Schleiermacher in Bezug auf die Kantische Pflicht-Ethik von der kalten Jury. Diese Jury erinnere und verpflichte den Menschen immerfort an die Grundsätze seines Handelns. Für Schleiermacher hingegen scheine der Mensch, der aus der Unmittelbarkeit seines lebendigen Fühlens heraus handelnd vielleicht in die Irre geht, sympathischer als dieser Mensch der starren Selbstdisziplin.[163] Die Gleichartigkeit der Individuen, die aus der Gleichartigkeit ihres „intelligiblen Charakters" resultierte, stand in Kontrast zur romantischen Forderung des persönlichen Charakters und der Betonung seines lebendigen Empfindens und der Eigengesetzlichkeit des Individuums.[164] Subjektive Erlebnisse wur-

---

160 H.-U. Wehler, Deutsche Gesellschaftsgeschichte (1700-1815), Bd. 1, 1989, 214.

161 E. v. Aster, Geschichte der Philosophie, 1980, 296.

162 Ebd., 296.

163 Ebd., 296.

164 Schleiermachers Verständnis vom Menschen äußerte sich darin, dass die *Bewahrung und Steigerung der Eigentümlichkeit* die eigentliche Aufgabe des Individuums sei.

den im Zeitalter der Romantik für den Erlebenden selbst als eminent belangvoll angesehen. Dieser Persönlichkeitsindividualismus – das Unverwechselbare eines Subjekts – blieb nicht nur auf das Individuum beschränkt, sondern wurde auch auf das „Volk" übertragen.

Johann Gottfried Herder und die Romantiker forderten ausgelöst von Montesquieus Werk „De l'esprit des loix" von 1748 einen „Sinn für Individualität". Montesquieus Arbeit hatte den Blick auf die Bedeutung der nationalen Unterschiede für die Gesetzgebung und Verfassung eines Landes gerichtet. Bei ihm findet sich der Ausdruck *ésprit général* einer Nation. Montesquieu verstand „ésprit général" in der Bedeutung von Volksindividualität als ein *gewordenes Produkt* der geschichtlichen Begebenheiten eines Volkes, die sich als umfassende – und gleichsam „versteinerte" – Kategorie gleichermaßen in den Gesetzen, Verfassungsformen, Sitten und Gebräuchen aufzeigen läßt.[165] Der „Geist der positiven Gesetze", der „ésprit des loix", spiegelte daher auch den „ésprit général" wider. Der deutsch-romantische „Sinn für Individualität" hingegen verbunden mit einem erwachenden Sinn für Nationalität förderten in der deutschen Kulturnation des beginnenden 19. Jahrhunderts ungleich zum „ésprit général" die Vorstellung eines „Volksgeistes" als einer *schöpferischen Kraft*. In seiner berühmten Schrift „Vom Beruf unsrer Zeit für Gesetzgebung und Rechtswissenschaft" von 1814 spricht Friedrich Carl von Savigny von den „inneren, stillwirkenden Kräften", aus denen das Recht organisch wie die Sprache hervorgehe.[166] Hermann U. Kantorowicz spricht 1912 in Bezug auf Savigny von dem *still waltenden Volksgeist*.[167]

---

Daraus leite sich sein sittlicher Wille ab. Der sittliche Wille des Individuums müsse sein, immer mehr zu werden, was es ist, d. h. sich in seinem eigenen Wesen zu steigern und zu vervollkommnen. Damit entsteht eine neue Ethik, die sich vom Kantischen Rigorismus der Sollensethik unterscheidet – die *Seinsethik*, Art. Romantik, Reallexikon der deutschen Literaturgeschichte, Bd. 3, 1977, 584.

165 Art. Volksgeist, Regenbogen/Meyer (Hg.), Wörterbuch der philosophischen Begriffe, 1998.

166 F. C. v. Savigny, Vom Beruf unsrer Zeit für Gesetzgebung und Rechtswissenschaft, 1814, in: Thibaut und Savigny. Ihre programmatischen Reden, 1973, 105 u. 103.

167 Dem *Schibboleth* der historischen Rechtsschule, H. U. Kantorowicz, Volksgeist und historische Rechtsschule, in: Historische Zeitschrift 108, 1912, 295-325 (302).

## 4. KULTURKRITIK UND HISTORISCH-ORGANOLOGISCHES DENKEN ZU BEGINN DES 19. JAHRHUNDERTS

Als ein anschauliches Stück Zeitgeschichte für das beginnende 19. Jahrhundert können die Äußerungen von Ernst Brandes und August Wilhelm Rehberg herangezogen werden. Brandes und Rehberg entsprechen einem Sozialtyp, der im Verlauf des 18. Jahrhunderts gesellschaftlich vorgedrungen ist: der akademisch geschulte, überwiegend an Karrieren im Staats- und Stadtdienst gebundene Bildungsbürger.[168] Hannover wurde zu Beginn des 19. Jahrhunderts unter der Leitung des Adels von einer Beamtenaristokratie regiert, zu der auch Brandes und Rehberg gehörten.[169] Im Unterschied zu Rehberg fehlte bei Brandes das Bewusstsein, dass Staat und Gesellschaft aus der geschichtlichen Vergangenheit hervorgegangen sind. So verstand Brandes unter Nation die Summe der zu einem bestimmten Zeitpunkt lebenden Mitglieder der Oberschicht, aber nicht die Gesamtheit aller vergangener und zukünftiger Generationen.[170] Für Rehberg hingegen war eine Nation mehr als eine Sammlung der im Augenblick lebenden Individuen. Er sah sie als eine *überpersönliche, organische Einheit* an, die über Generationen fortbestehe. Das Individuum gehöre ihr durch den Tatbestand der Geburt an und nicht durch eine persönliche rationale Entscheidung, wie sie von den Theoretikern des Gesellschaftsvertrages postuliert worden war.[171]

Brandes ist für unseren Zusammenhang im Hinblick auf seine kulturpessimistischen Äußerungen interessant. Er sah durch die absolutistische Staatsform und eine vornehmlich rational orientierte Kultur die tieferen Schichten des menschlichen Erlebens verschüttet.[172] Die tieferen Schichten waren für ihn in der Sprache, den Märchen und der Tradition eines Volkes fassbar und bestimmend für das sittliche Vermögen eines Volkes und jedes Einzelnen. Diesen tieferen Schichten, die über eine reine Verstandesleistung nicht zugänglich sind, komme Schöpferkraft zu.[173] In seiner Abhandlung „Ueber den Ein-

---

168 Das Bildungsbürgertum als verstaatliche Intelligenz, s. Wehler, Deutsche Gesellschaftsgeschichte (1700-1815), Bd. 1, 210.

169 *Zu Brandes und Rehberg*: K. Epstein, Die Ursprünge des Konservativismus in Deutschland, 1973, 635, 639 ff.

170 F. Uhle-Wettler, Staatsdenken und Englandverehrung bei den frühen Göttinger Historikern (Achenwall, v. Schlözer, Freiherr v. Spittler, Brandes, Rehberg, Heeren), 1956, 133.

171 Epstein, Die Ursprünge des Konservativismus in Deutschland, 670.

172 Uhle-Wettler, Staatsdenken und Englandverehrung, 121.

173 Ebd., 121.

fluß und die Wirkungen des Zeitgeistes auf die höheren Stände Deutschlandes" von 1810 vermisste Brandes die „Innigkeit des Herzens" und polemisierte gegen die „Trockenheit des Verstandes".[174] Das charakteristische Merkmal seiner Zeit „*... ist Rückfall in Thierheit und Rohheit aus Überverfeinerung*" der Sinnlichkeit und des Geistes.[175] Bisher hätten vier moralische Triebfedern das gesellschaftliche Ganze zusammengehalten: Sinn für Häuslichkeit, Sinn für das Herkömmliche, Patriotismus und Religion.[176] Diese Triebfedern, die dem „...ursprünglichen biedern, bedächtlichen, ernsten Charakter der Deutschen" entsprechen, würden nun kompensiert durch Geselligkeit, Neugierde, Egoismus, Skepsis und Sinnlichkeit.[177] Brandes befürchtete, dass die damit verbundenen negativen Auswirkungen auf die Persönlichkeitsentwicklung der Menschen, so wie sie sich bereits in den höheren Ständen[178] aufzeigen ließen, nun auch auf den dritten Stand übergehen könnten. Dieser Mittelstand dürfe sich aber nicht in seiner Lebensweise dem „ersten Stand" anpassen wollen, sonst sei es „...um die köstlichsten Kleinode [...] seiner rechtlichen Denkungsart und wahren Bildung, geschehen".[179] Der übertriebene Hang zur Geselligkeit vernachlässige das Innere des Menschen. Grundlage der „rechtlichen Denkungsart" und „wahren innern Bildung" des Deutschen bilde hingegen das „bürgerliche häusliche Seyn".[180]

Die hier von Brandes verwendeten Begriffe, die auf die Art rekurrieren, wie der Mensch der Welt zugewandt ist, belegen, dass es ihm um die rechte Gesinnung ging und nicht um die Einhaltung äußerer Konventionen. Die sogenannte „gute Gesellschaft" entspreche sowieso nicht dem „ursprünglich teutschen, nicht von Natur sehr lebhaften Nationalcharakter...".[181] Dennoch war Brandes Menschenbild elitär. Es kreiste um die Klasse von Personen, die, so wie er, die Regierungsgeschäfte leiteten: die Beamtenaristokratie. Denn zu seiner Kritik an den höheren Ständen gesellte sich auch eine Abgrenzung nach unten in Richtung „Volk". „Volk", das war ihm „der große Haufen".[182] Politisch stand Brandes dem französischen Prinzip der „égalité" – dem Prinzip der allgemeinen staatsbürgerlichen Gleichheit – kritisch bis ab-

---

174 E. Brandes, Ueber den Einfluß und die Wirkungen des Zeitgeistes auf die höheren Stände Deutschlandes, 42.

175 Ebd., 44.

176 Ebd., 45.

177 Ebd., 48 f.

178 Brandes zählte zu den höheren Stände und Klassen: die Fürsten, den Adel, das Militär, die Geschäftsleute, die Geistlichen, die Schriftsteller, den „größeren Kaufmann" und die „Weiber" aus den höheren Ständen, ebd., 8 f.

179 Ebd., 75.

180 Ebd., 75.

181 Ebd., 57.

182 Ebd., 68.

lehnend gegenüber. Politische Rechte und Freiheit waren für Brandes keine abstrakten Begriffe, die jedem Staatsbürger zukamen, sondern waren ein besonderes Statussymbol und ein durch Leistung erworbenes Verdienst, das es bestimmten fest umgrenzten Gesellschaftsschichten erlaubte, an den öffentlichen Angelegenheiten teilzunehmen.[183] So sprach Brandes anstatt von Freiheit von „Freyheits-Gefühl".[184] „Freyheits-Gefühl" stand für Rechtssicherheit, aber nicht für Rechtsgleichheit.

August Wilhelm Rehberg repräsentiert ein historisch-organologisches Denken, das mit Brandes in der Auffassung von der politischen Freiheit übereinstimmt. Für Rehberg gingen Staatsform, Verträge und Gesetze aus dem *geschichtlichen organischen Werden* hervor.[185] Die Vorstellung des organischen Werdens hinderte Rehberg daran, politische Freiheit in Gestalt eines allgemeinen staatsbürgerlichen Gleichheitsprinzips gutzuheißen. Politische Freiheit resultierte für ihn nicht aus einem allgemein gültigen Prinzip, sondern umfasste eine Vielzahl lokal unterschiedlicher und sozial abgestufter Freiheiten.[186] Der Freiheitsbegriff basierte auf Rechten, die durch überkommene Vereinbarungen gesichert waren.[187]

Politische Freiheit bedeutete die rechtliche Zusicherung eines Sonderstatus oder Privilegs. Die eigentlichen Träger dieses Sonderstatus waren nicht die Individuen als solche, sondern größere gesellschaftliche Einheiten wie Zünfte, Gilden, Stände etc. Die Zugehörigkeit der Einzelnen zu diesen Korporationen leitete erst ihren Anspruch auf diese spezielle politische Freiheit ab. Politische Freiheit war auf die einzelne Person aufgrund ihrer konkreten Zugehörigkeit zum größeren Ganzen zugeschnitten. Sie legitimierte sich einzig durch die soziale Zugehörigkeit, nicht durch ein abstraktes, allgemein gültiges Prinzip. Diese Merkmale machen das historisch-organologische Denken im Rehbergs Politikverständnis deutlich. Sein Politikverständnis versinnbildlichte sich gerade darin, dass sich bürgerliche Freiheit primär im Medium der „öffentlichen Meinung" entfaltete und erhielt. Die informellen Kontroll- und Handlungsmöglichkeiten der Bürger wurden ungleich höher geschätzt als alle gesetzlichen Sicherungen, höher als die Verwirklichung von parlamentarischen Formen, höher als das Prinzip der Gewaltenteilung.[188] Wie Brandes

---

183 Uhle-Wettler, Staatsdenken und Englandverehrung, 136.

184 Ebd., 136.

185 Ebd., 158.

186 U. Vogel, Konservative Kritik an der bürgerlichen Revolution, 1972, 137.

187 Ebd., 137.

188 Ebd., 212; Die Vorrangstellung, die man der „öffentlichen Meinung" einräumte, konnte unter bestimmten Bedingungen auch zu einer Verkürzung des Freiheitsgedankens führen, wenn man das Schwergewicht allzu sehr auf die Seite bloßer Aufklärung und Diskussion, d. h. informeller, geistiger Prozesse, verlagerte und über die Notwen-

zeichnete sich Rehberg durch seine Ablehnung der „égalité“ aus. Er trat sogar gegen die Vermischung der Stände ein, da ihm der Mensch kein wurzelloses Wesen war. Er solle nicht nur nach seinem persönlichen Verdienst beurteilt werden, sondern auch nach seiner Geburt, Erziehung und Verwandtschaft. Denn auch diese Merkmale formen den Menschen und bürgen für ihn. Rehbergs Menschenbild legitimierte letztlich die soziale Ungleichheit in der Gesellschaft. In seinem Sprachgebrauch hieß dies aber die „gesunde“ gesellschaftliche Schichtung, die er wiederum als die wesentliche Voraussetzung für das Bestehen der Monarchie erachtete.[189]

Die faktische soziale Ungleichheit wurde auf der metaphorischen Ebene durch Wortschöpfungen egalisiert. So forderte Goethe in seinen „Sprüchen in Prosa“:

> „Wir brauchen in unserer Sprache ein Wort, das, wie Kindheit sich zu Kind verhält, so das Verhältnis Volkheit zum Volke ausdrückt. Der Erzieher muß die Kindheit hören, nicht das Kind; der Gesetzgeber und Regent die Volkheit, nicht das Volk. Jene spricht immer dasselbe aus, ist vernünftig, beständig, rein und wahr; dieses weiß niemals für lauter Wollen, was es will. Und in diesem Sinne soll und kann das Gesetz der allgemein ausgesprochene Wille der Volkheit sein, ein Wille, den die Menge niemals ausspricht, den aber der Verständige vernimmt, den der Vernünftige zu befriedigen weiß und der Gute gern befriedigt“.[190]

Indem Goethe das empirisch reale „Volk“ von „Volkheit“ abtrennte, wird deutlich, wie negativ akzentuiert der Begriff „Volk“ zu Beginn des 19. Jahrhunderts gewesen ist. Im Grimm'schen Wörterbuch bleibt „Volk“:

> „…bis auf die gegenwart […] als theilbegriff bestehen für die masse der bevölkerung, von der die höhere beamtenschaft, die schichten höherer bildung oder grossen besitzes, adel, geistlichkeit ausgeschieden sind…“.[191]

Die Bezeichnung „Volk“ als Ausdruck einer alle gesellschaftlichen Schichten übergreifenden Kulturgemeinschaft, die in einer einheitlichen staatlich-politisch organisierten Form zusammengefasst ist, musste sich erst noch konstituieren. Noch 1848 vermieden selbst manche politische Redner in der

---

digkeit verfassungsmäßig garantierter und somit einklagbarer Rechte hinwegging, ebd., 215.

189 Uhle-Wettler, Staatsdenken und Englandverehrung, 173.

190 Goethe, Maximen und Reflexionen, 88.

191 Art. Volk, Deutsches Wörterbuch von J. und W. Grimm, Bd. 12, Sp. 461.

Paulskirche das Wort „Volk".[192] Die informellen Kontroll- und Handlungsmöglichkeiten der Bürger, und die damit zusammenhängende Hochschätzung der „öffentlichen Meinung" im frühen 19. Jahrhundert, lässt sich auch in Bezug auf die Laiengeschworenen als den Repräsentanten einer „Öffentlichkeit" belegen. Denn der Wunsch nach Einbindung eines Teils der Gesellschaft in die Strafrechtspflege, genauer: in die Jury, ist von den Gutachtern der Immediat-Justizkommission 1818 auch durch den Verweis auf die Achtung vor der „öffentlichen Meinung" begründet worden.[193] Auch aus einem anderen Grund ist das Gutachten der Kommission für unseren Zusammenhang wichtig: Denn hier haben sich die Gutachter positiv mit der Erkenntnisart des „gemeinen Verstandes" in der Urteilsfindung auseinandergesetzt.

---

[192] 1848 schrieb Johann Andreas Schmeller in sein Handexemplar des Bayerischen Wörterbuches: „Im Jahr 1848 war auch von einem Volk der Deutschen viel die Rede – neue Redensart in einem Lande, wo es seit fast tausend Jahren nur Herrschaften, Grafschaften, Fürsten-, Herzog-, Erzherzog-, Churfürstenthümer, Königreiche gegeben hat", Art. Volk, Trübners Deutsches Wörterbuch, Bd. 7, 691 f.

[193] Landsberg, Gutachten über das Geschworenengericht, 169 f.

# II. Kapitel
# Das „Rechtsempfinden des Volkes“ im französisch-rheinischen Geschworenengericht bis 1849

## 1. Die französische Lehre von der „intime conviction“ und die Unterscheidung zwischen Tat- und Rechtsfrage

Während seiner Besatzungszeit hatte Napoleon in den linksrheinischen Gebieten das Geschworenengericht und die französische Gesetzgebung („code d'instruction criminelle“) eingeführt. Nach 1814 gingen diese Gebiete samt der Geschworenengerichte wieder in die deutschen Staaten Preußen, Bayern und Hessen-Darmstadt ein.[1] Dies hatte zur Folge, dass beispielsweise in Preußen nun sowohl unterschiedliche Gerichtsverfassungen als auch unterschiedliche Gesetzbücher in Kraft waren.[2] Um zu prüfen, ob das französisch-rheinische Schwurgerichtsverfahren auch in Zukunft im preußischen Rheinland Bestand haben sollte, wurde von der Regierung eine Immediat-Justizkommission eingesetzt. Diese hat sich in ihrem Gutachten von 1818 für die Beibehaltung des Geschworenengerichts ausgesprochen.[3] Dieses Gutachten ist für unseren Zusammenhang aus zwei Gründen wichtig: Erstens setzen sich die juristisch gebildeten Kommissionsgutachter mit der Erkenntnisart des „gemeinen Verstandes“ auseinander, die in eine grundsätzliche Stellungnahme zur Überzeugungsbildung des Urteilenden im Gericht mündet. Zweitens ist das Kommissionsgutachten das erste Zeugnis in Deutschland, das die Einbindung von Laien in die Rechtspflege positiv bewertet hat. Die zeitgenössische Forschung und vor allem die Jurybefürworter haben sich

---

[1] Überblick bei P. Landau, Schwurgerichte und Schöffengerichte in Deutschland im 19. Jahrhundert bis 1870, in: Schioppa (Hg.), The Trial Jury in England, France, Germany 1700-1900, 1987, 241-304 (242).

[2] Im preußischen Rheinland gab es ein mündliches, öffentliches Verfahren mit Jury, das dem schriftlichen, geheimen Inquisitionsverfahren in Altpreußen gegenüberstand. Dem französischem Gesetzbuch „code d'instruction criminelle“, das im Rheinland bis 1849 in Geltung blieb, stand das Allgemeine Landrecht für die preußischen Staaten (ALR) gegenüber; s. im Detail E. Kern, Geschichte des Gerichtsverfassungsrecht, 1954, 64 f.

[3] Gutachten der Commission über das Geschwornengericht vom 19.5.1818, in: E. Landsberg, Die Gutachten der Rheinischen Immediat-Justiz-Kommission, Bonn 1914, 121; *zur personellen Besetzung der Justizkommission*: s. Landsberg, Gutachten der Rheinischen Immediat-Justiz-Kommission, Einleitung, L-LVIII.

noch bis in die Mitte des 19. Jahrhunderts auf die vorgetragenen Argumente der Gutachter berufen,[4] und das, obwohl das Preußische Staatskanzleramt 1818 explizit die Nichtveröffentlichung der Kommissionsgutachten verfügt hatte.

In Frankreich wurde das Geschworenengericht 1791 nach englischem Vorbild eingeführt, erhielt allerdings zwei Modifikationen: die Trennung zwischen *Tat-* und *Rechtsfrage* und die Lehre von der „*intime conviction*".[5] Die Beantwortung der Tatfragen war den Laien zugewiesen, die Rechtsfrage dem rechtsgelehrten Richter. Die Tatfragen bezogen sich auf die Feststellung der Tatsachen, auf die sich die Anklage stützte. Man war der Auffassung, dass die Entscheidung über die Strafbarkeit einer Tat schon dann im Wesentlichen getroffen sei, wenn die Tatsachen, auf die die Anklage gestützt ist, geklärt seien.[6] Die Rechtsfrage war die sich aus der Entscheidung der Geschworenen ergebende Strafzumessung. Die Tatfragen wurden von dem Vorsitzenden des Gerichts aufgesetzt und mussten so formuliert sein, dass sie mit „Ja" oder „Nein" beantwortet werden konnten. Das Resultat dieser Praxis aber war, dass die Anzahl der Fragen ausuferte, die Geschworenen bei der Beantwortung den Überblick verloren und daher Widersprüchlichkeiten in ihren Antworten möglich waren. Mit Inkrafttreten des „code d'instruction criminelle" von 1811 wurde daher nur noch eine Haupt(-tat)frage, die sog. „question principale", gestellt:

> „L'accusé est-il coupable d'avoir commis tel meurtre, tel vol ou tel autre crime, avec toutes les circonstances comprises dans le résumé de l'acte d'accusation?"[7]

---

4 Die Argumente der Justizkommission tauchen in der liberalen Publizistik als auch bei den Vertretern des politischen Liberalismus in den süddeutschen Kammern auf, s. D. Blasius, Der Kampf um die Geschworenengerichte im Vormärz, in: Sozialgeschichte heute, FS f. H. Rosenberg, 1974, 151; *Auch*: C. J. A. Mittermaier, Die Mündlichkeit, das Anklageprinzip, die Oeffentlichkeit und das Geschwornengericht, 1845, 365, 378 A. 52; F. G. Leue, Das deutsche Schöffen-Gericht, 1847, 220; H. K. Jaup auf der Lübecker Germanistenversammlung 1847, Lübeck 1848, 106; R. v. Gneist, Die Bildung der Geschworenengerichte in Deutschland, 1849, hier sagt er, die Gutachten der Justizkommission seien von „dauernden anerkannten Werth", 67.

5 E. Schwinge, Der Kampf um die Schwurgerichte, 1926, 10 f.

6 D. Cramer, Das französische Schwurgericht, jur. Diss. Marburg, 1968, 85.

7 Cramer, Französisches Schwurgericht, 100; Die deutsche Übersetzung von 1812 lautete: „Ist der Angeklagte schuldig, diese oder jene Mordthat, diesen oder jenen Diebstahl oder jenes andere Verbrechen mit allen Umständen, welche in der summarischen Wiederholung des Anklags-Actes enthalten sind, begangen zu haben?", H. G. W. Daniels, Gesetzbuch über das gerichtliche Verfahren in Criminal-Sachen oder Criminal-Prozeß-Ordnung. Aus dem Französischen nach dem officiellen Texte übersetzt, 80.

Die Schwierigkeit, die sich nun aus der „question principale“ ergab, war, dass diese Hauptfrage nicht mehr auf eine reine Tatsachenfeststellung beschränkt war. Denn die Geschworenen wurden gefragt, ob der Angeklagte eine Tat im Sinne der Anklageschrift verübt habe.[8] Damit kam diese Hauptfrage mit dem Trennungsprinzip von Tat- und Rechtsfrage in Verlegenheit, weil die Laien über Schuld oder Unschuld eines Angeklagten im strafrechtlichen Sinn urteilen mussten. Zu einem Problem wurde die Frage nach der Schuld auch deswegen, weil der Gesetzgeber seit 1791 den Geschworenen bei der Beantwortung der Tatfrage die freie Beweiswürdigung zugestanden hatte. Freie Beweiswürdigung bedeutete, dass sich die Laien bei der Beantwortung der Tatfrage (jetzt: die Entscheidung über die Schuld im strafrechtlichen Sinn) *ohne* die Angabe jedweder Gründe *einzig* auf ihre innere Überzeugung („intime conviction“) beziehen durften.[9] Der „code d'instruction criminelle“ von 1811 übernahm diesen Grundsatz in Art. 342.[10] Es ist in diesem Zusammenhang wichtig herauszustellen, was der französische Gesetzgeber eigentlich mit dem Grundsatz der freien Beweiswürdigung den Laiengeschworenen exakt zugestanden hatte:

Mit dieser Instruktion wollte der Gesetzgeber im Hinblick auf die laienhafte Überzeugungsbildung lediglich von einem vorgegebenen, methodischen Weg absehen, auf dem die Geschworenen die Bewertung der Beweise vornehmen sollten. Das bedeutete aber nicht – so wie es die französische Lehre später auslegte –, dass die Laiengeschworenen sich der Gründe, auf der ihre „intime conviction“ fußte, nicht bewusst zu machen bräuchten. Der Gesetz-

---

8 S.o. A. 7.

9 In der Instruktion zum Gesetz vom 16.-29. September 1791 heißt es: „La loi ne leur demande pas compte des moyens par lesquels ils se sont formés une conviction. Elle ne leur prescrit point de règles auxquelles ils doivent attacher particulièrement, la plénitude et la suffisance d'une preuve; elle leur demande de s'interroger eux-même dans le silence et le recueillement, et de chercher dans la sincérité de leur conscience, quelle impression ont faite sur leur raison les preuves rapportées contre l'accusé, et les moyens de sa défense. La loi ne leur dit point: vous tiendrez pour vrai, tout fait attesté par tel ou tel nombre de témoins, ou: vous ne regarderez pas comme suffisament établie, toute preuve qui ne sera pas formée de tant de témoins, de tant d'indices. Elle ne leur fait que cette seule question, qui renferme toute la mesure des leurs devoirs: avez-vous une intime conviction?“, Cramer, Französisches Schwurgericht, 36; „Das Gesetz fordert von den Geschwornen keine Rechenschaft über die Gründe, wodurch sie sich überzeugt gefunden haben; [...] was es von ihnen fordert, ist, daß sie [...] sich selbst befragen, und in dem Innersten ihres Gewissens erforschen, welchen Eindruck die wider den Angeklagten vorgebrachten Beweise und die Gründe, worauf dessen Vertheidigung beruht, auf ihre Urtheils-Kraft gemacht haben“, Daniels, Gesetzbuch über das gerichtliche Verfahren in Criminal-Sachen, 81.

10 Cramer, Französisches Schwurgericht, 102.

geber hatte bezüglich der Überzeugungsbildung eindeutig auf *raison*[11] verwiesen, also auf verstandesmäßige Überlegungen.[12] Nur brauchten die Laiengeschworenen in ihrem abschließenden Urteilsspruch die für sie maßgeblichen Gründe, auf der ihre Überzeugung („intime conviction“) und damit ihr Urteil fußte, eben nicht öffentlich zu bekunden. Damit sah der Gesetzgeber von der Begründung des Wahrspruchs der Geschworenen ab.

In der französischen Lehre wurde der Grundsatz der „intime conviction“ aber ganz anders interpretiert. Man argumentierte, dass die laienhafte Überzeugungsbildung ein emotionaler Vorgang sei. Da die Überzeugung sich auf unbestimmte Gefühle gründe, könne der Laie seine Überzeugung *grundsätzlich* nicht begründen.[13] Teilweise wurde die „intime conviction“ sogar von einem angeborenen (Wahrheits-)Instinkt abgeleitet. Der Geschworene sei lediglich ein passives Instrument dieser Empfindung, die sich ihm im Strafverfahren nahezu unwillkürlich aufdränge.[14] Erst Mitte des 19. Jahrhunderts hat man in Frankreich von der Lehre einer unwillkürlich entspringenden „intime conviction“ Abstand genommen. In der aktuellen Forschung hat man darauf hingewiesen, dass in Frankreich mit der Lehre von der „intime conviction“ nicht so sehr auf den Vorzug der freien gegenüber der an Beweisregeln gebundenen Beweiswürdigung rekurriert wurde.[15] Man wollte eher die Begründung liefern, dass die Laiengeschworenen in Bezug auf die Wahrheitsfindung den rechtsgelehrten Richtern überlegen seien. Die „intime conviction“ untermauerte die Legende von der Unfehlbarkeit des Laienurteils und lieferte zusätzlich die Begründung dafür, warum die nachträgliche Überprüfung des Urteils ausgeschlossen war.[16] Es muss hier betont werden, dass im Vergleich dazu sich das deutsche Kommissionsgutachten über das Geschworenengericht gerade dadurch auszeichnet, dass die Gutachter hier grundsätzlich den Vorzug der freien Beweiswürdigung herausgestellt haben.

In der Forschung geht man davon aus, dass die französischen Modifikationen der englischen Urform des Juryinstituts – Trennung der Tatfrage (Tatsachenfeststellung) und Rechtsfrage (Rechtsanwendung) und „intime conviction“ (freie Beweiswürdigung) – ursprünglich in Unkenntnis über die wahre Natur des englischen Rechts vorgenommen wurden. Man spricht von „mißverständlicher Auffassung des englischen Rechts“ und einem „einzigartigen hi-

---

11 S.o. A. 9.

12 Cramer, Französisches Schwurgericht, 177.

13 Ebd., 178.

14 Ebd., 178.

15 G. Haber, Strafgerichtliche Öffentlichkeit und öffentlicher Ankläger in der französischen Aufklärung, 1979, 227.

16 Ebd., 227.

storischen Mißverständnis".[17] Gegen die Annahme, dass die französischen Modifikationen des englischen Vorbilds aus einer Fehldeutung entsprungen sind, spricht aber die Kenntnis der Bücher des Engländers William Blackstone und des schweizerischen Schriftstellers Jean Louis de Lolme über das englische Recht. Blackstones „Commentaries on the Laws of England" erschienen 1774-1776 in der französischen Übersetzung.[18] De Lolmes Werk „Constitution de l'Angleterre" war erstmals 1771 in französischer Sprache erschienen und wurde in der Folge in mehreren erweiterten englischen und französischen Ausgaben aufgelegt.[19] In diesen Werken betonten beide Autoren, dass die Bedeutung der Geschworenen gemäß der ihnen in England eingeräumten Zuständigkeit gerade darin liege, dass ihnen die Subsumtion – d.h. die rechtliche Würdigung des Sachverhalts – übertragen sei.[20] Die Besonderheit des englischen Jurysystems war und ist nach wie vor, dass die Geschworenen ihren Wahrspruch, eben *weil* er auch die rechtliche Würdigung des Sachverhalts bedeutet, nicht nach ihrer inneren Überzeugung fällen, sondern sie an die Rechtsbelehrungen des Richters („charge") gebunden sind. Es ist zu vermuten, dass die französischen Modifikationen des englischen Vorbilds nicht aus Unkenntnis um die wahre Natur der Jury entsprungen sind, sondern bewusst vorgenommen worden sind.[21]

---

17 So Schwinge, Kampf um die Schwurgerichte, 10 f.; Für Schwinge geht dieses Missverständnis in die wahre Natur des englischen Rechts auf die Gewaltenteilungslehre Montesquieus zurück, die den politischen Vorzug der Jury in der strengen Teilung der Funktionen zwischen Richtern und Geschworenen erblickte, ebd., 11; U. Westhoff, Über die Grundlagen des Strafprozesses mit besonderer Berücksichtigung des Beweisrechts, 1955, 114.

18 Haber, Strafgerichtliche Öffentlichkeit und öffentlicher Ankläger in der französischen Aufklärung, 157.

19 Ebd., 157; de Lolmes Darstellung der englischen Verfassung wurde 1819 von Friedrich Christoph Dahlmann auch in der deutschen Übersetzung herausgegeben.

20 Cramer, Das französische Schwurgericht, 89.

21 Einen Anhaltspunkt für diese Annahme gibt Napoleon I. Er erklärte in der Sitzung des französischen Staatsrats vom 6. Februar 1808, man solle nicht zweifeln, dass ein Richter, der sowohl über die Tatfrage als auch über die Rechtsfrage zu entscheiden habe, zu viel Macht erhalte. Diese Überlegung genüge, um die beiden Aufgaben zu trennen, Napoleon paraphrasiert nach Kern, Geschichte des Gerichtsverfassungsrechts, 52 Anm. 3; Napoleons Überlegungen zeugen davon, dass man sich mit dem machtpolitischen Aspekt in Bezug auf die Urteilsbefugnis der Laiengeschworenen im englischen Schwurgerichtsverfahren beschäftigt hatte: In Leues Buch „Das deutsche Schöffen-Gericht" von 1847 heißt es über Napoleon, er habe zunächst an die Abschaffung der Geschworenengerichte gedacht. In der Sitzung des Staatsrats vom 29. Mai 1804 habe er sich aber für deren Beibehaltung entschieden, unter der Voraussetzung einer besseren Geschworenenauswahl und der Errichtung von Ausnahmegerichten. Nach Leues Ansicht hatte Napoleon sonderbare Ideen über das Institut: „So meinte er,

## 2. DIE RHEINISCHE IMMEDIAT-JUSTIZKOMMISSION UND DIE „SINNLICHE EMPFINDUNG“ – DIE ERKENNTNISART DES „GEMEINEN VERSTANDES“

In seiner bekannten Abhandlung „Betrachtungen über das Geschwornen-Gericht“ von 1813 hatte der Jurist Anselm von Feuerbach die französischen Ausgestaltungen der Jury – das Trennungsprinzip und die Lehre von der „intime conviction“ – kritisiert. Diese erste deutsche Monographie über das Schwurgericht bildet den wissenschaftlichen Ausgangspunkt für alle späteren Untersuchungen. Für die Immediat-Justizkommission bedeutete dies, dass sie sich in ihrem Gutachten über das Geschworenengericht mit der Feuerbach'schen Kritik auseinandersetzen musste. Das Votum der Gutachter zielte auf die Beibehaltung der französisch-rheinischen Juryform ab: Die Tatfrage (Schuldfrage) war rechtsunkundigen Laien zugewiesen, die die zwölfköpfige Geschworenenbank bildeten. Von ihrem Wahrspruch hing die rechtliche Strafzumessung ab (Rechtsfrage), die dem rechtsgelehrten Richter zugewiesen war.[22]

Von vielen Zeitgenossen wurde das Schwurgericht wegen seiner politischen Bedeutung verehrt. Es galt ihnen als *Bollwerk und Palladium der Freiheit* gegenüber Richterwillkür und Kabinettsjustiz. Auch Feuerbach hatte zwischen dem politischen und dem strafrechtlichen Wert der Jury unterschieden. Er war allerdings der Meinung, dass durch die Trennung von Tat- und Rechtsfrage die Jury ihrer politischen Aufgabe als Palladium der Freiheit gegen willkürliche gerichtliche Entscheidungen beraubt sei.[23] Was die Tatfrage

---

eine despotische Staats-Regierung könne ihre Absichten besser mit Schöffen [gemeint sind: Geschworene] wie mit Richtern durchsetzen, die weniger unterthänig wären [...]. Einen großen Uebelstand fand er in der Vertheidigung durch Advokaten, weil deren Geschicklichkeit in Verführung der [Geschworenen] zu Irrthümern zu fürchten [sic] sei, daher es besser schiene, die Vertheidigung Männern anzuvertrauen, welche den Gewohnheiten der Advokaten fremd seien. Ueber diese Frage mußte der Staatsrath abstimmen, der sie verneinte, wie sich von selbst versteht“, 15 f.

22 „Der rechtsgelehrte Richter, das ständige Organ der Regierung, behält die Anwendung des Strafgesetzes, und das Arbitrium des Strafmaaßes; die Thatfrage, die Entscheidung über Schuld oder Nichtschuld, welche präjudiciell das Urtheil des Richters bedingt, und diesem vorhergehen muß...“, ist den Geschworenen überlassen, Landsberg, Gutachten über das Geschwornengericht, 174.

23 Feuerbach, Betrachtungen über das Geschwornen-Gericht, 170; Das galt aber *nur* für den Fall, wenn die Tatfrage tatsächlich auf eine reine Tatsachenfeststellung beschränkt blieb. Denn dies bedeutete, dass nach wie vor die beamtete Richterschaft darüber befinden konnte, welche strafrechtlichen Konsequenzen an die Tatsachenfeststellung der Laien zu knüpfen sind. Damit wäre in der Tat das politische Ziel – Schutz

anbelangt, betonte Feuerbach ihre strafrechtliche Doppelnatur. Alle Fragen, ob sich gewisse dem Beschuldigten zur Last gelegte Tatsachen begeben haben, beinhalten auch immer die Frage, ob diese Tatsachen strafbar im Sinne des Strafgesetzes seien.[24] Damit wollte Feuerbach betonen, dass den Laiengeschworenen das nötige gelehrte Vorverständnis im Umgang mit den in der Tatfrage verflochtenen Rechtsbegriffen abgeht. Seine Kritik richtete sich gegen die Unfehlbarkeitslegende der „intime conviction“. Zudem machte sich hier seine grundsätzliche Abwehrhaltung gegen jegliche übergesetzliche Moralität in Strafrechtsfragen deutlich. Für Feuerbach setzte jede Strafe ein exakt definiertes Strafgesetz voraus: *nulla poena sine lege*.[25] Da die Strafe eine automatische und standardisierte Folge des Verbrechens sein muss, dürfe nicht nach der konkreten Täterpersönlichkeit differenziert werden.[26] So verstand Feuerbach die Strafe, wie sie der Staat verhängt, nicht als eine *moralische* Strafe (Vergeltung), die sich gegen die unmoralische Gesinnung des Täters richtet, sondern als eine *bürgerliche* Strafe, gegründet auf den Ausdruck des Gesetzes.[27]

Die Immediat-Justizkommission hatte hingegen, indem sie die Schuldfrage den Laien zuwies, welche das Urteil des Richters präjudizierte, zwischen Strafe und Strafgesetz nun ein *personelles Zwischenglied* eingefügt. Dieses Zwischenglied vertrug sich nicht mit dem Feuerbach'schen Grundsatz, dass die Strafe eine automatische und gleichbleibende Folge des Verbrechens sein muss. Denn die Jury beinhaltete für ihn die Gefahr, dass beim Durchgang durch dieses Zwischenglied die vom Gesetzgeber vordefinierte und standardisierte Beziehung zwischen Strafe und Strafgesetz eigentümlichen Einflüssen ausgesetzt sein würde. Feuerbach sagte, dass im Juryverfahren das Strafgesetz „in die Knechtschaft der öffentlichen Meinung oder des Vorurtheils der Geschwornen“ falle.[28]

---

des Angeklagten vor willkürlichen Entscheidungen der beamteten Richterschaft (=Staates) –, das die französische Nationalversammlung mit Einführung des Trennungsgrundsatzes ursprünglich verfolgt hatte, nicht verwirklicht worden, s. Cramer, Das französische Schwurgericht, 98, auch 85. Mit dem „code d'instruction criminelle“ von 1811 wurde aber den französischen Geschworenen die „question principale“ gestellt, s.o. bei A. 7.

24 Feuerbach, Betrachtungen über das Geschwornen-Gericht, 169.

25 Paul Johann Anselm von Feuerbach, in: Kleinheyer/Schröder, Deutsche und Europäische Juristen, 129.

26 Ebd., 129.

27 C. L. v. Bar, Handbuch des Deutschen Strafrechts, Bd. 1., Geschichte des Deutschen Strafrechts und der Strafrechtstheorien, 1882, 250.

28 Feuerbach, Betrachtungen über das Geschwornen-Gericht, 152.

In der Forschung hat man festgestellt, dass Feuerbach als eine juristische Autorität der Weiterverbreitung der französischen Auffassung, man könne die Tatfrage von allen Rechtselementen befreien, in Deutschland wirksam entgegengetreten ist.[29] Dies gilt aber nur bedingt, da in der zweiten Hälfte des 19. Jahrhunderts immer noch Unklarheit über die „wahre" Natur der Tatfrage herrscht, und damit auch über die eigentliche Urteilsbefugnis der Laiengeschworenen.[30] Im Hinblick auf das Gutachten der Rheinischen Immediat-Justizkommission, das sich mit der Feuerbach'schen Kritik beschäftigt, ist dies aber insofern richtig, als sie dem Feuerbach'schen Nachweis der strafrechtlichen Doppelnatur der Tatfrage nicht widerspricht. Allerdings hat das Gutachten der Kommission entgegen Feuerbach nachhaltig gewirkt, als sich damit die Vorstellung festsetzen konnte, dass die Schuldfrage, eben weil sie von Laien beantwortet wird, die sich *einzig* durch ihre *Laieneigenschaft* für diese Aufgabe legitimieren, keine eigentlich streng juristische Frage ist, sondern mehr eine allgemeine Frage der Moral und der Menschenkenntnis, die von jedermann zu jeder Zeit aufgrund seines „gemeinen Verstandes" beantwortet werden könne. Dieser „gemeine Verstand" sollte aber im Verlauf des 19. Jahrhunderts immer stärker in Konkurrenz zum wissenschaftlich gebildeten Verstand treten.[31] Bei der Kommission hieß es noch:

> „Es ist zuvörderst natürlich, und durch die Erfahrung bewährt, daß der gemeine Verstand in Dingen, welche überhaupt zu seiner Beurtheilung gehören und in seinem Wirkungskreis liegen, am sichersten nicht durch den *gelehrten* wissenschaftlich gebildeten, sondern durch den gemeinen Verstand *überzeugt* wird".[32]

Grundsätzlich maß die Kommission der juristischen Ungelehrsamkeit der Laien schon eine besondere Qualität bei, die den ständigen rechtsgelehrten Richtern fehle.[33] Mit dieser Qualität war aber weder der französische Unfehlbarkeitsanspruch verbunden, noch dachte die Kommission an einen Einwand, der von Feuerbach thematisiert wurde: Feuerbach äußerte die Befürchtung, dass Laien bestimmte übergesetzliche Inhalte in ihrer Tätigkeit als Laienrichter in das Recht hineintragen könnten, anhand deren sie das Gesetzesrecht

---

29 Schwinge, Kampf um die Schwurgerichte, 11.

30 „Was aber auch bei uns noch keineswegs genügende Anerkennung gefunden hat, ist die Wahrheit, dass nicht nur keine von der Schuldfrage *trennbare* Thatfrage existirt, *sondern dass es überhaupt keine Thatfrage in diesem herkömmlichen Sinne giebt*", K. Binding, Die drei Grundfragen der Organisation des Strafgerichts, 1876, 35.

31 Beispielsweise bei J. Zentner, 1830, s.u. A. 63.

32 Landsberg, Gutachten über das Geschwornengericht, 179; Auch für Hegel gehörte die Feststellung des Tatbestandes zum Bereich der „allgemeinen Bildung", s. Grundlinien der Philosophie des Rechts, 1821, § 227.

33 Landsberg, Gutachten über das Geschwornengericht, 175.

hinsichtlich seiner Geltung einer Prüfung unterziehen.[34] Feuerbach fürchtete, dass der „gemeine Verstand" des Laienrichters somit das Ansehen des Gesetzes untergraben könnte. Im Gegensatz dazu hat die Kommission diese Möglichkeit im Gutachten nicht thematisiert. Für sie stand vielmehr der Aspekt der *Öffentlichkeit der Rechtspflege* im Mittelpunkt, den auch Hegel positiv bewertete:

> „Es gehört zum Rechte aber namentlich das Zutrauen, das die Bürger zu demselben haben, und diese Seite ist es, welche die Öffentlichkeit des Rechtsprechens fordert. Das Recht der Öffentlichkeit beruht darauf, daß der Zweck des Gerichts das Recht ist, welches *als* eine Allgemeinheit auch *vor* die Allgemeinheit gehört; dann aber auch darauf, daß die Bürger die Überzeugung gewinnen, daß wirklich Recht gesprochen wird".[35]

Feuerbach hingegen sah die gravierenden Risiken in Bezug auf das Geschworenengericht in der Abhängigkeit des Gesetzgebers von der „Volksmeinung".[36] In einer späteren Arbeit über die Gerichtsöffentlichkeit aus dem Jahre 1821 konstatierte er, die direkte Einflussnahme der Öffentlichkeit auf das Urteil des Richters kompensiere die Kabinettsjustiz mit einer „Straßen-Justiz".[37] Durch die Einbindung der Öffentlichkeit in die Justiz wechsele lediglich der Hort der Willkür – von den regierungstreuen Beamten auf eine „Volksmeinung" –, das übergeordnete und grundsätzliche Ziel aber, die Unparteilichkeit der Richterbank sei damit immer noch nicht gewährleistet.[38] Daher forderte er die Souveränität des Rechts gegenüber übergesetzlichen Quellen, wie Moral-, Religions- und Politikquellen.

Die Kommission hingegen verband mit der Einbindung eines Teils des faktischen „Volkes" in die Justiz diese Problematik nicht. Ihre Überlegungen kreisen um das Problem, dass eine gerichtliche Behörde und ihre Urteile immer als das rechtliche Äquivalent der faktischen (bzw. moralischen) Überzeugung des Gemeinwesens angesehen werden, wenngleich einige Gemeinschaftsglieder oder sogar die Mehrheit des Gemeinwesens faktisch eine andere Überzeugung im Hinblick auf das gefällte Urteil haben. Insofern wurde die Jury als eine große Chance angesehen, eine tatsächliche inhaltliche Überein-

---

34 Im Vergleich zu Feuerbach wollte beispielsweise Mittermaier bei der Prüfung der Strafwürdigkeit übergesetzliche Inhalte, die einer „Volksmoral" oder einem „Volksbewusstsein" verpflichtet sind, auch berücksichtigt wissen, s.u. Mittermaiers Bericht auf der Lübecker Germanistenversammlung 1847, A. 214, Kap. II.6. dieser Arbeit.

35 Hegel, Grundlinien der Philosophie des Rechts, § 224.

36 Feuerbach, Betrachtungen über das Geschwornen-Gericht, 159.

37 Feuerbach, Betrachtungen über die Oeffentlichkeit und Mündlichkeit der Gerechtigkeitspflege, 1821, 158.

38 Ebd., 156 f.

stimmung herzustellen, zwischen der moralischen Überzeugung des Gemeinwesens und der Rechtsprechung.[39] Zudem spekulierten die Gutachter über die Wirkung des Schwurgerichts auf Wissenschaft, Praxis und Gesellschaft.

In seiner Kritik hatte Feuerbach auch zwischen der „gemeinen" Erkenntnis des Laien und der wissenschaftlichen Erkenntnis des Gelehrten unterschieden.[40] Bei der Wahrheitsermittlung gelange der Gelehrte durch rationale Vernunftschlüsse zur Erkenntnis, die damit ein Resultat aus dem Bereich der „objektiven Wahrheit" sei. Die laienhafte Erkenntnis komme dagegen unmotiviert zustande und resultiere größtenteils emotional aus sinnenhaften Eindrücken.[41] Feuerbach sah also neben den übergesetzlichen Inhalten, die die Laien in das Recht transferieren, auch das Problem des geistigen Unvermögens ihres „gemeinen Verstandes", der sich die Gründe seiner Überzeugung nicht bewusst mache. Die Auswirkungen auf die Rechtspflege seien fatal:

> „Erhebt ihr daher den blos gemeinen Verstand auf den Richterstuhl; so können sich in das Gemüth dieses Richters Vorurtheile, Einbildungen, gewagte Hypothesen, leere Muthmassungen einschleichen, die in seinem Kopfe ganz wie die Wahrheit aussehen und ihm eine Ueberzeugung aufdringen, welche er als Thorheit verabscheuen würde, wenn er gelernt hätte und geübt wäre, nach Begriffen zu unterscheiden, nach Grundsäzen zu vergleichen. Grundsäze binden zwar nicht den Willen, daß er nicht der Leidenschaft Einfluß verstatte auf sein Urtheil; aber sie verhindern den unwillkührlichen Einfluß der Leidenschaft, welchem der gemeine Verstand unvertheidigt blos gegeben ist".[42]

Indem für Feuerbach aus der Erkenntnisart des „gemeinen Verstandes" Vorurteile, Einbildungen etc. resultierten, stellte er sich gegen das frühe französische und englische Verständnis von „sens commun"/"bon sens"/"common sense". Denn hier hatte man gerade in der Erkenntnisleistung des „gemeinen Verstandes" eine Garantie gegen Voreingenommenheit, starke Leidenschaften, Einbildung etc. gesehen.

---

39 Landsberg, Gutachten über das Geschwornengericht, 141.

40 Feuerbach, Betrachtungen über das Geschwornen-Gericht, 122 f.

41 Ebd., 140.

42 Ebd., 142, Feuerbach stützt sich auf die Erfahrungen, die in Frankreich mit dem Schwurgericht gemacht wurden, und die das „Unvermögen" des „gemeinen Verstandes" belegen. Die Wahrsprüche der Laiengeschworenen entsprechen meist nicht der Sachlage. Die Folge davon sei, dass den Wahrsprüchen und damit auch den Straffolgen die gleichbleibende Proportionalität zum Verbrechen fehlt, ebd., 149 ff.

In der Hochblüte des „common sense“ in England glaubte man, dass die Erkenntnisfähigkeit prinzipiell jedem möglich und der „common sense“ in seinem ursprünglichen Zustand ein ausreichendes Erkenntnisvermögen sei.[43] Ein außergewöhnlicher Geist oder besondere Bildung seien nicht notwendig.

Die Kommissionsmitglieder hatten sich in der Auseinandersetzung mit Feuerbach *nicht* auf das Vorhandensein einer Grundverschiedenheit in der Geistestätigkeit zwischen Laien und Gelehrten eingelassen, weil sie – wie oben ausgeführt – aus einem anderen Blickwinkel argumentierten. In ihrer Bewertung des Juryinstituts gingen sie von der starken Außenwirkung des Wahrspruchs in einem öffentlichen Verfahren aus, die jeden einzelnen Urteiler davon abhalten würde, ein Urteil abzugeben, das die Einflussnahme bestimmter Faktoren offenbare. An welche Einflussnahme die Kommission dabei dachte, bleibt im Dunkeln. Sie sprach allgemein von „jedem Einfluß“:

> „Das Volk [...] entscheidet auch selbst (im Gegensatz der Obrigkeit) durch seine edelsten Mitbürger, durch unabhängige, erst im Augenblick des Gerichtes als Richter berufene Männer, welche um so mehr jedem Einfluß widerstehen werden, da sie öffentlich zu Gericht sitzen, und mithin durch jeden ungerechten Ausspruch sich selbst ein schändendes verdammendes Urtheil sprechen würden“.[44]

Entgegen Feuerbach verwarf die Kommission in ihrem Gutachten für den Bereich der gerichtlichen Wahrheit die „aus der sogenannten objektiven Wahrheit abstrahirten allgemein gültigen Regeln“. Sie entgegnete Feuerbach, dass die Verschiedenheit der „faktischen (moralischen)“ und der „juridischen“ Überzeugung nicht erkenntnistheoretisch begründet sei, sondern lediglich in der Verschiedenheit der „physischen Person“ liege:

> „Wenn daher eine Verschiedenheit zwischen der faktischen (moralischen) Ueberzeugung einer Seits, und der *juridischen*, oder richterlichen, anderer Seits angenommen werden kann, so liegt diese nicht in der Quelle, in dem Wesen der Erkenntniß, sondern lediglich darin: daß die subjektive Ueberzeugung der als Organ des Gemeinwesens gewählten (physischen oder moralischen) Person auch *juridisch* als die Ueberzeugung des Gemeinwesens erachtet wird; wenn gleich ein oder das andere Glied, oder gar die Mehrheit des Gemeinwesens *faktisch* eine andere Ueberzeugung hätte“.[45]

---

[43] S. Kap. I.2. dieser Arbeit, A. 102.

[44] Landsberg, Gutachten über das Geschwornengericht, 179.

[45] Ebd., 141.

Das Gutachten über das Geschworenengericht beginnt mit der Frage, auf welchem Weg sich die Überzeugung des Urteilenden in der Rechtsfindung konstituiert. Hierbei bewertete die Kommission die naturwissenschaftlichen und metaphysischen Methoden im Vergleich zu der juristischen Beweistheorie.[46] Die Kommission kritisierte, dass die Schlüsse der juristischen Beweistheorie mit demselben unantastbaren Wahrheits- und Richtigkeitsanspruch versehen werden wie die Schlüsse der beiden „nothwendigen Wissenschaften" (Mathematik und Metaphysik). Dieser Anspruch scheitere aber schon daran, dass die mathematischen und metaphysischen Schlüsse nicht durch die Erfahrung von einzelnen Fällen abstrahiert seien, sondern aus der Vernunft a priori geschöpft sind.[47]

Ein Urteil, ob sich eine Tat so oder anders begeben habe, könne nicht anhand eines methodischen Vorgehens abschließend als wahr bewiesen werden. Für diese Art der Überzeugungsbildung gebe es keinen methodisch korrekten Weg, denn das juridische Urteil gehe von Wahrscheinlichkeiten aus. Es stützt sich auf die sinnliche Wahrnehmung und Erfahrung seiner Urteiler und sei von deren subjektiven Überzeugung abhängig.[48] Die Kommission ging davon aus, dass die Überzeugung aus dem „sinnlichen Eindruck" resultiert, den der Urteilende in dem modernen Strafverfahren mit Öffentlichkeit und Mündlichkeit erhält. Für diesen „sinnlichen Eindruck" gebrauchte sie unterschiedliche Ausdrücke: Sie sprach von *Sinnen-Eindruck*, *unmittelbare sinnliche Empfindung* und *unmittelbare Total-Anschauung*. Diese Ausdrücke bedeuten alle dasselbe, indem sie sich auf den Gesamteindruck beziehen, der sich in jedem Urteilenden manifestiert. Dieser Gesamteindruck knüpft an die französische Instruktion von 1791 an: Hier hatte der französische Gesetzgeber die Geschworenen angehalten zu prüfen, „quelle *impression* ont faite sur leur *raison* les preuves rapportées contre l'accusé, et les moyens de sa défense...". Die oben genannte Begriffe werden im weiteren Verlauf des 19. Jahrhunderts in den Begriffen *Totaleindruck* oder *Gesamteindruck* weitergeführt.[49] Dabei gewinnt der Ausdruck „Totaleindruck" allerdings durch den Strafrechtler Mittermaier einen irrationalen Einschlag, weil er damit an die französische Auslegung der „intime conviction" als eines emotionalen Vorgangs anknüpfen wird.

---

46 Landsberg, Gutachten über das Geschwornengericht, 123.

47 Ebd., 127.

48 Ebd., 123.

49 C. Köstlin, Das Geschwornengericht für Nichtjuristen, 1849, 198; Der Ausdruck „Totaleindruck" fällt das erste Mal wahrscheinlich bei Justus Möser in seinen „Patriotischen Phantasien": „In den meisten Ländern werden die Verbrecher nach abstrakten Regeln verdammt; aber in England erkennen 12 Totaleindrücke über die konkrete Tat", aus Schwinge, Kampf um die Schwurgerichte, 87.

Im Kommissionsgutachten wird der Aspekt des persönlichen Gesamteindruckes breit erörtert und positiv bewertet. Dass sinnliche Eindrücke der gegenständlichen Welt immer bewusst oder unbewusst in die Überzeugungsbildung des Urteilenden eingehen, ist unbestritten. Auch die Persönlichkeit des Urteilenden lässt sich nicht vollständig ausschalten. Diese kann unter Umständen einen ganz maßgeblichen Einfluss auf das Urteil haben. Problematisch im Hinblick auf eine Rechtspflege, die einer *unbeeindruckten* Gerechtigkeit vor dem Gesetz verpflichtet ist, wird dieser Gesamteindruck allerdings in Bezug auf die Frage, welche rechtlich relevante Bedeutung ihm eigentlich im Juryverfahren zukommt, in dem die Laien ihren Urteilsspruch lediglich verkünden, aber nicht begründen. Für die Kommission stand fest, dass der „Sinnen-Eindruck“ das stärkste Beweismittel für die Richtigkeit der subjektiven Überzeugung sei:

> „Die ganze *Stärke* der historischen Wahrheit beruht auf Wahrnehmung in *einzelnen* Fällen, und die *höchste* historische Evidenz ist nur durch *unmittelbare* sinnliche Empfindung möglich“.[50]

Einer subjektiven Überzeugung, die aus der „unmittelbaren sinnlichen Empfindung“ Gewissheit schöpft, gestand die Kommission einen höheren Wahrheitsgehalt zu als einer Überzeugung, die sich an Beweisregeln orientiert. Damit vermittele sich „nur“ eine logische Gewissheit.[51] Diese Regeln wurden von der Kommission verworfen, weil sie das richterliche Urteil präjudizieren. Von besonderer Bedeutung für die rechtliche Überzeugungsbildung ist die Überlegung der Kommission, hinsichtlich der Beantwortung der Tatfrage bei der „sinnlichen Empfindung“, die ein „einfacher unmittelbarer Akt des Bewußtseyns“[52] ist, stehen zu bleiben. Für den Weg, auf dem sich die subjektive Überzeugung konstituiert, sei es unmöglich, feste Regeln aufzustellen, die die Überzeugungsbildung der Urteiler zu steuern vermögen.[53] Daraus folgerte die Kommission, dass lediglich das bloße Vorhandensein dieser „sinnlichen Empfindung“ die Gewissheit von der Richtigkeit der Überzeugung und damit auch von dem rechtlichen Urteil verbürge. Damit fiel das Gutachten allerdings von einem Extrem in das andere: Verbürgte im alten schriftlichen und geheimen Strafverfahren das methodische Vorgehen anhand strikter Regeln die Gewissheit von der Richtigkeit des Gerichtsurteils, so erscheint die Richtigkeitskontrolle subjektiviert. Einige Jahrzehnte später wurde die Überlegung der Kommission explizit als falsch ausgewiesen:

---

50 Landsberg, Gutachten über das Geschwornengericht, 125.
51 Ebd., 141.
52 Ebd., 137.
53 Ebd., 136 f.

„Wenn demnach demjenigen, welcher mit der Entscheidung der Thatfragen betraut ist, überlassen werden muß, mit freiem Ermessen den einzelnen Fall nach seiner Eigenthümlichkeit zu entscheiden, so folgt daraus nicht, daß die Garantie für die Wahrheit der Entscheidung lediglich in der *Thatsache* der subjektiven Ueberzeugung des Urtheilenden gefunden werden könne; die Garantie liegt vielmehr nach wie vor in der Art, wie der Urtheilende seine Ueberzeugung gebildet oder die sich aufdringende geprüft hat".[54]

Die Kommission stellte sich gegen Feuerbach, der schon an der französischen Jury kritisiert hatte, dass hier der Gesetzgeber die Überzeugung der Geschworenen, „ihr *subjectives, nicht mehr wankendes Führwahrhalten* zum Grunde rechtsgültiger Wahrheit" gemacht habe.[55] Feuerbach betonte, dass ja schon äußere Kleinigkeiten eine immense Wirkung auf die Überzeugungsbildung der Laien haben können, wie das Mienenspiel des Angeschuldigten, der Ton seiner Rede etc.[56] Daher forderte er, weil eben im Zweifelsfall jeder Verstand – auch der gelehrte Verstand – sich der sinnenhaften Eindrücke nicht verschließen kann, gerade bei einem öffentlichen und mündlichen Verfahren zusätzliche formalrechtliche Sicherungen in Form der sog. „negativen Beweistheorie".[57]

Es drängt sich die Frage auf, warum die Kommissionsmitglieder die „sinnliche Empfindung" nicht in dieser Weise kritisch hinterfragt haben. Der Grund liegt möglicherweise in dem unterschiedlichen Begriff von Strafe und Gerechtigkeit. Für Feuerbach durfte der Grundsatz der Proportionalität zwischen Strafe und Gesetz nicht angetastet werden. Sein Blick ruhte auf den strafrechtlichen Merkmalen, die eindeutig im Gesetz niedergelegt und am Durchschnittsmenschen ausgerichtet sind. Für die Gutachter hingegen stand die konkrete Person und das Individuelle jedes einzelnen Falles im Mittel-

---

54 Ueber Schwurgerichte und Beweistheorie im Strafprozesse, in: Archiv für Preußisches Strafrecht, 6. Bd., 1858, 475 ff. (476).

55 Feuerbach, Betrachtungen über das Geschwornen-Gericht, 135.

56 Ebd., 136; Max Ohler verweist in seiner Arbeit „Schwurgerichte und Schöffengerichte" aus dem Jahre 1896 auf einen ehemaligen staatsanwaltlichen Anonymus „ΩΣ", der sich in der „Zeitschrift für das gesamte Strafrecht" gegen die Schwurgerichte ausspricht, weil das „Barometer" für das Judizium des Geschworenen das Benehmen des Angeschuldigten sei, 70 f.

57 Feuerbach, Betrachtungen über das Geschwornen-Gericht, 143 f. u. 147; Westhoff: „Die negative Beweistheorie bedeutet [...] die Aufstellung eines gewissen Maßes von Beweisen, die zur Verurteilung vorhanden sein müssen, aber nicht zur Verurteilung zu führen brauchen, wenn dem Richter die Überzeugung von der Schuld des Angeklagten fehlt", Über die Grundlagen des Strafprozesses mit besonderer Berücksichtigung des Beweisrechts, 116.

punkt.[58] Die individuellen Merkmale jedes einzelnen Falles werden durch die äußeren, objektiven Umständen bestimmt, sie hängen aber auch mit subjektiven Merkmalen des individuellen Tätertyps zusammen. Gerade von der Ermittelung dieser subjektiven Merkmale (Absicht, Vorsatz, Gesinnung etc.) hing für die Kommissionsgutachter die Schuldfrage und damit auch die gerechte Anwendung der Strafgesetze ab:

> „Hierzu führt nun offenbar die vollständige unmittelbare Anschauung der Individualität mit mehr Sicherheit, als das Erkennen durch fremde Mittelorgane. Jene *innern* Gegenstände können schon ihrer Natur nach von dem sterblichen Richter *nicht unmittelbar* wahrgenommen werden. Der ihm allein vergönnte Schluß vom Aeußern auf das Innere wird daher in den meisten Fällen nur dann mit der höchsten Zuverläßigkeit erfolgen können, wenn er auf die vollständigste Erkenntniß aller *äußern* Verhältnisse, und insbesondere auf die Totalanschauung desjenigen, von dessen Innern die Rede ist, gegründet wird“.[59]

In der Feuerbach'schen Kritik an der französischen Schwurgerichtspraxis konstituierte sich das subjektive „Fürwahrhalten“ der Geschworenen ohne eine gedankliche Vertiefung in die Sache. Der französische Gesetzgeber zeige sich hinsichtlich der „Quellen des Fürwahrhaltens“ der Geschworenen gleichgültig:

> „Ihr Gewissen allein ist ihnen Gesez, nur dieses muß ihnen sagen, wo sie die Wahrheit suchen oder nicht suchen sollen“.[60]

Nach der französischen Lehre von der „intime conviction“ sei der Geschworene „un instrument de la loi criminelle, matériel et passif sensible et parlant“. Feuerbach verwies auf verschiedene englische und französische Schriftsteller, die die „intime conviction“ ansahen als einen

> „...*Wahrheitsinstinct*, durch den er [der Mensch] ohne eignes Wollen und Wissen, ohne Denken und Nachsinnen, das Wahre blind ergreift [...]. Der Geschworne selbst ist [...] 'ein *leidendes, empfindendes* und *redendes Instrument des Criminalgesezes*'. Sein Ausspruch gründet sich nicht etwa auf ein Urtheilen, Schließen, Vergleichen, Combiniren; dieses ist ein '*unwillkührlich ausgepreßter einfacher Schrei der Natur*'“.[61]

---

[58] Der Gesetzgeber verlasse sich letztlich immer auf „...die *individuelle* Ueberzeugung der Richters für jeden einzelnen Fall...“, Landsberg, Gutachten über das Geschwornengericht, 129.

[59] Landsberg, Gutachten über das Verfahren in Untersuchungssachen, 12 f.

[60] Feuerbach, Betrachtungen über das Geschwornen-Gericht, 136.

[61] Ebd., 117 f.

Die Vorstellung eines unwillkürlichen Instinktes, der die Wahrheit blind findet, wurde in dem Kommissiongsgutachten nicht rezipiert. Die „sinnliche Empfindung" war ihnen das stärkste Beweismittel für die Richtigkeit der subjektiven Überzeugung.[62] Diese Vorstellung taucht noch 1830 bei Zentner in Verbindung mit dem unverbildeten „gemeinen Menschenverstand" auf:

> „Die hauptsächlichste und sicherste Erkenntnisquelle ist die durch den Totaleindruck hervorgebrachte unmittelbare Empfindung. Diese wird gewiß bei dem natürlichen, unverdorbenen, durch das gefärbte Glas der Schulwissenschaft noch nicht irregeleiteten Sinn des schlichten Mannes reiner und wahrhaftiger seyn, als bei dem Gelehrten, bei welchem so häufig *studirte* Gefühle an die Stelle der *natürlichen* getreten sind".[63]

Das Gutachten über das Geschworenengericht ist insgesamt ein Plädoyer für die Überzeugung, dass der „gemeine Verstand" jedes Einzelnen ohne das gelehrte Vorverständnis zu der richtigen Entscheidung über die Tatfrage kommen kann.[64] Anstelle des gelehrten Wissens und der praktischen Erfahrung in Rechtsfragen rekurriert die Kommission auf die *Urteilsfähigkeit* und *Willenseigenschaft* als ausreichende Voraussetzungen für die Beantwortung der Schuldfrage.[65] Diese Voraussetzungen finden sich noch bei dem Juristen Friedrich G. Leue in seiner Abhandlung „Das deutsche Schöffen-Gericht" von 1847 wieder und werden insbesondere durch Jaup auf der Germanistenversammlung in Lübeck 1847 thematisiert.[66] Nach Einschätzung der Kommission sei aber beides – Urteilsfähigkeit und Willenseigenschaft – nun eher von den Laiengeschworenen zu erwarten als von den ständigen rechtsgelehrten Richtern. Folgende Gründe werden angeführt: Das richtige Urteil werde über einen jeden Menschen von seinesgleichen gefällt; die Richter seien in

---

[62] Es gibt philosophische Theorien, die die subjektive Überzeugung zur einzigen Erkenntnisinstanz erheben. So fallen bei Jakob Friedrich Fries Überzeugung und Gewissheit ausschließlich im Subjekt zusammen. Zudem wird für Fries die Feststellung der Richtigkeit der obersten ethischen Werte weder durch das Kriterium ihrer Verallgemeinerbarkeit festgestellt (Kant), noch bedarf es dazu eines intersubjektiven Verfahrens zu ihrer Ausmittelung (Fichte), sondern die materialen Werte sind dem Individuum „am festesten eingeborne". Das Mittel, um sich die richtige Überzeugung von der moralischen Pflicht zu erschließen, ist die Introspektion, die „geistige Selbsterkenntniß". Das Medium, durch das sich die moralischen Pflichten dem Menschen offenbaren, ist das des Gewissens, s. zu Fries: G. Hubmann, Ethische Überzeugung und politisches Handeln, 1997, 107 ff.

[63] J. Zentner, Das Geschworenengericht mit Öffentlichkeit und Mündlichkeit, 1830, 366.

[64] Landsberg, Gutachten über das Geschwornengericht, 176 f.

[65] Ebd., 175.

[66] Vortrag des Herrn Jaup über den Werth des Schwurgerichts, Versammlung der Germanisten zu Lübeck, 99 f.

ihrem Urteil befangen, weil sie Wächter des Gesetzes sind; der untersuchende Richter erscheine dem Beschuldigten als gegnerische Partei; manche Richter verfallen in extreme Positionen, entweder in übermäßige Strenge oder in weichliche Nachsicht.[67] An dieser Stelle ist festzustellen, dass die vorausgesetzte Willenseigenschaft von der Kommission nicht näher definiert wird. Es ist aber aus den oben angeführten Gründen und insbesondere aus dem Befangenheits-Argument zu vermuten, dass die Kommission ausdrücken wollte, dass sich die richtige Entscheidung des Faktums nicht schon in der Erkenntnis des Richtigen erschöpft, sondern auch das unbedingte Festhalten an der Wahl des Richtigen in der anschließenden Urteilsbekundung erfordert. Die Urteilsfähigkeit wird vom „gemeinen Verstand" abgeleitet, der

> „...vollkommen die erforderliche Fähigkeit besitze, um über die Schuld und Nichtschuld richtig zu erkennen...".[68]

Damit ist damit ein Weiteres verbunden, das in der Forschung bislang nicht gewürdigt worden ist: Der „gemeine Verstand" des Geschworenen wird von der Kommission von dessen Gewissen getrennt. Auch Feuerbach unternimmt diese Trennung, um die Kritik an den französischen Geschworenen damit zu minimieren:

> „Hat ihr Gewissen einen hellen, mit reifer Erfahrung ausgestatteten Verstand in seinem Dienste, so wird dieser freilich nicht blos dem Fürwahrhalten trauen, sondern auch die Gründe des Führwahrhaltens würdigen".[69]

In dem Kommissionsgutachten wird die Urteilsfähigkeit des „gemeinen Verstandes" lediglich mit dem Gewissen als Fähigkeit des menschlichen Geistes, die ethischen Werte in ihrer Realität mit den von ihnen erhobenen Ansprüchen zu erkennen, *verglichen:*

> „Ja, so wie das Gewissen, diese natürliche, jedem Menschen beygesellte Jury mahnt, den rechten Weg zeigt, das Urtheil spricht, und so das Gefühl des Sittlichen und Rechtlichen in Jedem erhält, [...] so führt die *Jury*, selbst das Gewissen des Volkes, das Gesetz, die Idee des Rechts, erst recht vollkommen und practisch in das bürgerliche Leben ein".[70]

Die Kombination aus Urteilsfähigkeit und Willenseigenschaft zeigt an, dass die Befähigung zum Urteilen nicht in einem rationalistischen Sinn verstanden wird, indem die Laiengeschworenen „richtigere" Schlüsse aus den Denkope-

---

67 Landsberg, Gutachten über das Geschwornengericht, 175.
68 Ebd., 175.
69 Feuerbach, Betrachtungen über das Geschwornen-Gericht, 136.
70 Landsberg, Gutachten über das Geschwornengericht, 177.

rationen ihres „gemeinen Verstandes“ abzuleiten vermögen – und das eher als die gelehrte Richterschaft. Die Kommission gestand ja auch der gelehrten Richterschaft zu, bei fehlender Jury die Schuldfrage nach ihrer subjektiven Überzeugung zu entscheiden. Sie habe sogar die *Pflicht*, ihrer subjektiven Überzeugung zu folgen.[71] Die Fähigkeit zur rechtlichen Überzeugungsbildung leitet sich von der Erkenntnisart des „gemeinen Verstandes“ ab und gilt gleichzeitig als ein Beweis, dass

> „...auch der gemeine Verstand des Verbrechers die Schuldbarkeit der That einsehen konnte“.[72]

Im Verlauf des 19. Jahrhunderts jedoch wird den Geschworenen zunehmend sowohl die nötige Willenskraft als auch die Fähigkeit zur rechtlichen Überzeugungsbildung abgesprochen.[73] Willenskraft meint im weiteren Verlauf dann eher den Willen, sich aller ungehörigen Einflüsse auf die Urteilsfindung verschließen zu können.[74]

### 3. DAS KONKRETE ETHOS DER GEMEINSCHAFT – HEBUNG DES RECHTSGEFÜHLS DURCH AKTIVE TEILNAHME AN DER RECHTSPFLEGE

Für die Kommission war die subjektive Überzeugung der Urteiler eine richtigkeitsverbürgende Instanz im Strafverfahren. Dennoch ist sie nicht gleichzusetzen mit dem bloßen Fürwahrhalten, das mit der französischen „intime conviction“ verbunden war, wenn man von Feuerbachs „Betrachtungen“ und seiner darin geäußerten Kritik ausgeht. Denn die subjektive Überzeugung weiß sich in Übereinstimmung mit der Überzeugung der Anderen im gemeinsamen Gemeinwesen:

> „In der *Jury* erblicken die Bürger diejenigen Urtheiler, welche aus ihrer Mitte, Namens des Gemeinwesens, richten; sie erblicken sich selbst, hören ihre eigene Stimme“.[75]

---

71 „Da wo keine Geschwornengerichte sind, und die Richter über das Faktum urtheilen, haben diese die nemliche Pflicht, ihrer subjektiven Ueberzeugung zu folgen“, Landsberg, Gutachten über das Geschwornengericht, 122.

72 Ebd., 175.

73 Ueber Schwurgerichte und Beweistheorie im Strafprozesse, 475.

74 Dies hat auch Mittermaier thematisiert in seiner Abhandlung „Die Mündlichkeit, das Anklageprinzip, die Oeffentlichkeit und das Geschwornengericht“ von 1845, 375.

75 Landsberg, Gutachten über das Geschwornengericht, 177.

Die Ausbildung der Urteilsfähigkeit baut wesentlich auf die Kultur des Menschen auf, in die er als Teil des Gemeinwesens verwoben ist. Die Kommission verweist auf den „gewöhnlichen Verkehr":

> „Auch im gewöhnlichen Verkehr erblickt jeder in seinem geehrten Mitbürger seinen öffentlichen natürlichen Richter. Er fürchtet ihn nicht als einen geheimen Spion, allein er achtet ihn, er scheut ihn, wie jeder sein Gewissen scheut, mit der Wirkung, daß er das Böse und Unrechte läßt".[76]

Die Urteilsfähigkeit, die die Kommission vom „gemeinen Verstand" ableitet, versteht diesen nicht in dem Sinn einer theoretischen Urteilskraft, die wie ein Werkzeug – unter der Voraussetzung, es wird richtig benutzt –, zu richtigen Entscheidungen führt. Der „gemeine Verstand" ist mit der Kultur des Menschen verbunden und steht für ein heimliches „Koordinatensystem". Dieses bildet sich im Individuum durch Erfahrung nach und nach heraus, d.h. durch das allmähliche Verinnerlichen der Lebensformen und den daraus abgeleiteten Sichtweisen und Beurteilungsgewohnheiten aus den Sittengesetzen einer Gemeinschaft. Diese Sichtweisen definieren letztendlich „Moralität" oder „Immoralität" einer Tat und fließen in die Entscheidung über die „Schuldbarkeit der That" hinein.[77] Insofern bleibt die Urteilsfähigkeit des „gemeinen Verstandes" zunächst einmal auf die „Besseren eines Volkes" beschränkt, als diejenigen, die sich bereits auf die Sittengesetze eingelassen haben:

> „Zuerst werden fast alle *Bessere* im Volke, sobald sie in das Mannsalter treten, nach und nach selbst *Richter*".[78]

Daraus leitet sich die volkserzieherische Aufgabe der Jury ab, die darin besteht, die Urteilsfähigkeit der einzelnen „Besseren" zum Vorbild für möglichst viele Andere zu machen, denn die Jury lehre die „Wirkung des guten Rufs" und der „allgemeinen Achtung" schätzen.[79] Die Kommission definierte auch ihre Sichtweise von der *Idee des Rechts*, die wiederum mit der Beziehung zwischen Recht und Moral zusammenhängt. Die Gutachter kritisierten, dass die begriffliche Differenzierung von Sittlichkeit und Recht dazu geführt

---

76 Landsberg, Gutachten über das Geschwornengericht, 177.

77 Ebd., 175; Hier steht weniger die Gesetzeskenntnis im Vordergrund, vgl. W. Böttges, Laienbeteiligung an der Strafrechtspflege und ihre heutige Bedeutung, jur. Diss. Bonn 1979: „Unabhängig und frei, nicht durch Gewöhnung abgestumpft und in übermäßige Strenge verfallen, würden die Geschworenen jeden Einzelfall beurteilen. Allein die Jury, so behaupteten sie, [gemeint sind die Kommissionsgutachter] garantiere die Verständlichkeit der Gesetze", 25.

78 Landsberg, Gutachten über das Geschwornengericht, 176.

79 Ebd., 177.

habe, die Geltungsbereiche beider Normenkomplexe auch sachlich voneinander zu scheiden:

> „Bloß die *Schule*, die Speculation hat die Begriffe von Sittlichkeit und Recht, welche, nur von verschiedenen Standpuncten betrachtet, das *nämliche* bedeuten, als real verschieden gesondert. Die *Jury*, indem sie den guten Ruf, die Achtung der Edlern auch der Menge als Ziel aufstellt, führt so im wirklichen Leben das Sittliche und Rechte zur Einheit zurück".[80]

Die Kommission erhoffte sich also durch die Jury langfristig eine reale Zusammenführung beider Normenkomplexe – Recht und Moral – im Gemeinwesen. Umgesetzt werde diese sachliche Zusammenführung, indem der „gemeine Verstand" der Juroren in Richtung Jurisprudenz leeren Theorien den Übergang in die Praxis verschließe und die Anwendung der Strafgesetze in Übereinstimmung mit der Sitte gewährleiste.[81] In Richtung Praxis werde durch die Jury die Idee des Rechts im Volk ausgebildet.[82] Die Jury lasse diese Idee sichtbar werden, indem Mitbürger aus dem gewöhnlichen Geschäftsleben hervortretend nun selbst zum „Organ der vergeltenden Nemesis" werden. Dadurch werde das *Rechtsgefühl* des Einzelnen ausgebildet:

> „Das Andenken dieser wichtigen Stunden, dieser von ihnen geübten unerbittlichen Gerechtigkeit, nehmen sie dann in das gewöhnliche Bürgerleben zurück. Kann es fehlen, daß jenes Rechtsgefühl nicht auch lebendig und praktisch in ihre gesammte Handlungsweise übergehet?"[83]

Wenn die Juroren als „Organ der vergeltenden Nemesis" bezeichnet werden, so ist die auf dem Wahrspruch der Juroren basierende Strafe auch eine moralische Strafe. Dieses Rechtsgefühl scheint dann auch ein Gefühl für Moralität zu sein. Das Rechtsgefühl, das *erst* durch die judizielle Aktivität im Subjekt erzeugt wird,[84] und von dem sich die Kommission erhofft, dass es nachhaltig persönlichkeitsformend und handlungsbestimmend wirke, vermittele dem Bürger auch ein „stärkendes Gefühl seines Selbst, seiner Würde".[85] Diese Eigenschaften werden als wesentlich erachtet für Vaterlandsliebe und „sittliche

---

[80] Landsberg, Gutachten über das Geschwornengericht, 178.
[81] Ebd., 175.
[82] Ebd., 176.
[83] Ebd., 177.
[84] Vgl. L. Frey, hier ist das Rechtsgefühl eine allen Menschen eingepflanzte Eigenschaft: Das Urteilsvermögen der Laien ist „...ein innatives Rechtsgefühl, das, keiner schulgerechten, wissenschaftlichern [sic] Ausbildung bedürfend, vollendet, fertig in der Seele eines jeden Menschen lebt..." (Das Geschwornengericht aus historischen, straf- und staatsrechtlichen Gesichtspunkten betrachtet, 1835), 39 f.
[85] Landsberg, Gutachten über das Geschwornengericht, 180.

Vollkommenheit".[86] Die Kommission knüpft hier an die moralisch-politischen Auffassungen des deutschen Moralphilosophen Christian Garve an: Der Mensch verliere seine moralischen Prinzipien, wenn es ihm an Gelegenheit zum Handeln fehlt.[87]

Indem die Kommission versucht, ein moralisch gefärbtes Rechtsgefühl via Geschworeneninstitut als verpflichtendes Moment des Rechtlichen zu statuieren, ist sie in dieser Hinsicht anti-kantianisch und mehr dem moralphilosophischen Ideengut des 18. Jahrhunderts verpflichtet als Feuerbach. Das positive Recht als Normenkomplex, dessen verpflichtende Kraft in sich selbst ruht, und aus der heraus es Geltung beansprucht und eine Rechtsüberzeugung erzeugt, die vornehmlich *diesem* Regelwerk verpflichtet ist, wird damit hintangesetzt. Die Rechtssicherheit resultiert für die Kommissionsmitglieder aus der optimistischen Bewertung des Rechtsgefühls im Sinn eines ethosgebundenen Sittlich-Richtigen, das im Individuum durch die Beteiligung an den öffentlichen Angelegenheiten erzeugt wird, und das auf der öffentlichen Bühne des Gerichts für jedermann sichtbar wird. Das Sichtbarmachen des ethosgebundenen Sittlich-Richtigen durch die „Besseren im Volk" hat Vorbildcharakter und soll volkserzieherisch wirken. Daher müsse es im Interesse des Regenten liegen, Einrichtungen zu schaffen, die die *aktive* Teilnahme an den Gemeinschaftsaufgaben sichern und gleichzeitig Foren der gesinnungsethischen Erziehung sind:

> „Wo das öffentliche Leben gedeihen soll, da müssen auch Einrichtungen seyn, welche den Blick des Volkes auf das Gemeinschaftliche ziehen, welche offenkundig zeigen, wie jeder Einzelne in das Ganze eingreift, nicht bloß ein passives Mitglied, sondern thätig und wirksam".[88]

Die grundlegenden Überlegungen der Kommissionsgutachter kreisten noch 1818 um das Problem, wie man eine möglichst breite Identifikationsebene mit den Gerichtsurteilen gerade bei dem neuen öffentlichen und mündlichen Verfahren erreichen könne. Dass man damit gleichzeitig die alten Kompetenzbereiche in der Urteilsfindung in Frage stellte und in Richtung „Öffentlichkeit" oder „Volk" umverteilen musste, wenn man tatsächlich eine reale Übereinstimmung erzielen wollte, war die Folge dieser Überlegung. Das erklärte Ziel der Kommission war aber keineswegs die Demokratisierung des Gerichtswesens. Die Kommission beschäftigte sich mit der Frage, worin das verpflichtende Moment des Rechts liegt, und wie man hinsichtlich des ver-

---

86 Landsberg, Gutachten über das Geschwornengericht, 180.

87 Gemeinnützige Unternehmungen stärken die moralische Prinzipien des Menschen, s. Schwab, Die „Selbstverwaltungsidee" des Freiherrn vom Stein, 97.

88 Landsberg, Gutachten über das Geschwornengericht, 181 f.

pflichtenden Moments das Bewusstsein hierfür bei möglichst vielen Mitgliedern des Gemeinwesens schafft. Das Erzielen einer Übereinstimmung zwischen positivem Recht und Rechtsgefühl der Einzelnen sah die Kommission als eine Aufgabe des väterlichen Regenten an über das Einrichten von Institutionen (Juryinstitut), in denen die Mitglieder der Gesellschaft in die öffentlichen Angelegenheiten eingebunden werden. Sie ging davon aus, dass das Rechtsgefühl im Subjekt künstlich erzeugt werden könne. Dieses diene der gesinnungsethischen Erziehung des einzelnen Gesellschaftsmitglieds und damit des Gemeinwesens insgesamt. Insofern erinnert dieses Rechtsgefühl an Hume, der gesagt hatte, dass das Gefühl für Recht und Rechtswidrigkeit künstlich erzeugt wird durch Erziehung und menschliche Übereinkunft. Feuerbach hat sich zu solchen moralisch-politischen Überlegungen, die eine Übereinstimmung zwischen dem positiven Recht und dem Rechtsgefühl des Einzelnen thematisierten, auch geäußert. In seiner Abhandlung „Betrachtungen über das Geschwornen-Gericht“ sagte er aber, dass keine menschliche Weisheit je eine Gesetzgebung zu ersinnen vermöge, die mit der „öffentlichen Meinung“ Schritt hielte.[89] Besonders in den Fällen, die nicht unmittelbar den Einzelnen, sondern „das Ganze“ der bürgerlichen Gesellschaft betreffen,

> „...wird jede Gesezgebung unvermeidlich mehr oder weniger die Meinung des Volkes gegen sich haben, weil die rechtlichen Momente solcher Handlungen, so wenig als der Gegenstand, auf den sie sich beziehen, in den Gesichtskreis des gemeinen bürgerlichen Lebens fallen“.[90]

Feuerbach wollte grundsätzlich alle Moralität und Gesinnungsethik – als rechtsdeterminierende Faktoren – aus dem Bereich der Urteilsfindung in der Strafrechtspflege heraushalten.[91] So ist die aus dem richterlichen Urteil resultierende Strafe *einzig* durch das Gesetz gerechtfertigt.[92] Die Strafe dient dem Staat durch deren Androhung in den Gesetzen, vor Verbrechen abzuschrekken. Diese gesetzliche Strafandrohung darf somit nicht durch ein dazwischen geschobenes Urteil der Laiengeschworenen unterwandert werden. Das Strafgesetz selbst geht von dem Gedanken der Gefährlichkeit der Tat für den rechtlichen Zustand aus, nicht von der unmoralischen Gesinnung der Subjekte.[93] Die Strafbarkeit einer Tat erhöht sich, je größer die Gefahr für den rechtlichen Zustand ist. Somit hat diese Strafandrohung nichts mit der Individualität des einzelnen Täters zu tun, mit seiner konkreten Täterpersönlichkeit oder der Moralität seiner Handlung. Eine Ausnahme hinsichtlich des Subjekts

---

89 Feuerbach, Betrachtungen über das Geschwornen-Gericht, 164.
90 Ebd., 165.
91 O. Zwengel, Paul Johann Anselm von Feuerbachs Leben und Wirken, 65 f.
92 L. v. Bar, Geschichte des Deutschen Strafrechts, 249.
93 Zwengel, Paul Johann Anselm von Feuerbachs Leben und Wirken, 65 f.

der Tat müsse nur dort gemacht werden, wo das Gesetz, weil es fehlte oder nicht konkret bestimmt war, folglich nicht abschreckungsmäßig habe wirken können.[94] Der hohe Wert des positiven Rechts und des gesetzgeberischen Willens, der für den Richter in seiner Entscheidung maßgeblich sein sollte, stand für Feuerbach außer Frage. Gegen Ende des 19. Jahrhunderts wurde die Feuerbach'sche Strafrechtstheorie von Ludwig von Bar mit den Worten kritisiert, Feuerbach habe das Gesetz zu sehr vom „Volksbewusstsein" emanzipiert. Das moralische Urteil einerseits und das Strafurteil des Staates andererseits stehen sich nicht so sehr gegenüber. Beide Urteile differieren vielmehr darin,

> „...dass das Urtheil des Strafrichters die Moralität der That nur bis zu einem gewissen, leichter festzustellenden Punkte ergründet, dass also das Strafrecht die Moral des Gemeinwesens in grossen und gröberen Zügen ausdrückt. Dann hätte er [Feurbach] auch nicht so wie er es that das Gesetz vom Volksbewusstsein emancipiren, das Strafen auf Grund blosser angeblicher Nützlichkeit der Strafdrohung oder Gefährlichkeit der Handlung rechtfertigen und das Strafrecht nicht ausschliesslich auf die Verletzung von Rechten im subjektiven Sinne basiren können. [...] Die Wichtigkeit des verletzten oder gefährdeten Rechtes lässt sich nur nach der moralischen Werthschätzung des Volksbewustsseins bestimmen".[95]

Für den weiteren Verlauf des 19. Jahrhunderts ist festzustellen, dass man von der optimistischen Einschätzung und des Vertrauens in die Urteilskraft des „gemeinen Verstandes" immer mehr Abstand nimmt, und dafür sich immer stärker einem nicht genauer bestimmten „Volksbewusstsein" oder „Rechtsbewusstsein im Volke" zuwendet.[96]

### 4. Formen von Öffentlichkeit im machtpolitischen und verfassungspolitischen Kontext: „Publicität", Gerichtsöffentlichkeit, Jury – Das Juryinstitut als Schule für Gemeinsinn und öffentliche Angelegenheiten

Die Kommission hatte durch die Einbindung des Subjekts „Gemeinwesen" als Behörde in die Staatsverwaltung auch erreicht, dass das „Gemeinwesen" und dessen faktischer Übernahme richterlichen Aktivitäten unter den väterlichen Landesherrn subsumiert blieb. Für ihn als obersten Rechtsherrn hatte

---

94 L. v. Bar, Geschichte des Deutschen Strafrechts, 250.

95 Ebd., 252 f.

96 E. Osenbrüggen, Die Berufung auf das Rechtsbewußtsein im Volke, (Archiv des Criminalrechts, 1854), 152-170; die Erwiderung von J. D. H. Temme, ebd., 586-602; zur Auseinandersetzung zwischen Osenbrüggen und Temme, Kap. IV.1. dieser Arbeit.

sich durch die Einführung des Juryinstituts vorerst nichts geändert.[97] Nicht umsonst hatte Feuerbach die Jury mit einer „schwachen, spanischen Wand“ verglichen, die nicht vor königlicher Willkür schütze, da dem Regenten immer noch zahlreiche Instrumente blieben, um seinen Machtanspruch auch in rechtlichen Fragen aufrechtzuerhalten.[98]

Obwohl die Kommission betont, das Geschworeneninstitut nicht als politisches Institut verteidigt zu haben, sondern wegen seines „juridischen Werthes“,[99] fällt auf, dass die Ausformulierung der juridischen Gründe kaum wirklich juristische im Sinn von strafprozessualen Gründen sind. Die Kommission bezog sich in ihrer Zusammenfassung der Gründe auf den Wunsch der „öffentlichen Meinung“, den Wunsch der „meisten gerichtlichen Behörden“ und auf die eigenen positiven Erfahrungswerte mit dem Geschworeneninstitut usw.[100] Auch der Verweis auf die Königliche „Cabinets-Ordre“ von 1816[101], die laut Kommission allein schon „*vollständig*“ den Antrag der Kommission für die Beibehaltung der Geschworenengerichte in den Rheinprovinzen begründet,[102] legt den Schluss nahe, dass das Gutachten der Kommission insgesamt eine Rechtfertigung ex post ist. Diese Annahme ist nicht neu. Sie wurde von Ernst von Meier zu Beginn des 20. Jahrhunderts geäußert und 1914 von Ernst Landsberg in seinen Vorbemerkungen zu den Gutachten der Immediat-Justizkommission scharf zurückgewiesen.[103]

---

97 Im absoluten Staat des 17. und 18. Jahrhunderts konnte der Landesherr die Gerichtsgewalt selbst ausüben oder deren Ausübung Richtern übertragen, d.h. er konnte unmittelbar in die Rechtspflege eingreifen über die sog. „Machtsprüche“. In Preußen galt keineswegs die Unabhängigkeit der Rechtspflege. Dem König oblag das Bestätigungsrecht für schwere Strafurteile. Die Eingliederung der Rheinlande in den preußischen Staat änderte daran nichts. Selbst bei den Urteilen der rheinischen Schwurgerichte wurde das Bestätigungsrecht des preußischen Königs ausgeübt. Dies führte zu Missstimmungen im Rheinland, weil dies im Widerspruch zum rheinischen Prozessverfahren stand. Erst Friedrich Wilhelm IV. verzichtete 1840 auf dieses Bestätigungsrecht, s. H. Conrad, Richter und Gesetz im Übergang vom Absolutismus zum Verfassungsstaat, 29.

98 Landsberg, Gutachten über das Geschwornengericht, 188 f.

99 Ebd., 192.

100 Ebd., 175.

101 Kabinettsanweisung vom 20. Juni 1816: „daß auch Institute und Einrichtungen in der Justiz-Verwaltung, welche aus der Lage der hiesigen Verhältnisse als nothwendig und überwiegend nützlich sich ergeben, deshalb weil sie sich in dieser Art nicht in den übrigen Staaten finden, nicht verworfen, sondern blos in eine solche Richtung gebracht werden sollen, als sie der Zusammenhang mit dem Ganzen verträgt“, Landsberg, Gutachten über das Geschwornengericht, 200.

102 Landsberg, Gutachten über das Geschwornengericht, 176.

103 Landsberg, Gutachten, § 1, Vorbemerkungen, II ff. (IV).

Dass die Beibehaltung des französisch-rheinischen Geschworeneninstituts in den Rheinprovinzen Anfang des 19. Jahrhunderts auch aus der besonderen Rücksichtnahme auf die „öffentliche Meinung“ und aus den positiven Äußerungen der meisten rheinischen Gerichte resultierte, führt zur Frage, wer eigentlich die „öffentliche Meinung“[104] repräsentierte, und weshalb von Regierungsseite Rücksicht genommen werden sollte, wenn es um Angelegenheiten der staatlichen Justizverwaltung ging? Warum sollten die rheinischen Gerichtshöfe dem Geschworenengericht positiv gegenüber stehen, während es belegt ist, dass viele Richter in anderen deutschen Ländern das Geschworeneninstitut ablehnten, da es neben der Abhängigkeit von der Regierung in gewisser Weise ein neuerliches Abhängigkeitsverhältnis bedeutete – und zwar von der „Volksstimme“ bzw. „öffentlichen Meinung“? In der aktuellen Forschung gibt es darüber, wie deutsche Juristen während der Rheinbundzeit das französische Recht beurteilten, keine Untersuchung.[105]

Und warum stellte sich gerade die Preußische Königliche Immediat-Justizkommission hinter ein eher „republikanisches“ Institut, das seit Montesquieu, Blackstone und de Lolme als ein unentbehrlicher Bestandteil jeder konstitutionellen Staatsverfassung anerkannt war? In de Lolmes Werk „Constitution de l'Angleterre“ von 1771 wurde die Verfassung Englands als eine konstitutionelle Monarchie beschrieben, in der die bürgerliche Gesellschaft sowohl an der Gesetzgebung als auch an einer vom Monarchen *unabhängi-*

---

[104] Die „öffentliche Meinung“ als „veröffentlichte“ Meinung kann zur Beurteilung der rheinischen Justiz von 1797 bis 1813 nur mit gewisser Vorsicht herangezogen werden. Nach der Ansicht von Schubert hätte jede Kritik am französischen Recht damals die Wiederherstellung des alten Rechtszustandes oder die Einführung rechtsrheinischer Gesetze bedeutet, was man zu dieser Zeit aber als unerträglich empfand. Trotz der Schwierigkeiten ein genaues Spiegelbild der damaligen „öffentlichen“ Meinung zu zeichnen, stehe soviel fest, dass die neue Justizorganisation und das französische Recht zunächst auf wenig Gegenliebe gestoßen sind. Denn in den ersten Jahren besetzte man die Obergerichte vorzugsweise mit Sympathisanten der französischen Herrschaft, obwohl diese nur in den seltensten Fällen über eine ausreichende juristische Ausbildung verfügten, so W. Schubert, Französisches Recht in Deutschland zu Beginn des 19. Jahrhunderts, 1977, 94; In einem Zeitungsextrakt vom Januar 1817 wurde die „Stimmung des Volkes“ folgendermaßen beschrieben: „Der Ober-Bürgermeister zu Cölln bemerkt, daß das Vertrauen, welches man anfänglich auf die Arbeiten der Immediat-Justiz-Kommission gesetzt habe, sich allmählich zu verlieren anfangen, in dem man es nicht für möglich halte, daß vier Männer [gemeint sind die Gutachter], die nicht einmal an dem nämlichen Orte versammelt wohnen, neben den ausgedehnten laufenden Geschäften auch die so wichtige in alle Zweige der Verwaltung und alle Privatverhältnisse eingreifende Reform der Gesetzgebung werden vollenden können“, Geheimes Staatsarchiv, Berlin, I. HA Rep. 74 Staatskanzleramt, R IX Nr. 1a, Bd. 1, Zeitungsextrakt Januar 1817, Blatt 150.

[105] Schubert, Französisches Recht in Deutschland zu Beginn des 19. Jahrhunderts, 9.

*gen* Rechtsprechung – insbesondere Strafrechtsprechung – mittels der Gerichtsöffentlichkeit und der Jury teilhatte.[106] Mit dem Erstarken des bürgerlichen Selbstverständnisses am Anfang des 19. Jahrhunderts und dessen Anspruch auf Mitwirkung an den öffentlichen Aufgaben sind diese Fragen wohl nur zum Teil beantwortet. Denn das liberale Bürgertum bildete keine geschlossene politische Einheit, aus der es sein Eintreten für das Geschworeneninstitut aus einer politischen Konzeption ableitete.[107] Das Eintreten für das Schwurgericht hing mehr mit der persönlichen Interessenlage des liberalen Bürgertums zusammen und war primär am eigenen Bedürfnis ausgerichtet. So wurden Schwurgerichte für bestimmte Vergehen gefordert, vor allem für Pressvergehen, Majestätsbeleidigung, Hochverrat, frecher Tadel der Regierung etc., also für die „typischen“ bürgerlichen Vergehen.[108]

Belegt wird dies auch durch Untersuchungen über die Debatten um das Schwurgericht in den Abgeordnetenkammern der deutschen Länder, die aufgrund von Verfassungsverträgen eine bürgerliche Repräsentation – eine institutionalisierte „öffentliche Meinung“ – besaßen: Das waren vor 1848 Bayern, Baden, Württemberg und das Großherzogtum Hessen-Darmstadt. Zusammenfassend kann man sagen, dass es in Deutschland *vor* 1848 keine geschlossene Front des süddeutschen Liberalismus zugunsten der Schwurgerichte gab.[109] In der *badischen* Abgeordnetenkammer fand der Antrag einer Gesetzespetition von 1819 zur Einführung der Schwurgerichte bei Kriminal-,

---

[106] Haber, Strafgerichtliche Öffentlichkeit und öffentlicher Ankläger in der französischen Aufklärung, 157 f.

[107] Auch G. Haber, Probleme der Strafprozeßgeschichte im Vormärz. Ein Beitrag zum Rechtsdenken des aufsteigenden Bürgertums (Zeitschrift f. d. gesamte Strafrechtswissenschaft 99, 1979), 590-636: Haber sagt hier, dass die Kennzeichnung des Kampfes des liberalen Bürgertums um die Schwurgerichte als eines mehr oder weniger politischen angesichts der Vieldeutigkeit des Begriffs des Politischen zu unbestimmt ist, um befriedigend zu sein (599). Die Vertreter des bürgerlichen Liberalismus waren weit davon entfernt, eine Einheit zu bilden. Ihnen waren gewisse Grundsätze gemeinsam, die aus ihrer sozialen Stellung resultierten. Dazu gehörte insbesondere das Prinzip des *nur* durch *Gesetz* festumrissenen Freiheitsspielraums. Die als willkürlich empfundenen staatlichen Eingriffe in diesen Freiheitsspielraum gefährdeten ihren wirtschaftlichen Aufstieg, ebenso wie ihren Anspruch auf Mitwirkung im staatlichen Bereich (603).

[108] So Haber, Probleme der Strafprozeßgeschichte im Vormärz, 604.

[109] So Peter Landau, der die Debatten um die Schwurgerichte in den deutschen Ständeversammlungen in Bayern, Baden, Württemberg und Hessen-Darmstadt vor 1848 untersucht hat. Konsens bestand bei den Liberalen allenfalls darüber, dass die Schwurgerichte zu einem konstitutionellen System gehören. Die Schwurgerichte wurden insbesondere zur Beurteilung von Pressedelikten gefordert, s. Schwurgerichte und Schöffengerichte in Deutschland im 19. Jahrhundert bis 1870 (A. P. Schioppa, The Trial Jury in England, France, Germany 1700-1900, 1987), 241-304 (261 f.).

Injurien- und Pressvergehen in der zweiten Kammer nur eine knappe Mehrheit von 33 zu 28 Stimmen.[110] 1822 wurden in der zweiten badischen Kammer erneut Anträge auf Einführung der Geschworenengerichte gestellt. Im Vergleich zum Jahre 1819 zeigte sich nun eine merkliche Abkühlung und Zurückhaltung hinsichtlich der Einführung der Jury.[111] In *Bayern* ging der Vorstoß zur Einführung der Geschworenengerichte letztlich nicht von der Abgeordnetenkammer aus, sondern 1831 von der Regierung.[112] Im Land *Württemberg*, das sich dadurch auszeichnete, dass hier durch eine Vereinbarung zwischen dem König und den Ständen ein Verfassungsvertrag zustande gekommen war, fehlen Debatten zur Schwurgerichtsfrage völlig.[113] Noch 1841 sprach sich die Strafprozessordnungskommission der zweiten Kammer gegen die Einführung der Geschworenengerichte aus. Eine überwiegende Zahl der Abgeordneten teilte diesen Standpunkt.[114]

Auch die badischen Richter standen dem Geschworenengericht ablehnend gegenüber. In der Forschung heißt es dazu, dies sei durch das Fehlen der praktischen Erfahrung mit einer Schwurgerichtsverfassung zu erklären.[115] Daran anknüpfend könnte man fragen, ob nun praktische Erfahrungen mit den Schwurgerichten eher eine Zustimmung seitens der Richterschaft bedeuteten. Davon ausgehend müsste das Votum der *rheinischen* Gerichtshöfe in dieser Frage eindeutig gewesen sein. Tatsächlich haben sich aber hinsichtlich der Beibehaltung der Geschworenengerichte nach den Angaben der Immediat-Justizkommission von 15 Gerichtshöfen neun für die Beibehaltung der Schwurgerichte ausgesprochen, der Rest sich aber dagegen oder unbestimmt erklärt bzw. enthalten, so dass sich ein Verhältnis 9:6 für die Beibehaltung der Schwurgerichte im Rheinland ergab.[116]

Die Befürwortung des Geschworenengerichtes muss auch in einem anderen Zusammenhang bewertet werden, der in der Forschung bislang unbeleuchtet ist: Es geht dabei um die Bewertung des Juryinstituts als eines herrschaftlich-machtpolitischen Instrumentes der Regierung zur *Justizaufsicht.* Es lohnt sich, die Argumentation der Kommissionsgutachter auch unter diesem Gesichtspunkt zu analysieren. Ein Grund für diese Annahme ist, dass eine radi-

---

[110] Landau, Schwurgerichte und Schöffengerichte in Deutschland bis 1870, 259.
[111] Schwinge, Kampf um die Schwurgerichte, 57.
[112] Landau, Schwurgerichte und Schöffengerichte in Deutschland bis 1870, 257.
[113] Ebd., 260 f.
[114] Ebd., 261; auch Schwinge, Kampf um die Schwurgerichte, 64.
[115] Landau, Schwurgerichte und Schöffengerichte in Deutschland bis 1870, 259.
[116] Nach den Angaben der Immediat-Justizkommission mit genauer Auflistung der betreffenden Gerichtshöfe, s. Landsberg, Gutachten über das Geschwornengericht, 171 A. 2.

kale Sinnesänderung zugunsten des Geschworeneninstituts bei einigen Kommissionsmitgliedern erst *nach* einer Sonderberatung im Jahre 1817 mit dem Geheimen Staatsrat Heinrich Gottfried Wilhelm Daniels, „dem überzeugten Anhänger des französischen Rechts",[117] eingetreten ist. Der Monatsbericht vom 16. Juni 1817 erhält das darüber aufgenommene Protokoll.[118] Da das Gutachten der Immediat-Justizkommission über das Geschworeneninstitut nachhaltig gewirkt hat und das schon unmittelbar nach der Abgabe an das Preußische „Ministerium für die Revision der Gesetzgebung",[119] kommt ihm letztlich eine Schlüsselstellung zu. Eine breite Befürwortung in den verschiedenen deutschen Ländern gab es, wenn überhaupt, lediglich hinsichtlich des öffentlichen, mündlichen Strafverfahrens. Im Monatsbericht der Immediat-Justizkommission vom 16. Juni 1817 ist festgehalten:

> „Aus der Mitte der praktischen Juristen dieser Lande [linksrheinische Provinzen] sei auch bisher keine *bedeutende* Stimme wider dasselbe laut geworden; vielmehr könne man einer ungetheilten Ueberzeugung derselben von dessen Vorzüglichkeit im Allgemeinen sich versichern".[120]

In diesem Protokoll wird auf Daniels verwiesen und seiner positiven Einstellung zum Schwurgericht.[121] Indes wird in diesem Protokoll der praktische Erfolg der Geschworenengerichte abhängig gemacht von einer Reform der Strafgesetze und des Verfahrens zur Geschworenenauswahl:

> „Die volle Erreichung der Zwecke dieses Instituts sei indeßen abhängig a) sowohl von der Beschaffenheit der Strafgesetzgebung [...] b) als von einer vorsichtigen und strengen Auswahl der zu Geschworenen berufenen Personen. Ob es zweckmäßig sei, die Wahl und Bestimmung dieser Personen ferner in den Händen der Ver-

---

117 So Schwinge, Kampf um die Schwurgerichte, 24.

118 Geheimes Staatsarchiv, Berlin, I. HA Rep. 74 Staatskanzleramt, R IX Nr. 1a, Bd. 2, Organisation der Immediat-Justizkommission für die Rheinprovinzen, Blatt 70-111.

119 Es scheint, als sei das Gutachten der Immediat-Justizkommission in Bayern bereits 1819 bekannt gewesen, da der Gesetzgebungsausschuss der Abgeordnetenkammer sich bei der Begründung seiner Empfehlung des Geschworeneninstituts vor allem auf das Gutachten der Kommission bezogen hat, s. Landau, Schwurgerichte und Schöffengerichte in Deutschland bis 1870, 255.

120 Geh. Staatsarchiv, s.o. A. 118, Blatt 73.

121 „Herr Geheimrath Daniels hält daßelbe für eines der vorzüglichen und wichtigen Institute der hiesigen Gerichtsverfassung, auf deßen Erhaltung nicht allein seines eigenen Werths wegen, sondern zugleich in Beziehung auf die allgemeinen Wünsche und Theilnahme des Volks an deßen Aufrechtserhaltung – ohne welches außerdem das öffentliche Verfahren im Kriminalprozeße seine Bedeutung zum großen Theile verlieren werde, – vorzüglichen Bedacht zu nehmen sey", Geh. Staatsarchiv, s.o. A. 118, Blatt 88.

> waltung zu laßen? – ferner die Idee ihrer Wahlbarkeit aus der Mitte und durch die Provinzialstände..."[122]

Auch wird hinsichtlich der Überzeugungsbildung der Geschworenen ein Punkt erörtert, der sich allerdings sowohl der französischen Lehre von der „intime conviction" als auch der „sinnlichen Empfindung", die die Grundlage für die subjektive Überzeugung bildet, geradezu diametral entgegenstellt:

> „Um vornehmlich in den Fällen, wo das Gesetz in bestimmten Kriterien eine Handlung als Verbrechen qualifiziert und deren Pönalität [Strafe] bedingt hat, den Geschworenen, in der nicht selten schwierigen Erkenntniß jener Kriterien und dieser Bedingungen zu Hülfe zu kommen, wurde der Vorschlag besprochen, denselben [den Geschworenen] die Befugniß zu ertheilen, in allen Fällen, eine gemeinschaftliche Deliberation mit den Richtern, und von diesen über zweifelhafte und dunkle Punkte Aufklärung verlangen zu können /: ohne jedoch den Richtern selbst eine Stimme einzuräumen :/ – und in den Fällen einer einfachen Majorität der Geschworenen diese mit den Richtern aufs neue deliberiren und gemeinschaftlich bestimmen zu laßen".[123]

Die „Deliberation" erinnert nun aber stark an das Prinzip des späteren Schöffengerichts, das sich im Gegensatz zum Geschworenengericht gerade dadurch auszeichnet, dass Schöffen und Richter gleichwertig die Richterbank besetzen, und nachdem sie über den zu verhandelnden Sachverhalt beratschlagt haben, abschließend zu einem gemeinsamen Urteilsspruch gelangen. In ihrem Gutachten von 1818 sah aber die Kommission den besonderen Wert des Geschworenengerichtes, den sie durch ihren Antrag auf Beibehaltung des Geschworeneninstituts unbedingt erhalten wollte, gerade in der *Trennung* der sachlichen Zuständigkeiten. Über die Trennung der sachlichen Zuständigkeiten im Juryverfahren, die letztlich die personelle Aufteilung des Gerichts in eine Geschworenenbank und eine Richterbank bedingt, wurde im 19. Jahrhundert kontrovers diskutiert. Noch 1852 wandte sich der streitbare Germanist Georg Beseler in den Debatten im Preußischen Abgeordnetenhaus gegen jegliche Deliberationstendenzen im Juryverfahren. Gegen die geheime Belehrung der Geschworenen durch die Richter wandte sich Beseler mit folgender Begründung: Er sah darin die Gefahr, dass das System des Schwurgerichtes gesprengt werden würde, weil die getrennten Körper zu einem zusammenwachsen würden.[124]

---

122 Geh. Staatsarchiv, s.o. A. 118, Blatt 88.

123 Ebd., Blatt 88 f.

124 Stenographische Berichte über die Verhandlungen der durch die Allerhöchste Verordnung...einberufenen 2. Kammer (Preußisches Abgeordnetenhaus) 1852, 33. Sitzung d. 2. Kammer vom 2. März 1852, 826.

Trotz seines Eintretens für das Geschworenengericht wollte sich Daniels grundsätzlich nicht dem Verdacht ausgesetzt sehen, er wolle die französische Gesetzgebung in den Rheinlanden nachhaltig erhalten.[125] Nachdem das Gutachten abgegeben war, zeichnete Daniels in einem Bericht vom 15. Juli 1818 an Staatskanzler Hardenberg ein Bild über den Zustand der rheinländischen Justizbehörden, das sein Engagement für die Beibehaltung des Juryinstituts in einem ganz anderen Licht erscheinen lässt. So beklagte er den akuten Besetzungsmangel der Gerichte, noch „...einige Jahre, und es wird vollends an Männern fehlen, um die Gerichte nur notdürftig zu besetzen".[126] Er hob besonders die Besetzung der Gerichte zu Koblenz, Köln und Trier vor: Wenn nichts geschehe, gingen diese drei Anstalten „unfehlbar zu Grunde".[127] Daher verwundert es nicht, dass ausgerechnet diese Gerichtshöfe drei der oben erwähnten neun waren, die sich für die Beibehaltung der Schwurgerichte ausgesprochen hatten. Es liegt auf der Hand, dass nicht nur Daniels beim Zusammenbruch der Gerichte um die öffentliche Sicherheit fürchten musste.[128] Neben der zahlenmäßigen Unterbesetzung der Gerichte beklagte Daniels auch das Problem der mangelnden moralischen Integrität verschiedener Justizbeamten und Rechtsgelehrten[129]:

> „An Fortschritte in der Wissenschaft läßt sich unter diesen Umständen nicht gedenken. Vielen dient schon die Betrachtung, daß man immer noch nicht weiß, was zuletzt aus der Gesetzgebung werden soll, zum Vorwand, um die jetzt bestehende ebenso sehr als die künftige zu vernachlässigen".[130]

Diese Schilderungen Daniels zeigen sehr deutlich, dass die Beibehaltung der französischen Gesetzgebung und des Juryverfahrens in erster Linie der Sicherung der öffentlichen Ordnung diente, an der verständlicherweise die gehobene Bürgerschaft aus sozialen und ökonomischen Gründen ebenfalls interessiert war. Solche Zustände ließen auch aus Gründen einer funktionierenden und effizienten Justizverwaltung ebenso wenig eine Änderung in bestehende

---

125 Daniels Bericht (nebst Begleitschreiben) an Hardenberg, in: Landsberg, Gutachten, 352.

126 Ebd., 353; korrespondiert mit Feuerbach, Betrachtungen über die Oeffentlichkeit und Mündlichkeit der Gerechtigkeitspflege, Bd. 1, Gießen 1821, 149.

127 Daniels Bericht an Hardenberg, in: Landsberg, Gutachten, 359.

128 Der Geschworenenvorsteher zu Trier: „Die Geschwornen – fühlen sich innigst überzeugt, daß die öffentliche Sicherheit das edelste Kleinod des Staats ist, daß es jedem Bürger eine besondere Angelegenheit seyn muß, diese nach allen Kräften zu schützen...", Landsberg, Gutachten über das Geschwornengericht, 182.

129 Daniels Bericht an Hardenberg, in: Landsberg, Gutachten, 351.

130 Ebd., 353.

Gesetze und Verfahren zu und waren bei Daniels somit in erster Linie ganz klar sachlich-zweckdienlich motiviert.

Politisch wurden die Geschworenengerichte immer in Opposition zu den ständigen Richterkollegien gesehen. Dass man sich allgemein mit der Einführung der Geschworenengerichte eine größere Unabhängigkeit und Unparteilichkeit in der Rechtspflege erhoffte (insbesondere bei politischen Verbrechen: Pressdelikten, Injurien), ist aber nur eine Seite der Medaille. Dieses Bild bekommt erste Risse, wenn die Forschung feststellt, die Beteiligung der liberalen Öffentlichkeit sei nicht nur eine Sicherung gegen die „Kabinettsjustiz" gewesen, sondern auch eine Abgrenzung gegen das in der Reformliteratur so häufig angerufene „Volk".[131] Zudem zeigt sich deutlich, dass ganz allgemein durch das Zulassen *bestimmter Formen von Öffentlichkeit* in den Bereich der Rechtspflege ebenso machtpolitische Interessen der Regierung befriedigt wurden. So stellte schon der Preußische König in seiner „Cabinetsordre" vom 20. Februar 1804 an den Staatsminister von Angern fest:

> „Es kann nicht jedem zugemuthet werden, in solchen Fällen, die eine Rüge verdienen, sich den Unannehmlichkeiten, womit offizielle Denunciationen verbunden sind, auszusetzen. Sollte nun auch eine anständige Publicität darüber unterdrückt werden, so würde ja gar kein Mittel übrig bleiben, hinter die Pflichtwidrigkeiten der untergeordneten Behörden zu kommen, die dadurch eine sehr bedenkliche Eigenmacht erhalten würden".[132]

Es scheint, dass die Regierung mit Öffentlichkeit in Form von „Publicität" schon sehr früh versöhnt war, da sie dienlich gemacht werden konnte. Wie sah es nun mit Öffentlichkeit in Form von Gerichtsöffentlichkeit und Jury aus?

In seiner Arbeit „Betrachtungen über die Oeffentlichkeit und Mündlichkeit der Gerechtigkeitspflege" von 1821 bewertete Feuerbach die *Gerichtsöffentlichkeit* in ihrer Funktion als Kontrollinstitution richterlicher Tätigkeit. Dabei unterschied er zwischen einer inhaltlichen und einer formellen Kontrolle. Der Gerichtsöffentlichkeit gestand Feuerbach lediglich eine formelle Kontrolle der richterlichen Tätigkeit zu, da hierfür der „gemeine Verstand" ausreiche. Dieser habe darüber zu wachen,

> „[daß] das Gericht in gehöriger Zahl mit den gehörigen Personen besetzt sey; daß die Richter in würdiger Haltung, und so weit dieses äusserlich zu beobachten, mit erforderlicher Aufmerksamkeit der Handlung, ununterbrochen beiwohnen; daß alle um ihre Stimmen befragt; diese auf gesetzliche Weise abgegeben werden: dieses

---

131 So Haber, Probleme der Strafprozeßgeschichte im Vormärz, 609.

132 Landsberg, Gutachten über das öffentliche und mündliche Verfahren, 30 A. 1.

und andres, was die *äußern Formen* und *Förmlichkeiten* des Gerichts betrifft, werden die Meisten im Volke leicht beurtheilen; da hiezu nur wenige Kenntnisse vorausgesetzt werden, die sobald das Volk mit thätiger Liebe an der Oeffentlichkeit der Gerichte Theil nimmt, sehr bald zum Gemeingut werden müssen, und deren Anwendung mehr nicht als, bei wachen Sinnen, gesunden Verstand erfordert".[133]

Eine inhaltliche Kontrolle der Richtertätigkeit durch eine Gerichtsöffentlichkeit wird von Feuerbach abgelehnt, da für ihn die sachliche Unabhängigkeit des Richters die Grundbedingung richterlicher Unparteilichkeit überhaupt ist – und das sowohl gegenüber der Meinung der Obrigkeit als auch gegenüber der „öffentlichen Meinung":

„Das Volk, sammt dem vornehmen und gemeinen Pöbel, lobe oder schelte sein Urtheil, – der wahre Mann des Rechts fragt nicht darnach, und achtet in gewissenhafter Ausübung seines Amtes auf keinen andern Kontroleur als auf denjenigen, der in seinem eignen Innern ihn bewacht".[134]

Im Kapitel „Wahre Gründe der volksthümlichen Gerichtsöffentlichkeit" explizierte Feuerbach nochmals die Notwendigkeit einer Gerichtsöffentlichkeit aus verfassungsrechtlichen Überlegungen.[135] „Unbetheiligten Männern des Volkes" sei es vorbehalten, über die gerichtsverfassungsrechtlichen Formen zu wachen.[136] Damit knüpfe man auch an die altdeutsche Gerichtsöffentlichkeit an, „unser ursprüngliches ächtdeutsches Eigenthum".[137] Die Gerichtsöffentlichkeit legitimiert sich auch aus dem eigenen Recht des „Volkes", weil bei Strafsachen

„...durch Verbrechen nicht blos die dadurch zunächst verletzte Person, sondern die Gesammtheit des gemeinen Wesens, Staat und Volk, als beleidigt gedacht werden müssen: eine Vorstellungsart, welche nicht blos auf Ideen der Spekulation gegründet, sondern bei fast allen Völkern weit verbreitet ist. [...] Nach diesem Gesichts-

133 Feuerbach, Oeffentlichkeit und Mündlichkeit, 149.
134 Ebd., 157.
135 Ebd., 159.
136 Ebd., 167.
137 Ebd., 167; Die Rückbindung des Geschworenengerichts an altdeutsche Verfahrensformen erfolgte schon sehr früh, schon im Gutachten über das Geschwornengericht der Immediat-Justizkommission (1818), 200, oder auch bei Leue, Das deutsche Schöffen-Gericht (1847), 298. Insofern ist Blasius zu korrigieren, wenn er schreibt, dass das Geschworenengericht in der ersten Hälfte des 19. Jahrhunderts als eine Neuschöpfung der Französischen Revolution verstanden wurde, und erst nach der Bismarck'schen Reichseinigung hätte man sich seiner älteren, in der germanischen Rechtstradition liegenden Wurzeln versichert (Kampf um die Geschworenengerichte im Vormärz), 150.

> punkt steht daher das Volk, wenn über einen Angeschuldigten gerichtet wird, diesem als Mitbetheiligter gegen über...".[138]

Eine Ausnahme bilde hingegen England, das Mutterland der Jury: In der englischen Rechtsvorstellung werde das Verbrechen, „nach dem Gesichtspunkt einer an dem obersten Lehnsherrn verübten *Felonie*, als Beleidigung des *Königs* betrachtet".[139] Feuerbachs Aussage, dass durch das Verbrechen die Gesamtheit des Gemeinwesens (Staat *und* Volk) „beleidigt" wird, zeigt, dass die Gerichtsverfassung und der Strafprozess nun zunehmend auch als Verfassungsproblem diskutiert werden. Für ihn geht das Recht des „Volkes" auf Gerichtsöffentlichkeit aus dessen Verfassung hervor:

> „Die *Rechte der Verfassung*, welche der *Gesammtheit des Volks*, und hiedurch *jeden Einzelnen* angehören, kommen nicht blos auf Land- und Reichstagen, sondern auch bei den Gerichten zur Sprache, und können nicht blos *von* den Gerichten, sondern *an* und *in* diesen Gerichten vielfältig verletzt oder gefährdet werden".[140]

Feuerbachs Äußerungen waren fortschrittlich und gingen in Richtung verfassungsmäßig garantierter und somit einklagbarer Rechte. In seinen Äußerungen war aus Regierungssicht politischer Sprengstoff impliziert. Anstatt auf die verfassungsrechtlichen Implikationen des Juryinstituts einzugehen, verlagerte die Kommission daher das Schwergewicht in ihrem Gutachten auf gesinnungsethische und volkspädagogische Überlegungen.

Als Fazit bleibt festzuhalten, dass Feuerbach zwar die richterliche Tätigkeit ausschließlich in gelehrte Hände legen will, aber die Notwendigkeit einer Gerichtsöffentlichkeit aus einem staatsrechtlichen Zweck ableitet. Die Gerichtsöffentlichkeit – das personifizierte „Volk" – hat aus staatsrechtlichen Überlegungen über die Einhaltung des formellen Gerichtsverfassungsrechtes zu wachen. Die Rheinische Immediat-Justizkommission scheint zwar bei der aktiven Beteiligung des „Volkes" in der Rechtspflege einen Schritt weiter zu gehen, indem sie das Geschworeneninstitut als die faktische (moralische) Überzeugung des Gemeinwesens bei der Beantwortung der Schuldfrage zulässt und begrüßt. Sie legitimiert aber Öffentlichkeit in Form von Jury nicht aus einem staatsrechtlichen Zweck, sondern nur aus gesinnungsethischen Überlegungen. Öffentlichkeit in Form von Jury war für die Kommission kein einklagbares Recht des „Volkes" oder der „Nation".[141] Ihre Überlegungen

---

138 Feuerbach, Oeffentlichkeit und Mündlichkeit, 167 f.
139 Ebd., 168 A. 3.
140 Ebd., 169 f.
141 „Zuerst bevorworten wir, daß auch wir die Gründe für die Beibehaltung der Jury keineswegs in der *politischen Freiheit* der Nation, oder in dem Schutz der *persönlichen*

kreisten vielmehr um die volkserzieherischen Möglichkeiten, die mit Öffentlichkeit und Jury verbunden waren, und zielten auf eine gesinnungsethische Vergemeinschaftung der Bürger. Die Gutachter beschäftigten sich daher mit der Frage, ob es möglich ist, durch Einbindung der Öffentlichkeit in die Justiz damit den „Sinn für das Gemeinwesen" und „Sinn für die öffentlichen Angelegenheiten" in der Bürgerschaft zu heben.[142] Die praktischen Erfahrungen, die in Frankreich mit der Jury gemacht wurden, scheinen allerdings die Möglichkeiten, dass das Geschworeneninstitut volkserzieherisch wirke könne, zu widerlegen:

> „Die constituierende Versammlung hat sehr gut bemerkt: *Wenn ihr Beruf geendigt ist, so treten sie in die übrige Gesellschaft zurück, und behalten kein Zeichen jener augenblicklichen Jurisdiction an sich*".[143]

Entgegen diesem volkserzieherischen Drang, der immer noch dem Gedankengut des 18. Jahrhunderts verpflichtet ist,[144] stehen Feuerbachs Bedenken im Hinblick auf die Abhängigkeit des Gesetzgebers von der „Volksmeinung".[145] Um diese Einwände zu widerlegen, bediente sich die Immediat-Justizkommission auch der Unterschiede in den Nationalcharakteren. In ihrer Befürwortung des mündlichen und öffentlichen Verfahrens beschreibt sie die französische Mentalität im Vergleich zur deutschen folgendermaßen:

---

*Freiheit* der Einzelnen *gegen den Regenten* suchen", Landsberg, Gutachten über das Geschwornengericht, 192.

142 Ebd., 181.

143 Golbery, Ueber die sogenannte Allmacht des Geschwornengerichts in Frankreich, in: Kritische Zeitschrift für Rechtswissenschaft und Gesetzgebung des Auslandes, Bd. 3, 284-306 (293 f.)

144 Selbst das Gesetzbuch sollte nach dem damaligen Selbstverständnis ein allgemein *belehrendes* und dadurch eben Verbrechen mitverhütendes Volksbuch sein, s. L. v. Bar, Geschichte des Deutschen Strafrechts, 163; Die politischen Reformpläne des Freiherrn vom Stein waren Teil seines Erziehungsprogramms am Volk, s. Schwab, Die „Selbstverwaltungsidee" des Freiherrn vom Stein, 28 ff.

145 Feuerbach, Betrachtungen über das Geschwornen-Gericht, 159; Dass Feuerbach mit seiner damaligen Kritik auch heute noch zeitgemäß ist, zeigt der aktuelle Fall „Monika Weimar". Monika Weimar steht im Verdacht, ihre beiden Kinder ermordet zu haben. Sie ist vor einiger Zeit in einem Revisionsverfahren vor einem Schöffengericht freigesprochen worden, das die Beweislage gegen sie neu bewertet hatte. Der Fall ist auf ein außerordentliches Interesse seitens der Medien gestoßen und wurde somit auch in der Öffentlichkeit verhandelt. Für einige Kritiker scheint es möglich, dass sich die Schöffen entgegen der Sachlage in ihrem Urteil von der öffentlichen Meinung haben beeinflussen lassen, s. Bernd Heptner, Verschärfte Unschuldsvermutung („Frankfurter Allgemeine Zeitung", 3.6.1997); auch Gisela Friedrichsen, „Ohne Pathos: schuldig", („Der Spiegel", 52/1999), 53: Hier heißt es nun ganz konkret, dass der oben genannte Freispruch von 1997 durch das Votum der Schöffinnen zustande gekommen ist.

> „Man darf jedoch hierbei den mächtigen Unterschied zwischen dem National-Charakter der *Franzosen* und dem der *Deutschen* nicht übersehen; der Franzose wird nie *alt*; Sinnlichkeit, Leichtsinn und Leidenschaftlichkeit verlassen ihn nie, und sprechen sich in ihm auf der Bühne wie im wirklichen Leben, in Gesellschaft der Volks-Repräsentanten aus; auch der ehrwürdigste Akt wird ihm zum Schauspiel. Es kann daher nicht überraschen, daß auch die Gerichtshöfe der Franzosen einzelne Beispiele darbieten, daß ernste richterliche Versammlungen sich von rechtswidrigen äußern Eindrücken haben hinreißen lassen. Der ernste, kältere, gerechtere Deutsche ist gewiß dieser Gefahr nicht gleich bloß gestellt“.[146]

Diesen Optimismus in Bezug auf den speziellen „sittlichen deutschen Ernst“ in Rechtsfragen wird später auch der Strafrechtler Mittermaier auf der Lübecker Germanistenversammlung 1847 äußern.[147]

Die Immediat-Justizkommission befürwortete also ein mündliches und öffentliches Strafverfahren mit Geschworenen. Darin fungieren die Geschworenen als Schranke, indem die sachliche Zuständigkeit des gelehrten Richters auf die Bewertung der Strafzumessung reduziert ist. Sie haben gleichzeitig auch eine Kontrollfunktion wahrzunehmen. Diese sah die Kommission darin,

> „...daß im Laufe der Verhandlung weder dem wehrlosen Beschuldigten, noch dem Gemeinwesen zu nahe getreten werde...“.[148]

Nach Einschätzung der Kommission war die Kontrollfunktion der Öffentlichkeit *gerade* für das moderne Strafverfahren mit Geschworenen wichtig, weil dieses Verfahren keine sog. „außerordentlichen Strafen“ mehr kannte, „sondern die Urtheiler nöthigt, zwischen Schuldig und Nichtschuldig zu wählen“.[149] Im Gegensatz dazu kannte das alte gemeinrechtliche preußische Verfahren entweder die sog. „ordentlichen“ Strafen bei der vollständigen Überführung des Angeklagten oder den Freispruch. Darüber hinaus konnte aber auch die sog. „außerordentliche“ Strafe verhängt werden, wenn der vollständige Beweis für die Schuld des Angeklagten zwar nicht erbracht werden konnte, dennoch gewisse Verdachtsmomente gegen den Angeklagten nicht ausgeräumt werden konnten. Welchen politischen Sprengstoff die Verhängung dieser „außerordentlichen“ Strafe in einem mündlichen und öffentlichen Strafverfahren mit einem *ständigen* Richterkollegium (d.h. *ohne* Jury) bergen könnte, wird von Ernst Ferdinand Klein, dem Verfasser des strafrechtlichen

---

146 Landsberg, Gutachten über das öffentliche und mündliche Verfahren, 44.
147 Mittermaiers Bericht (Verhandlungen der Germanisten zu Lübeck), 83.
148 Landsberg, Gutachten über das Geschwornengericht, 173.
149 Ebd., 174.

Teils des „Allgemeinen Landrechts für die preußischen Staaten“ von 1794, offen ausgesprochen:

> „...der gebildete Mann müßte es widersprechend finden, daß man dem eine Strafe zuerkennt, an dessen Schuld man doch zweifelt. *Bei der immer zunehmenden Publizität* können dergleichen Widersprüche im Justizverfahren nicht unbemerkt bleiben“.[150]

So zieht denn auch die Immediat-Justizkommission aus den Klein'schen Ausführungen die logische Konsequenz:

> „Wahrlich, wenn *Klein* selbst bei dem *nicht öffentlichen* Verfahren der Preußischen Criminalordnung, mit Hinsicht auf die zunehmende Publizität die allgemeine Mißbilligung der Strafen bei unvollkommenem Beweise besorgt; mit welcher Gewißheit stände sie zu befürchten, wenn man das Institut der ausserordentlichen Strafen mit dem der mündlichen öffentlichen Verhandlung verbinden wollte?“[151]

Ein weiteres Problem, das sich mit der „außerordentlichen“ Strafe verband, war umgekehrt auch die Möglichkeit, damit der gesetzlichen Strafe zu entgehen. Klein befürchtete, dass bei einer allgemeinen Überzeugung von der Strafwürdigkeit eines Angeklagten, die Öffentlichkeit vor Gericht doch verwundert sein werde, wenn der Verbrecher bei einem Freispruch seiner gerechten Strafe entgehe und

> „...vielleicht [würde] der Monarch selbst [...] von der Geschicklichkeit und Scharfsichtigkeit seiner Justizbedienten einen schlechten Begriff bekommen, wenn er bemerkte, daß die Meisten [...] freigesprochen würden“.[152]

Das „Justiz-Departement“ – so Klein weiter – würde in eine Argumentationsnot geraten, und es würde sich vergebens damit entschuldigen

> „...daß die Justiz-Collegia durch die Gesetze gehindert würden, anders zu handeln. Denn man würde fragen, warum diese schlechten Gesetze nicht geändert würden, und der *gemeine, gesunde Menschenverstand* wird sich nicht leicht davon überzeugen lassen, daß gar kein Mittel vorhanden sei, diesem Uebel abzuhelfen“.[153]

Klein weiter:

> „Die Sache ist in der Tat bedenklich; denn nicht nur die Existenz der Justizpersonen, sondern auch die ganze gemeine Sicherheit hängt von der Ueberzeu-

---

[150] Landsberg, Gutachten über das Geschwornengericht, 161.
[151] Ebd., 161.
[152] Ebd., 161.
[153] Ebd., 161.

> gung ab, daß die Justiz Mittel in Händen habe, die Verbrechen zu entdecken und zu bestrafen".[154]

Liegt es hier nicht auf der Hand, einen Teil der brisanten Entscheidungskompetenz in Strafsachen an die Laiengeschworenen – dem personifizierten „gesunden Menschenverstand" – abzutreten? Hier schließt sich die Frage an, welcher Personenkreis den „gesunden Menschenverstand" repräsentierte. Dass die Beantwortung dieser Frage immer aus der jeweiligen Perspektive der urteilenden Person vorgezeichnet ist, wird deutlich, wenn man die Äußerungen der Immediat-Justizkommission denen von Daniels gegenüberstellt. Da sich für die Kommission der besondere Wert des Geschworeneninstituts aufgrund seiner volkserzieherischen Zwecke zur gesinnungsethischen Vergemeinschaftung bemaß, sollte sich die Jury aus den „Bessern des Volks aus allen *Klassen* vom Könige und Vaterlande offenkundig gleich werth" zusammensetzen.[155] Hier dachte die Kommission an den unbescholtenen, vaterlandsliebenden und unverbildeten Bürger an, dessen Geist nicht durch „Schule" und „Speculation" voreingenommen und verkünstelt ist.[156] Heftig kritisierte die Immediat-Justizkommission daher die „gebildeten Stände":

> „Nur zu sehr hatte besonders in der letzten Hälfte des vorigen Jahrhunderts eine selbstsüchtige Ansicht und Gesinnung, vorzüglich unter den sogenannten gebildeten Ständen, zugenommen, so daß man am Ende mehr und mehr zu zweifeln anfing, ob es für Deutsche ein gemeinsames Vaterland gebe, [...] und [...] daß endlich die [...] Vaterlandsliebe immer lauer wurde, und an deren Stelle ein nicht ächter, den ärgsten Egoismus nur verbergender Weltbürgersinn zu treten anfing, nach dem Wahlspruch ubi bene ibi patria".[157]

Daniels hingegen, der wie erwähnt derjenige war, der letztlich die Beibehaltung des französisch-rheinischen Geschworeneninstituts maßgeblich forciert hatte, stellte im Gegensatz zur Immediat-Justizkommission auf den durch Geburt *und* Bildung privilegierten Personenkreis ab. In seinem Bericht an Hardenberg heißt es, dass bei „schweren Verbrechen" Geschworene entscheiden würden, „die mit der möglichsten Sorgfalt aus den gebildeten Ständen gewählt würden".[158]

Als Ergebnis ist festzuhalten, dass die Einbindung der Öffentlichkeit in Form der Jury, die die Frage der Strafbarkeit einer Tat einzig nach ihrer subjektiven

---

[154] Landsberg, Gutachten über das Geschwornengericht, 161 f.
[155] Ebd., 178.
[156] Ebd., 178.
[157] Ebd., 181.
[158] Daniels Bericht an Hardenberg, in: Landsberg, Gutachten, 356.

Überzeugung entscheidet, der Entwicklung der Justiz als eine personelle und sachlich unabhängige Kraft im Staat entgegengearbeitet hat. In einem zentralistischen Verwaltungsstaat, so wie es Preußen war, war durch eine entsprechende personelle Besetzungspolitik eine mittelbare Einflussnahme des Regenten in allen Verwaltungsbereichen möglich. Die Justiz bildete hier keine Ausnahme. Dieser mittelbaren Einflussnahme arbeitete die Einbindung der Laiengeschworenen in das Juryinstitut nicht entgegen. Im Gegenteil wurden damit neue Möglichkeiten der Kontrolle und Beschneidung der beamteten Judikative – der unliebsamen „*Mittelspersonen*“[159] zwischen dem Regenten und dem Volke – erst erschlossen. Die juristischen Bedenken gegen die Geschworenengerichte wogen in der Beurteilung der Immediat-Justizkommission nicht annähernd so schwer, wie die machtpolitischen Einflussmöglichkeiten, die mit dem Institut für die Regierung verbunden waren.[160]

## 5. Die Theorie von der „omnipotence du jury“ und Rezeption in Deutschland – Die Jury als „Ehren- und Sittengericht“

Während die Justizkommission den Wahrspruch der Juroren als vorgeschaltete Bedingung für die Anwendung des Gesetzes definiert hatte, wurden spätestens auf der Lübecker Germanistenversammlung von 1847 Stimmen laut, die die Aufgabe der Jury in der Bewertung der *Strafwürdigkeit* nach allgemeinen Begriffen ansahen, und somit aus dem Bereich des Gesetzesrechtes hinausdrängten. In diesem Zusammenhang wurde auch mit einer Theorie argumentiert, die in Frankreich unter dem Namen „omnipotence du jury“ bekannt geworden war, und die schon im 18. Jahrhundert in England für Wirbel gesorgt hatte.[161] In Deutschland machte die Lehre von der „omnipotence du jury“ der elsässische Richter Golbery in den 30er-Jahren des 19. Jahrhunderts bekannt. Aber schon 1813 hatte Feuerbach in seinen „Betrachtungen“ ein Beispiel aus England angeführt, das eine „Gewalt der Geschwornen über das Gesez“ belegt. Für Feuerbach war dies ein merkwürdiges Beispiel, weil die Übertretung des Gesetzes in den Rechtsanweisungen des Richters (ruling)

---

[159] Landsberg, Gutachten über das Geschwornengericht, 195.

[160] *Zur Bildung der Geschworenenlisten in Preußen*: In der sog. „Jahresdienstliste“ oder auch „Dienstliste“ wurden die zum Geschworenenamt Befähigten aufgelistet. Nach 1848 übernahm die preußische Gesetzgebung aus dem Rheinland das Prinzip der Bildung der Dienstliste durch den Regierungspräsidenten und damit den Gedanken einer Auswahl der Geschworenen durch die höhere Bürokratie, so Landau, Schwurgerichte und Schöffengerichte in Deutschland bis 1870, 275.

[161] Zu der „Allmacht der Jury“ im Zusammenhang mit dem innenpolitischen Konflikt um die staatsgefährdenden Flugschriften in England, auch Kap. III.3. dieser Arbeit.

sogar empfohlen wurde.[162] Golberys Aufsatz „Ueber die sogenannte Allmacht des Geschwornengerichts in Frankreich“ wurde in Mittermaiers „Kritische Zeitschrift für Rechtswissenschaft und Gesetzgebung des Auslandes“ veröffentlicht. In diesem Aufsatz erklärt der Jurykenner Golbery, dass in Frankreich zwei Ansichten hinsichtlich der laienhaften Urteilsfindung in Konkurrenz zueinander getreten sind. Nach der ersten Auffassung habe der französische Gesetzgeber die gesetzliche Beweistheorie durch den „einfachen und gesunden Menschenverstand von gebildeten freien und rechtschaffenen Bürgern“ ersetzt.[163] Die Geschworenen geben eine sachverständige Entscheidung über die Tatsache ab. Das gesamte Strafverfahren, das sich vor ihnen abspielt, sei

> „...eine Art von Drama, worin ihre Rolle ist, die Moralität zu erwägen. Und die Aufgabe der Geschwornen ist vollendet, wenn sie geantwortet haben: der Beklagte sey der That, wegen welcher er vor Gericht gezogen wurde, schuldig oder nicht schuldig“.[164]

Die zweite Auffassung löse die Urteilsfindung der Geschworenen von Bindungen an Gesetze oder Instruktionen. Die Urteilsfindung obliege ihrem freien Ermessen. Dabei seien sie in ihrer Entscheidung *souverän*, sie dürfen auch durch ihren Wahrspruch das Gesetz beugen, d.h. contra legem entscheiden. Diese zweite Auffassung habe – so Golbery – aber der Gesetzgeber selbst verursacht aufgrund der Aufrechterhaltung überlebter Gesetze. Golbery kritisierte diese Theorie aber erst dann, wenn man sie zu einem allgemeinen Prinzip der Geschworenentätigkeit erhebt und daraus eine allgemeine Pflicht ableitet, sich in der Ermessenstätigkeit über die Gesetze zu stellen.[165] Er erinnerte an die Bestimmungen der Nationalversammlung, wonach die Geschworenen nur entscheiden dürfen, ob der Angeklagte im Sinne der Anklage schuldig ist, nicht aber in einem weiteren Sinn befugt sind, Verbrechen anzuklagen oder diese zu untersuchen. Zwar räumte er ein, dass mit der Untersuchung der Strafbarkeit der Tat die Notwendigkeit verbunden ist, sich mit der Absicht und der Moralität der Tat zu beschäftigen, aber keineswegs mit der Strafwürdigkeit derselben.[166] Beispiele aus der französischen Schwurgerichtspraxis belegen für Golbery, dass die contra-legem-Entscheidungen

---

[162] Feuerbach, Betrachtungen über das Geschwornen-Gericht, 157 f.

[163] Golbery, Ueber die sogenannte Allmacht des Geschwornengerichts in Frankreich, Bd. III (1831), 284-306 (284); Mittermaier schreibt über ihn in der Fußnote, dieser sei mit seltener Auszeichnung als Assisenpräsident tätig, und kenne so das innerste Detail der französischen Jury, ebd., 284.

[164] Golbery, Ueber die sogenannte Allmacht des Geschwornengerichts, 285.

[165] Ebd., 286.

[166] Ebd., 287.

mehr auf die Gesinnung des Subjektes fokussieren als auf die Prüfung der äußeren Tat, wie es das Gesetz vorschreibt. So komme es sowohl zu ungerechtfertigten Freisprüchen als auch zu ungerechtfertigten Verurteilungen:

> „So habe ich oft gesehen, wie Anklagen von Erfolg waren, wo es beinahe ganz an Beweisen fehlte; aber der Angeklagte stand in einem bösen Ruf, man fürchtete ihn, er hatte schon mehrere Vergehen begangen oder er war nur schon mehrmal gerichtlich belangt worden, und nie wird in einem solchen Falle die Immoralität oder Verruchtheit den Sieg davon tragen".[167]

Bei Golbery zeigt sich nun, dass er zwar als Assisenpräsident sehr genau die Ursachen für die praktizierte „Willkür" der Geschworenen kennt, er aber letztlich in seiner Kritik an den Geschworenen, wie es das obige Zitat belegt, im Falle einer laienhaften Verurteilung der „Immoralität" eine sehr moderate Haltung gegenüber der Rechtsbeugung der Laien einnimmt.[168] Sowohl bei den Gutachten der Immediat-Justizkommission als auch bei Golbery fällt auf, dass zu Beginn des 19. Jahrhunderts das Bewusstsein für die Formen des Strafverfahrens und das daraus abgeleitete Pflichtbewusstsein gegenüber dem „sittlich zulässigen *Weg* zur Wahrheit"[169] schwach ausgeprägt ist. Im Prozess dominiert das *Ergebnis* der Wahrheit. Selbst Feuerbach, der 1813 die Schwächen des französischen Strafverfahrens angeprangert hatte, kam nicht umhin, dem englischen Strafverfahren dessen ausgesprochen starke Bindung an prozessuale Formen zu bescheinigen,

> „...daß es Zweck und Geist der engländischen Criminalgerichtsverfassung sey, das Schwerdt der Gerechtigkeit so fest in seine Scheide zu klemmen, daß es nur mit der größten Mühe selbst gegen den Schuldigen gezogen werden kann".[170]

Nicht nur überlebte Gesetze, die drakonische Strafen an unbedeutende Vergehen knüpfen, sind nach Ansicht Golberys ursächlich für die Theorie von der „Allmacht der Jury," sondern auch die gesetzliche Instruktion selbst, die die Geschworenen über ihr Recht zur freien Beweiswürdigung („intime conviction") belehrt. Im Rahmen ihrer Überzeugungsbildung wurde es den Geschworenen zur Pflicht gemacht, bei ihrer Prüfung der Tatfrage sowohl die Belange des Angeklagten als auch die der bürgerlichen Gesellschaft, die als Anklägerin auftritt, zu berücksichtigen („de ne trahir ni le intérêts de l'accusé

---

[167] Golbery, Ueber die sogenannte Allmacht des Geschwornengerichts, 302.

[168] Insofern stimmt es nur bedingt, dass Golbery „diese das Ansehen des Gesetzes untergrabende Lehre scharf bekämpft" habe, so aber Schwinge, Kampf um die Schwurgerichte, 112.

[169] Diesen Ausdruck benutzt Hellmuth Mayer, Zum Aufbau des Strafprozesses, 1904, 334, s. Westhoff, Grundlagen des Strafprozesses, 167.

[170] Feuerbach, Betrachtungen über das Geschwornen-Gericht, 115.

ni ceux de la societé qui l'accuse").[171] Golbery fragt sich, ob der Geschworene sich tatsächlich anmaßen könne, die Interessen der das Verbrechen anklagenden Gesellschaft zu repräsentieren. So habe der

> „...eitle Klang dieser feierlichen und pomphaften Worte [...] nur die Wirkung, daß sie den, welcher sich eine Sache zu prüfen verpflichtet, glauben machen, er sey berufen zu entscheiden, in wie weit das Interesse der Gesellschaft in Gefahr ist".[172]

In Deutschland wurde die Idee einer „Allmacht der Jury" in den 40er-Jahren des 19. Jahrhunderts von dem Juristen Friedrich Gottfried Leue aufgenommen.[173] Im Hinblick auf diese Theorie und ihre gesetzesfeindlichen Implikationen ist gerade Leues Auffassung dazu von besonderem Interesse, ist er doch derjenige, der als Paulskirchenabgeordneter 1849 einen „Gesetzentwurf über die Grundlagen des Geschwornengerichts für Kriminalsachen" verfassen wird.[174] Die höhere Würde des Geschworeneninstituts erblickte Leue gerade darin, wenn es *über* dem Gesetz steht und zwischen der Idee des Rechts und dem positiven Recht vermittelt.[175] Begründet wird diese Vermittlung durch den „eigentlichen und höchsten Zweck" dieses Institutes, nämlich den, den es als politische Anstalt inne hat.[176] Laut Schwinge habe Leue die Lehre von der „omnipotence du jury" hier geistvoll neu begründet.[177] Meines Erachtens belegt die Schrift Leues dies nicht, denn für ihn war die Möglichkeit über die „omnipotence du jury" auch contra legem zu entscheiden, keine Lehre in dem

---

[171] Golbery, Ueber die sogenannte Allmacht des Geschwornengerichts, 304; In England erhebt die „Krone" die Anklage, vertreten durch ihre Beamte, s. Leue, Deutsches Schöffen-Gericht, 23.

[172] Golbery, Ueber die sogenannte Allmacht des Geschwornengerichts, 304; So müßte der Eid, den die Geschworenen ablegen, in einer Neufassung von Golbery folgendermaßen lauten: *„Ich schwöre, mit der genauesten Aufmerksamkeit die gegen N. N. gestellte Anklage zu prüfen, mich bei der Erklärung, ob die That vorhanden ist und ob sie dem Angeklagten zur Last gelegt werden muß, nur nach dem zu richten, was mir meine gesunde Vernunft eingibt, und dies sowohl bei dieser Prüfung, als auch bei der über erschwerende oder verringernde Umstände. Ich werde mich bei meiner Entscheidung nie durch Mitleid leiten lassen, und werde endlich niemals die vom Gesetzgeber ausgesprochene Strafe durch eine Lüge hinterlistig abwenden*", ebd., 305.

[173] In seinem Buch von 1847 mit dem Titel „Das deutsche Schöffen-Gericht": Mit „Schöffengericht" meint Leue aber das neuzeitliche Schwurgericht. Der Begriff „Schöffengericht" ist von ihm bewusst gewählt worden, um zu verdeutlichen, dass das neuzeitliche Schwurgericht Parallelen zu dem altdeutschen Schöffengericht aufweist.

[174] S. Leues Gesetzentwurf abgedruckt in: J.-D. Kühne, Die Reichsverfassung der Paulskirche, 1985, Anlagenteil V, 597 f.

[175] Leue, Deutsches Schöffen-Gericht, 28.

[176] Ebd., 29.

[177] Schwinge, Kampf um die Schwurgerichte, 115.

Sinn, sondern das Spiegelbild der englischen Schwurgerichtspraxis. Gerade in England, wo es keine kodifizierten Rechte gibt, stattdessen das richterliche Präjudizienrecht immer wieder neues Recht auf altes Recht auftürmt, sei im Schwurgericht ein

> „...*Prinzip der Reinigung der Gesetzgebung* wirksam, das in einer Verfassung, wo das Volk der Sitz und Urquell aller Gewalt ist, durch nichts anderes von gleich eigenthümlicher Kraft ersetzt werden kann“.[178]

In England seien die Geschworenen befugt, gegen überlebte Gesetze Freisprüche vorzunehmen.[179] Nur nach der Seite der Freisprechungen stehe das Geschworenengericht über dem Gesetz.[180] Daher betrachten die Engländer das Geschworenengericht als einen notwendigen Bestandteil ihrer Staatsverfassung.[181] Seine Beobachtungen der englischen Schwurgerichtspraxis, die er als „Prinzip der Reinigung der Gesetzgebung“ betitelte, waren wie oben bereits angeführt keine Einzelbeobachtung. In vorsichtiger Formulierung kam dies auch bei Georg Beseler zur Sprache. In England sehe man im Allgemeinen die Juristen

> „...als Specialitäten an, für ihre bestimmte Sphäre eine Auctorität, die lebendigen Träger der Gesetze; aber in Allem, was nicht die Form und die Anwendung des positiven Rechts betrifft, dem *common sense* der Jury und der öffentlichen Meinung unterworfen“.[182]

Für Leue selbst leitete sich aber die Notwendigkeit des Schwurgerichtes nicht aus einer bestimmten Staatsverfassung ab, sondern aus seinen theoretischen Überlegungen über das *Verhältnis des Rechts zu Sitte und Gesetz*.[183] Insofern diskutierte Leue hier nicht die Gerichtsverfassung und den Strafprozess im Hinblick auf ihre verfassungsrechtlichen Implikationen. Das Schwurgericht passe zu jedem Staat. Es ist eine Institution, deren Zweck der Schutz der bürgerlichen Freiheit ist. Dies fällt mit dem höchsten Staatszweck zusammen, der die „heiligen Ideen“ – Recht und Freiheit – verwirklichen muss.[184] Die Immediat-Justizkommission hatte in ihren Gutachten explizit den politischen Aspekt der Wahrung der bürgerlichen Freiheit durch das Juryinstitut abgetrennt.[185]

---

178 Leue, Deutsches Schöffen-Gericht, 159.
179 Ebd., 155, 158.
180 Ebd., 155.
181 Ebd., 159.
182 Beseler, Zur Beurteilung der sieben Göttinger Professoren und ihrer Sache, 1838, 65.
183 Leue, Deutsches Schöffen-Gericht, 159.
184 Ebd., 4.
185 Landsberg, Gutachten über das Geschwornengericht, 192.

Leues Schrift betrachtete das Juryinstitut zum einen als Gericht *unter* dem Gesetz und zum anderen als politische Anstalt *über* dem Gesetz. Leue wollte den Beweis erbringen, dass einzig durch die Laiengeschworenen das „...Recht gefunden wird und die gesetzliche Freiheit der Bürger gesichert" wird.[186] Subsumiere man den Geschworenen streng unter das Gesetz, so sei nicht einzusehen, worin die Laientätigkeit in der Urteilsfindung gegenüber derjenigen der angestellten Richterschaft eigentlich *differiere*.[187] Betrachte man hingegen das Schwurgericht „...in dessen Standpunkt *über dem Gesetz*, wie es nicht blos die That mit dem Gesetz vergleicht, sondern gleichsam als die Vernunft in Person über die Strafwürdigkeit eines angeklagten Bürgers entscheidet" vermittelten sich Recht, Gesetz und Moral, die Recht und Freiheit im Staat sichern.[188] Bei seinen Überlegungen zum Juryinstitut über dem Gesetz verwies er auch auf Kant und dessen allgemeines Rechtsgesetz: „handle äußerlich so, daß der freie Gebrauch deiner Willkür mit der Freiheit von jedermann nach einem allgemeinen Gesetze zusammen bestehen könne...".[189] Leue beklagte, dass es analog zu diesem allgemeinen Rechtsgesetz kein „materiales Prinzip" gebe

> „...nach welchem man über die Rechtmäßigkeit der Handlung eines Bürgers aus einem Volke im Voraus urtheilen könnte".[190]

Das Gutachten der Kommission war hinsichtlich der Frage nach den übergesetzlichen Inhalten, die Juroren aufgrund ihrer Urteilsfindung in das Recht transferieren, stumm. Im Gegensatz zu Feuerbach behaupteten sie aber nicht die Souveränität des Rechts gegenüber übergesetzlichen Quellen. Die richtige Entscheidung des Faktums war für die Gutachter auch die sittlich richtige Entscheidung, die aus der Verinnerlichung der Sichtweisen und Beurteilungsgewohnheiten resultiert, die in einem sozialen Gemeinwesen herrschen. Bei Leue erfährt diese Vorstellung eine Modifikation, da er nicht mehr vom Gemeinwesen spricht, sondern von der „*Denkart und Sitte des Volkes*". Der Inhalt des positiven Rechts müsse an diese Grundlage anknüpfen. Diejenigen Männer, die diese „Vorbedindung des Gesetzes in sich selber haben" seien aber nicht die gelehrten Richter, sondern die Laiengeschworenen.[191] Für Leue wies die an die Geschworenen gerichtete Schuldfrage (guilty, engl.;

---

186 Leue, Deutsches Schöffen-Gericht, 5.
187 Ebd., 97.
188 Ebd., 97.
189 Kant, Die Metaphysik der Sitten (MdS), 1991 (zuerst 1797), (Werksausg. hrg. v. W. Weischedel) Bd. VIII, 338, (=A 34,35, B 35).
190 Leue, Deutsches Schöffen-Gericht, 147.
191 Ebd., 149.

coupable, frz.)[192] aus dem Bereich des Gesetzesrechts hinaus. Es sei die Frage nach der moralischen Würdigung der Tat:

> „Was es noch mehr enthält, das ist das Urtheil, daß Strafe *verdient* sei, und dies ist etwas mehr wie faktische Gewißheit, es ist ein *moralisches* Urtheil".[193]

Die Erkenntnisquellen des moralischen Urteils sind das *Gewissen* und der *Bürgersinn*.[194] Dies habe der französische Gesetzgeber nicht verstanden, als er den Laiengeschworenen verbot, bei ihrer Überzeugungsfindung auch die rechtlichen Folgen ihres Wahrspruches zu berücksichtigen.[195] Während die Kommission grundsätzlich die Urteilsfähigkeit vom „gemeinen Verstand" ableitete, unternimmt Leue folgende Unterscheidung: Bei der Betrachtung des Instituts *unter* dem Gesetz differieren Geschworene und „Königliche Richter" nicht. Die Befähigung zum Urteilen leitet sich bei beiden durch einen hinreichenden Verstand und guten Willen ab.[196] Guter Wille sei bei beiden vorauszusetzen. Hinreichender Verstand findet man bei den „intellektuell am meisten Befähigten", die sich allein aus der gebildeten Klasse des Volkes rekrutieren.[197] Leues Vorstellungen sollten zwei Jahre später in seinen „Gesetzentwurf über die Grundlagen des Geschwornengerichts für Kriminalsachen" über die soziale Zusammensetzung der Jury einfließen.[198] Gewissen und Bürgersinn erscheinen erst in der Betrachtung des Institutes *über* dem Gesetz. Hier legitimieren sich die Laien in ihrer „doppelten Eigenschaft" als Bürger und Richter durch ein „Mehr" gegenüber den „Königlichen Richtern",[199] nämlich durch ihren Bürgersinn.

Obwohl das preußische Staatskanzleramt die Nichtveröffentlichung des Gutachtens verfügt hatte, zitiert Leue eine große Passage aus dem Gutachten über das Geschworenengericht und versieht diese mit einer eigentümlichen Interpretation. Aus der Aussage der Kommission, dass jeder im gewöhnlichen Verkehr seinen „öffentlichen natürlichen Richter" sieht, leitet Leue ab:

> „Das Urtheil der Besten im Volke über den Unwerth eines Mitbürgers ist nicht bloß der Ausspruch, daß er das positive Gesetz übertreten habe, es ist zugleich der Vor-

---

192 S. den Wortlaut der „question principale", s.o. A. 7.

193 Leue, Deutsches Schöffen-Gericht, 150.

194 Ebd., 150.

195 Ebd., 151.

196 Ebd., 12 f.

197 „Da man die Gebildeten immer in dem höhern Bürgerstande findet, so muß man die Schöffen aus diesem nehmen", ebd., 13.

198 Kap. IV.1. dieser Arbeit nach A. 2.

199 Die Königlichen Richter haben nur diese einzige Eigenschaft an sich: die Bevollmächtigten des Staats für das richterliche Geschäft zu sein, so Leue, Deutsches Schöffen-Gericht, 26.

> wurf, daß er die Idee des Rechts und die allgemein verbreitete Sitte verletzt habe. Es ist das Urtheil eines bürgerlichen Gerichts und zugleich das eines Ehren-Gerichts".[200]

Die Kommission wollte durch die Einbindung der Laien im Strafverfahren eine Aussöhnung des Gemeinwesens mit dem Gesetz erreichen und nicht die generelle Infragestellung des positiven Rechts durch entsprechende Gewissensentscheidungen der Laien ermöglichen.[201] Leues Vorstellungen des Schwurgerichts als eines „Ehren-Gerichts" erscheinen durch den Verweis auf das Kommissionsgutachten insofern überspitzt.[202] Seine theoretischen Überlegungen bauen aber wesentlich auf das moralisch-politische Bild auf, das die Kommission gezeichnet hatte, und bei dem sie gleichzeitig versäumt hatte, die Grenzen der Urteilsbefugnis deutlich zu machen. Für die Kommission war die Tätigkeit der Laien auf die Beantwortung der Schuldfrage reduziert. Bei Leue wurde die Tätigkeit der Laien zu einer *Rechtsfindung* und bedeutete nun die Würdigung über den „Unwerth eines Mitbürgers". Damit greift Leue in gewisser Weise der Theorie der „sittlichen Missbilligung" (Reprobation) vor.[203] 1882 heißt es bei Ludwig von Bar:

> „Das missbilligende Urtheil gilt zunächst der That; aber es richtet sich mit Nothwendigkeit auch gegen den Thäter; denn eine That kann ohne Thäter nicht gedacht werden".[204]

Das Rechtsgefühl, das in der Einschätzung der Kommission aus der aktiven Teilnahme des Bürgers an den öffentlichen Angelegenheiten im Individuum erzeugt wird, ist bei Leue zu einem „lebendigen Gefühl für bürgerliche Ehre"[205] geworden. Diesen Ausdruck übernimmt auch der Gießener Professor und Mitglied der hessisch-darmstädtischen Abgeordnetenkammer Heinrich Karl Jaup in seinem Vortrag über den „Werth des Schwurgerichts" auf der Lübecker Germanistenversammlung 1847.[206]

---

200 Leue, Deutsches Schöffen-Gericht, 220.

201 Landsberg, Gutachten über das Geschwornen-Gericht, 178.

202 Leue, Die Grundlagen des Geschwornengericht für Criminalsachen (Der Gerichtssaal, Zeitschrift für volksthümliches Recht, 1849, 1. Jg.), 56-76: hier sagt er, dass das Geschworenengericht in seiner edelsten Bedeutung neben seiner Eigenschaft als Strafgericht zugleich ein „Ehren- und Sittengericht des Volkes" ist, 68.

203 Auch Theorie des Ressentiment (Dühring) oder Theorie des moralischen Gegengefühls (v. Hartmann), s. L. v. Bar, Geschichte des Deutschen Strafrechts, 314 f.

204 L. v. Bar, Geschichte des Deutschen Strafrechts, 314.

205 Leue, Deutsches Schöffen-Gericht, 221.

206 Verhandlungen der Germanisten zu Lübeck 1847, 107.

## 6. Das Juryinstitut auf der Versammlung der Germanisten in Lübeck 1847 – Die Lehre vom „Totaleindruck“

Auf der Lübecker Germanistenversammlung vom 27. bis 30. September 1847[207], der Vorläuferin der späteren Juristentage, hat man sich für eine allgemeine Einführung der Geschworenengerichte in Deutschland ausgesprochen. Die tatsächliche Einführung der Schwurgerichte in den meisten deutschen Ländern nach 1848 hängt wesentlich mit diesem Votum zusammen. Hier interessiert die Frage, welche Überlegungen das Votum der Germanisten beeinflusst haben. In der Forschung sind die Antworten hierzu vielfältig: Historische Untersuchungen, die die Jury als nationales Institut darzustellen versuchten, waren für die Germanisten von großem Interesse, den eigentlichen Ausschlag aber gab die positive Berichterstattung über die Wirksamkeit der Jury im linksrheinischen Deutschland.[208] Diese positiven Erfahrungswerte rührten aber nicht aus einer sentimentalen Anhänglichkeit an das Institut selbst, sondern waren mit der persönlichen Interessenslage des vormärzlichen Bürgertums gekoppelt: Die Einführung der Schwurgerichte wurde gerade für die Verhandlung der „politischen“ Verbrechen (Pressvergehen, Majestätsbeleidigungen, Hochverrat etc.) für besonders wichtig erachtet.[209]

Aber gerade auch Leues Gedanken zur Theorie von der „Allmacht der Jury“ waren von Einfluss auf der Lübecker Germanistenversammlung gewesen. In seinem Bericht über das Schwurgericht ging beispielsweise Mittermaier auf sie ein.[210] Darin bewertete er das Juryinstitut „als nothwendiges Mittel zur Erreichung des Zwecks des Strafprocesses“.[211] Mittermaier dokumentierte die Erfahrungen, die im In- und Ausland bereits mit dem Schwurgericht gesammelt wurden. Insbesondere interessierte ihn die Wirksamkeit des Institutes unter dem Aspekt der damit verbundenen Freisprüche. In den deutschen Ländern, in denen bereits die Strafverfahren vor einer Jury abgehalten wurden, zeigten statistisch erhobene Zahlen an, dass die „Kraft der Repression“ durch die Urteilsfindung durch Laien nicht ausgehöhlt werde. Der „sittliche deut-

---

207 Die Germanistenversammlung in Lübeck war unterteilt in drei Sektionen: die juristische, historische und die philologische. Deren Vorsitzende waren in dieser Reihenfolge: Mittermaier, Pertz und Lachmann.

208 Landau, Schwurgerichte und Schöffengerichte in Deutschland bis 1870, 265.

209 Haber, Probleme der Strafprozeßgeschichte im Vormärz, 600, 604.

210 „Bericht des Professors Mittermaier, erstattet im Namen der zur Prüfung des Werths der Geschwornengericht ernannten Commission“, Verhandlungen der Germanisten zu Lübeck, 90.

211 Mittermaiers Bericht, Verhandlungen der Germanisten zu Lübeck, 69.

sche Ernst“ verhindere Freisprüche aufgrund „falscher Sentimentalität“.[212] Es fällt auf, dass Mittermaier mit der Vorstellung von der „Allmacht der Jury“ verhältnismäßig milde umging: Zwar habe die von Leue „aufgestellte, bedenklich ausgedrückte Behauptung, daß die Geschwornen über dem Gesetz stehen…“ gerade den Gegnern des Instituts Waffen in den Hand gegeben, aber für ihn liegt der wahre und entscheidende Gesichtspunkt in dieser Theorie darin, dass durch den Wahrspruch der Geschworenen

> „…erst der wahre Sinn der Gesetze in der Anwendung auf den einzelnen Fall erkannt und die materielle Gerechtigkeit vermittelt wird, welche leicht dadurch leidet, daß der angestellte Richter an den Buchstaben des Gesetzes gefesselt ist…“.[213]

Die mit den Bedürfnissen und Ansichten der bürgerlichen Gesellschaft mehr vertrauten Geschworenen realisieren die materielle Gerechtigkeit, auch wenn sie damit contra legem entscheiden. Man solle dies nicht mit einer bloß willkürlichen Allmacht oder Empfindelei verwechseln.[214] Daraus folgert Mittermaier für die Prüfung der Strafbarkeit einer Tat nach dem Gesetz:

> „Die wahre Gerechtigkeit in der Strafgesetzgebung fordert, daß die Richter bei dem Urtheile über die Schuld theils in den Willen des Gesetzgebers, welcher der Volksmoral und dem Volksbewußtsein sich anschließt, sich hineindenken, und darnach die Strafwürdigkeit von Handlungen beurtheilen, theils daß sie die Handlung des Angeschuldigten menschlich auffassen und seine Lage würdigen, theils daß sie gleichsam ein Zeugniß über die Ansicht des Vaterlandes, das eine gewisse Handlung als strafwürdig erkennt, ablegen“.[215]

Für die Prüfung der Strafbarkeit einer Tat, die dieser wahren Gerechtigkeit in der Strafgesetzgebung verpflichtet ist, seien Geschworene grundsätzlich eher geeignet als die beamteten, rechtsgelehrten Richter.[216]

Mittermaier argumentierte hier mit dem Begriff vom „Totaleindruck“: Während in England die Geschworenen sich darüber bewusst seien, dass die Strafbarkeit der Tat anhand der überkommenen Beweisregeln des „law of evidence“ entschieden wird, und das Verfahren darüber einen „ersteren, gründlicheren rationellen Character annimmt“, entscheiden die französischen Geschworenen nach der „intime conviction“, „nach einem gewissen, dunkel

---

212 Mittermaiers Bericht, Verhandlungen der Germanisten zu Lübeck, 83.
213 Ebd., 90.
214 Ebd., 90.
215 Ebd., 90.
216 Ebd., 91.

gefühlten Totaleindrucke, der keiner rationellen Gründe sich bewußt ist".[217] In der Beschreibung der „intime conviction" folgt Mittermaier Feuerbach und setzt die irrationale „intime conviction" mit dem „Totaleindruck" gleich.

In der älteren Arbeit von Schwinge heißt es, dass alle, die die Lehre vom „Totaleindruck" vertreten haben, von einer Grundverschiedenheit zwischen der Tätigkeit des Richters und der des Geschworenen ausgegangen sind.[218] Diese Unterscheidung gehe auf die Zuspitzung der Lehre von der „intime conviction" in Frankreich zurück, als man zwischen zwei Wegen unterschied, auf denen sich die strafprozessuale Gewissheit konstituiert: über das *Gefühl* oder über den *Verstand*.[219] Gefühl wurde den Laien zugeschrieben, Verstand den gelehrten Richtern. Auch die Immediat-Justizkommission habe den „Totaleindruck" – als eine mehr gefühlte Wahrheit – für die Jury als eigentümlich anerkannt.[220] Schwinge ist hier aber insofern zu korrigieren, als sich für die Justizkommission Gewissheit von der Richtigkeit der subjektiven Überzeugung einzig von der „sinnlichen Empfindung" ableitete, und dies sowohl für den Laien als auch für den gelehrten Richter galt. Die „sinnliche Empfindung" könne zwar „*Reflexion* und Urtheile veranlassen; sie kann aber eben deshalb, weil sie in einer unmittelbaren und einfachen sinnlichen Anschauung bestehet, nicht selbst auf dem Wege der Reflexion erlangt werden".[221] Die Kommission hing also nicht der französischen Lehre von der „intime conviction" nach, sondern dem Gedanken, den der französische Gesetzgeber in der Instruktion von 1791 niedergelegt hatte. Die Legitimation der Laiengeschworenen leitete die Kommission von der Urteilsfähigkeit des „gemeinen Verstandes" ab, der jedes Individuum befähigt, sich an die Stelle jedes Anderen hineinversetzen zu können.[222]

Wie zuvor schon Feuerbach unterschied auch Mittermaier die Erkenntnisarten in Gefühl versus Verstand in dem oben genannten Sinne. Bezeichnenderweise folgte aber Mittermaier seinem Lehrer Feuerbach und dessen Einschätzungen nicht. Denn in seinem Bericht stellte Mittermaier nun fest, die

---

217 Mittermaiers Bericht, Verhandlungen der Germanisten zu Lübeck, 72.

218 Schwinge, Kampf um die Schwurgerichte, 88.

219 Ebd., 85.

220 Schwinge, Kampf um die Schwurgerichte, 86.

221 Landsberg, Gutachten über das Geschwornengericht, 125.

222 Daher wird von der Kommission das Urteil des „gemeinen Verstandes" als ein Beweis angesehen, dass auch der gemeine Verstand des Verbrechers die Strafbarkeit seiner Tat habe einsehen können. Man könnte sagen, dass diese Parallelwertung durch Laien die Garantie der Voraussehbarkeit von Strafnormen darstellt, s. Sellert/Rüping, Studien- und Quellenbuch zur Geschichte der deutschen Strafrechtspflege, Bd. 2, 35; Auch Justus Möser hatte die Probe über das Wissen um eine Gesetzesübertretung von der „bloßen gesunden Vernunft" eines jeden abhängig gemacht, s. Patriotische Phantasien, 1. Teil, 1842, 417.

Überzeugung jedes Richters von der Schuld beruhe weniger auf einer strengen Deduktion einzelner rationell aufgezählter Gründe, sondern auf dem „Totaleindruck“.[223] Damit machte Mittermaier den gelehrten Richter bewusst zum Geschworenen nach der französischen Lehre und zog damit die gegenteiligen Schlussfolgerungen wie Feuerbach, der ja gerade mit diesem Argument beweisen wollte, dass zur „Entdeckung der Wahrheit“ der gebildete, wissenschaftliche Verstand dem einfachen, gemeinen Menschenverstand *vorzuziehen* sei.[224] Mittermaier forderte hingegen in der auf seinen Bericht nachfolgenden Diskussion:

> „Zergliedern Sie gefälligst die Funktionen des Richters bei der Urtheilsfällung, so werden Sie bald sich überzeugen, daß wir rechtsgelehrte Richter eigentlich nur als Geschworne entscheiden. Wo es auf die reine Thatfrage ankommt, [...] da entscheidet der gesunde Verstand, der sonst die Wahrheit der Thatsachen prüft, da sind wir Richter Geschworne, und das gestehen alle, die Recht gesprochen. Kommt es aber darauf an, über die Schuld zu urtheilen, über die Zurechnungsfähigkeit, [...] so müssen alle Juristen gestehen: ja in diesen Fällen sind wir Rechtsgelehrte auch eigentliche Geschworne“.[225]

Für Mittermaier waren die verkündeten Urteile *aller* Richter „Ausflüsse der Ueberzeugung“:

> „...solche lernt der Richter nicht auf den Bänken der Schule, er lernt sie nicht aus Compendien, nur der gesunde Menschenverstand ist hier der Lehrmeister“.[226]

Somit könne weder die gesetzliche Beweistheorie noch das Abfassen der Entscheidungsgründe die Überzeugung und die Durchschlagskraft dessen, das Überzeugung konstituiert, artikulieren.[227] Die Erfahrungen italienischer Richter, die ihre Entscheidungsgründe ausführlich abfassen müssen, beweisen, dass diese „in unbestimmte Ausdrücke abgefaßte Gründe“ seien. Die Richter selbst gestanden Mittermaier, „daß die verkündeten Entscheidungs-

---

223 Mittermaiers Bericht, Verhandlungen der Germanisten zu Lübeck, 85; 1845 verurteilte Mittermaier noch den Grundsatz der französischen Instruktion, wonach die Geschworenen gefragt wurden: „avez-vous une conviction intime?“ Diese Aufforderung veranlasse häufig zu glauben, dass „die Geschworenen nur dem Totaleindrucke und einem dunklen Gefühle von der Wahrheit einer Thatsache, wobei der Geschworne sich keine Rechenschaft gibt und zu geben braucht, folgen sollen...“, Die Mündlichkeit, das Anklageprinzip, die Oeffentlichkeit und das Geschwornengericht, 27, auch 367.

224 Feuerbach, Betrachtungen über das Geschwornen-Gericht, 140 ff.

225 Mittermaier, Verhandlungen der Germanisten zu Lübeck, 162.

226 Ebd., 157.

227 Ebd., 157.

gründe nicht der wahre Ausdruck und die Rechtfertigung seien, warum jeder einzelne Richter verurtheile".[228] Gelehrte, die im weiteren Verlauf mit dem „Totaleindruck" argumentieren, opponieren damit gegen die logischen Operationen des kalten Verstandes in der Urteilsfindung. 1846 fragte der Hegelianer Christian Köstlin:

> „[Soll] das Urtheil in Strafsachen blos das Resultat einer logischen Operation sein, oder soll es die innerste, durch jenen Gesammteindruck vermittelte Gewissensüberzeugung zu seinem letzten Fundamente haben?"[229]

Zudem konnte man mit der Unterscheidung der Geistesoperationen zwischen Juristen und Nichtjuristen nachhaltig die Unanfechtbarkeit des *unbegründeten* Laienwahrspruchs sichern. So war beispielsweise Köstlin davon überzeugt, dass dieser Gesamteindruck, auf dem das Urteil der Laiengeschworenen beruht, zwar nicht mit einer völlig grundlosen Überzeugung gleichgesetzt werden dürfe. Dennoch könne dieser Gesamteindruck abschließend in einer Aufzählung der Entscheidungsgründe nicht erschöpfend dargelegt werden, denn eine genaue Definition dieser „individuell-lebendigen Gesammtanschauung und deren Eindruck auf das Gewissen" sei nicht möglich:

> „Offenbar aber ist diese Ueberzeugung weit entfernt, eine grundlose zu sein; und ebensowenig kann diese ganze Operation mit der bloß logischen Thätigkeit eines reinen Juristengerichts indentifizirt [sic] werden".[230]

1865 erklärte der Rechtsphilosoph Rudolf Heinze, dass man in Deutschland den Unterschied in den Geistesoperationen zwischen Juristen und Nichtjuristen gerade deswegen erwogen habe, um den Zweifeln „an der technischen Befähigung der Geschworenen ein Schach zu bieten":

> „Was man Gesammteindruck nennt, das empfängt der Jurist so gut wie der Nichtjurist; der Unterschied besteht hauptsächlich darin, daß Jener befähigter ist und das Bedürfnis stärker empfindet, dieses Ganze prüfend in die einzelnen Theile zu zerlegen, dem Gesammteindrucke erst traut, wenn die Wiedervereinigung der künstlich gesonderten und sorglich durchforschten Glieder zum gleichen Ziel führt".[231]

---

228 Hier bezieht er sich auf die Erfahrungen der Richterschaft aus Neapel, ebd., 154.
229 C. R. Köstlin, Die Zukunft des deutschen Strafverfahrens (Deutsche Vierteljahrsschrift 1846, 1. Heft), 315-347 (322).
230 C. R. Köstlin, Das Geschwornengericht für Nichtjuristen, 1849, 199.
231 C. F. R. Heinze, Ein deutsches Geschworenengericht, 1865, 60.

Und Heinze folgerte, dass die „Lehre vom Gesammteindrucke“ für die juristische Praxis Gefahren berge, da der Gesamteindruck lediglich ein Beurteilungskriterium des gewöhnlichen Lebens sei.[232]

Leue hatte in seinem Buch über das Schwurgericht die höhere Würde des Juryinstitutes von seiner Stellung *über* dem Gesetz abgeleitet. Auf der Germanistenversammlung wurde diese Überlegung von August Wilhelm Heffter, einem Berliner Professor und Obertribunalrat, aufgegriffen. Wenn die Geschworenen lediglich „reine judices facti“ seien, könne er die Idee des Instituts und damit die Notwendigkeit der Geschworenen in der Rechtspflege nicht nachvollziehen.[233] Wenn man dagegen das Schwurgericht als ein „Institut der Gerechtigkeit“ auffasse, müsse der Gesetzgeber den Geschworenen gestatten, in bestimmten Fällen auch contra legem zu entscheiden.[234] Heffters Überlegungen hinsichtlich des Geschworenengerichtes als eines Institutes der Gerechtigkeit operieren mit einer Argumentationsweise, die in der aktuellen Forschung schlicht eine „dritte“ Argumentationsweise genannt wird, um sie von der politischen und fachjuristischen Argumentationsweise abzugrenzen.[235] Diese dritte Argumentationsweise gehe auf die Hegel'sche Legitimation des Geschworeneninstitutes zurück.[236] Sie ist auch in der Paulskirche nachweisbar: Für Mittermaier ziehen die Geschworenen in ihrem Urteil eine „feine Grenze“ zwischen dem Erlaubten und dem Unerlaubten“. Dieser Gedanke durchzieht die Mittermaier'schen Schriften und belegt, dass er an diesem Grundgedanken konsequent festgehalten hat.[237] Auch Jaup bemerkt auf

---

232 Heinze, Ein deutsches Geschworenengericht, 61.

233 Heffter, Verhandlungen der Germanisten zu Lübeck, 112.

234 Ebd., 111, 114.

235 Landau, Schwurgerichte und Schöffengerichte in Deutschland bis 1870, 253.

236 Landau: „Die Bedeutung der von Hegel gegebenen philosophischen Ableitung des Geschworenengerichts wird man nicht so sehr in der Übernahme einzelner Hegelscher Argumente, sondern vielmehr darin sehen müssen, daß durch ihn und seine Schule neben der politischen und der fachjuristischen Argumentation eine dritte Argumentationsweise als möglich erschien, mit der man Schwurgerichte vermeintlich jenseits der politischen Parteiungen und unter Ausschaltung der juristischen Bedenken der Zweckmäßigkeit mit höheren Gesichtspunkten begründen konnte“, Schwurgerichte und Schöffengerichte in Deutschland bis 1870, 253.

237 Mittermaier, Die Mündlichkeit, das Anklageprinzip, die Oeffentlichkeit und das Geschwornengericht, 1845, 373; ders., Das Volksgericht in Gestalt der Schwur- und Schöffengerichte, 1866, 16, 23 unter Verweis auf Möser; zu Mittermaiers Argumentation, s. Kap. IV.1. dieser Arbeit.

der Germanistenversammlung, dass der Unterschied zwischen dem Erlaubten und Strafbaren mitunter nur in der Persönlichkeit des Richters liege.[238]

Nach Ansicht Heffters müssen die Geschworenen, um der Idee der Gerechtigkeit zu genügen, auch der „menschlichen Stimme“ Ausdruck verleihen. Dies gerade könnten die ständigen Richter aufgrund ihrer Bindung an das Gesetz nicht. Diese menschliche Stimme sei in besonderem Maße gefragt, gerade da, „wo es auf die Schuldigerklärung eines Menschen ankommt“. Dieser Ausspruch benötige eine spezielle Institution, nämlich das Geschworenengericht, worin

> „...Männer aus dem Volke mit einfachen Vorstellungen, ohne durch Formeln, Traditionen und Rechtsregeln verwöhnt zu sein, nach ihrer inneren gewissenhaften Ueberzeugung aussprechen: es hat sich der Angeklagte des Verbrechens schuldig gemacht; denn hätte er seinem eigenen Gewissen, welches kein anderes sein kann, als das unsere, Gehör gegeben, so durfte er nicht so handeln, oder er ist nicht schuldig; unser Gewissen würde uns bei gleichem Verhalten nicht verdammen“.[239]

Auf der Germanistenversammlung wurde zunehmend das Urteil der Geschworenen als ein höchstpersönliches Gewissenszeugnis angesehen. Das Gewissen als Erkenntnisquelle des Laienurteils birgt allerdings die Gefahr, dass sich in der Urteilsfindung individuelle Moralvorstellungen niederschlagen. Heffter war sich dieser Gefahr bewusst, denn er koppelte die innerste Gewissensbekundung mit der „Stimme des Landes“. Damit wurde argumentativ die *Autonomie des Gewissens durch die Heteronomie einer „Sittlichkeit des Volkes“* wieder aufgebrochen:

> „Freilich aber muß das Geschwornengericht nicht blos die rein menschliche Stimme sein, [...] sondern auch die Stimme des Landes. Es kommt darauf an, einen Ausspruch über 'schuldig' und 'nicht schuldig' nach der besonderen Stufe der Sittlichkeit des Volkes zu erhalten.[...] Der Angeklagte darf sich *ponere in patria*, er beruft sich auf den Ausspruch des Vaterlandes, ob er schuldig oder nicht. Nun, diesen menschlichen vaterländischen Beruf halte ich für die wahre und einzig zulässige Idee des Institutes“.[240]

Das Schwurgericht als *Volksgericht*, das dem Prinzip der Volkssouveränität verpflichtet ist, wurde auf der Germanistenversammlung abgelehnt. Heffter sagte, das Geschworenengericht als ein politisches Institut könne nur in einer

---

[238] Dabei zitiert er Möser: „Die Weisheit grenzt so nahe an die Willkühr, daß man unmittelbar von der einen zur andren übergehen kann“, Verhandlungen der Germanisten zu Lübeck, 108.

[239] Heffter, Verhandlungen der Germanisten zu Lübeck, 111 f.

[240] Ebd., 112.

Staatsform gelten, in der das Volk zur Souveränität gelangt sei, so wie dies im „democratischen Athen“ der Fall war, wo die Judikative mit der Exekutive verschmolzen war.[241] Im antiken Stadtstaat entschied nicht eigentlich die Überzeugung von Recht und Unrecht, sondern nur der reine Volkswille.[242] Auch Jaup hatte in seinem Vortrag bemerkt, dass von angesehener Seite eingewendet wurde, Schwurgerichte beruhten auf dem Prinzip der Volkssouveränität, indem sie das Organ seien, durch welches das Volk richterliche Gewalt ausübe.[243] Die Geschworenengerichte repräsentieren aber keine Staats*gewalt*, sondern seien eine Staats*anstalt*. Der Akt des Urteilens sei kein Akt der Gewalt. Geschworene dürfen

> „…nur das Recht auffinden und aussprechen, also eine logische Function verrichten, gleich Kunstverständigen, deren Ausspruch auch erst durch die executive Staatsgewalt wirksam wird“.[244]

Ähnlich wie die Immediat-Justizkommission unterschied auch Jaup zwischen der „notwendigen Fähigkeit“ und dem „notwendigen Willen“ bei der Urteilsfindung. Er ging von der übergeordneten Frage aus, ob Schwurgerichte im Vergleich zu beamteten Richterkollegien bei der Urteilsfindung zuverlässiger sein könnten. Die Urteilsfähigkeit erfordere richtiges Fassungs- und Anschauungsvermögen, „gesunden Verstand“ und teilweise auch Menschenkenntnis, die „bei jedem gebildeten Mann angetroffen werden, nur im Grad verschieden nach Anlagen, Uebung, Erfahrung“.[245] Gebildet sei nicht primär der wissenschaftlich gebildete Mensch, sondern der vernünftige Mensch, der reich ist an Lebenserfahrung. Die Tatfrage teilte er auf in die Tatsachenfeststellung und die Strafwürdigkeit der Tat.[246] Letzteres heißt, ob die Tat nach dem Begriff des Strafgesetzes strafbar sei.[247] Im Gegensatz zu Feuerbach betonte Jaup, dass die Tatfrage und die darin enthaltenen Rechtselemente kein „ausschließliches Eigenthum der Rechtswissenschaft“ ist.[248] Die Willenseigenschaft definierte er als die Frage, ob die Laien befähigt sind, „die Wahr-

---

[241] Heffter, Verhandlungen der Germanisten zu Lübeck, 111.

[242] Ebd., 111.

[243] Jaup, Verhandlungen der Germanisten zu Lübeck, 100; Für den Linksliberalen Temme ging alle Staatsgewalt vom Volke aus, auch die richterliche. Da die Gewalten vom Volke ausgehen, habe das Volk das Recht, diese zu ordnen, s. Kühne, Die Reichsverfassung der Paulskirche, 385.

[244] Jaup, Verhandlungen der Germanisten zu Lübeck, 100; auch Leue, Schöffen-Gericht, 23.

[245] Jaup, Verhandlungen der Germanisten zu Lübeck, 95.

[246] Ebd., 95.

[247] Ebd., 96 f.

[248] Ebd., 98.

heit ohne Vorurtheil zu finden und die gefundene unpartheiisch auszusprechen".[249]

Bei Jaup kommt zudem ein Argument zum Tragen, das auch bei Beseler im preußischen Abgeordnetenhaus 1851/52 auftaucht. Jaup sagt, die Gesetzesauslegung sei eine vorformulierte Aussage der Überzeugung des Gesetzgebers, die die eigene subjektive Überzeugungsbildung des Richters weitgehend verdränge bzw. überflüssig mache. Der Richter spreche somit „die im Voraus allgemein erklärte Ueberzeugung des Gesetzgebers als seine eigene aus".[250] 1852 sprach sich Beseler im preußischen Abgeordnetenhaus gegen einen unbeschränkten Regelungseifer durch die Gesetzgebung aus, damit nicht alle Faktoren der Rechtsbildung außerhalb der legislativen Gewalt unterdrückt würden.[251]

Die vorangestellte Frage lautete, was das Votum der Germanisten für die Einführung der Schwurgerichte begründet hat. Um die Antwort gleich vorwegzunehmen: Das Votum der Germanisten basierte auf sehr unterschiedlichen Ansichten über das Geschworenengericht. Dies belegt ein Teilnehmer auf der Germanistenversammlung, wenn er die Argumentation der versammelten Germanisten mit den Worten kritisiert, „...die Redner vertheidigten aus ganz entgegengesetzten, sich gegenseitig aufhebenden Gründen dieselbe Sache".[252] Fachjuristische Argumente für die Einbindung von Laien wurden nur von Jaup vertreten. Georg Beseler hat sich in Bezug auf die Schwurgerichte relativ zurückgehalten.[253] In seiner bereits 1843 erschienenen Arbeit „Volksrecht und Juristenrecht" hatte er die Frage erörtert, ob die Juristen am besten geeignet sind, die Rechtspflege zu handhaben.[254] Hier hatte er folgende Unterscheidung gemacht: Bei der Gesetzesauslegung und der wissenschaftlichen

---

249 Jaup, Verhandlungen der Germanisten zu Lübeck, 99.

250 Ebd., 104.

251 Beseler: „...die Gesetzgebung [darf] nicht zögern [...], wenn ihre Thätigkeit unerläßlich ist, um einzugreifen, und so weit einzugreifen, als es nothwendig gefunden wird, daß die Gesetzgebung aber die übrigen Faktoren der Rechtsbildung außerhalb der legislativen Gewalt nicht feindlich unterdrücken soll, daß sie vielmehr die Entwickelung des Rechtes in dem Volksleben, in der Gewohnheit desselben neidlos gewähren lassen muß, wenn gute Erfolge dadurch herbeigeführt werden, daß sie auch die Rechts-Entwickelung durch die Gerichtshöfe nicht unnöthig zu beschränken, sondern so weit zu gestatten hat, als das öffentliche Wohl damit vereinbar ist", Stenographische Berichte über die Verhandlungen der durch die Allerhöchste Verordnung...einberufenen Zweiten. Kammer (Preußisches Abgeordnetenhaus), 33. Sitzung, 2.3.1852, 577.

252 Wächter, Verhandlungen der Germanisten zu Lübeck, 122.

253 Mit Ausnahme seiner Stellungnahme zum Verhältnis zwischen Romanisten und Germanisten, s. Verhandlungen der Germanisten zu Lübeck, 232 ff.

254 Beseler, Volksrecht und Juristenrecht, 1843, 257.

Beschäftigung mit dem Recht sind Juristen und ihr gründliches und umfassendes Studium unentbehrlich.[255] Aber es gebe ein wichtiges Element im positiven Recht, „welches unmittelbar von den Lebensverhältnissen selbst getragen wird“ (Volksrecht).[256] Von diesem habe der Jurist

> „...meistens nur eine abgeleitete Kunde, indem es ihm an der Fülle der unmittelbaren Anschauung fehlt, deren sich derjenige erfreut, welcher selbst an den Geschäften und Rechtsverhältnissen, um die es sich handelt, betheiligt ist“.[257]

Gerade *dieses* Element sei für das *bürgerliche Recht* unerlässlich, wolle es nicht zu einem „Formenwesen“ erstarren.[258] Beselers Argumentation führte hier nicht zu einer Überbetonung des volksrechtlichen Elementes und der Laienjustiz, denn er sagte:

> „Wenn nun früher hervorgehoben ist, daß die Juristengerichte deswegen nicht ausreichen, weil die unmittelbare Kunde des Volksrechts und die gehörige Berücksichtigung aller dem Rechtsleben entnommenen Momente von ihnen nicht erwartet werden kann, so scheint es doch, daß auch die Geschwornen, welche nur über das Factische ohne unmittelbare Beziehung auf das Recht erkennen sollen, für diesen Mangel keine Aushülfe gewähren“.[259]

Beseler präferierte 1843 noch ein gemeinsames (Schöffen-)Gericht (wie die Handelsgerichte), in dem neben Juristen auch *sachkundige Laien* an der Rechtspflege in ihrem ganzen Umfang teilnehmen ohne jede Trennung der Funktionen.[260] Beim *Kriminalrecht* verhalte es sich anders: Die Besetzung der Gerichte mit Juristen sei grundsätzlich nicht anzufechten. Dennoch ist auch hier die Einbeziehung der Volksansicht unerlässlich; dies aber nicht, weil man bei Juristen den juristischen Sachverstand nicht immer voraussetzen könne, sondern weil ihnen die Gesetzesanwendung nicht unbedingt vollständig überlassen werden dürfe.[261] Falls Gesetze Lücken aufwiesen, wäre es ge-

---

[255] Beseler, Volksrecht und Juristenrecht, 257.

[256] Ebd., 258.

[257] Ebd., 258.

[258] Ebd., 261.

[259] Ebd., 267.

[260] Ebd., 267, 268; Schon 1833 hatte sich Beseler in einem Artikel mit dem Titel „Patriotische Phantasien über Recht und Gericht“ I u. II (Kieler Correspondenzblatt, No. 37, 167-182), gegen die Geschworenengerichte ausgesprochen. Das zugrundeliegende Prinzip solcher Gerichte erschien ihm nicht als das „Ideal einer Gerichtsverfassung“, „...denn das Wesentliche derselben, die Trennung zwischen dem Feststellen der Thatsachen und der rechtlichen Beurtheilung derselben, scheint uns ohne große Unzulänglichkeiten in der Wirklichkeit nicht immer ausführbar“, 177.

[261] Beseler, Volksrecht und Juristenrecht, 260.

rechter, wenn die Volksansicht eine „unmittelbare Vertretung“ fände. Wie bekannt, hat er sich auf der Germanistenversammlung – allerdings ohne Begründung – für die Geschworenengerichte ausgesprochen.[262]

Die Mittermaier'sche als auch die Heffter'sche Argumentation gingen über fachjuristische Erwägungen hinaus, wobei auffällt, dass Mittermaier, der die Versammlung eindeutig dominierte, von allen Versammelten in seiner Argumentation über die rein juristische Betrachtungsweise am weitesten hinausgriff. Für ihn waren die Urteile *aller* Richter Ausfluss einer Überzeugung, die weniger auf rationalen Denkoperationen fußt. Die besondere Legitimation der Laiengeschworenen sah Mittermaier in ihrer Gesetzesauslegung, die erst den wahren Sinn der Gesetze an das Tageslicht bringe. Dadurch würden die Geschworenen materielle Gerechtigkeit realisieren, auch wenn sie dabei sich über das Gesetz stellen. Für ihn bedeutete die Prüfung der Strafwürdigkeit einer Tat nicht nur die Beschränkung auf die buchstabengenaue Auslegung des Gesetzes, sie müsse sich über das Gesetz erheben, will sie die „wahre Gerechtigkeit in der Strafgesetzgebung“ realisieren. Georg Beseler hingegen vertrat zum Verhältnis „Volksansicht“ und Gesetz einen moderateren Standpunkt:

> „...wenn wirklich über die Verbrechen und deren Bestrafung eine Unsicherheit in den Gesetzen bestehen sollte, und die Willkühr nur durch das billige Ermessen der Gerichte eine Grenze erhielte; so würde es im Allgemeinen besser seyn, daß auch die Volksansicht dabei eine unmittelbare Vertretung fände, und daß die Ausübung einer so gefährlichen Machtvollkommenheit nicht ausschließlich den Juristen überlassen bliebe“.[263]

Man sieht, dass Beseler eine „Volksansicht“ nur in bestimmten Fällen zur gesetzlichen Lückenfüllung heranziehen möchte, Mittermaier hingegen zur Gesetzesauslegung.

Die Auseinandersetzung um das Juryinstitut und die Urteilsfindung durch Laiengeschworene in der ersten Hälfte des 19. Jahrhunderts hat Folgendes deutlich gemacht: Die Laiengeschworenen durften die Frage nach der Schuld beantworten und bewerteten damit auch die Moralität der Tat. Dass diese Bewertung unter Umständen dazu führt, dass die Entscheidungen der Laiengeschworenen schwanken, wird, – wenn man von Golbery ausgeht –, nur in Fällen von Freisprüchen problematisiert. Hier sprach er von ungerechtfertig-

---

[262] S. den Erklärungsversuch von B.-R. Kern, Georg Beseler. Leben und Werk, 1982, 297 f.

[263] Beseler, Volksrecht und Juristenrecht, 260.

ten Freisprüchen. Umgekehrt fiel bei ungerechtfertigten Verurteilungen sein Urteil deutlich milder aus, da diese Art einer moralisierenden Rechtsanwendung von ihm als gerecht empfunden wird. Seine Akzeptanzschwelle war somit im Hinblick auf die sog. „omnipotence du jury“ bei der Verurteilung der „Immoralität“ niedriger. Anders bei Leue: Er akzeptierte die „omnipotence du jury“ nur im Fall von Freisprechungen durch Laiengeschworene. Nur hier standen die Laiengeschworenen über dem Gesetz.[264] Dieses gelte auch für die englische Schwurgerichtspraxis: Somit werde das Juryinstitut ein „Bollwerk gegen die Anmaaßungen und Eingriffe der Krone in die Rechte und Freiheiten des Volks...“.[265] Leue hatte die Besonderheit der Laien darin gesehen, dass sie im Vergleich zum Beamtenrichter unmittelbar an die Grundlage aller Gesetze anknüpfen können: an die „Religion, Denkart und Sitte des Volks“. Der Beamtenrichter bleibe als „Wächter des Gesetzes“ an dieses gebunden. Das Schwurgericht war für ihn ein „Ehren- und Sittengericht“.

Seine Interpretationen waren von Einfluss auf der Lübecker Germanistenversammlung gewesen, denn hier sagten die Gelehrten, dass sich die Aufgabe der Geschworenen nicht nur darauf beschränke, ihre subjektive Überzeugung zu verkünden, sondern sie in ihrem Wahrspruch auch Bezug auf die Ansichten und Wertvorstellungen des größeren Ganzen Bezug nehmen müßten. Damit entwickelte sich eine Problematik, die den Juryverfechtern zunehmend bewusst wurde: Es ist das Problem, wie sich individuelles Gewissen und kollektives Bewusstsein zueinander verhalten. Denn kollektive Überzeugungen müssen ja nicht immer verbindlich für die eigene Überzeugung sein. Der Juryverfechter Mittermaier sollte diese Problematik zuspitzen, als er 1866 das eigentliche „Wesen der Jury“ dahingehend interpretierte, dass die Geschworenen *gleichzeitig nach zweierlei* – nach ihrer freien Überzeugung und nach dem „Volksrechtsbewusstsein“ – urteilen.

Spätestens auf der Lübecker Germanistenversammlung hatte man begonnen, über die ideale Form einer deutschen Jury nachzudenken. Die Überlegungen lenkten den Blick zunehmend auf die englische Jury – die eigentliche Urform des Juryinstituts. Man hatte begonnen, die französische und damit auch die französisch-rheinische Form des Schwurgerichtsverfahren als napoleonische Verfälschung der englischen Urform anzusehen. Im folgenden Kapitel sollen daher die Merkmale und Prinzipien der englischen Jury dargestellt werden.

---

264 Leue, Deutsches Schöffen-Gericht, 155.
265 Ebd., 155.

# III. KAPITEL
# DAS „RECHTSEMPFINDEN DES VOLKES" IM ENGLISCHEN GESCHWORENENGERICHT

## 1. DIE UNTERSCHEIDUNG ZWISCHEN TAT- UND RECHTSFRAGE UND DIE ÜBERZEUGUNGSBILDUNG

Die Trennung zwischen der Tat- und der Rechtsfrage gilt – zumindest der Theorie nach – auch im englischen Recht mit dem bezeichnenden Unterschied, dass es hier im Vergleich zum französischen Recht hinsichtlich der Überzeugungsbildung keine Lehre gibt, die zwischen der laienhaften und der gelehrten Überzeugungsbildung unterscheidet. Zwischen der Laien- und der Richterbank herrscht ein „moral consensus". Im englischen Schwurgerichtsverfahren entscheiden die Laien abschließend in ihrem Wahrspruch zwischen „schuldig" oder „nicht schuldig". Damit urteilen sie darüber, ob der Ankläger seine Anklage gegen den Beschuldigten im Sinne seiner Anklageschrift (indictment) bewiesen hat. Im Unterschied zum französischen Verfahren sind die Geschworenen in ihrer laienhaften Beweiswürdigung aber streng an gesetzliche Beweisregeln (sog. „law of evidence") gebunden.[1] Der Richter im englischen Schwurgerichtsverfahren nimmt eher die Rolle eines Schiedsrichters ein, der darüber wacht, ob die formalen bzw. prozessualen Regeln eingehalten werden. Er kann auch in bestimmten Fällen anhand sog. Relevanzkriterien gewisse Beweise zulassen oder ausschließen. Das heißt, dass mit der Zulassung oder dem Ausschluss von Beweisen der Fokus der Tatfrage durch ihn entsprechend erweitert oder verengt werden kann. Das „law of evidence" gibt ihm dafür die Instrumentarien an die Hand.

Im Gegensatz zu mathematischen Wissenschaften ist im rechtlichen Bereich der Erkenntnisvorgang des Richtenden nicht auf apodiktischer Gewissheit gegründet. Es waltet ein geringerer Grad an Gewissheit im Richtenden: dessen Überzeugung. In jeder Überzeugungsbildung herrscht ein gewisser Grad von Subjektivität vor, der immer vorhanden ist, da die Überzeugungsfindung auch auf seelischen Vorgängen beruht und nicht nur auf rein rational logischen Denkprozessen. In ihrem Buch „Über die Grundlagen des Strafpro-

---

[1] U. Westhoff, Über die Grundlagen des Strafprozesses mit besonderer Berücksichtigung des Beweisrechts, 1955, 100 ff.; Das „law of evidence" ist das „judge made law", W. Küper, Die Richteridee der Strafprozessordnung und ihre geschichtlichen Grundlagen, 1967, 176 f.

zesses mit besonderer Berücksichtigung des Beweisrechts“ untersucht Ursula Westhoff die Entwicklung des deutschen, französischen und angloamerikanischen Strafverfahrens und des Beweisrechts. Für Westhoff hängt „die Urteilsbildung [...] keineswegs nur von bewußten, durch Anwendung allgemeiner Denkgesetze zu kontrollierenden Faktoren ab, sondern wird auch von unbewußten Einflüssen gesteuert, die sich im allgemeinen einer Überprüfung entziehen“.[2] Der eigentliche Vorgang der Überzeugungsbildung „findet in Schichten statt, die ihren eigenen Gesetzmäßigkeiten folgen, die zwar sinnvoll, aber nicht rational logisch sein können“.[3] Die rationalen Erklärungen, mit denen das Ergebnis versehen wird, so Westhoff, sind meist Rechtfertigungen *ex post*.

Im angloamerikanischen Rechtskreis geben die strengen verfahrensrechtlichen Regeln der Überzeugungsbildung der urteilenden Geschworenen in gewisser Weise die Richtung vor. Der strenge Regulierungscharakter des angloamerikanischen Beweisrechts hängt offenbar mit Überlegungen zusammen, die die Intelligenz der Laien betreffen. So bezeichnet Westhoff in ihrer Kritik am englischen Beweisrecht die Beweisregeln als das „Korrektiv für die Laieneigenschaft der Geschworenen“.[4] Korrektiv meint, dass die Beweisregeln auch aus dem Bestreben geschaffen sind, der Jury nur solches Material zu unterbreiten, das von Personen mit durchschnittlicher Intelligenz gemeistert werden kann.[5] Überlegungen, die die Intelligenz der Laien betreffen, unterstellen hier in Verbindung mit Korrektiv, dass der „gemeine Verstand“ des Durchschnittsgeschworenen einer vorgegebenen Stütze bedarf, um zu folgerichtigen Ergebnissen zu gelangen.

Die Subjektivität der urteilenden Laien erscheint im englischen Schwurgerichtsverfahren durch seine strengen verfahrensrechtlichen Bahnen weitgehend zurückgedrängt. Denn die strikte Anwendung bestimmter Regeln, über deren Einhaltung der vorsitzende Richter wacht, nimmt Einfluss auf den Prozessverlauf und damit auch auf die Überzeugungsbildung der Geschworenen. Dabei wirkt das strenge verfahrensrechtliche Prozedere, in dem die Beweise bewertet, Zeugen angehört werden etc., einerseits wie eine vorweggenommene Begründung für das Ergebnis des Wahrspruchs und andererseits wie ein Beweis für die Richtigkeit der so gebildeten Überzeugung der Geschworenen. Dieses schrittweise regelgerechte Vorwärtsschreiten in den streng definierten Bahnen drängt aber die Freiheit im Wertungsprozess der Geschworenen zurück. Dies kann bewirken, dass den Urteilen dann abschließend ein

---

2 Westhoff, Grundlagen des Strafprozesses, 121.
3 Ebd., 172.
4 Ebd., 167.
5 Ebd., 168.

eher formeller als materieller Charakter zugeschrieben wird.[6] Zudem hat sich aufgrund der streng definierten Kommunikationsbahnen, in denen sich das Verfahren bewegt, die Kunst des taktischen Ausscherens bei den Anwälten herausgebildet. Was damit hinsichtlich der Überzeugungsbildung bewirkt werden kann, beschreibt Westhoff wie folgt:

> „Hat der Zeuge bereits seine Antwort auf die einer Beweisregel zuwiderlaufende Frage gegeben, so weist der Richter die Geschworenen in seinem 'ruling' an, bei der Bildung ihrer Überzeugung sich nicht von der eben entgegen der Regel vernommenen Aussage beeinflussen zu lassen. Eine Taktik geschickter Anwälte besteht darin, ihre Zeugen durch schnelle Fragen zu der nicht zulässigen Antwort zu veranlassen [...]. Die einmal gegebene Antwort wird in manchen Fällen ihren Einfluß auf die Überzeugungsbildung der Geschworenen trotz der gegenteiligen Anweisung des Richters nicht verfehlen“.[7]

Die vertiefte Beschäftigung deutscher Wissenschaftler mit dem angloamerikanischen Strafverfahren und seiner Gerichtsverfassung machte im Verlauf des 19. Jahrhunderts zunehmend klar, dass das englische und das deutsche Rechtsdenken nur begrenzt miteinander vergleichbar sind. So wurde die „empirische Lehre des Rechts durch Praktiker“, die die englische zunftmäßige Rechtslehre durch die Anwälte darstellt, mit dem Prädikat der unwissenschaftlichen Behandlung des Rechts versehen. Das kontinentaleuropäische Rechtsdenken baut auf der Systemrationalität im Recht auf.[8] Die anfängliche Begeisterung für die Urform des Geschworeneninstituts in der englischen Ausgestaltung begann zu schwinden, da man gewahr wurde, dass man in mangelnder Kenntnis englischen Rechts eher Idealvorstellungen nachhing. Somit schien das englische Strafverfahren bei der Suche nach der idealen Form der Laieneinbindung in die Rechtspflege nur begrenzt eine Vorlage für die deutschen Verhältnisse sein zu können. Diejenigen Gelehrten, die ihr Augenmerk auf Systemrationalität im Recht richteten, hatten mit Form und Aufbau des englischen Rechts ihre Probleme, da dieses vornehmlich durch

---

6 Westhoff, Grundlagen des Strafprozesses, 106 f.

7 Ebd., 104.

8 Vgl. aber F. L. Neumann: „Es gibt zwischen dem englischen und dem kontinentalen Recht keine strukturelle Differenz, keinen soziologisch relevanten Unterschied. Wenn es so etwas zu geben scheint, dann nur in dem sekundären Sinn, daß etwa das deutsche Recht weit weniger rigide ist als das englische. Die größere Bewegungsfreiheit im kontinentalen Recht entspringt aus der Tatsache, daß es kodifiziert ist. Umgekehrt entspringt die stärkere Rigidität des englischen Rechts aus seinem pragmatischen und induktiven Charakter“, Die Herrschaft des Gesetzes, 1936, 291 f.

Gerichtsentscheidungen (Präzedenzverfahren) gestaltet wird.[9] So schrieb Christian Köstlin im Jahr 1849:

> „So vortheilhaft für die Entstehung des Geschwornengerichts das Gleichgewicht der verschiedenen politischen Mächte war, ebensosehr diente es dazu, die systematische Weiterbildung des englischen Strafverfahrens zu hindern: Wie die politische Verfassung von England ein Aggregat verschiedener Bestandtheile ist, die auf theilweise einander widersprechenden Prinzipien beruhen, so findet sich auch in dem englischen Strafverfahren Verschiedenes nebeneinander, was sich im Grundsatz widerstreitet. Das Ganze ist kein systematisch gegliederter, einheitlicher Organismus, sondern eine Zusammensetzung aus verschiedenen Prinzipien, die sich gegenseitig im Schach halten".[10]

Die anfängliche Begeisterung in Deutschland für die Geschworenengerichte hatte sich hingegen auf geistig-kulturelle Ideale bezogen, die man auf die Geschworenen als die in ihrer Urteilsfindung freien Individuen projiziert hatte.[11] Die Freiheit, bei der Bewertung des Sachverhalts *ohne* einengende Beweisregeln dem „gemeinen Menschenverstand" oder dem Gewissen folgen zu dürfen, das gerade machte im Verständnis der deutschen Jurybefürworter die Besonderheit des Schwurgerichts aus.

Bei den folgenden Ausführungen zum englischen Recht und zur englischen Jury, mit deren Erforschung man im Verlauf des 19. Jahrhunderts in Deutschland begonnen hatte, und mit der man sich gleichzeitig vom französischen Rechtsdenken immer weiter entfernte, möchte ich mich auf zwei US-amerikanische Autoren konzentrieren, deren Aufsätze in einem Sammelband „The Trial Jury in England, France, Germany 1700-1900" innerhalb der „Comparative Studies in Continental and Anglo-American Legal History" erschienen sind.[12]

---

9 So entsteht ein juristischer Denkprozess, den der US-amerikanische Jurist Edward Lewi als „reasoning from case to case" beschrieben hat, Coing, Grundzüge der Rechtsphilosophie, 1969, 308.

10 Köstlin, Das Geschwornengericht für Nicht-Juristen, 1849, 19 f.; vgl. aber Oehler, der solche Aussagen nur für die „Uranfänge" der englischen Jury gelten lassen will, „[daß] dagegen mit ihrer heutigen Organisation für uns nichts anzufangen sei, ist eine kühne Behauptung, die man nicht aufstellen sollte...", Schwurgerichte und Schöffengerichte, 1896, 73.

11 „Die Entscheidung der Schöffen [Geschworenen] soll das Ergebnis ihrer eigenen und freien Ueberzeugung sein. Aller Einwirkung auf sie muß daher, so viel es geschehen kann, vorgebeugt werden", Leue, Deutsches Schöffengericht, 141.

12 John H. Langbein, The English Criminal Trial Jury on the Eve of the French Revolution, 13-39, und Thomas A. Green, The English Criminal Trial Jury and the Law-Finding Traditions on the Eve of the French Revolution, 41-73, beide Aufsätze in: Schioppa (Hg.), The Trial Jury in England, France, Germany 1700-1900; s. Rez. des

## 2. DIE ENGLISCHEN LEHRMEINUNGEN ZUR STELLUNG DER LAIEN IM GERICHT IM AUSGEHENDEN 18. JAHRHUNDERT

Die Ursprünge des englischen Schwurgerichtsverfahrens liegen im fränkischen Recht. Diese Verfahrensform wurde von den Normannen weiterentwickelt und von den Engländern zu dem Institut gemacht, das man heute unter „Jury" versteht.[13] Im englischen Schwurgerichtsverfahren herrscht zwischen der Richterbank und der Geschworenenbank (Jury) Arbeitsteilung. Die Geschworenen fällen den Wahrspruch. Sie plädieren damit für „schuldig" oder „nicht schuldig": Damit urteilen sie über die Schuld oder Unschuld des Angeklagten im Sinne der Anklageschrift. Die Entscheidung der Geschworenen fußt – zumindest der Theorie nach – auf der Bewertung des Sachverhaltes (assessment of fact).[14] Dabei soll der Wahrspruch ein durch die richterliche Rechtsbelehrung (ruling) angeleiteter[15] Ausspruch der rechtlichen Würdigung des Sachverhalts sein und nicht Ausdruck eines subjektiven Rechts- und Gerechtigkeitsempfindens. Der Richter urteilt über die Rechtsfrage, das heißt über die aus dem Schuldspruch sich ergebende Strafzumessung, die von ihm in seinem Strafurteil festgesetzt wird:

> "Although the jury would necessarily have to apply the law, it was not supposed that the jury would decide what the law was. Rather, the jurors were to apply the law handed down by the bench".[16]

In England wurden seit der Mitte des 14. Jahrhunderts alle Zeugen vor den Geschworenen gehört. Auch oblag es den Geschworenen damals, die vor ihnen abgelegten Beweise zu würdigen. Damit spielte sich das gesamte Beweisverfahren vor ihnen ab. In diesem frühen Existenzstadium wurde deutlich, dass die Geschworenen durch die Würdigung der Beweise eine enorme

---

Sammelbandes: J. Rückert, in: Ius Commune, Zeitschrift für Europäische Rechtsgeschichte, XIX, 1992, 471-473.

13 *Über den Ursprung der Geschworenengerichte*: H. Brunner, Die Entstehung der Schwurgerichte, 1872.

14 „Judges respond to questions of law; jurors respond to questions of fact. That, in theory, had always been the case", Green, English Criminal Trial Jury, 42.

15 Bevor die Geschworenen ihren Wahrspruch fällen, erfolgt zuerst das „summing up" („charge") des Richters. Er fasst den Tatbestand unter Anwendung der gesetzlichen Beweisregeln zusammen. Hier entwickelt er den Fall, wie er sich aufgrund des Beweismaterials im Hinblick auf die rechtliche Subsumtion darstellt. Diese Rechtsbelehrung kann den Charakter einer kategorischen Anweisung annehmen, s. Westhoff, Grundlagen des Strafprozesses, 104 f.

16 Green, English Criminal Trial Jury, 42.

rechtliche Verfügungsgewalt besaßen. Sie konnten faktisch durch entsprechende Würdigung der Beweise Einfluss auf die Strafzumessung nehmen. Die Geschworenen übten damit eine wesentliche richterliche Funktion aus und genossen eine originäre strafrechtsgestaltende Kraft:

> "...the English adopted a system of community-based fact-finding to serve as a method of proof. [...] The trial jury, which was initially self-informing and thus free to decide what constituted evidence, was able to impose its own concepts of liability and just deserts upon the administration of the criminal law".[17]

Diese quasi-persönliche Ermessensfreiheit in der Beweiswürdigung durch die Geschworenen wurde im 15. und 16. Jahrhundert durch amtlich bestellte Friedensrichter beschnitten. Die dem Gericht vorzulegenden Beweise wurden nun von ihnen eingeholt. Die eingeholten Beweise bestimmten die Formulierung der Anklageschrift gegen den Beschuldigten.[18] Zur Zeit der Glorreichen Revolution 1688 besannen sich englische Patrioten auf ihren angelsächsischen Freiheitswillen. Sie opponierten gegen die ehemals normannische Eroberung und die damit einhergegangene Romanisierung des Gerichtswesens. Diese Rückbesinnung auf den angelsächsischen Freiheitswillen schuf den Nährboden, auf dem später die radikale Theorie von der „Allmacht der Jury“ gedeihen sollte. Diese Theorie sollte im 19. Jahrhundert auch im kontinentalen Europa Fuß fassen („omnipotence du jury“).[19] Der Huldigung der Legende vom angelsächsischen Ursprung des Geschworeneninstituts tat das Faktum, dass die Jury ursprünglich kein angelsächsisches Institut gewesen ist, keinen Abbruch.[20] Die Theorie von der „Allmacht der Jury“ entzündete sich im 18. Jahrhundert an der innenpolitischen Krise um die staatsgefährdenden Flugschriften (seditious libel). In der Praxis konnte aber vorerst von einer Allmacht der Jury keine Rede sein. Die Gerichte konnten bis ins 17. Jahrhundert hinein bei einer nachweislich zu moderaten Haltung der Jury gegenüber dem Beschuldigten oder in Fällen von ungerechtfertigten Freisprüchen den Geschworenen empfindliche Geldstrafen auferlegen.

Hinsichtlich der verfahrensrechtlichen Rolle der Geschworenen herrschte im 18. Jahrhundert keineswegs eine einvernehmliche Einschätzung. Es gab mehrere unterschiedliche Lehrmeinungen:

---

17 Green, English Criminal Trial Jury, 44; Über die frühmittelalterliche „jury of presentment“: s. Langbein, English Criminal Trial Jury, 22 f.

18 Green, English Criminal Trial Jury, 44.

19 S.o. Kap. II.5. dieser Arbeit.

20 Westhoff, Grundlagen des Strafprozesses, 95.

a) Nach der herrschenden Meinung sollte die Jury den Sachverhalt anhand der richterlichen Belehrung rechtlich würdigen. Diese Rechtsbelehrung besaß einen obligatorischen Charakter:

> "...the jury was supposed to find fact and render a verdict that reflected its assessment of fact and its application of the law, as that law was set forth by the bench".[21]

b) Dann gab es Fraktionen, die der Jury erlaubten, die aus dem Wahrspruch resultierende Strafzumessung zum Vorteil des Beschuldigten zu berücksichtigen. Damit konnte die Jury die gesetzlich festgelegte Strafe abmildern:

> "...the jury was widely viewed as having the right to adjust its verdict to take account of the harsh law of sactions...".[22]

Diese Sanktionsabmilderungspraxis der Geschworenen wurde später von Blackstone „pious perjury" *(frommer Meineid)* genannt.[23]

c) Besonders die Verhandlungen von politischen Fällen führten aber zu radikalen Vorstellungen, die Jury habe grundsätzlich das Recht, Gesetzanwendungen, die sie als ungerecht empfindet, aufzuheben:

> "...episodically (but significantly) political dissidents invoked the more radical notion of the jury's right to nullify unjust laws, especially in cases involving prosecution for a political offense".[24]

Diese letztgenannte Auffassung sollte sich im 18. Jahrhundert kurzzeitig etablieren können.[25]

## 3. DIE „ALLMACHT DER JURY" UND DIE POLITISCHE KRISE UM DIE STAATSGEFÄHRDENDEN FLUGSCHRIFTEN

Nach Ansicht von Thomas Green solle die Tatsache, dass Geschworene oftmals durch ihren Wahrspruch das Strafurteil der Richterbank maßgeblich beeinflusst haben, nicht dahingehend interpretiert werden, dass sich damit nun ein neuer, der Richterbank übergeordneter Entscheidungskörper im engli-

---

21 Green, English Criminal Trial Jury, 48.
22 Ebd., 48 f.
23 Langbein, English Criminal Trial Jury, 37.
24 Green, English Criminal Trial Jury, 49.
25 Ebd., 49.

schen Strafprozess ausbildete, der nur nach persönlichem Rechtsempfinden – nach eigenen „legal standards" – urteilte:

> "Trials moved swiftly; deliberation was brief und disagreement was infrequent. Objectively, to talk of jury discretion [...] it is not to talk of an open-ended process wherein jurors created their own legal standards without significant constraints. Nor is it to talk of a legal system that was truly ad hoc, uncertain, or unpredictable. Objectively, jury-based discretion occurred within a highly managed and routine processing of cases that left room for few surprises".[26]

Denn zwischen der Richterbank und der Jury herrschte Einvernehmen – ein „*moral consensus*" –, der sich insbesondere bei der Akzeptanz der Strafzumessung bei Kapitalverbrechen wie Mord und Raub aufzeigen lasse: Denn bei Mord und Raub schien die Jury von der Möglichkeit, durch einen entsprechenden Wahrspruch die festgesetzten Sanktionen abzumildern, keinen Gebrauch machen zu wollen.[27] Dieser „moral consensus", der die Funktionstüchtigkeit des Geschworeneninstituts gewährleistete,[28] resultierte zum einen aus der Verinnerlichung der richterlichen Rechtsbelehrungen bei den Juroren. Zum anderen zeigte sich aber ebenso eine Anpassung der Richter an die Ansichten bzw. Einstellungen (attitudes) der Geschworenen:

> "...authorities accommodated their views to a substantial degree to the attitudes reflected in jury-based mitigation of the law".[29]

So ging das Rechtsempfinden der Juroren in den meisten Fällen mit der Richterbank konform.[30] Dieser „moral consensus" war aber empfindlich gestört, wenn Einschätzungen geäußert wurden, die Geschworenen entschieden selbständig und eigenverantwortlich über die gesetzliche Strafzumessung. Diese Vorstellung schien sich vor allem bei den außenstehenden Beobachtern dieses Strafverfahrens manifestiert zu haben.[31] Grundsätzlich hatte der vorsitzende Richter verfahrensrechtliche Möglichkeiten, die Jury zu dem strafrechtlichen Ergebnis hinzuführen, das er einer strafbaren Handlung für an-

---

26 Green, English Criminal Trial Jury, 50.

27 So konnte zum Beispiel ein Wahrspruch der Jury lauten: „not guilty of burglary, but guilty of the theft", denn auf „burglary" stand die Todesstrafe, Langbein, English Criminal Trial Jury, 37.

28 So wurden in Londons Strafjury „Old Bailey", die im Jahr 8-mal zusammenkam, in wenigen Tagen bis zu 100 Fälle abgeurteilt; *zur Funktionstüchtigkeit und Schnelligkeit englischer Schwurgerichtsverfahren im 18. Jahrhundert*: s. Langbein, English Criminal Trial Jury, 27.

29 Green, English Criminal Trial Jury, 50.

30 Ebd., 50.

31 Ebd., 50 f.

gemessen erachtete.[32] In dem richterlichen Selbstverständnis hatte somit die Vorstellung, die Jury könne die gesetzliche Strafzumessung eigenverantwortlich durch einen entsprechenden Wahrspruch beeinflussen, keinen Platz.[33] Dafür gewann gerade diese Vorstellung von der selbständigen und eigenverantwortlichen rechtlichen Ermessenstätigkeit der Jury bei den außenstehenden Beobachtern nun zunehmend an Gewicht.[34] Dies kann durch zeitgenössische Äußerungen belegt werden, die in den sogenannten Londoner „Old Bailey Sessions Papers" überliefert sind. John H. Langbein bezieht sich in seinem Aufsatz über die englische Kriminaljury des ausgehenden 18. Jahrhunderts auf diese „Papers".[35] Während des 18. Jahrhunderts saßen den Verhandlungen „shorthand reporters" bei, die den Verhandlungsverlauf stenographierten. Diese „Old Bailey Sessions Papers" (OBSP) wurden anschließend gedruckt und auf den Straßen Londons an das interessierte Lesepublikum verkauft. Unbestritten besitzt diese populäre Literatur als historische Quelle keine authentische Qualität, dennoch ist sie nicht gänzlich fiktionalisiert. Es ist in diesem Zusammenhang interessant, dass Langbein damit die Green'sche These von dem „highly managed and routine processing of cases"[36] in Bezug auf die Londoner Strafverfahren, die in den OBSP dokumentiert sind, stark relativiert. Langbein schreibt:

> "In theory, the jury decided guilt and the judge decided sentence. In practice, the jury had more discretion in sentencing than the judge. By modern standards, the English trial judge of the later eighteenth century had very little explicit discretion in sentencing".[37]

Die Jury erschien als ein quasi-autonomer Entscheidungskörper mit strafrechtsgestaltender Kraft, den die Richterbank im Prinzip nur tolerieren – aber keineswegs dominieren – konnte. So war sowohl für englische als auch für ausländische Beobachter die Jury kein Apparat, dessen Aufgabe nur darin bestand, reine Fakten anhand des „ruling" des Richters zu bewerten:

> "...the jury was often identified as a discretionary body, not as a pure fact-finder or as a mitigator of the law that was a mere extension of the bench".[38]

---

32 Bis hin zur Wiederholung der Verhandlung vor einer neuen Jury.
33 Green, English Criminal Trial Jury, 49.
34 Ebd., 49.
35 Langbein, English Criminal Trial Jury, 19.
36 Green, s.o. A. 26.
37 Langbein, English Criminal Trial Jury, 36.
38 Green, English Criminal Trial Jury, 52.

Zur Zeit der Französischen Revolution entbrannte in England Streit über die sachliche Zuständigkeit der Laiengeschworenen in politischen Fällen. Ausgelöst wurde der Streit durch die rechtliche Würdigung der „seditious libel", der staatsgefährdenden Flugschriften.[39] Nach der Fox'schen Flugschriften-Verordnung von 1792 wurde die Jury in die Lage versetzt, über die gesamte strittige Rechtsfrage („the whole matter of issue") zu befinden.[40] Interessanterweise war die Fox'sche Flugschriften-Verordnung auch in Deutschland bekannt. Deren Auswirkungen auf den erweiterten Befugnisraum der Laiengeschworenen war auch Thema in der Rede über die Geschworenengerichte des Historikers Friedrich Christoph Dahlmann auf der Frankfurter Germanistenversammlung im Jahre 1846:

> „Aber in Beziehung auf einen hochwichtigen Gegenstand der Freiheit, die Preßfreiheit, hat ja bekanntlich erst die Bill, welche der volksfreundliche Fox durchsetzte, das was den Geschwornengerichten zukommt, fest begründet; denn bis dahin beschränkte sich das Urtheil der Geschwornen in Preßsachen bloß darauf, ob eine als Libell denuncirte Schrift denn auch wirklich von dem Beklagten veröffentlicht sei, wogegen Fox den Geschwornen das volle Recht der Entscheidung über die Frage verschaffte, ob die Schrift auch wirklich ein Libell, mithin strafbar sei".[41]

Noch in der Paulskirche thematisierte Carl Joseph Anton Mittermaier diesen Punkt. Dass es sehr darauf ankommt, wie die Frage an die Laiengeschworenen formuliert ist, betonte er in Bezug auf Pressvergehen.[42] Nach der allge-

---

39 Gustav C. N. Rintel definierte „libel" in seinem Buch „Von der Jury" von 1844 folgendermaßen: „Was zuerst den Begriff des Libells betrifft, so ist der Gerichtsgebrauch und das Statutarrecht darin einig, daß Libell jede Publikation zu nennen ist, welche entweder Grundsätze zu verbreiten sucht, welche der allgemeinen Sittlichkeit und der Staatsverfassung entgegen sind, oder in welcher die geheiligte Person des Königs und die großen Körperschaften des Reiches angegriffen werden, oder in welcher öffentliche Handlungen öffentlicher Personen in lügenhafter Weise entstellt werden, oder in welcher Urtheile über das [sic] und Thatsachen aus dem Privatleben einer Person in boshafter Absicht oder um Scandal zu erregen vorgetragen werden, dieselben mögen falsch oder wahr sein", 146.

40 Green, English Criminal Trial Jury, 71.

41 Dahlmann, Rede über Geschwornengerichte am 25. September 1846 auf der Versammlung der Germanisten in Frankfurt (Kleine Schriften und Reden, 1886), 368.

42 Denn die deutschen Pressgesetze enthalten im Vergleich zu den englischen einen Fehler: In Deutschland seien die Laiengeschworenen bei der Bewertung von Pressvergehen lediglich „Richter der That", wohingegen in England diese auch „Richter des Rechts" seien. Denn es macht einen Unterschied ob man (wie in Deutschland) fragt: „Ist der Angeklagte schuldig, den und den Artikel verfaßt, oder ist er schuldig, ihn verbreitet zu haben?" Oder ob man (wie in England) fragt: „Ist der Angeklagte des Preßvergehens durch die Verfassung und Verbreitung des Artikels schuldig?", F. Wi-

meinen Einführung der Schwurgerichte in Deutschland kann man sagen, dass die Fragestellung an die Geschworenen Dreh- und Angelpunkt des gesamten schwurgerichtlichen Verfahrens war. Es entbrannte eine lebhafte Diskussion um die beste Art der Fragestellung, die in das 20. Jahrhundert hineinreichte.[43]

In England wurden also die Fragen nach der „kriminellen Absicht“ oder nach der „Staatsgefährdung“, die streng genommen in den Befugnisraum der Richterbank fielen, nun zu Tatfragen, die von der Jury entschieden wurden.[44] Man ging zwar davon aus, dass die Jury in der Bewertung dieser „Tatfragen“ wieder dem richterlichen „ruling“ folgen würde. Praktisch wurde damit der Spielraum der Ermessenstätigkeit der Juroren vergrößert, da sie mit der Bewertung dieser „Tatfragen“ über die Strafwürdigkeit der Handlung insgesamt befinden konnten.[45] Manche englische Autoren rieten den Geschworenen bei ihrer Entscheidung, ob eine Druckschrift staatsgefährdend sei, sich nur auf die Wahrheit, die Fakten und ihren „common sense“ zu beziehen.[46]

Jetzt fokussierten Gelehrte und Popularwissenschaftler auch auf die politische Funktion des Geschworeneninstituts als einer parlamentarischen Institution in der Gerichtsverfassung.[47] Die radikalste Konzeption ging – wie oben bereits ausgeführt – von der freien und unabhängigen Ermessenstätigkeit der Geschworenen aus. Danach hatte die Jury zu prüfen, ob bestimmte Fakten rechtliche Konsequenzen nach sich ziehen, aber so, wie es die Jury nach ihrem subjektiven Rechtsempfinden ansah, auch wenn sie damit die richterlichen Instruktionen des „ruling“ aufhob. In einem Auszug aus „The Political Register“ von 1771 hieß es:

---

gard, Stenographischer Bericht über die Verhandlungen der deutschen constituirenden Nationalversammlung zu Frankfurt am Main, 62. Sitzung, 18.8.1848, 1610.

43 *Zu den Hauptstreitpunkten und Lösungsversuchen in Bezug auf die Fragestellung*: G. Hadding, Schwurgerichte in Deutschland. Der Schwurgerichtsgedanke seit 1848, 1974, 54 ff.; auch J. P. Giessler, Die Kontrollfrage im schwurgerichtlichen Verfahren, ihre Entwicklung und Bedeutung, jur. Diss. Giessen 1923.

44 Auch in Deutschland fiel im 19. Jahrhundert in die sachliche Zuständigkeit der Laiengeschworenen die Bewertung der sog. „absichtlichen Verbreitung aufreizender Schriften“ oder der „absichtlichen Verbreitung einer falschen für den Staat nachtheiligen oder die öffentliche Sicherheit beunruhigenden Nachricht“, s. G. W. Burckhard, Aus der Praxis deutscher Geschworenengerichte, 1849, Vorwort.

45 Green, English Criminal Trial Jury, 64, auch 53 A. 43.

46 Ebd., 59.

47 Ebd., 60 f.

> "The judges may advise, and if their arguments convince a jury, the jury is conscience bound to find as they advise; but it is the finding of the jury which is the determination and interpretation of the law".[48]

Als Fazit lässt sich festhalten, dass bedingt durch die zunehmende Ausdifferenzierung der Arbeitsprozesse innerhalb des englischen Strafverfahrens die faktische Macht der Juroren über die Beweisaufnahme schon lange erloschen war. Dennoch hat diese historische Entwicklung den Mythos nicht ausmerzen können, dass der Geschworene nach seinem subjektiven Rechtsempfinden das Recht anwendet. Es ist unbestritten, dass die Entscheidung der englischen Juroren immer stark von der Zuweisung der Strafe abhing. So gab es zahlreiche Fälle in der Geschichte der englischen Schwurgerichtspraxis, in denen die Jury das Strafurteil durch einen entsprechenden Wahrspruch abgemildert hatte. Diese Abmilderungspraxis der Jury ist verantwortlich für die Vorstellung vieler außenstehender Jurybefürworter, dass die Jury im Strafverfahren dominierte.

### 4. DAS ENGLISCHE BEWEISRECHT UND DER „MORAL CONSENSUS“ – „COMMON SENSE“ ALS ERKENNTNISQUELLE FÜR DIE URTEILSFINDUNG

Wenn man sich über die Bedeutung der Laiengerichtsbarkeit im englischen Strafverfahren im Klaren werden will, kommt man um die Bedeutung des englischen Beweisrechts nicht herum. Für Langbein ist die Einführung der Jury in den kontinentaleuropäischen Gerichtsverfassungen aus dem Wegfall der positiven Beweisregeln zu erklären. Die Juroren kompensierten die positiven Beweisregeln der alten Strafprozesse. Grundsätzlich erfordere ein Strafverfahren, das von Laien getragen wird, die moralische oder vernunftgemäße Überzeugung aller Beteiligten. Diese Vorstellung ist in England historisch gewachsen:

> "...conviction required the moral persuasion of the trier (*conviction intime, freie Beweiswürdigung*). This conception of proof had been in effect in England for centuries as a natural result of the use of jury trial. Moral persuasion was the only workable standard of proof in a system of lay adjudication".[49]

Dieses Zitat aus Langbeins Aufsatz ist von besonderem Interesse aufgrund seiner Verwendung des Begriffes „moral persuasion“ und dessen Funktionsbestimmung als den *only workable standard of proof.* Im Englischen kann

---

[48] „The Political Register“ (Bd. 9, Nr. 51, Oktober 1771, 189), aus Green, English Criminal Trial Jury, 65 A. 102.

[49] Langbein, English Criminal Trial Jury, 33.

mit „moral“ sowohl die moralische als auch die vernunftgemäße Überzeugung gemeint sein. Helga Albersmeyer-Bingen schreibt in ihrer Arbeit über Common Sense, dass es für den englischen Sprachgebrauch des 18. Jahrhunderts kennzeichnend ist, dass „moral“ nicht nur Sittlichkeit, sondern auch Intellektualität bezeichnete, und zur Konstitution des Menschen als Vernunftwesen gehörte.[50] In Anbetracht des strengen Regulierungscharakters der Beweisregeln im englischen Strafverfahren und den Auswirkungen auf die Denk- und Wertungsprozesse des Urteilenden, meint „moral“ hier in erster Linie eine Überzeugung oder Einsicht, die rational nachvollziehbar ist. Nachvollziehbar ist sie aber nur, wenn sich der Denkprozess des Individuums konsequent an gewissen Regularien orientiert. Dieser so angeleitete Denkprozess führt dann folgerichtig zu eben den „vernünftigen“ Einsichten. Vernünftigkeit meint hier also die Folgerichtigkeit des Ergebnisses. Diese vernünftigen Einsichten konstituieren den „moral consensus“ zwischen der Richterbank und der Jury. Über die materielle Richtigkeit oder Wahrheit ist damit erst mal nichts ausgesagt.

Nach der französischen Lehre von der „intime conviction“ hingegen basierte das Urteil der Geschworenen durch den Wegfall positiver Beweisregeln auf der „intime conviction“, die als eine höchstpersönliche Gewissensbekundung verstanden wurde. Das Prozessrecht verpflichtete die Juroren bei der Bewertung der Tatfragen sich einzig auf ihren persönlichen Eindruck („intime conviction“) zu beziehen, in dem sich auch seelische Vorgänge manifestiert haben konnten, die sich rational logischen Erklärungen entziehen.

Die Einschätzung der freien Beweiswürdigung durch Laiengeschworene hatte sich in Deutschland nicht an der Lehre von der „intime conviction“ orientiert. Durch die Ermessensfreiheit in der Entscheidung der Schuldfrage, die den Laiengeschworenen eingeräumt wurde, wurde aber eine Diskussion über die grundsätzliche Frage angefacht, welchen Einfluss das subjektive Moment auf die Überzeugungsbildung des Urteilenden nehmen dürfe. Eingebettet waren diese Überlegungen in das Problem, was die Gewissheit von der Richtigkeit des rechtlichen Urteils verbürgt. Als das Vertrauen in objektivierte Wertungsmaßstäbe (positive Beweisregeln des alten Strafprozesses) geschwunden war, war man sich noch zu Beginn des 19. Jahrhunderts sicher, dass allein die subjektive Überzeugung der einzige richtigkeitsverbürgende Wegweiser auf dem Weg zur Gewissheit und Wahrheit sein könne. Diese optimistische Einschätzung hatte sich aber nicht lange halten können.

---

50 Albersmeyer-Bingen, Common Sense, 80; auch C. F. Weiser, Shaftesbury und das deutsche Geistesleben, 111.

In England setzte in der zweiten Hälfte des 18. Jahrhunderts eine quantitative Vermehrung der Beweisregeln an. Die Forschung konstatiert, dass die Ursachen dafür noch im Dunkeln liegen.[51] Es ist aber anzunehmen, dass die Vermehrung der Beweisregeln in England auch mit der sog. „seditious libel crisis“ zusammenhängt, da hier die erweiterte Urteilsbefugnis der Geschworenen Platz für subjektive Überzeugungen bot. Die besondere Bedeutung des englischen Beweisrechts liegt in dem Ausschluss und der Zulassung bestimmter Beweismittel im Verfahren.[52] Der Ausschluss oder die Zulassung der Beweismittel obliegt dem vorsitzenden Richter, der damit die den Beweisen innewohnende Beweiskraft anhand bestimmter Regeln, den sog. Relevanzregeln, prüft.[53] Indem der Richter so verfährt, unternimmt er – so Westhoff – nach eigenem Ermessen eine vorweggenommene Abschätzung des dem angebotenen Beweismaterials innewohnenden Beweiswertes, die aber erst *nach* Abschluss der Beweisaufnahme vorgenommen werden dürfte.[54] Die Beweisregeln des „common law“ fungieren in den Händen des Richters wie ein Instrument, mit dem der Entscheidungsbereich der Geschworenen auf bestimmte Punkte *eingeengt* werden kann. Dies war den deutschen Gelehrten schon im 19. Jahrhundert bewusst:

> „Schon während der Verhandlung, welche vornämlich von der Parthieen [sic] und ihren Rechtsbeiständen auf den Grund einer mit fast allzu pedantischer Genauigkeit abgefaßten Anklageakte geführt wird, jedenfalls aber auf den doppelten Zweck berechnet ist, die Geschwornen möglichst allseitig über den Sachverhalt aufzuklären und doch zugleich ihr Auffassungsvermögen nicht in Verwirrung zu bringen, demselben vielmehr stets die bestimmtesten Anhaltspunkte zu geben, – schon während der Verhandlung leitet der Richter das Beweisverfahren in der Weise, daß er über die Zuläßigkeit der vorgebrachten Beweismittel entscheidet…“.[55]

Damit ist die Vorstellung eines „moral consensus“ aller zwar nicht aufgehoben, aber dieser „moral consensus“ bezieht sich eben nicht auf die gesamte Sache, wie man vermuten könnte, sondern nur auf spezielle juristische Punkte.[56] Westhoff hatte in ihrer Kritik am englischen Beweisrecht die Be-

---

51 Langbein, English Criminal Trial Jury, 33.

52 Ebd., 33.

53 Westhoff, Grundlagen des Strafprozesses, 150.

54 Ebd., 152.

55 Köstlin, Das Geschwornengericht für Nicht-Juristen, 1849, 43.

56 So spricht Green von einem "moral consensus between judge and jury concerning *just deserts* [Herv. d. Verf.] in common-run felonies...", English Criminal Trial Jury, 50; Fikentscher: „Liegen Beweisregeln im einzelnen fest, dann kann, im Unterschied zum Grundsatz der freien Beweiswürdigung, der Richter in der Tat das Kollegium der nicht-juristischen Richter in der jury besser dahin instruieren, auf welche Tatsachen es

weisregeln als das „Korrektiv für die Laieneigenschaft der Geschworenen“ bezeichnet.[57] Korrektiv meint zum einen eine Hilfestellung für folgerichtiges Denken der Jury, die sich aus Personen mit durchschnittlicher Intelligenz[58] rekrutiert:

> „Die Tatsache, daß auch heute noch in den Fällen, in denen das Gericht ohne Jury entscheidet – z.B. bei der Strafzumessung –, Umstände Berücksichtigung finden, die nach dem strengen Beweisrecht nicht zulässig sein dürften, bestätigt die Annahme, daß das Beweisrecht für die Geschworenen geschaffen wurde“.[59]

Korrektiv könnte aber zum anderen auch eine *Abschottung gegenüber dem Rechtsempfinden der Laien* bedeuten, da durch die Anhäufung von verbindlichen Regeln eine Autonomie des gelehrten Richters in Teilen seiner Arbeitsbeziehung gegenüber dem empirisch realen „Volk“ hergestellt und aufrechterhalten werden kann, selbst in einem Juryverfahren, das maßgeblich durch Laien getragen wird.

Nach Ansicht von Green lasse sich zusammenfassend festhalten, dass zwischen der Jury und dem Richter ein stillschweigendes, wechselseitiges Verstehen und freundliches Akzeptieren der gegenseitigen Ansichten (attitudes) bezüglich der Strafwürdigkeit des Angeklagten und der sich daraus ergebenden Strafzumessung waltete.[60] Mit diesem „moral consensus“ setzt also Green eine Übereinstimmung in dem Räsonnement zwischen Juristen und Nichtjuristen voraus. Das bedeutet dann aber, dass die rechtliche Entscheidung auch auf übereinstimmenden Werturteilen und ähnlichen Ansichten basiert, die über eine reine „Gesetzesauslegung“ hinausgehen. In seinem Buch

---

ankommt. Dann können sich auch die Anwälte auf die jury besser einstellen. Die objektive Wahrheit mag darunter leiden. Wiederum steht, nunmehr im Bereich der Wahrheit [...] das methodischen Anliegen vor dem philosophischen. Sowie im Bereich des materiellen Rechts das englische Recht überwiegend methodisch interessiert ist, und nicht so sehr unmittelbar, ohne mitgedachte Grenzen, unumwunden und naiv wie das kontinentale nach materialer Gerechtigkeit um jeden Preis fragt, gelten im Bereich der Wahrheit, also bei den Tatsachen, methodisch fixierte Regeln, die den 'direkten Zugriff auf die wahren Tatsachen', wie sie der Grundsatz der freien Beweiswürdigung impliziert, mit allerlei Kautelen verbauen“, Methoden des Rechts in vergleichender Darstellung, Bd. II, 72 f.

57 Westhoff, Grundlagen des Strafprozesses, 167.

58 Green beschreibt den Durchschnittsgeschworenen des 18. Jahrhunderts hinsichtlich des sozialen und intellektuellen Status als einen Mann des „lower middling“, English Criminal Trial Jury, 50.

59 Westhoff, Grundlagen des Strafprozesses, 168; anders Fikentscher, Methoden des Rechts in vergleichender Darstellung, Bd. II, 71.

60 Green, English Criminal Trial Jury, 50.

„The Judicial Decision, Toward a Theory of Legal Justification“ von 1961 konstatiert Richard A. Wasserstrom:

> "For it is one of the curious features of Anglo-American case law that regardless of the way in which a given decision is actually reached, the judge apparently feels it necessary to make it appear that the decision was dictated by prior rules applied in accordance with canons of formal logic".[61]

Davon ausgehend könnte man folgern, dass sich der „moral consensus“ auf die Urteils*findung* bezieht, aber hinsichtlich der juristischen Rechtfertigung des Urteils, das Finden des Urteils nochmals auf formal-logischem Weg nachgezeichnet wird, um den rationalen Charakter der Entscheidung nachzuweisen. Was bedeutet nun der „moral consensus“ im Juryverfahren in Bezug auf die Rechtsfortbildung im angloamerikanischen Rechtskreis? Was die Rechtspraktiker an der Jury (gerade in Zivilsachen) schätzen, ist nach Einschätzung des Soziologen Max Weber,

> „....daß sie auch gewisse konkrete Rechtsfragen entscheidet, *ohne* daß daraus aber im künftigen Urteile in anderen Sachen bindendes 'Präjudiz' entsteht, also der irrationale Charakter ihrer Entscheidungen über *Rechts*fragen“.[62]

Das heißt also, dass durch den formalen Rechtsgang die ohnehin praktisch geltenden Regeln einer Gesellschaft, die auf Gepflogenheiten, ähnlichen Ansichten oder der Sitte beruhen, durch den Richter die Weihe von „rechtlich 'geltenden' Normen“ erhalten, wenn diese im Wahrspruch enthaltenden Bestandteilen durch den Richter zu rechtlichen Prinzipien erhoben werden:

---

61 R. A. Wasserstrom, The Judicial Decision. Toward a Theory of Legal Justification, 1961, 16 f.

62 Weber, Wirtschaft und Gesellschaft, 1922, 403; zum Problem der richterlichen Bindung in England durch das Präzedenzverfahren: Offensichtlich handelt es sich hierbei um ein höchst diffiziles Problem, weil einerseits das Präzedenzverfahren kontinuierlich angewandt wird, aber andererseits der Richter nicht absolut gebunden ist an irgendeine gerichtliche Entscheidung eines anderen Gerichtshofes, s. Neumann, Die Herrschaft des Gesetzes, 284 f.; auch Wasserstrom: "Another theory [...] can be found in a more recent book on English law, Law in the Making, by C. K. Allen. The discussion, much abbreviated, runs at follows: A judge cannot reject a principle that has been determined by the highest court of the jurisdiction simply because the judge does not regard the principle as being in accordance with the dictates of justice and convenience. But there 'are certain cardinal rules of English law which are more important than the decisions of any tribunals, and more 'binding' upon jugdes than any individual cases'. Therefore, a judge follows precedents if and only if it is a correct statement of the law", The Juridical Decision, 45.

„Je nachdem nämlich der Richter Bestandteile des Wahrspruchs, welche, als ungeschieden von der Tatfrage in ihrer Unerkennbarkeit vorhanden, aus diesem Inkognito heraushob und zu Prinzipien des Urteils stempelte, wurden sie Bestandteile geltenden Rechts".[63]

Max Weber sagt, dass dem geltenden englischen Recht durch das Juryverfahren die *urwüchsige Irrationalität der Entscheidungsmittel*[64] bis in die Gegenwart hinein inhärent ist. Damit deckt sich seine Analyse mit der oben angeführten Aussage von Wasserstrom.

Die Einsichten und Überzeugungen, die diesen „moral consensus" konstituieren, sind diejenigen Überzeugungen, über die am Schluss des Verfahrens ein „common consent" besteht. Dieser „moral consensus", der auf einem „common consent" basiert, gilt als Beweis für die Richtigkeit des Urteils. Die englischen Geschworenen zeichnen sich in erster Linie durch ihre Funktionsfähigkeit aus, diesen „common consent" überhaupt bilden zu können. Denn dieser „common consent", auf dem der Wahrspruch beruht, erfordert Einstimmigkeit. Nur durch das *Einstimmigkeitsprinzip* ist gleichzeitig die Richtigkeit des Wahrspruchs im materiellen Sinn bewiesen.[65] Hinter diesem Prinzip verbirgt sich die philosophische Auffassung des „common sense". Schon bei Cicero wurde der „consensus omnium" als Beweis benutzt. Das gleiche gilt für die Schottische Schule (T. Reid). Die Funktionsfähigkeit der Geschworenen wird durch die Urteilskraft ihres „common sense" gewährleistet. Die relativen seelischen Vorgänge, die sich bei der Überzeugungsbildung abspielen, erscheinen innerhalb des formalen Prozesses, den die Handhabung des Beweisrechts vorgibt, gebannt. Der Fokus ist hauptsächlich auf die Form

---

63 Weber, Wirtschaft und Gesellschaft, 403.

64 Ebd., 403.

65 In seiner Arbeit über die Jury zitiert Rintel einen englischen Autor namens Richard Phillips und dessen Werk „Ueber die Rechte und Pflichten der Geschworenen": „Die Entscheidung der Jury [...] ist weder eine Annäherung an die Wahrheit, noch eine Erklärung der bloßen Wahrscheinlichkeit [...]. Das sicherste Merkmal der Wahrheit, ist die allgemeine Beistimmung des Menschengeschlechts, und die einhellige Erklärung einer Jury von 12 Männern, die sonst keine Berührung unter einander haben und die von jeder Parteilichkeit frei sind [...]. Wenn sie aber nicht unter einander einig sind, wenn sie nach Mehrheit der Stimmen entscheiden, so kann ihre Entscheidung nicht mehr als eine Wahrheit, sondern nur als eine Wahrscheinlichkeit angesehen werden, die mehr oder weniger groß ist, je nachdem die Zahl derer, die sie faßten, größer oder geringer ist", dieser Autor geht davon aus, dass „moralische Wahrheiten" von der Jury aufgrund des Einstimmigkeitsprinzips bewiesen werden (Rintel, Von der Jury), 282 f.; *zum Prinzip der Einstimmigkeit*: Mittermaier, Die Mündlichkeit, das Anklageprinzip, die Oeffentlichkeit und das Geschwornengericht, 1845, 398.

des Verfahrens gerichtet, die Persönlichkeit des Urteilenden[66] und ihre Subjektivität spielen für den Prozess der Urteilsfindung keine signifikante Rolle. Die Persönlichkeit des Urteilenden mit all ihren individuellen Facetten braucht demnach nicht erzogen oder werthaft geformt zu werden. Von der urteilenden Persönlichkeit werden nur Eigenschaften verlangt, die sich aus der Wirklichkeitsbetrachtung des „common sense“ speisen: Der „common sense“ fordert vom Individuum eine habituelle Haltung seines Geistes, einen Gegenstand so aufzunehmen, wie dies von allen anderen als feste Annahme oder Überzeugung vertreten wird. Dabei können solche Annahmen oder Überzeugungen auch auf Gefühlen beruhen. Bindend oder bestimmend aus der Perspektive des „common sense“ werden sie für das Individuum nur dann, wenn über diese Gefühle auch ein „common consent“ besteht. In diesem Sinn ist das folgende Zitat zu verstehen, wenn die Gegner der „seditious libel“-Doktrin, die in erster Linie Anhänger der Presse- und Meinungsfreiheit waren, mit den „Gefühlen des Volkes“ argumentierten:

> "The decider of fact ‚must enter into common life [...] must imbibe the sentiments of the people‘...".[67]

Die Schlussfolgerungen, die von den Geschworenen zu ziehen seien, erfordern nur „common sense“, „not technical learning“.[68] Der „common sense“ spricht den praktischen Wirklichkeitssinn an, der in der Behandlung der Fragen und Aufgaben des öffentlichen Lebens verlangt wird. Das ist der Grund, warum diese Definition von „common sense“ auch den Gegensatz bedeuten kann „zu jeder Berufung auf die persönliche Überzeugung und [...] jede innere Erleuchtung, jede Intuition als bloß subjektive, im Leben unbewährte Einstellung. Wahr kann nur etwas sein, was sich schon immer bewährt hat und daher consensu omnium anerkannt ist“.[69]

Der „moral consensus“ scheint im englischen Juryverfahren auf den Gepflogenheiten, Konventionen, mehrheitlichen Ansichten und der Sitte zu basieren, die in einer Gesellschaft herrschen und Geltung beanspruchen. Gepflogenheiten, herrschende Moralvorstellungen etc. sind stark mit der historischen Situation verwoben. Sie besitzen keine überzeitliche Gültigkeit. Es

---

66 Bei Westhoff heißt es: „Bei der Beweiswürdigung sollen die äußeren Gegebenheiten zu einem Gesamteindruck im Inneren des Richters verarbeitet werden. Maßgebender Faktor ist somit auch die Beschaffenheit der richterlichen Persönlichkeit. Selbst in der Physik wird die Eigenschaft des Meßinstruments bei der Gewinnung des Ergebnisses berücksichtigt, um so weniger darf diese Seite bei der Beweiswürdigung als geistig-seelischem Vorgang vernachlässigt werden“, Grundlagen des Strafprozesses, 172.

67 Green, English Criminal Trial Jury, 69 f.

68 Ebd., 70.

69 H. Bock, Common Sense als Lebenshaltung, 122 f.

scheint daher, dass im Juryverfahren sozusagen ein Prinzip des Verrechtlichens der Sittengesetze einer Gesellschaft aktiv ist. In dem folgenden Konzept des US-amerikanischen Politologen und Soziologen, William Graham Sumner, behauptet dieser, dass sowohl alle geistigen Leistungen und Produkte (Recht, Moral etc.) des Menschen als auch der „gemeine Menschenverstand“ und das Gewissen von den sog. *„folkways“* – den „natural forces which men unconsciously set in preparation“ – abgeleitet sind.

## 5. „FOLKWAYS“ IM US-AMERIKANISCHEN KULTURSOZIOLOGISCHEN KONZEPT DES BEGINNENDEN 20. JAHRHUNDERTS – „GESUNDES VOLKSEMPFINDEN“ IM SPIEGEL US-AMERIKANISCHER KRITIK

Die habituelle Geisteshaltung, die der „common sense“ vom Individuum verlangt, und die auch jenseits seiner persönlichen Überzeugung stehen kann, formulierte Sumner, Professor an der Universität Yale, in seiner Arbeit mit dem Titel „Folkways“ von 1906[70], jedoch nun mit der Besonderheit, dass er den „common sense“ von den sog. *„folkways“* ableitet:

> "Honor, common sense, seemliness, and conscience [Ehre, allgemeiner Menschenverstand, Schicklichkeit und Gewissen] seem to belong to the individual domain. They are reactions produced in the individual by the societal environment [...]. Common sense, in the current view, is a natural gift and universal outfit [...]. What we think 'natural' and universal, and to which we attribute an objective reality, is the sum of traits whose origin is so remote, and which we share with so many, that we do not know when or how we took them up, and we can remember no rational selection by which we adopted them. The same is true of common sense. It is the stock of ways of looking at things which we acquired unconsciously by suggestion from the environment in which we grew up. Some have more common sense than others, because they are more docile to suggestion, or have been taught to make judgments by people who were strong and wise".[71]

Für Sumner scheint „common sense“ ein auf den ersten Blick natürliches Vermögen zu sein, dass den Menschen universale Wahrheiten vermittelt. Diese universalen Wahrheiten seien aber keine originären Einsichten des eigenen Verstandes, sondern seien von den „folkways“ abgeleitet. Auch wenn sich das Individuum dessen nicht bewusst sei, repräsentiere das persönliche Urteil des eigenen „common sense“ immer schon bestimmte Sichtweisen, die

---

[70] W. G. Sumner, Folkways. A Study of the Sociological Importance of Usages, Manners, Customs Mores, and Morals, 1940.

[71] Sumner, Folkways, 463 f.

sich das Individuum angeeignet hat durch die *unbewusste* Verinnerlichung der „folkways“:

> "The folkways [...] are not creations of human purpose and wit. They are like products of natural forces which men unconsciously set in preparation, or they are like the instinctive ways of animals [...] and without rational reflection or purpose".[72]

Die „folkways“ reichen weit in die Vergangenheit einer Gesellschaft zurück. Sie sind der Ursprung aller geistigen Leistungen des Menschen: "World philosophy, life policy, right, rights, and morality are all products of the folkways [...], all our philosophy and science have been developed out of them".[73] Durch philosophische und ethische Generalisierung bilden sich „folkways“ zu *„mores“* aus:

> "The mores are the folkways, including the philosophical and ethical generalizations as to societal welfare which are suggested by them, and inherent in them, as they grow".[74]

Sumner ist mit der Bezeichnung „folkways“ bemüht, ein sprachliches Äquivalent zum lateinischen Begriff der Sitte, der „mores“, zu schaffen. In Anlehnung an die griechische „ethos“-Bedeutung des Sittlichen erhebt Sumner das Ziel "...to study the ethos of groups, in order to see how it arises, its power and influence, the modes of its operation on members of the group, and the various attributes of it (ethica)".[75] Interessanterweise erachtet Sumner den deutschen Begriff „Sitte“ als eine sprachlich nicht sinngemäße Wiedergabe der lateinischen „mores“. Der Grund liegt darin, dass in der deutschen Geistesgeschichte von einem Unterschied – und damit auch von einem Spannungsverhältnis zwischen Sitte und Sittlichkeit[76] – ausgegangen wird:

> "The Romans used 'mores' for customs in the broadest and richest sense of the world, including the notion that customs served welfare, and had traditional and mystic sanction, so that they were properly authoritative and sacred [...]. The English language has no derivative noun from 'mores', and no equivalent for it. The french *mœurs* ist trivial compared with 'mores'. The German *Sitte* renders 'mores' but very imperfectly. The modern people have made morals and morality a separate domain, by the side of religion, philosophy, and politics. In that sense, morals is an

---

72 Sumner, Folkways, 4.

73 Ebd., 29.

74 Ebd., 30.

75 Ebd., 37.

76 Dies resultiert aus der Frage, ob man eher mit Kant die Unabhängigkeit der Sittlichkeit von der Sitte behauptet, oder eher mit Hegel die Sittlichkeit der Sitte.

> impossible and unreal category [...]. The word 'moral' means what belongs or appertains to the mores".[77]

Sumner weist den englischen Begriff „moral“ den lateinischen „mores“ zu. Das aristotelische ethosgebundene Sittlich-Richtige baute auf die Lebensformen in der politisch verfassten Gemeinschaft – der κοινωνια πολιτικη – und den daraus abgeleiteten Sichtweisen und Beurteilungsgewohnheiten auf.[78] Richtig handeln die Individuen als gute Bürger, wenn sie sich in die in Institutionen, Gesetze und Sitten der Polis eingelassenen Handlungsmuster eingewöhnen, wenn die institutionell eingefrorenen Handlungsregeln ihnen zur festen Gewohnheit werden.

Sumner definiert „mores“ als die tradierten Verhaltensnormen, wenn sie der Gemeinschaft und dem öffentlichen Wohl dienen und hieraus einen unausgesprochenen Zwang auf das Individuum ausüben, sich in seinem Verhalten ihnen anzupassen.[79] Diese verbindlichen Handlungsgewohnheiten, die mit den „mores“ verbunden sind, sind menschlicher Willkür entzogen und sind zurückzuführen auf überlieferte und mit der Zeit gefestigte Gewohnheiten, die sich innerhalb bestimmter Gruppen oder Klassen ausgebildet haben und ihnen anhaften, und die mit persönlichen Willensbezeugungen (individual voluntarily) in Kollision geraten können.[80] Damit erweist sich „moral“ durch seine Zuordnung zu „mores“ dem Bereich des Präreflexiven-Habituellen zugehörig. Nach Kant darf Moral nicht im Präreflexiven-Habituellen verbleiben, sie muss immer das Bewusst-Spontane autonomer moralischer Selbstgründung bewahren, sie darf niemals zu bloßer Gewohnheit herabsinken.

---

77 Sumner, Folkways, 37; Die Begriffe Moral, moralisch, Moralphilosophie gehen auf den durch Cicero neugeprägten Terminus „philosophia moralis“ zurück als eine Übersetzung des griechischen Ausdrucks ηθικη. Cicero gab selbst entscheidende Hinweise für die Bedeutungsanalyse von „moralis“: „Weil er sich auf die Sitten (mores) bezieht, welche die Griechen ηθη nennen, pflegen wir diesen Teil der Philosophie als den über die Sitten (de moribus) zu bezeichnen; doch steht es einem, der die lateinische Sprache bereichern will, gut an, ihn den moralischen zu nennen“. Der lateinische Grundbegriff „mores“ deckt sich in einem Kernbereich auch mit unserem heutigen Terminus 'Moral' in der weiteren Bedeutung, nämlich als der Gesamtheit der akzeptierten und durch Tradierung stabilisierten Verhaltensnormen einer Gesellschaft. Der Begriff des „mos“ bzw. der „mores“ ist stark am Verhalten orientiert, s. Art. Moral, moralisch, Moralphilosophie, Historischen Wörterbuch der Philosophie, Bd. 6, Sp. 149.

78 Art. Sitte, Historisches Wörterbuch der Philosophie, Bd. 9, Sp. 898.

79 Sumner: "I mean by it the popular usages and traditions, when they include a judgment that they are conducive to societal welfare, and when they exert a coercion on the individual to conform to them, although they are not coördinated by any authority", Folkways, III.

80 Ebd., 107 f.

Zudem fällt auf, dass für Sumner die „mores“ eine „directive force“ der sozialen Ordnung sind. Als solche sind sie handlungsbestimmend, ohne dass sich das Individuum dessen bewusst ist. Für Sumner, der in den „folkways“ bzw. „mores“ seinen axiomatischen Ausgangspunkt gefunden hat, sind somit auch Recht, Gesetz und Institutionen Produkte der „mores“, auch wenn das auf den ersten Blick nicht gleich ersichtlich sei:

> "All institutions have come out of mores, although the rational element in them is sometimes so large that their origin in the mores is not to be ascertained except by an historical investigation (legislatures, courts, juries...)".[81]

So leuchtet ein, dass Sumner es nur für eine Frage der Zweckmäßigkeit hält, ob der Staat regulativ in die Gesellschaft eingreift, indem er Gesetze bzw. Verordnungen erlässt, oder ob er auf die Kontrollmechanismen der „mores“ vertraut.[82]

In dem soziologischen Modell von Sumner fallen zwei Aspekte auf: Erstens der spezielle Begriff von Erziehung. Sumner betont, dass jede Klasse oder Gesellschaftsgruppe ihre eigenen „mores“, also ihre eigenen „codes“ oder „standards“ hinsichtlich der richtigen Handlungs- und Verhaltensweisen besitzt. Erziehung bedeutet lediglich Aneignung bzw. Gewöhnung an die überkommenen Handlungsmuster und Sichtweisen. Diese „codes“ bzw. „standards“ eignet sich *sowohl der Heranziehende als auch der Zuziehende* an. Damit wird auch eine fremdländische Person zum Mitglied der jeweiligen sozialen Gemeinschaft:

> "We are forced to believe that, if a baby born in New England was taken to China and given to a Chinese family to rear and educate, he would become a Chinaman in all which belongs to the mores, that is to say, in his character, conduct and code of life".[83]

Der springende Punkt in Sumners Theorie ist nun der, dass sich *nach* Abschluss der Aneignungs- bzw. Gewöhnungsphase an die „codes“ weder das herangezogene noch das zugezogene Individuum über die gewachsenen Strukturen der „mores“ erheben darf. Die „mores“ genießen absolute Geltung. Daher werden von Sumner die radikalen Kräfte der Französischen Revolution von 1789 hinsichtlich ihrer umgestalterischen Auswirkungen auf das gewachsene sozialpolitische Gesamtgefüge scharf kritisiert:

---

[81] Sumner, Folkways, 54.
[82] Ebd., 56.
[83] Ebd., 108.

> "French revolution destroyed the whole social order, swept away all the institutions and even destroyed all the inherited mores. It is evident that this last is what the revolutionists finally aimed at. The ancien regime came to mean the whole fabric of the old society, with its codes, standards, and ideas of wrong and right. The revolutionists also undertook to invent new mores, that is, new codes and standards [...] and new notions of civil duty and responsibility. [...] Napoleon brought back institutions and forms social order so far as seemed desirable for his own interests".[84]

Dieses historische „Experiment" belege, dass es unmöglich ist, dass Menschen künstlich neue „mores" schaffen:

> "...it is impossible to abolish the mores and to replace them by new ones rationally invented...".[85]

Mit den „mores" hängt zweitens auch die Ablehnung von Idealen, subjektiven Überzeugungen, Spekulationen zusammen, wenn sie sich nicht in der Praxis „consensu omnium" bewährt haben:

> "If these views are accepted, we have in honor, common sense, and conscience other phenomena of the folkways, and the notions of eternal truths of philosophy or ethics, derived from somewhere outside of men and their struggles to live well under the conditions of earth, must be abandoned as myths".[86]

Wenn Sumner in seinem Denkmodell von „people" spricht, so meint er damit die „middle class".[87] Diese „middle section" besteht aus dem „common man":

> "Every civilized society has to carry below the lowest sections of the masses a dead weight of ignorance, poverty, crime and disease. Every such society has, in the great central section of the masses, a great body which is neutral in all the policy of society. It lives by routine and tradition. It is not brutal, but it is shallow, narrow-minded, and prejudiced. [...] The man on the mode is the 'common man', the 'average man', or the 'man in the street'".[88]

Wenn Sumner selbst Ethik als ein Produkt der „folkways" definiert, die selbst immer nur ein Abgeleitetes von den „mores" sei und niemals originär der ei-

---

84 Sumner, Folkways, 167.

85 Ebd., 167 f.

86 Ebd., 464; Daher definiert Sumner den Ausgangspunkt der Menschheit: „Men begin with acts, not with thoughts", ebd., 2.

87 „[The] great middle section [...]. It is that section which constitutes 'the people' in the special technical sense in which that expression is current in political use", ebd., 51.

88 Ebd., 50.

genen Vernunft entspringt,[89] negiert er damit die Fähigkeit des Menschen, sich als Vernunftwesen kritisch über die Sitte, die „mores“, zu erheben. Sumners Überlegungen, da er die moralische Geltungsüberprüfung ablehnt, erinnern an eine zeitgenössische Theorie der amerikanischen politischen Philosophie, die als *Kommunitarismus*[90] bezeichnet wird, und die mit der sog. „Sittlichkeitsfraktion“ der gegenwärtigen deutschen politischen Philosophie verglichen werden kann.

Der in der Tradition des Hegelianismus stehende Sittlichkeits-Positivismus lehrt die Sittlichkeit der Sitte und verabscheut alle moralische Geltungsüberprüfung. Dagegen geht die in der Tradition des Kantianismus stehende Moralphilosophie von einem Spannungsverhältnis zwischen Sitte und Sittlichkeit aus: Wahre Sittlichkeit kann sich nicht durch die Sitte bestimmen lassen, sondern muss sich kritisch über die Sitte erheben, wenn sich diese als unvernünftig erweist.[91] Die sich hinter Hegels Entgegensetzung von Moralität und Sittlichkeit verbergende philosophische Problemstellung hat in der praktischen Philosophie der Gegenwart eine große Bedeutung erlangt und hat dazu geführt, dass sich zwei Fraktionen gegenüber stehen: die Moralitätsfraktion (Diskursethiker bzw. kommunikationstheoretische Kantianer) und die Sittlichkeitsfraktion, die vielgestaltig ist, und die für ein geschichtlich konkretes, lebensweltlich fundiertes und praxisbegründetes Konzept der sittlichen Vernunft plädiert.[92] Diese philosophische Kontroverse spiegelt sich in der Liberalismus-Kommunitarismus-Debatte der US-amerikanischen politischen Philosophie wider. Während die Liberalen die Gestaltung der gesellschaftlichen und politischen Verhältnisse allgemeinen Gerechtigkeitsprinzipien unterwerfen wollen, plädieren die Kommunitaristen für die Stärkung des eingelebten Gemeinschaftsethos, für die lebensweltlichen normativen Orientierungen und sittlichen Zugehörigkeiten.[93]

Eine aktuelle Arbeit, die eine gedankliche Brücke zwischen der gegenwärtigen Liberalismus-Kommunitarismus-Debatte in Amerika und dem „gesunden Volksempfinden“ schlägt, ist ein Aufsatz des Juristen Markus D. Dubber von

---

89 „It can be seen also that philosophy and ethics are products of the folkways. They are taken out of the mores, but are never original and creative. They are secondary and derived“, Sumner, Folkways, 38.

90 *Zum Kommunitarismus*: W. Reese-Schäfer, Was ist Kommunitarismus?, 1995; K. Beckmann u.a. (Hg.), Individuum versus Kollektiv. Der Kommunitarismus als „Zauberformel“?, 2000.

91 Art. Sittlichkeit, Sittenlehre, Historisches Wörterbuch der Philosophie, Bd. 9, Sp. 919.

92 Beispielsweise H. Fleischer, Ethik der „Ethos-Formierung“ oder O. Marquard „Rearistotelisierung der modernen Ethik“, s. Art. Sittlichkeit, Sittenlehre, Historisches Wörterbuch der Philosophie, Bd. 9, Sp. 920.

93 Ebd., Sp. 921.

1993.[94] Hier wird die Gemeinschaftsvorstellung, die dem „gesunden Volksempfinden“ zugrunde liegt, mit einem „deutschen Kommunitarismus“ in Verbindung gebracht. Dubbers Aufhänger ist die in den Vereinigten Staaten immer wieder diskutierte Frage, ob die deutsche Gerichtsverfassung dem US-amerikanischen Strafverfahren in verfahrensrechtlicher Sicht als Vorbild dienen könnte. In diesen Diskussionen wird immer wieder auf das deutsche Schöffengericht verwiesen.[95] Der Dubber'sche Aufsatz ist hierbei aus zwei Gründen für eine Arbeit über das „gesunde Volksempfinden“ interessant. Dubber analysiert den „Aufstieg und Fall der deutschen Jury“ im Hinblick auf ein bestimmtes „*Volk* concept“. Als geistige Urheber dieses „*Volk* concept“ identifiziert Dubber einflussreiche Germanisten des 19. Jahrhunderts, dazu gehören für ihn Georg Beseler, Friedrich G. Leue und Carl Joseph Anton Mittermaier.

Seine übergeordnete Überlegung ist aber eine andere, indem sich sein Aufsatz gegen den aktuellen US-amerikanischen Kommunitarismus wendet.[96] Hier ist seine Annahme folgende: Der US-amerikanische Kommunitarismus scheint sich von einem deutschen „Kommunitarismus“ geistig beeinflussen zu lassen. Als Beleg dienen Dubber die aktuellen Debatten, die dem US-amerikanischen Strafverfahren und seinem Herzstück „Jury“ eine Reformbedürftigkeit bescheinigen. Seine Kritik gilt den in der fachjuristischen Diskussion verwobenen kommunitaristischen Argumentationen und Sichtweisen in ihrer Betonung des eingelebten Gemeinschaftsethos. Seine Überlegungen werfen die Frage auf, ob kommunitaristische Tendenzen in Amerika eine Aushöhlung des verfassungsrechtlich verbürgten Rechts des „jury trial“ bedingen können. Um diese Annahme nun geschichtlich zu belegen, verweist Dubber auf die Geschichte der Laienbeteiligung an der Strafrechtspflege in Deutschland und auf den Niedergang des deutschen Juryinstituts.[97] Diesen Niedergang bringt er ursächlich mit kommunitaristischen Theorien zusammen und ihrer Betonung der „communal norms“, die mit dem konstitutionell

---

94 The German Jury and the Metaphysical *Volk*: From Romantic Idealism to Nazi Ideology.

95 Jüngst wieder durch den US-amerikanischen Strafrechtler William T. Pizzi, Trials Without Truth. Why Our System of Criminal Trials Has Become an Expensive Failure and What We Need to Do to Rebuild it, New York 1999: Pizzi hält es für notwendig, den Sinn des Geschworenengerichts neu zu überdenken. Unter Berufung auf das deutsche Schöffengericht will er die Laien in einem gemeinsamen Gremium zusammen fassen, s. Buchbesprechung, „Frankfurter Allgemeine Zeitung“ v. 20.8.1999, 8.

96 Hierbei gilt seine Kritik vornehmlich John H. Langbein, s. Dubber, The German Jury and the Metaphysical *Volk*, 1.

97 Vgl. Landau und seine Einschätzung in Bezug auf die Gründe für den Misserfolg des Schwurgerichts in Deutschland, Schwurgerichte und Schöffengerichte in Deutschland bis 1870, 301 f.

verbürgten Recht des „jury trial“ zunehmend nicht mehr vereinbar gewesen seien. Zudem offenbare die Geschichte der Laienbeteiligung in Deutschland ein bestimmtes „*Volk* concept“.

Für Dubber verbirgt sich hinter „Volk“ ein zentrales Konzept eines deutschen Kommunitarismus, das in zwei Versionen unterschieden werden kann: „*Volk* concept“ im empirischen und metaphysischen Sinn.[98] Das Dubber'sche „*Volk* concept“ im empirischen Sinn verursacht schon seinem Begriff nach Schwierigkeiten, wenn Dubber dem deutschen Begriff „Volk“ das amerikanische 'people'[99] als sprachliches und semantisches Äquivalent zugrunde legt. Die begriffliche Inkongruenz ist Dubber aber bewusst:

> "'*Volk*' tends to be translated as 'people' of 'folk'. This article distinguishes between different meanings of the term '*Volk*' but, to preserve the integrity of the term '*Volk*', does not employ English terms to capture these meanings".[100]

Anhand der Geschichte der Laienbeteiligung an der Strafrechtspflege in Deutschland lasse sich das *Zusammenspiel* dieser beiden Versionen („*Volk* concept“ im empirischen und metaphysischen Sinn) aufzeigen. Tenor des Aufsatzes ist die zunehmende Verdrängung der dem „*Volk* concept“ zugrunde liegenden Gemeinschaftsvorstellung im empirischen Sinn[101] durch eine Gemeinschaftsvorstellung im metaphysischen Sinn[102]. Letztere habe in der ersten Hälfte des 19. Jahrhunderts eine besondere Rolle gespielt in den Diskussionen über die Einführung der Geschworenengerichte in Deutschland.[103] Am Ende dieses Verdrängungsprozesses stehe der Nationalsozialismus mit dem Volksgerichtshof und dem „gesunden Volksempfinden“ im Sinn eines metaphysischen „revival“. Anhand der nationalsozialistischen Ideologie lasse sich die dominante Rolle des metaphysischen „*Volk* concept“ aufzeigen. Es

---

98 Dubber, The German Jury and the Metaphysical *Volk*, 2.

99 Als „die great middle section“, s.o. Sumners Definition A. 87/88.

100 Dubber, The German Jury and the Metaphysical *Volk*, 2 A. 6.

101 "The first theory used the *Volk* concept in what might be called an empirical sense. It characterized the lay court as a *Volk* institution because lay participation permitted actual members of the *Volk*, i.e., lay people, to have a say in the judicial process and to protect their fellow citizens' rights against biased judges and overzealous prosecutors", ebd., 2.

102 "In contrast, the second theory, less familiar to Anglo-American ears, played on what one might call a metaphysical notion of *Volk*. That theory praised the lay court as a *Volk* institution because lay judges reflected the will (or *Geist* or legal consciousness) of a mysterious and literally disembodied entity called the *Volk* which was endowed with independent existential standing apart from people of flesh and blood, the ordinary constituents of the *Volk*", ebd., 3.

103 Ebd., 3.

zeige sich auch, wie die nationalsozialistische Ideologie schließlich alle Fäden durchtrennt habe, die noch zu dem „faktischen" Volk bestanden haben.[104] Grundsätzlich müsse man sich mit dem Aspekt der nationalsozialistischen Ausbeutung bestimmten historischen Gedankengutes auseinandersetzen.[105]

Dubber definiert „metaphysisch" in Bezug auf die Juroren dergestalt, dass sie den Willen, Geist oder das Rechtsbewusstsein eines „mysterious and literally disembodied entity called the *Volk*"[106] widerspiegelten.[107] Mit diesem Ausdruck scheint aber Dubber nicht nur ausdrücken zu wollen, dass der Begriff „Volk" sich von seiner Bedeutung im empirisch realen Sinn – *Volk* als „actual members" – löste und sich damit soziologisch betrachtet „entkörperlichte", sondern dass er sich darüber hinaus auch begrifflich entleerte. Der Volksbegriff blieb als eine schemenhafte Hülse zurück. Daher konnte sich der Nationalsozialismus dieses inhaltlich entleerten „*Volk* concept" und damit auch des inhaltlich entleerten „Rechtsbewusstseins des Volkes" zweifach ideologisch bedienen: Erstens wurde das entleerte „Rechtsbewusstsein" inhaltlich aufgefüllt und in „gesundes Volksempfinden" umbenannt.[108] Zweitens wurde durch den NS-Volksgerichtshof der Anschein beibehalten, als stünde man in unmittelbarer Verbindung zu einem empirisch realen „Rechts-

---

104 Dubber, The German Jury and the Metaphysical *Volk,* 30.

105 Damit wirft Dubber in gewisser Weise die Frage auf, ob Wissenschaftler wie Hegel oder Savigny posthum verantwortlich gemacht werden können für die politische Ausbeutung der von ihnen verwendeten Begriffe, s. The German Jury and the Metaphysical *Volk,* 32; vgl. Rückert zu solchen Fragestellungen, Das 'gesunde Volksempfinden' – eine Erbschaft Savignys?, 205.

106 Dubber, The German Jury and the Metaphysical *Volk,* 3.

107 Im Hinblick auf die *Verwendung abstrakter und metaphysischer Ausdrücke* im 19. Jahrhundert schreibt Fritz Kern in seinem Buch „Kulturpessimismus als politische Gefahr" von 1963: Die deutschen Gelehrten des 19. Jahrhunderts fielen durch ihre Abneigung gegenüber der Modernität im deutschen Denken und der deutschen Gesellschaft auf. Diese Abneigung war eine idealistische, unpolitische Unzufriedenheit (15). Diese Einstellung äußerte sich in eine Art Lebensgefühl, „...ein Gefüge von Empfindungen und Werten, das die gebildeten Schichten aus gemeinsamen geistigen Traditionen ererbt [...] hatten. Geistig leitete sich dieser Idealismus aus den großen Werken der idealistischen Epoche ab, von Goethe, Kant und Schiller. Das Erbe dessen, was früher Philosophie gewesen war, findet sich noch im Wortschatz der darauffolgenden Zeit, in der auch dann noch vorhandenen Vorliebe für abstrakte und metaphysische Ausdrücke, im unbedingten Glauben, daß der Geist oder die Idee letzter Ausdruck der Wirklichkeit sei", 16.

108 „Nazi ideology exploited the *Volk* concept als a foundation of lay participation in the criminal justice system [...]. [It] gave content to the otherwise empty concept of the *Volk*'s legal consciousness, which was renamed *gesundes Volksempfinden...*", Dubber, The German Jury and the Metaphysical *Volk,* 29.

bewusstsein des Volkes".[109] Dubber beschreibt den NS-Volksgerichtshof als eine Institution, in der sich die Gemeinschaftsvorstellung im empirischen und metaphysischen Sinn in ihrer größtmöglichen Widersprüchlichkeit aufeinander getroffen habe. Diese Widersprüchlichkeit wurde dann zugunsten eines „radically anti-empirical *Volk* concept" aufgelöst.[110]

Zum Gedankengang von Dubber ist folgendes zu sagen. Wenn man in Bezug auf den Dubber'schen Volksbegriff mit „anti-empirisch" *von etwas abstrahierend* versteht, und diesem abstrakten Volksbegriff gedanklich wiederum einen konkreten[111] Volksbegriff gegenüberstellt, kommt man mit zeitgenössischen Aussagen zur NS-Zeit in Erklärungsnöte. 1938 betonte der Rechtsphilosoph Karl Larenz, dass das „Volk" eine wirkliche Lebenseinheit ist:

> „Denn die Ordnung des Volkes ist letzten Endes *eine*, so wie das Volk eine wirkliche Lebenseinheit und nicht nur eine Summe verschiedener Bereiche ist. Die Einheit des völkischen Rechts in der Vielheit seiner verschiedenen Erscheinungsformen kann nur auf der Einheit seiner sinngebenden Idee, der sittlichen und rechtlichen Grundanschauung unseres Volkes beruhen".[112]

Diese *sinngebende Idee* war für Larenz aber nicht abstrakt, weil sie nicht losgelöst werden kann von dem, worin sie erscheint, sie ist

> „...nicht eine von der Wirklichkeit 'abstrahierte' Vorstellung, ein formaler Blickpunkt, sondern der in der Wirklichkeit erschaute Sinn und Gehalt; sie ist die innere Totalität einer Lebenserscheinung, ist Ganzheit und Konkretion".[113]

An dem Gegensatz des Abstrakten und Konkreten nimmt auch der Gegensatz von Form und Materie teil: „So mag das Formale 'abstrakt' sein, weil es irreal oder unanschaulich oder [...] unbestimmt oder allgemein oder unselbständig oder Teilmoment oder losgelöst vom Träger ist. Das Materiale, oder eher: das *Ganze* von Form und Inhalt ist 'konkret', weil es real oder anschaulich oder bestimmt oder differenziert (spezialisiert, individualisiert) oder eigenständig oder ganzheitlich oder mit einem Träger verbunden ist".[114] Vor diesem Hintergrund stellt sich im Hinblick auf Begriffe wie das „Rechtsbewusstsein des

---

109 Dubber, The German Jury and the Metaphysical *Volk*, 30.

110 Ebd., 38.

111 *Zum Begriffsgegensatz „abstrakt" und „konkret" und seinen Bedeutungsdifferenzierungen*: K. Engisch, Die Idee der Konkretisierung in Recht und Rechtswissenschaft unserer Zeit, 1953, 4 ff.

112 Larenz, Gegenstand und Methode des völkischen Rechtsdenkens, 11.

113 Ebd., 12.

114 Engisch, Die Idee der Konkretisierung in Recht und Rechtswissenschaft, 7 f.

Volkes“ oder das „gesunde Volksempfinden“ die Frage nach ihren konkreten Inhalten und ihren *Trägern*. 1847 hatte Leue im Hinblick auf das Kantische allgemeine Rechtsgesetz bedauert, dass es analog zu diesem kein materiales Prinzip gebe, „...nach welchem man über die Rechtmäßigkeit der Handlung eines Bürgers aus einem Volke im Voraus urtheilen könnte“.[115] In der oben genannten Arbeit aus dem Jahre 1938 von Larenz heißt es, dass sich die sinngebende Idee nur als das sinngebende Prinzip darstellen lasse als

> „...die innere Übereinstimmung aller der Sätze und Urteile, die uns das 'Recht' bedeuten“.[116]

Bei Leue war der Inhalt (das Materiale) dessen, was 'recht' ist, *konkret im Sinn von empirisch real*, weil es mit einem *Träger* verbunden war, mit den Mitgliedern der bürgerlichen Gesellschaft und deren allgemeinen Meinung:

> „Da nun das, was recht und gut sei, in der Anwendung auf einen Menschen und dessen einzelne Handlung sich nicht aus Begriffen und Formeln ableiten (nicht formell bestimmen) läßt, sondern sich aus der allgemeinen Meinung der Mitbürger, dem Denken und Handeln der Besten, daß heißt nur materiell bestimmt, so muß das Urtheil solchen Männern anvertraut werden, die jene Vorbedingung des Gesetzes in sich selber haben und ihrem Urtheil zum Grunde legen“.[117]

Bei Larenz hingegen war der Inhalt der „Anschauung vom Wesen rechter Ordnung“, von der alle Urteile über 'recht' getragen werden, *konkret im Sinn von total und universal*[118]. Was aber bei ihm bedeutete, dass dieses Konkrete nicht mit einem Träger im empirisch realen Sinn zusammenfallen musste, denn bei dieser Anschauung handelte es sich nicht

> „...um eine durchschnittliche Meinung, um eine bloß tatsächliche Überzeugung einiger oder vieler oder aller, sondern um die innere geistige Ausrichtung und Haltung unseres völkischen Gesamtdaseins...“.[119]

---

115 Leue, Deutsches Schöffen-Gericht, 147.

116 Larenz, Gegenstand und Methode des völkischen Rechtsdenkens, 12.

117 Leue, Deutsches Schöffen-Gericht, 148 f.

118 Bei Larenz geht das *Konkrete* mit dem Allgemeinen eine *Verbindung* ein, die das Allgemeine nicht als das durch negative Abstraktion herausfiltrierte Gemeinsame, sondern als das durch positive Abstraktion erkannte Totale, Universale, alle Konkretionen umfassende Ganze erscheinen läßt, so Engisch, Die Idee der Konkretisierung in Recht und Rechtswissenschaft, 35; Larenz' Verwendung des *konkret-allgemeinen Begriffs* geht auf Hegel zurück, ebd., 30 ff.

119 Larenz, Gegenstand und Methode des völkischen Rechtsdenkens, 12.

Obwohl man im Verlauf des 19. Jahrhunderts aufgrund einer Vielzahl von komparatistischen Studien zunehmend argumentiert, dass die französische wie auch die französisch-rheinische Juryform eine „Verfälschung" der englischen Urform sind, kann man sich nach 1849 nicht durchringen, die Form des englischen Juryinstituts für eine allgemeine Einführung in Deutschland zu propagieren. Insofern entbrennt in der zweiten Hälfte des 19. Jahrhunderts ein Streit darüber, wie nun die ideale Form eines deutschen Juryinstituts auszusehen habe. Die Spezifizierung der Merkmale einer deutschen Ideal-Jury konkretisierte sich nun im nationalen Vergleich, jetzt allerdings in negativer Abgrenzung sowohl gegenüber der französischen als auch gegenüber der englischen Juryform.

Zudem blieb die Suche nach der idealen Form nicht ohne Auswirkungen auf die Legitimation des Wahrspruchs der Juroren: Denn Juryverfechter fingen jetzt an, in der Urteilsfindung der Laiengeschworenen verstärkt auf ein kollektives „Rechtsbewusstsein" Bezug zu nehmen, von dem man aber nicht genau sagen kann, was eigentlich damit gemeint ist. Diese Unsicherheit drückte sich in einer Vielzahl unbestimmter Termini aus, mit denen man den Begriff zu erfassen suchte, und die in der Diskussion um die Laienbeteiligung an der Rechtspflege auftauchten. In der zweiten Jahrhunderthälfte gab es einen Gelehrten, der die Frage, was das „Volksbewusstsein" eigentlich ist, auf eine geschickte Weise in den Griff bekam. Dies war Ludwig von Bar, der in seiner „Geschichte des Deutschen Strafrechts und der Strafrechtstheorien" von 1882 das „Volksbewusstsein" mit der allgemein anerkannten christlichen Moral zusammenfallen ließ. Bei ihm hatte diese Argumentation zumindest den Vorteil, dass das „Volksbewusstsein" auf ein konkretes Fundament gestellt wurde.

# IV. Kapitel
# Das „Rechtsempfinden des Volkes" im deutschen Geschworenengericht nach 1849

## 1. Schwurgerichte oder Schöffengerichte? – Deutsches „Volksgericht" und das „Volksrechtsbewusstsein" – Deutsche „Volksfreiheit"

Die Paulskirche hatte sich für die Schwurgerichte ausgesprochen. Sie sollten für schwerere Strafsachen und für alle politischen Vergehen (inkl. Pressvergehen) zuständig sein.[1] Nach dem Entwurf eines Rahmengesetzes über die Grundlagen des Geschworenengerichts[2] von Friedrich Leue sollte folgender Personenkreis zum Geschworenendienst zugelassen sein:

1) Gelehrte mit Ausnahme der Richter, Anwälte, Geistlichen und Minister,
2) Grundeigentümer bis zu einer gewissen Grundsteuer als auch die Mieter, Pächter, Verwalter und Nutznießer dieser Güter und

---

[1] §§ 143 III, 179 II (FRV), Verfassung des deutschen Reiches, vom 28.3.1849 (RGBl. 101): Zum Grundbestand der politischen Vergehen gehörten: Hoch- und Landesverrat, Widerstand gegen die Staatsgewalt, Aufruhr (Landfriedensbruch) und Tätlichkeiten gegen den Landesherrn, J.-D. Kühne, Die Reichsverfassung der Paulskirche. Vorbild und Verwirklichung im späteren deutschen Rechtsleben, 1985, 369.

[2] Der *Gesetzentwurf über die Grundlagen des Geschwornengerichts für Kriminalsachen* war dem Plenum der Nationalversammlung von Mittermaier als dem Vorsitzenden des Gesetzgebungsausschusses als Beratungsgrundlage empfohlen worden, eine Beratung dieses Entwurfs im Plenum fand nicht mehr statt: „…der Ausschuß fühlte jedoch bald, daß wenn er auch nur auf Grundzüge eines für ganz Deutschland gemeinschaftlichen Gesetzes sich beschränken wollte, das Gelingen einer solchen Arbeit an der Verschiedenheit der Einrichtungen und Verhältnisse in den Einzelstaaten scheitern würde, da schon die Frage: wer auf die Urliste der Geschwornen zu setzen ist, theils der Culturstand des Volkes, theils Steuerverhältnisse Einfluß haben, noch mehr aber Alles davon abhängt, welchen Behörden oder Corporationen die Redaction der Urlisten überlassen werden könnte, dabei aber der Verwaltungsorganismus in jedem Staate von Wichtigkeit sein würde", Wigard, Stenographischer Bericht über die Verhandlungen der deutschen constituirenden Nationalversammlung zu Frankfurt am Main, 181. Sitzung, 5.3.1849, Bd. 8, 5589; Leues Gesetzentwurf ist abgedruckt in: Kühne, Die Reichsverfassung der Paulskirche, 597 f.; *zum Gesetzentwurf s. Erläuterungen*: Leue, Die Grundlagen des Geschwornengerichts für Criminalsachen (Der Gerichtssaal, Zeitschrift für volksthümliches Recht, 1. Jg., 1849), 56-76.

3) Gewerbetreibende bis zu einem bestimmen Steuersatz. Zu dieser Klasse gehören auch die Rentner.[3]

Die Geschworenen sollten die *Schuldfrage* beantworten.[4] Nach den Ereignissen des Jahres 1848 waren in Deutschland die Schwurgerichte eingeführt worden.[5]

1849 schrieb der Hegelianer Christian Reinhold Köstlin:

> „Gegen das System des Strafverfahrens, welches das Jahr 1848 auf deutschem Boden (die Rheinlande ausgenommen) vorgefunden hat, ist der Widerwille der ungeheuren Mehrheit der Nation so entschieden aufgetreten, daß es überall so gut wie über Nacht zusammengebrochen und an seiner Stelle das bisher sowohl von der Gesetzgebung, als von der überwiegenden Mehrzahl der Vertreter der Wissenschaft scheel [sic] angesehene und feindselig bekämpfte System des Juryprozesses in Geltung getreten ist".[6]

---

3 Jeder Bürgermeister (Gemeindevorstand) sollte ein Mal jährlich ein Verzeichnis derjenigen Bürger aufstellen, die die Voraussetzungen zum Geschworenendienst erfüllen, und dieses dem Bezirksrichter übersenden. Aus diesen Gemeindelisten sollten die Bezirkslisten gefertigt werden, die wiederum dem Landgericht („Ober-Gericht, Kriminal-Gericht, Appellations-Hof") zugesendet werden sollten. Hier schließlich sollten die Listen für den gesamten Gerichtssprengel gebildet werden, Art. 4, Gesetzentwurf über die Grundlagen des Geschwornengerichts (Kühne, Die Reichsverfassung der Paulskirche), 598; Damit vertrat Leue das Auswahlmodell des Zensus und der Kapazitäten, das von den Liberalen in der Paulskirche bevorzugt wurde, s. Kühne, ebd., 366; *zur Bildung der Geschworenenbank in Deutschland nach 1849*: ebd., 366 ff., auch Landau, Schwurgerichte und Schöffengerichte in Deutschland bis 1870, 269 ff.

4 Kühne, Die Reichsverfassung der Paulskirche, 364; Im Gesetzentwurf von Leue lautete die Frage an die Geschworenen: „*Ist der gegenwärtige Angeklagte N. N. schuldig etc.? Dabei ist das Verbrechen nach dessen gesetzlichem Begriff zu benennen mit Angabe des Orts, der Zeit und der erschwerenden Umstände*", (Art. 8, in: Kühne, ebd., 598); s. auch Leue, Die Grundlagen des Geschwornengerichts (Der Gerichtssaal, 1. Jg.), 66 ff.

5 1848 in Kurhessen und Bayern; 1849 im gesamten rechtsrheinischen Preußen, Braunschweig, Hannover und Württemberg; 1850 in Österreich; 1851 in Baden; 1856 in Frankfurt; 1857 in Oldenburg; 1868 in Sachsen, G. Hadding, Schwurgerichte in Deutschland, 1974, 29; auch Landau, Schwurgerichte und Schöffengerichte in Deutschland bis 1870, 268 f.

6 Köstlin, Das Geschwornengericht für Nicht-Juristen, 97; *Für die zweite Jahreshälfte des 19. Jahrhunderts beziehe ich mich schwerpunktmäßig auf folgende Arbeiten (chronologisch geordnet)*: G. C. N. Rintel, Von der Jury, 1844; Mittermaier, Die Mündlichkeit, das Anklageprinzip, die Oeffentlichkeit und das Geschwornengericht, 1845; Köstlin, Das Geschwornengericht für Nicht-Juristen, 1849; R. v. Gneist, Die Bildung der Geschworenengerichte in Deutschland, 1849; E. Osenbrüggen, Die Beru-

Ähnlich äußerte sich der Rechtsphilosoph Rudolf Heinze 1865: Auf die deutsche Wissenschaft seien „...unerwartet die Wellen der Springfluth von 1848“ hineingebrochen. Zwar sei die Wissenschaft damals von der Unhaltbarkeit des im ganzen rechtsrheinischen Deutschland herrschenden geheimen Strafprozesses überzeugt gewesen, über die Alternativen dazu herrschte jedoch keine einheitliche Meinung.[7]

Eine andere Perspektive nahm Carl Joseph Anton Mittermaier ein, der 1866 festhält, dass die Regierungen nach 1848 dem „andrängenden Volke“ das Schwurgericht zum Geschenk machten, allerdings in „sehr homöopathisch zugemessenen Dosen“ aus Angst, das Institut könne der Regierungsgewalt gefährlich werden.[8] Mittermaier gibt hier einen Überblick über die Stellungnahmen zum Geschworenengericht nach soziologischen Kategorien: Die *Klasse hochgestellter Persönlichkeiten* fürchtete das demokratische Prinzip des Schwurgerichts. *Liberale Gesinnungsgenossen* befürworteten das Schwurgericht nach ihrer persönlichen Interessenslage, nämlich aus Angst, wegen politischer Verbrechen angeklagt zu werden. *Rechtsgelehrte Richter* fürchteten, dass mit dem Institut die Autorität des Gerichts untergraben wird, zudem erschien es ihnen widersinnig, dass Nichtjuristen über rechtliche Fragen entscheiden können, während zur Ausübung des Richteramtes Studium und Erfahrung vorausgesetzt wurden. *Rechtswissenschaftler* lehnten das Schwurgericht ab, weil dadurch der Anspruch der Rechtswissenschaft als Teil der juristischen Praxis ausgehöhlt wurde. Das *Bürgertum* schließlich hatte keine einheitliche Meinung zum Schwurgericht. Es scheint hier auch das Phänomen des Sozialneids eine Rolle gespielt zu haben. Mittermaier sagt, dass Bildungsbürger die Tatsache missbilligten, dass auch Vertreter des Kleinbürgertums zum Geschworenendienst zugelassen waren.[9]

1854 bemerkte Eduard Osenbrüggen, Professor der Rechte in Zürich, dass seit der Einführung der Schwurgerichte die Berufung auf das „Rechtsbewusstsein im Volke“ wie auch auf das „natürliche Gefühl“ und den „gesunden Menschenverstand“ deutlich zugenommen habe.[10] Dennoch war es so, dass man in der zweiten Jahrhunderthälfte vom „gemeinen“ bzw. „gesunden

---

fung auf das Rechtsbewußtsein im Volke (Archiv des Criminalrechts, N.F., Jg. 1854), 152-170; die Erwiderung von J. D. H. Temme, Archiv des Criminalrechts, N.F., Jg. 1854, 586-602; Heinze, Ein deutsches Geschworenengericht, 1865; Mittermaier, Das Volksgericht in Gestalt der Schwur- und Schöffengerichte, 1866; K. Binding, Die drei Grundfragen der Organisation des Strafgerichts, 1876; M. Oehler, Schwurgerichte und Schöffengerichte, 1896.

[7] Heinze, Ein deutsches Geschworenengericht, 1.

[8] Mittermaier, Das Volksgericht in Gestalt der Schwur- und Schöffengerichte, 5.

[9] Ebd., 5 f.

[10] Osenbrüggen, Die Berufung auf das Rechtsbewußtsein im Volke, 152 f.

Menschenverstand" des Laien und seinem intuitiven Auffassungsvermögen zunehmend Abstand nahm.[11] Ein Grund liegt darin, dass das Anforderungsprofil zum Geschworenendienst optimiert wurde: Man verlangte von den Laien zunehmend sowohl intellektuelle Fähigkeiten als auch charakterliche Eigenschaften: Erfahrung, Charakterstärke, Mut, Überzeugungstreue, Pflichtbewusstsein, Unabhängigkeit von der „öffentlichen Meinung" etc.[12] In seinem Aufsatz „Die Berufung auf das Rechtsbewußtsein im Volke" äußerte sich Osenbrüggen ausgesprochen kritisch gegenüber den Begriffen wie „allgemeines Rechtsgefühl", „natürliches Gefühl" und „gesunder Menschenverstand" etc., die allesamt „als identisch oder doch als verschwistert gebraucht werden".[13] Trotzdem hob er den Begriff „Rechtsbewusstsein im Volke" positiv hervor, denn dieses sei *kein* „Phantom":

> „Es finden sich in den Strafgesetzbüchern Bestimmungen, [...] es kommen Entscheidungen der Gerichte vor, die in directem Widerspruch mit diesem Rechtbewußtsein und dem gesunden Menschenverstande [sic] und Gesetzgeber und Richter sollten sich hüten, diese negative Schranke zu übersehen".[14]

Seine Kritik war vor allem gegen den Münsteraner Oberlandesgerichtspräsidenten Temme gerichtet und dessen starkes Zugeständnis an das „lebendige Rechtsbewusstsein im Volke".[15] Im selben Band des „Archivs des Criminalrechts" ist die Erwiderung von Temme veröffentlicht: Hier findet sich ein Argument, das im weiteren Verlauf wiederholt auftauchen wird: Die Rechtswissenschaft sei keine Quelle des Rechts. Ebenso wenig wie die Theologie Gott mache, mache sie Recht. Temmes Vorwurf richtete sich gegen das Juristenrecht: „Vom Guten ist das Juristenrecht nur, wenn und in so weit es dem in dem allgemeinen Bewußtsein des Volks lebenden Rechte *dienet*".[16]

Nach 1849 bettete sich die Auseinandersetzung um das deutsche Schwurgericht in die praktische Reorganisation der gesamten Strafrechtspflege (Mündlichkeit, Öffentlichkeit, Anklageprozess, Staatsanwaltschaft) ein. Die Prozessform des geheimen Inquisitionsverfahrens hatte sich überlebt, sie stand für „kastenmäßige Abgeschlossenheit", die „dem Volksleben und Volksgei-

---

[11] Osenbrüggen, Die Berufung auf das Rechtsbewußtsein im Volke, 167.

[12] Mittermaier, Volksgericht in Gestalt der Schwur- und Schöffengerichte, 8; Köstlin, Geschwornengericht für Nicht-Juristen, Vorwort, III, IV; Heinze, Ein deutsches Geschworenengericht, 81.

[13] Osenbrüggen, Die Berufung auf das Rechtsbewußtsein im Volke, 166.

[14] Ebd., 164.

[15] Temme, Kap. I.1. dieser Arbeit A. 76.

[16] Temme, Die Berufung auf das Rechtsbewußtsein im Volke, 601.

ste jahrhundertelang fremdartig“ gegenübergestanden habe.[17] Schon im 18. Jahrhundert hatte Justus Möser die Juristen als eine lebensferne Gruppe kastenartig abgeschlossener Männer bezeichnet. Diese negative Qualität des kastenartig Abgeschiedenseins hatte sich im 19. Jahrhundert auf den Beamtenstatus des rechtskundigen Richters übertragen und ist ein Argument, dessen entwicklungsgeschichtliche Nachhaltigkeit für das 19. Jahrhundert sehr hoch angeschlagen werden muss.[18] Allerdings wurde im 19. Jahrhundert in Bezug auf die Schwurgerichtsforderung zwischen dem Beamtenstatus und der Rechtsgelehrsamkeit des Juristen differenziert. Diejenigen, die das Schwurgericht bevorzugten, präferierten damit *nicht* gleichzeitig auch die Rechtsungelehrsamkeit von Laien, sondern lediglich ihren Status als freie Bürger, der ihnen die Gewähr für ihre Unabhängigkeit von der Obrigkeit war.[19] Andere, die auf die Rechtsungelehrsamkeit der Geschworenen positiv Bezug nahmen, wollten damit verdeutlichen, dass die Juristen nunmehr nicht als die exklusiven „Träger des deutschen Rechtsbewußtseins“ gelten konnten.[20]

Innerhalb der Bestrebungen um eine Reorganisation der Justiz diskutierte man, wie die ideale Form der Laieneinbindung in die Strafrechtspflege aussehen könne. Die Debatten um die deutsche Jury nach 1848/49 sind mit den Worten Karl Bindings dadurch gekennzeichnet, dass zwar das französische Juryverfahren als die „verkümmerte Form der Jury“ in der Forschung einstimmig verworfen wurde, aber hinsichtlich der idealen Form der Jury sei die „Zahl der Recepte [...] Legion; so ziemlich alle aber lauten verschieden und verwerfen einander“.[21] In der Tat zeichnen sich die Aussagen der hier untersuchten Schriften aus der zweiten Hälfte des 19. Jahrhunderts dadurch aus, dass die „Recepte“ allesamt auf sehr verschiedene Aspekte, die mit den Schwurgerichten verbunden sind, Bezug nehmen: So verbanden sich beispielsweise für Gneist mit der Institution „Schwurgericht“ die Grundsätze der

---

17 Heinze, Ein deutsches Geschworenengericht, 8; ähnlich Oehler: Der „juristische Kastengeist“ habe sich gegen die „Mitwirkung des Laienelementes an den durch Herkommen und Gesetz seiner Domäne ausschließlich zugewiesenen Arbeiten“ empört, Schwurgerichte und Schöffengerichte, 58.

18 In seiner Abhandlung „Volksgericht in Gestalt der Schwur- und Schöffengerichte“ hat sich Mittermaier auf Möser berufen, 23; Noch 1910 hat man sich auf das Möser'sche Bild der 12 Totaleindrücke einfacher Männer, die über den Angeklagten urteilen, berufen: Mittermaier/Liepmann (Hg.), Schwurgerichte und Schöffengerichte, Bd. 2, 179.

19 Auf diese Unterscheidung hat Binding hingewiesen, da viele Laiengeschworene keine Laien im wörtlichen Sinn waren, sondern versierte Rechtskenner, „*der Laie selbst ist ja gar nicht selten beamteter Richter*“, Drei Grundfragen der Organisation des Strafgerichts, 19.

20 Gneist, Die Bildung der Geschworenengerichte in Deutschland, V.

21 Binding, Drei Grundfragen der Organisation des Strafgerichts, 85.

„freien Gemeindeverfassung“ und des englischen „selfgovernment“.[22] Für Leue war das Schwurgericht auch ein „Ehren- und Sittengericht des Volkes“, das entgegen den Bestimmungen des Gesetzesrechts Freisprüche vornehmen dürfe, wenn die Tat zwar das Gesetz verletze,

> „...nicht aber das in dem Herzen des Volks lebende Gefühl der Ehre und Sitte...“.[23]

Diese Befugnis leite sich aus der Frage an die Geschworenen ab: „In dieser Frage ist viel mehr enthalten, als wenn man blos wissen will, ob der Angeklagte der That *überwiesen* sey? (convicted, convaincu)“.[24]

Das beherrschende Motiv der Schwurgerichtsforderung im 19. Jahrhundert war mit der Gewaltenhemmung verbunden: Die Entscheidung über die Strafverhängung, die dem Staat den schwerstwiegenden Eingriff in die Rechte des Einzelnen erlaubte, sollte besonders legitimiert werden.[25] Dies war der *politische Aspekt* der Schwurgerichtsforderung. Zudem wollte man die Gefahren der Beweisfreiheit des beamteten Richters durch den Einsatz von Laiengeschworenen bannen. Dies war der *juristische Aspekt* der Schwurgerichtsforderung.[26] Darüber hinaus lässt sich aber auch ein dritter Aspekt nachweisen, der als der *sittliche Aspekt* der Schwurgerichtsforderung bezeichnet werden kann: In der Paulskirche argumentierte Mittermaier, der Vorsitzende des Gesetzgebungsausschusses, mit der „Stimme des Volkes“, durch die die „feine Grenze“ zwischen dem Erlaubten und dem Unerlaubten gezogen werde.[27]

---

22 Gneist, Bildung der Geschworenengerichte in Deutschland, III; ders., Die Geschichte des selfgovernment in England, oder die innere Entwicklung der Parlamentsverfassung bis zu Ende des 18. Jahrhunderts, 1863; *zur Selbstverwaltungslehre Gneists, die er ausgehend von der englischen Laienjustiz entwickelte*: H. Heffter, Die deutsche Selbstverwaltung im 19. Jahrhundert, 1969, 372 ff. (376).

23 Leue, Die Grundlagen des Geschwornengerichts (Der Gerichtssaal, 1. Jg.), 68.

24 Ebd., 68.

25 Für Kühne ist die Legitimationsverbesserung von Strafurteilen unter dem Stichwort des Volksgerichts nur ein oberbegrifflicher Gedanke, da sie unterschiedliche Sinngebungen übergreift. Versuche man die Sinngebungen zu umreißen, ergeben sich zwei Hauptrichtungen: die politische und die richterliche Auffassung, erstere wird von den Demokraten vertreten, letztere von den Liberalen (Die Reichsverfassung der Paulskirche), 364 f.

26 Es wird auf eine Anerkennung im Volke abgestellt, ohne dass deswegen wie bei der politischen Auffassung eine demokratische Legitimierung der Geschworenenbank gefordert wurde, ebd., 365.

27 Mittermaier in der Paulskirche: Die „feine Grenze zwischen dem Erlaubten und dem Unerlaubten“ wird besser von den Geschworenen gezogen, nicht weil sie dazu besonders qualifiziert sind, sondern weil sie glaubwürdiger sind als die beamteten Richter,

Gerade *dieser* Aspekt, eingekleidet in Begriffe wie „Stimme des Volkes“ oder „Rechtsbewusstsein im Volke“, ist dann in der zweiten Hälfte des 19. Jahrhunderts als Mahnung in Richtung Richter und Gesetzgeber wichtig geworden.[28]

Die Schwurgerichtsforderung bettete sich nach 1848/49 in einen größeren Prinzipienstreit ein, in dem es um die Grundsätze des deutschen Strafverfahrens ging. Im Verlauf des 19. Jahrhunderts hat der deutsche Strafprozess eine grundlegende Wandlung erfahren. Um Prinzipienfragen wurde leidenschaftlich gerungen, weil die rechtlichen (strafprozessualen) Forderungen eng verwoben waren mit den staatsrechtlichen und politischen Forderungen der damaligen Zeit. Innerhalb dieses komplexen Gesamtkonstruktes von Forderungen waren auch die Argumente um das deutsche Juryverfahren eingebettet und letztlich davon beeinflusst. Bezüglich des Juryverfahrens verwies man auch auf bestimmte Prinzipien der anderen nationalen Juryverfahren (Fragestellung, Rechtsbelehrung, Resümee etc.), die man einer Vielzahl komparatistischer Studien entnahm. Anhand der Kenntnisse über die verschiedenen nationalen Juries entwickelte man die eigenen Ideen zum deutschen Juryverfahren. Als Autor zahlreicher komparatistischer Studien ist hier Mittermaier zu nennen.[29] Mittermaier war nach der Germanistenversammlung zu Lübeck 1847 der maßgebliche Verfechter des Juryinstituts und der Laiengeschworenen.

Man kann behaupten, dass Gneist sich als einziger von den hier untersuchten Gelehrten in der Auseinandersetzung mit dem Geschworenengericht an der Wirklichkeit des politischen Lebens positiv orientiert hat. Der Streit um das Schwurgericht war bei ihm weniger eine Sache des Rechts, sondern vielmehr eine Angelegenheit der Politik. In seiner Arbeit „Die Bildung der Geschworenengerichte in Deutschland“ von 1849 äußerte er seine Überzeugung, dass die Juristen allein das Gerichtswesen nicht reformieren können. Die nötigen Reformen werden in den Volksvertretungen und auf dem Gebiet

---

s. Wigard, Stenographischer Bericht über die Verhandlungen der deutschen constituirenden Nationalversammlung zu Frankfurt am Main, 62. Sitzung, 18.8.1848, Bd. 3, 1610.

28 Selbst bei Osenbrüggen, der sonst einer „Volksstimme“ oder einem „Rechtsbewusstsein im Volke“ eher skeptisch gegenüberstand, s.o. A. 14; auch Mittermaier s.u. bei A. 92.

29 Das deutsche Strafverfahren in der Fortbildung durch Gerichts-Gebrauch und Partikular-Gesetzbücher und in genauer Vergleichung mit dem englischen und französischem Straf-Prozesse, Bd. 1, 1832, Bd. 2, 1833; Die Lehre vom Beweise im deutschen Strafprozess...in Vergleichung mit den Ansichten des englischen und französischen Strafverfahrens, 1834; Das englische, schottische und nordamerikanische Strafverfahren, 1851; Erfahrungen über die Wirksamkeit der Schwurgerichte in Europa und Amerika, über ihre Vorzüge, Mängel und Abhülfe, 1865.

der politischen Parteienkämpfe ausgefochten, was auch dem „Geist der Jury" selbst entspreche.[30] Während andere das politische Leben, das beherrscht wird durch die Streitkultur der Parteien, eher negativ betrachteten, betonte Gneist das *politische Miteinander* im nach bestimmten Spielregeln ausbalancierten und *institutionell verfassten Gegeneinander*:

> „Uneigennützig, unparteiisch, gerecht, ist allerdings kein Stand der bürgerlichen Gesellschaft, *sobald man ihn politisch abgeschlossen* dem anderen entgegensetzt. Der Fehler liegt eben in jener Abschließung, in jener abstrakten, verstandsmäßigen Weise des Trennens. [...] So führt auch die Vereinigung der verschiedenen Stände der bürgerlichen Gesellschaft zu gemeinsamen politischen Akten nicht zu den vereinten Nachtheilen der Standeseinseitigkeit, sondern hebt diese, welche *erst durch die Abschließung entsteht*, vielmehr auf".[31]

Die Mehrheit der Juristen war dem politischen Leben, das beherrscht wird durch verschiedene soziale Interessen, Streitkultur und abschließenden Meinungskonsens und den Auswirkungen auf das Recht im Allgemeinen weniger positiv aufgeschlossen. Heinze versuchte die Realität des politischen Lebens, das nun zunehmend auf das Wirken der politischen Parteien reduziert wurde, auf einer sittlichen Ebene zu idealisieren. So kritisierte er 1865, dass man sich allgemein daran gewöhnt habe unter Politik

> „...recht eigentlich die Zielpunkte und Wirksamkeit der Parteien, die Bestrebungen zu verstehen, welche an die Schlagworte und die Bewegungen des Tages anknüpfen, so pflegt man auch das politische Element in der Thätigkeit, oder, wie Viele wollen, im Berufe der Jury in diesem beschränkten Sinne zu verstehen".[32]

So verurteilte er die Tatsache, dass die Jury von den politischen Parteien als politisches Agitationsmittel missbraucht werde.[33] Zudem kritisierte er die naive Rechtskunde der Laiengeschworenen und ihr Unvermögen, Rechtsfragen zu beurteilen.[34] Trotzdem war die Jury für Heinze aus einem anderen

---

30 Gneist, Bildung der Geschworenengerichte in Deutschland, VI.

31 Ebd., 20 f.

32 Heinze, Ein deutsches Geschworenengericht, 15; Möglicherweise hing dies mit einem Charakteristikum des politischen Denkens im Vormärz zusammen, mit der Ablehnung des Fraktionsbegriffes. Im Staatslexikon von Karl von Rotteck hat die „Faction" etwas „Verwerfliches", weil die Verfolgung des „particularen" Interesses in Widerstreit zum „wahren Gesammtwillen" steht, s. G. Hubmann, Ethische Überzeugung und politisches Handeln, 1997, 311 f.

33 Auch Mittermaier: „Eine Klippe, woran die gute Wirksamkeit des Schwurgerichtes leicht scheitert, ist auch der Kampf politischer Parteien, wenn sie feindlich sich einander gegenüberstehen", Volksgericht in Gestalt der Schwur- und Schöffengerichte, 7.

34 Heinze, Ein deutsches Geschworenengericht, 64.

Grund wichtig, der an die Argumentation der Rheinischen Immediat-Justizkommission erinnert: Die Jury stehe im „Dienste der Culturentwicklung“. Ihre volkserzieherische Aufgabe sei die Erhaltung, Pflege und Veredelung des Rechtssinns im Volke.[35]

Der Jurygegner Karl Binding kritisierte 1876, dass man die Laieneinbindung in die Strafrechtspflege oft mit dem Argument verteidige, dass ja das „Volk“ grundsätzlich am politischen Leben teilnehme, wie beispielsweise in den Kammern der konstitutionellen Staaten. Hier gab er zu bedenken, dass die Bedeutung der Kammern aber gerade darin liege, dass sich dort eine „Ansammlung von *Kapazitäten*“ finde, die ihr *sachverständiges* Urteil einbringen, an dieses „Sachunverständige“ sich anschließen können.[36] Beim Geschworenengericht verhalte es sich umgekehrt: Hier muss sich der sachverständige Richter dem sachunverständigen Laienrichter anschließen. Für Binding ruhte aber „...nur in der Selbständigkeit eines richterlichen Votums [...] dessen Bedeutung. So kann ich dem Götzen der Zeit, dem Laienrichter, nicht opfern“.[37] Binding warf hier die Frage auf, wie viel Politik das Recht verträgt.[38] Er kritisierte, dass der Gesetzgeber rechtliche Institutionen (das Juryinstitut) künstlich am Leben erhalte, und das nicht aufgrund sachlicher (juristischer) Notwendigkeit. Tenor seiner Arbeit war, dass die politischen Parteien eine „reine Rechtsfrage“ (Juryfrage) zur Parteifrage gemacht haben, und die Reichsregierung diesem politischen Druck in sachlich ungerechtfertigter Weise nachgegeben habe.[39]

Der Verfahrensgrundsatz der *französischen Jury* war die strikte Trennung der Tatfrage von der Rechtsfrage. Darauf beruhte die personelle Trennung zwischen Laien- und Richterbank. In der zweite Hälfte des 19. Jahrhunderts war die Trennung zwischen Tat- und Rechtsfrage allgemein fragwürdig geworden. Zudem musste die Forschung aufgrund der zahlreichen komparatistischen Beiträge zugeben, dass auch die französischen Juroren in Beantwortung der Tatfragen über Rechtspunkte entschieden.[40] So sprach Heinze 1865

---

35 Heinze, Ein deutsches Geschworenengericht, 89.

36 Binding, Drei Grundfragen der Organisation des Strafgerichts, 46.

37 Ebd., 46.

38 „Dürfen die politischen Parteien zu einem Gericht früher Stellung nehmen, als bis dessen rechtlicher Wert oder Unwert feststeht?“, ebd., 2.

39 Ebd., 3.

40 Mittermaier, Die Mündlichkeit, das Anklageprinzip..., 370; Nach Auskunft Mittermaiers war es in Frankreich so, dass auf die anfängliche Zersplitterung in zahlreichen Tatsachenfragen (bis zu 6000 Fragen in einem Fall!) die Reduktion auf die „question principale“ erfolgte. Dennoch brachte die „question principale“ keine Abhilfe, so dass in der Praxis wieder die Teilung der Fragen erfolgte, ebd., 392 f.; *zur „question principale“*: s. Kap. II.1. dieser Arbeit, A. 7.

in Bezug auf den französischen Grundsatz, man könne die Tatfrage von allen Rechtselementen befreien, von einer „künstlichen Scheidung des natürlich Zusammengehörigen".[41] Und Binding sagte 1876, dass es überhaupt keine von der Schuldfrage zu trennende Tatfrage gebe.[42] Damit verwarf man in Deutschland die Vorstellung, die Laien bräuchten für ihre Tätigkeit im Gericht nur ihren „gesunden Menschenverstand".[43]

Zudem argumentierte man, dass der französische Trennungsgedanke lediglich politisch motiviert sei wegen des Grundsatzes der Volkssouveränität und der Umsetzung des Gewaltenteilungsprinzips im Bereich des Strafverfahrens. Daraus würden Prozessprinzipien resultieren, die jegliche Deliberationstendenzen zwischen den Laiengeschworenen und dem vorsitzenden Richter verbieten. In Deutschland deckte sich aber der Grundsatz der Volkssouveränität nicht mit politischen Vorstellungen, die sich am *wahren* Gesamtwillen orientieren wollten. So verwahrte sich der Historiker und liberale Politiker Friedrich Christoph Dahlmann in der Paulskirche gegen den oft gepriesenen „Gemeinplatz" – die Volkssouveränität. Allerdings erkenne er im Begriff „Volkssouveränität" den ihm anhaftenden Grundsatz *salus populi suprema lex esto* an, aber

> „...ich wünschte gar sehr, daß die Begeisterung der Herren für die Volks-Souveränetät einmal überginge auf den Staat und in die Begeisterung für den, welcher das Heil des Volkes und der Regierungen gemeinsam in sich begreift".[44]

Gustav Carl Nicolaus Rintel schrieb 1844, Montesquieu und de Lolme hätten, um ihre Theorie von der Teilung der Gewalten im Staat und die aktive Teilnahme des „Volkes" an der Rechtsprechung historisch zu legitimieren, in Verkennung der eigentlichen Natur der englischen Jury das Geschworenengericht in Gestalt eines *Volksgerichts* aus dem Grundsatz der Volkssouveränität abgeleitet.[45] Dies habe bewirkt, dass nun englische Liberale ihrerseits diese verkehrten französischen Ansichten auf ihre eigene nationale Jury übertragen haben. Diese irrigen Vorstellungen über das Wesen der Jury

---

41 Heinze, Ein deutsches Geschworenengericht, 177.

42 Binding, Drei Grundfragen der Organisation des Strafgerichts, 35; auch Bluntschli, Lehre vom modernen Staat, 2. Bd., Allgemeines Staatsrecht, 1885, 344.

43 „Den Erörterungen über die Jury und der Schilderung, daß es zur Entscheidung von Thatfragen nur des gesunden Menschenverstandes bedürfe, liegt häufig noch der Irrthum zum Grunde, daß die Geschwornen nur Richter über Thatfragen seyen", Mittermaier, Die Mündlichkeit, das Anklageprinzip..., 370; auch Leue, Die Grundlagen des Geschwornengerichts (Der Gerichtssaal, 1. Jg.), 67.

44 Dahlmann, XXV. Reden in der Paulskirche 1848 und 1849 (Kleine Schriften und Reden, 1886), 414.

45 Rintel, Von der Jury, VII, VIII.

konnten dann – durch die scheinbare Übereinstimmung englischer und französischer Schriftsteller in ihren Aussagen über die englische Jury – somit auch auf die deutschen Beobachter übergehen, weil sie

> „...die Jury durch das Französische Glas ansahen, und zwei ganz verschiedenartige Institute, das Französische, Jury genannte, Volksgericht und die Englische Jury zusammenwarfen, nach ihrer verschiedenen politischen Gesinnung die Jury, die mit jenem wälschen Zerrbilde Nichts gemein hat, verwerfend oder empfehlend...“[46]

Hinsichtlich der Verfahrensgrundsätze der *englischen Jury* war in Deutschland bekannt, dass hier Juroren auch über Rechtspunkte entschieden.[47] An der englischen Schwurgerichtspraxis imponierte den deutschen Gelehrten besonders der Grundsatz der Gewissenspflicht, der es den englischen Juroren verbot, sich über die Rechtsbelehrungen (charge) des gelehrten Richters zu erheben.[48] Insgesamt erschien der englische Prozess trotz der dominanten Stellung des Richters mehr ein Miteinander von Richter- und Laienbank zu sein, wohingegen der französische Prozess mehr den Eindruck eines Gegeneinanders erweckte.[49] In Deutschland entsprach dieses Bild eines politisch motivierten Gegeneinanders zwischen Laien- und Berufsrichtern im Gericht grundsätzlich *nicht* den Idealvorstellungen über das Juryverfahren und hat mit dazu beigetragen, die kritische Haltung gegenüber dem Schöffengericht und dem zugrunde liegenden Prinzip der gemeinschaftlichen Urteilsfindung abzumildern.

Indes führten diese Überlegungen nicht dazu, sich bei der Einführung der Schwurgerichte nach 1848/49 in den deutschen Ländern an der englischen Juryform zu orientieren. Binding wies auf die argumentative Widersprüchlichkeit in den Diskussionen um das Juryinstitut hin, dass man in gleichem Atemzug hinsichtlich der Reform des Schwurgerichtes auf die englische Jury verwies, gleichzeitig aber das Wesen der englischen Jury auf die deutschen Verhältnisse als nicht passend erachtete.[50] Während einige die Gewissenspflicht der englischen Juroren gegenüber der autoritären Führung des vorsitzenden Richters positiv bewerteten, kritisierte Heinze 1865, dass das

---

46 Rintel, Von der Jury, VIII.

47 Mittermaier, Die Mündlichkeit, das Anklageprinzip..., 370; „Heutzutage dagegen will in England Niemand mehr das Verdikt der Jury auf die Feststellung nackter Thatsachen beschränken“, Binding, Drei Grundfragen der Organisation des Strafgerichts, 35.

48 So konnte das „summing up“ („charge“) des englischen Richters eine kategorische Anweisung sein, s. im Detail: Westhoff, Grundlagen des Strafprozesses, 104 f.; auch Binding: Die bindende Anweisung der „charge“ habe „mit unserem farblosen Resümé nichts gemein“, Drei Grundfragen der Organisation des Strafgerichts, 93.

49 Heinze, Ein deutsches Geschworenengericht, 134.

50 Binding, Drei Grundfragen der Organisation des Strafgerichts, 95.

englische Schwanken zwischen der Autorität des Richters und dem Eigenwillen der Geschworenen den Anforderungen an die Entstehungsweise zuverlässiger Entscheidungen nicht genüge und daher zu einem in Deutschland bereits überholten Entwicklungsstand gehöre.[51] Obwohl noch 1896 Oehler als einer der wenigen die Orientierung an der englischen Jury verteidigt und sogar deren Übertragbarkeit proklamiert, gibt er gleichzeitig zu, dass der Rechtsbelehrung des deutschen Richters als Einwirkungsmittel auf die Geschworenen eine ähnlich autoritative Kraft beizulegen, „...daran ist nach unseren gerichtsorganisatorischen Einrichtungen nicht zu denken".[52] Köstlin wiederum sah im englischen Recht eine Vielzahl unterschiedlicher Prinzipien walten, die es ihm unmöglich machten, Rückschlüsse auf die Einheitlichkeit und Systemrationalität des englischen Rechts zu ziehen.[53] Spätestens im letzten Drittel des 19. Jahrhunderts hatte sich die herrschende Meinung in Deutschland von der englischen Jury als Vorbild verabschiedet, was wesentlich mit der autoritären Stellung des englischen Richters zusammenhing.[54] Ironisch hält Binding fest, dass der Verweis auf die nationalen Juryinstitute als gerichtsverfassungsrechtliche „Heilmittel" für die Reformdiskussionen im eigenen Land ein Fass ohne Boden sei:

> „Als Heilmittel für die Schäden des deutschen Schwurgerichtsverfahrens ist auf das englische hingewiesen worden. Ewig zum entborgen geneigt wird man später wohl auch nach Schottland gehen und dann die Weltfahrt über den Ozean antreten, um Medizin für unsere Gebrechen aus Amerika zu erlangen".[55]

Der abnehmende Orientierungswille gegenüber dem englischen Juryprozess hat möglicherweise auch mit der Ablehnung der englischen Popularklage zu tun, da diese dem Grundsatz der Strafverfolgung durch den Staat konträr gegenüberstand. Der englische Grundsatz, wonach jedermann Anklage erheben kann bzw. muss, um eine Strafverfolgung auszulösen, wurde im 19. Jahrhundert nur für eine frühe Entwicklungsstufe des Staates gutgeheißen:

---

[51] Heinze, Ein deutsches Geschworenengericht, 172.

[52] Oehler, Schwurgerichte und Schöffengerichte, 76.

[53] Köstlin, Geschwornengericht für Nicht-Juristen, 19 f.

[54] „Den englischen Richter mit seiner ausserordentlichen Autorität gegenüber der Geschworenenbank nach Deutschland herüberzunehmen, – diesen beachtenswerten Vorschlag hat noch Niemand gemacht; denn unser Schoosskind ist die Geschworenenbank und das Aschenbrödel der Richter! Würde ihn aber auch Jemand wagen, so würde er auch sorgen müssen, unsere Richter mit dem ganzen Glanze und dem vollen Ansehen des englischen Richterstandes zu umkleiden", Binding, Drei Grundfragen der Organisation des Strafgerichts, 93.

[55] Ebd., 92 f.; ähnlich Heinze, Ein deutsches Geschworenengericht, 196.

> „Durch alle diese Aushilfen wird jedoch das Bedürfniß des modernen Staats, welches den Grundsatz der Verfolgung aller Verbrechen im öffentlichen Interesse gebieterisch verlangt, keineswegs befriedigt, wie schon daraus erhellt, daß die bürgerliche Gesellschaft in England sich genöthigt sieht, freie Vereine zur Verfolgung von Verbrechen zu bilden und Prämien dafür auszusetzen. In der That klagen auch englische Staatsmänner darüber, daß die dortige Einrichtung die Ungestraftheit vieler Verbrechen [...] befördere“.[56]

Das 19. Jahrhundert in Deutschland war dadurch gekennzeichnet, dass sich das Bewusstsein für den allgemeinen (staatsrechtlich-)öffentlichen Verbund stärker ausbildete, der verstanden wurde als eine sittliche Ordnung, die über allem waltet. Dies blieb nicht ohne Auswirkungen auf die Bewertung des Schwurgerichts und des Gewaltenteilungsprinzips:

Noch 1818 war die Rheinische Immediat-Justizkommission bestrebt, durch die Einbindung der Juroren in die Rechtspflege im Individuum das Bewusstsein zu wecken, dass die öffentlichen Angelegenheiten eines Gemeinwesens auch die Angelegenheiten jedes Einzelnen sind. Hier fehlte der Gedanke, dass die Übernahme des Geschworenenamtes auch die Erfüllung einer Pflicht gegenüber dem Staat bedeute. Vor den Ereignissen der Jahre 1848 und 1849 überwog bei Leue die Idee, dass die Geschworenen eine Art moralische Befugnis für die Teilhabe an ihren eigenen Angelegenheiten besitzen. Für Leue waren die öffentlichen Angelegenheiten eines Gemeinwesens deckungsgleich mit den Interessen der bürgerlichen Gesellschaft.[57] Somit war ihm das Urteil des Schwurgerichts ein „...Urtheil eines bürgerlichen Gerichts und zugleich das eines Ehren-Gerichts“.[58] Die Notwendigkeit des Gewaltenteilungsprinzips wurde zwar grundsätzlich anerkannt, doch man unterstellte Montesquieu, dass er in Nachahmung der englischen konstitutionellen Verhältnisse dieses Prinzip übertrieben habe:

> „Die Nothwendigkeit der Theilung der Gewalten, der Zusammenhang des Strafrechts und des Strafverfahrens mit dem Charakter der gesammten Staatsverfassung

---

[56] Köstlin, Geschwornengericht für Nicht-Juristen, 22; So argumentierte Binding, dass die Besetzung der Strafgerichte eine Frage ist, die jeden Bürger persönlich berühre, und dies umso mehr, „...falls das nationale Unglück der *subsidiären Popularklage* über das deutsche Volk hereinbrechen sollte. Weil die Staatsanwaltschaft hie und da die Anklage tendentiös erhebt oder unerhoben lässt, soll nach den Vorschlägen mancher angesehen Juristen der Teufel nicht mit Beelzebub, sondern mit der ganzen Hölle ausgetrieben werden. Jedermann, der im Staate wohnt, soll die Klage erheben können gegen Jedermann wegen jeder strafbaren Handlung...“, Drei Grundfragen der Organisation des Strafgerichts, 4.

[57] Leue, Deutsches Schöffen-Gericht, 4.

[58] Ebd., 220.

> war von *Montesquieu* verfochten, und von ihm auf England als das ideale Vorbild hingewiesen. So griff man denn auch mit Enthusiasmus nach der englischen Jury, in der man die Heilung aller Uebel zu finden glaubte. Nur freilich faßte man an ihr keineswegs ihr eigenthümliches Wesen [...], sondern eben nur ihr politisches Element, d. h. dies auf, daß hier das Volk eine direkte und unmittelbare Theilnahme an einem Geschäfte, wobei die bürgerliche Gesellschaft vorzugsweise interessirt sei, am Schutze der öffentlichen Sicherheit erhalte. Eben in diesem Punkte denn, wie in dem Streben nach Sonderung der Gewalten übertrieb man alsbald in leidenschaftlichem Eifer".[59]

Ganz entsprechend kritisierte Gneist 1849 den Aspekt der Gewaltenhemmung, der mit der Schwurgerichtsforderung verbunden war, als „...das Zeichen eines augenblicklich krankhaften Zustandes, bei welchem der Einzelne sich nicht im Staate fühlt und weiß":

> „Wenn der Staat uns das Höchste auf Erden ist, so fragt man billig, welchen Sinn ein 'Schutz gegen die Staatsgewalt' haben soll. Wenn der Staat das darstellt, was die Vernunft als seinen nothwendigen Inhalt, als die wahre sittliche Freiheit erkannt hat, woher dieses Mißtrauen? – Wenn ihr in den Richtern Werkzeuge des Despotismus fürchtet, warum fürchtet ihr nicht die Willkür der Geschworenen? macht der Eid, welchen der Geschworene leistet, ihn zu etwas anderem als den Richter?"[60]

Es zeigt sich, dass im Verlauf des 19. Jahrhunderts mit der Schwurgerichtsidee nach und nach von den persönlichen Interessen des Einzelnen abgesehen wurde. Dies hing mit dem gesteigerten Selbstbewusstsein des Bürgertums zusammen. Denn es erkannte, dass es ja selbst das größere staatliche Gemeinwesen repräsentiert. Die persönliche Freiheit sollte jetzt nicht mehr gegen den Staat erreicht werden, sondern mit Hilfe des Staates. Ganz entsprechend wurde nun der *Pflichtaspekt* des Geschworenendienstes gegenüber dem Staat betont: Während also für Leue 1847 die Rechtsfindung der Geschworenen eine Teilnahme des Bürgers „an den wichtigsten Angelegenheiten der bürgerlichen Gesellschaft"[61] bedeutete, sah Heinze das Geschworenenamt 1865 als eine „Betheiligung an der Verwaltung der Angelegenheiten des Staates" an.[62] Diese Beteiligung von Laiengeschworenen wurde aus volkserzieherischen Überlegungen immer noch begrüßt, nun aber mit Betonung der Risiken, wenn

---

59 Köstlin, Geschwornengericht für Nicht-Juristen, 56.
60 Gneist, Bildung der Geschworenengerichte in Deutschland, 22.
61 Leue, Deutsches Schöffen-Gericht, 222.
62 Heinze, Ein deutsches Geschworenengericht, 94.

> „...den Mitwirkenden ihre Thätigkeit mehr wie die Ausübung eines Rechtes, denn wie Erfüllung einer Pflicht [erscheint]. Dadurch wird aber der höhere, ethische Standpunkt der Hingebung an den Staat gefährdet".[63]

Das Bewusstsein des Pflichtverbandes, der den Einzelnen an den Staat kettet, war für Heinze das sicherste Mittel, um den Gedanken der Sittlichkeit zu entfalten: So bilde das Geschworenengericht „...ein nahebei unersetzliches Glied in dem Gefüge des staatlichen Organismus".[64] Im Verlauf des 19. Jahrhunderts hatte sich die Perspektive geändert: Die Frage, welche individuellen Interessen (Schutz des Einzelnen vor Staatsmacht etc.) im Strafverfahren Berücksichtigung finden müssten, wurde in der theoretischen Reflexion in der zweiten Hälfte des 19. Jahrhunderts zunehmend kompensiert durch die Frage, was durch das Strafverfahren im öffentlichen Interesse bewirkt werden soll. Von dieser Erkenntnis machte Mittermaier 1866 die Bedeutung der Schwurgerichte abhängig.[65] 1874 schrieb Gneist in seiner Abhandlung „Vier Fragen zur Deutschen Strafproceßordnung":

> „Die Gesellschaft gelangt immer erst durch die Unvereinbarkeit ihrer Ansprüche zur nothgedrungenen Anerkennung des öffentlichen Rechts in seiner eigenthümlichen Ordnung. Aus dem unlösbaren Streite widersprechender Interessen erst entsteht das Bewußtsein von der Nothwendigkeit einer stetigen, rechtlichen und sittlichen Ordnung, die über Allen waltet".[66]

Durch das Anerkennen einer *Omnipotenz des Staates* im Sinn von Gneist – als einer stetigen, rechtlichen und sittlichen Ordnung, die über allen waltet –, wurde aber der Idee der Einbindung von Laiengeschworenen in die Gerichte als Schutz vor dem Richter als dem verlängerten Arm des Staates der Boden entzogen.[67] Der allgemeine Wille zur Laieneinbindung in Form der Jury als

---

63 Heinze, Ein deutsches Geschworenengericht, 94.

64 Ebd., 94.

65 Mittermaier, Volksgericht in Gestalt der Schwur- und Schöffengerichte, 15.

66 Gneist, Vier Fragen zur Deutschen Strafproceßordnung mit einem Schlußwort über die Schöffengerichte, 1874, 15; Als Zeitzeugnis sind seine folgenden Worte interessant: „...die *mangelhafte Entwickelung des Rechtssinnes unserer Zeit*, sobald staatsrechtliche Gesetzgebungsfragen in den weiteren Bereich der parlamentarischen und der politischen Discussionen gelangen. Es ist dies der gleichmäßige Character aller Zeiten der Umbildung des Güterlebens, in welchen die Verbindung des Staats mit der Gesellschaft noch im Fluß befindlich ist", ebd., 14.

67 Nach 1850 verlor das Misstrauen gegenüber dem Berufsrichter an Überzeugungskraft. Die deutsche Richterschaft war nun in Herkunft und Selbstverständnis so sehr Teil der bürgerlichen Gesellschaft geworden, dass das politische Motiv einer Kontrolle omnipotenter Richter an Überzeugungskraft verlor. Wenn man nun den Gedanken einer Gewaltenteilung als anachronistisch darstellte, so entsprach dies dem Bewusstsein ei-

eine bürgerliche Schutzinstitution vor dem Staat hatte seine Breitenwirkung verloren:

> „Trotz der ausgeprägten Neigung, die Schwurgerichte zu beseitigen, trägt man das Verlangen zur Schau, das Laienelement auch ferner bei der Rechtspflege zu verwenden, und zwar nicht bloß bei den an Stelle der Schwurgerichte zu setzenden *großen*, sondern auch den *mittleren Schöffengerichten…*".[68]

Nach 1870 befanden sich die Anhänger der Schwurgerichte stets in der Defensive.[69] Dennoch ist es so, dass nun das Schöffengericht als Alternative zum Schwurgericht keineswegs als die ideale Form der Laieneinbindung in die Rechtspflege auch allgemein anerkannt wurde, denn beim Schöffengericht störte man sich an der Tatsache, dass Juristen und Nicht-Juristen sich gemeinsam beraten:

> „Die herrschende Auffassung findet an dem Gedanken gerade das anstößig, wodurch er im Grundsatz sich empfiehlt, das organische Zusammenwirken von Juristen und Nichtjuristen".[70]

Gegen das Schöffengericht herrschte eine doppelte Frontstellung: *Jurybefürworter* äußerten die Befürchtung, dass sich die rechtsunkundigen Laien als Schöffen in ihrer freien Überzeugungsbildung von den rechtsgelehrten Richtern bevormunden lassen könnten. Daher sprach Mittermaier von „Scheincollegialität".[71] Von *Jurygegnern* wurde das Schöffenprinzip mit dem Argument bekämpft, dass die Belehrung des Richters durch einen anderen allgemein dem Gedanken des Richtertums widerspreche.[72]

Mit der Emminger'schen Verordnung vom 4. Januar 1924 wurden dann die Schwurgerichte in Deutschland im eigentlichen Sinn abgeschafft. Sie wurden durch Gerichte ersetzt, die nur dem Namen nach Schwurgerichte, in Wirklichkeit aber reine Schöffengerichte waren.[73] Bei diesen Schöffenge-

---

nes im Bürgertum fest verankerten Richterstandes, so Landau, Schwurgerichte und Schöffengerichte in Deutschland bis 1870, 303 f.

68 Oehler, Schwurgerichte und Schöffengerichte, 86 f.

69 Landau, Schwurgerichte und Schöffengerichte in Deutschland bis 1870, 302.

70 Heinze, Ein deutsches Geschworenengericht, 135.

71 Mittermaier, Volksgericht in Gestalt der Schwur- und Schöffengerichte, 37.

72 Binding, Drei Grundfragen der Organisation des Strafgerichts, 101.

73 *Zur Abschaffung des echten Schwurgerichts durch die Emminger-Verordnung 1924*: G. Hadding, Schwurgerichte in Deutschland, 78 ff.; Die gesetzgeberische Maßnahme des Justizministers und ehemaligen Augsburger Staatsanwaltes Emminger aus dem Jahre 1924, die die echten Schwurgerichte abschaffte, ist von einer juristischen Minderheit als „einen als finanzielle Sparmaßnahme maskierten Handstreich" bezeichnet

richten war das bezeichnende Merkmal des eigentlichen Schwurgerichts weggefallen, dass nämlich die Geschworenen *allein und selbständig* die Frage nach der Schuld entschieden.[74]

Im Folgenden sollen die bezeichnenden Merkmale und der Wert der deutschen Jury anhand der untersuchten Schriften nachgezeichnet werden. Die Aussagen der Gelehrten zur Einbindung von Laien in die Rechtspflege machen grundsätzliche Überlegungen deutlich. Denn diese Aussagen waren in einen größeren Zusammenhang eingebettet: in das Verhältnis zwischen Recht, Sitte und Gesetz.

*Mittermaier* sieht das *Merkmal* der Jury 1845 darin, dass Nicht-Juristen ein „Gericht" bilden und die Frage entscheiden, ob der Angeklagte des Verbrechens schuldig ist.[75] 1866 wiederholt sich seine Formulierung.[76] Die Laiengeschworenen entscheiden allein die ganze Schuldfrage nach ihrer Überzeugung und nach dem „Volksrechtsbewußtsein".[77] „Volksgerichte" gibt es in zwei Grundformen: als Schwurgerichte und Schöffengerichte. Die Merkmale, wodurch sich beide Formen voneinander unterscheiden, sind, dass für die Einbindung der Laien in die Schwurgerichte keine Rechtskenntnisse erforderlich sind, und dass der Wahrspruch der Laien im Juryprozess dem Urteil der Richter zwingend zugrunde liegt.[78] *Köstlin* bezeichnet die Jury 1849 als ein Gericht, in dem rechtsunkundige „Vertreter des Volks" einbezogen sind, um die Schuldfrage beantworten.[79] *Binding* resümiert 1876, dass man

---

worden, der einen Widerspruch zu den demokratisch-republikanischen Grundsätzen der Weimarer Reichsverfassung darstelle, s. Hadding, ebd., 100 f.

74 Im Schöffengericht üben ehrenamtliche Richter (Schöffen) das Richteramt in vollem Umfang und mit gleichem Stimmrecht aus wie Berufsrichter. Schöffen und Berufsrichter bilden eine gemeinsame Richterbank, die gemeinschaftlich über die Schuld- und Straffrage entscheidet, C. Roxin, Strafverfahrensrecht, 1995, § 7 B I; *zu der Mitwirkung der Laien im Strafverfahren heute*: H. Rüping, Funktionen der Laienrichter im Strafverfahren (Jur. Rundschau, Jg., 1976), 269-274; U. Benz, Zur Rolle der Laienrichter im Strafprozess, 1982, 88 ff.

75 Mittermaier, Die Mündlichkeit, das Anklageprinzip..., 360.

76 Mittermaier, Volksgericht in Gestalt der Schwur- und Schöffengerichte, 14.

77 Ebd., 40.

78 „...insoferne nicht nach dem Gesetze ein Grund vorliegt, der die Richter berechtigt, das Urtheil auszusetzen", Mittermaier, Volksgericht in Gestalt der Schwur- und Schöffengerichte, 15.

79 Köstlin, Geschwornengericht für Nicht-Juristen, 1 f.; Köstlin folgte der Jury-Definition von Steman: Die Jury ist „...eine Vereinigung von Staatsbürgern, die keine Rechtskenntnisse zu besitzen nöthig haben und nicht als Richter angestellt sind, die vielmehr nur für einen einzelnen Fall oder eine Mehrheit von Fällen [...] nach stattgehabter mündlicher kontradiktorischer Verhandlung des Prozesses unter Leitung einer richterlichen Behörde und ohne über die ihren Ausspruch bestimmenden Gründe zu

sich daran gewöhnt habe, das Schwurgericht als ein „Volksgericht“ zu preisen, und das Charakteristische in der „*Theilnahme der Laien an der Strafgerichtsbarkeit*“ zu sehen, wohingegen er das Charakteristische in der Teilung der richterlichen Gewalt und ihrer Ausübung sieht:

> „Durch die Bildung der Geschworenenbank wird ein Theil der Gerichtsbarkeit dem Richterkollegium *vollständig* entzogen...“.[80]

Alle Reformvorschläge bezüglich der Jury kranken, weil sie selbst Spiegelbild des „verfehlten Grundgedankens der Jury“ sind, nämlich der „Theilung der richterlichen Aufgabe auf zwei verschiedene Organe, und der Thatsache, dass die Geschworenen regelmässig eine Bank sich selbst überlassener Laien bilden“.[81]

1845 argumentiert *Mittermaier*, dass man hinsichtlich der Bestimmung des *Wertes* der Jury drei Aspekte voneinander unterscheiden müsse, den juristischen, politischen und sittlichen: Die Jury sei eine Rechtsanstalt zur Bewertung beweisbarer Tatsachen; die Jury sei ein politisches Institut; die Jury sei ein Mittel zur Sicherstellung der gerechten Anwendung der Gesetze und könne das materielle Recht mit dem formellen Recht in Einklang bringen.[82] Hier verwirft er die Überlegung, dass sich die Laiengeschworenen in die Lage des Angeklagten versetzen können.[83] Am wichtigsten sei der dritte Aspekt, den auch die Engländer besonders hervorheben. Besonders bei politischen Verbrechen sei die feine Grenze, die eine erlaubte Handlung von einer widerrechtlichen trennt, schwer zu bestimmen.[84] Da die Laiengeschworenen Repräsentanten des Volkes sind, sei ihr Wahrspruch ein „Zeugnis der bürgerlichen Gesellschaft“, der in solchen Fällen das Verhalten des Bürgers *entschuldigen*

---

einer Rechenschaft oder überhaupt in einer äußern Weise dafür verantwortlich zu sein, über die Frage endlich [...] entscheiden, ob der vor Gericht Gestellte des ihm angeschuldigten Verbrechens schuldig sei oder nicht“, ebd., 14.

80 Binding, Drei Grundfragen der Organisation des Strafgerichts, 17 f.

81 Ebd., 85.

82 Mittermaier, Die Mündlichkeit, das Anklageprinzip..., 363.

83 Ebd., 359; so aber Leue, Die Grundlagen des Geschwornengerichts (Der Gerichtssaal, 1. Jg.), 68.

84 „Vorzüglich scheint dies da der Fall gewesen, wenn das Unrecht der in Frage stehenden Handlung auf so schmaler Gränze liegt, daß leicht der Bürger, welcher die Handlung verübte, über ihre Erlaubtheit im Irrthum seyn konnte, und im guten Glauben handelte, während die allgemeine Fassung des Strafgesetzbuches ihn verdammt; ebenso tritt dieser Gesichtspunkt ein, wo das Interesse der bürgerlichen Gesellschaft an der Bestrafung einer Handlung so gering ist, daß besser keine Strafe eintreten würde“, Mittermaier, Die Mündlichkeit, das Anklageprinzip..., 377 f.

könne.[85] Mittermaier vertritt 1845 allerdings noch die Meinung, dass eine gerechte Rechtsanwendung im oben genannten Sinn auch ohne Laiengeschworene erreicht werden könne, da Laien nach zwei Seiten hin abhängig seien: Der mittelbare politische Einfluss der Regierung auf die Bildung der Geschworenenbank sei sowohl in Frankreich als auch im Rheinland unleugbar. Gefährlicher sei aber die Abhängigkeit der Geschworenen von der „herrschenden Stimmung“.[86] So sieht er die gerechte Anwendung der Strafgesetze auch durch rechtsgelehrte Richter gewährleistet, allerdings nur unter der Prämisse, dass die Gesetzestexte dem freien Ermessen der Richter einen gewissen Spielraum lassen würden, durch den der „...Widerspruch der natürlichen, nur gerechte Bestrafung fordernden Stimme des Volkes mit Strafurtheilen“ vermieden werde.[87] Seit der Lübecker Germanistenversammlung im Jahre 1847 hat sich Mittermaier allerdings für die Notwendigkeit von Laiengeschworenen ausgesprochen. 1866 resümierte er, dass die Jury sich bewährt habe, auch wenn ihr noch der französische Grundcharakter anhafte. Der Grund liege größtenteils „...im deutschen Nationalcharakter, der sowohl auf die Geschworenen, als auf die Beamten wirkt...“.[88]

1866 äußert er sich zur Frage, was durch das Strafverfahren im öffentlichen Interesse bewirkt werden solle. Er identifiziert das öffentliche Interesse mit seinem Begriff von Gerechtigkeit. Gerechtigkeit meint nicht Gerechtigkeit vor dem Gesetz, das selbst immer nur „generalisirt“. Sondern es ist gerade das Individualisieren in der Urteilsfindung, das Gerechtigkeit für Mittermaier ausmacht.[89] Auch hier argumentiert er wieder mit der Grenze zwischen dem Erlaubten und dem Strafbaren.[90] Er wiederholt seine alte Kritik, dass es sehr darauf ankommt, wie Gesetze formuliert sind. Der Gesetzgeber stelle unter großer Mühe Rechtsbegriffe auf und formuliere Merkmale, anhand derer man eine Handlung als ein strafbares Delikt identifiziert, dennoch sei es oft so, dass bei der Beurteilung der Schuldfrage die Laiengeschworenen wesentlich sicherer urteilen als die rechtsgelehrten Richter. Mancher Gesetzeswortlaut sei nicht geeignet

---

85 Mittermaier, Die Mündlichkeit, das Anklageprinzip..., 378.

86 Ebd., 375.

87 Ebd., 378.

88 Mittermaier, Volksgericht in Gestalt der Schwur- und Schöffengerichte, 14.

89 Ebd., 21; Umgekehrt sagte Binding, dass die Aufgabe des Juristen gerade darin besteht, von allen buntesten Lebenserscheinungen abstrahieren zu müssen, d.h. das rechtlich Relevante von dem nicht Relevanten zu unterscheiden (Drei Grundfragen der Organisation des Strafgerichts), 33.

90 Mittermaier, Volksgericht in Gestalt der Schwur- und Schöffengerichte, 16.

> „...eine feste, gleichförmige Rechtsansicht über die Gränze des Strafbaren zu begründen“.[91]

Die Lösung heißt daher:

> „Der Gesetzgeber muß sich dem im Volke lebenden Rechte der inneren Stimme, welche von Begehung gewisser Handlungen abhält und über das Strafwürdige derselben belehrt, anschließen“.[92]

Damit forderte er, dass die gesetzlichen Merkmale so formuliert sein müssen, dass sie mit der moralischen Beurteilung konform gehen. In diesem Zusammenhang ging Mittermaier auch auf die juristische Fachsprache ein. Bei der Gesetzesauslegung solle man im Zweifelsfall den „Volksausdruck“ zugrunde legen.[93] In dieser Arbeit hat sich Mittermaier aufgrund des dritten Aspektes – gerechte Anwendung von Strafgesetzen –, für die Laiengeschworenen und gegen den „Staatsrichter“ ausgesprochen:

> „Erst dann wird die Strafgesetzgebung ihren würdigen Charakter erhalten, wenn die Strafverbote an das allgemeine Rechtsbewußtsein sich anschließen, indem der Gesetzgeber von der Voraussetzung ausgeht, daß die Bürger nach diesem Bewußtsein ihre Handlungen einrichten und das Gesetz auffassen. Die Rechtssprechung durch Geschworene verhindert, daß das Strafgesetz nur durch künstliche juristische Deductionen und mit Hülfe gelehrter Forschungen ausgelegt wird und daher die Lage herbeigeführt wird, daß Jemand wegen Verletzung eines Gesetzes gestraft wird, das der natürliche Verstand unparteiischer Leute nicht so, wie die gelehrten Richter, auslegen“.[94]

Damit hatte er seine Ansicht von 1845, dass die gerechte Anwendung von Strafgesetzen auch ohne eine „Geschwornenverfassung“ erreicht werden könne, revidiert. Seine Grundaussage war, dass der Staatsrichter den Fall in einer generalisierenden Weise beurteile, der Geschworene hingegen in einer individualisierenden Art. Damit brachte sich aber Mittermaier in eine ähnliche argumentative Zwangslage, wie Jahre zuvor schon Heffter auf der Lübecker Germanistenversammlung, als dieser die Überzeugung des Geschworenen zu einer Gewissensentscheidung erklärt und damit autonom gemacht hatte. Um damit nicht in einen moralischen „Solipsismus“ in der Rechtsfin-

---

91 Mittermaier, Volksgericht in Gestalt der Schwur- und Schöffengerichte, 18.

92 Ebd., 18.

93 Ebd., 19.

94 Ebd., 23; Mittermaier begründete seine Überlegung damit, dass Staatsrichter a) beamtet sind, b) diese die Lebenskreise der unteren Klassen der Bürger nicht kennen und c) weil diese häufig nach Präjudicien richten, dadurch kein Fortschritt in den Rechtsansichten möglich ist, ebd., 19 f.

dung zu verfallen, war diese autonome Gewissensentscheidung von Heffter argumentativ wieder aufgebrochen worden, als er anmerkte, dass sich in der Entscheidung der Laien nicht nur die „innere Stimme“ manifestiert haben müsse, sondern auch die „Stimme des Landes“. Genauso verfährt nun Mittermaier, indem er die „innere Stimme“ (autonomes Gewissen) mit dem „*Volksrechtsbewußtsein*“ koppelt. Die Geschworenen seien „Vertreter des Volksrechtsbewußtseins“.[95] Die Idee der Jury sei, dass Laien die Schuldfrage

> „...unabhängig und selbständig nach ihrer Ueberzeugung und nach dem Volksrechtsbewußtsein entscheiden“.[96]

Im „Volksrechtsbewusstsein“ werde im Urteil des Einzelnen das Urteil der Anderen mitgedacht. Damit übernehme der Laiengeschworene eine „große moralische *Verantwortlichkeit*“ gegenüber dem Urteil der Anderen im Gemeinwesen.[97] Die Besonderheit dieses „Volksrechtsbewusstseins“ im Mittermaier'schen Sinne ist, dass man diesen Begriff vom „Rechtsgefühl“, wie er 1818 von der Kommission verwendet wurde, semantisch abgrenzen muss: Das „Rechtsgefühl“ äußerte sich in der Achtung vor der bürgerlichen Ordnung und vor den von ihr geforderten Verhaltensregeln, dann aber auch in der Achtung vor dem Gesetz und vor den rechtlichen Institutionen (Gericht). Dieses „Rechtsgefühl“ rekurrierte auf die Verpflichtung gegenüber der gesellschaftlichen Verfasstheit des Normativen. Das Empfinden dieser Verpflichtung machte im Wesentlichen das „Rechtsgefühl“ aus.[98] Das „Volksrechtsbewusstsein“ hier ist ein Anderes: Das Urteil der Geschworenen sei

> „...das Product der übereinstimmenden Ansicht einer großen Zahl von unabhängigen, mit den Lebensverhältnissen durch das Volksrechtsbewußtsein geleiteten, ih-

---

95 Mittermaier, Volksgericht in Gestalt der Schwur- und Schöffengerichte, 25.

96 Ebd., 40.

97 Ebd., 24.

98 In diesem Sinn auch Heinze: Durch die Beteiligung der Geschworenen an der *Verwaltung* der Angelegenheiten des Staates, nehmen die Laien das „Rechtsgefühl“ in ihr Bürgerleben zurück, Ein deutsches Geschworenengericht, 92 ff.; *Unter dem Stichwort „Rechtsgefühl“ werden grundsätzlich eine Anzahl ganz unterschiedlicher Sachverhalte bearbeitet*: C. Meier, Zur Diskussion über das Rechtsgefühl: Themenvielfalt – Ergebnistrends – neue Forschungsperspektiven, jur. Diss. Zürich 1985; In dieser Arbeit listet Meier zehn unterschiedliche Sachverhalte auf: „Rechtsgefühl“ als persönliche oder kollektive Vorstellungen und Meinungen über 'gerechte' Interaktionsregelungen; als latentes Wissen um bewährte und übliche Formen sozialer Kooperation; als Möglichkeit, den Inhalt des positiven Rechts durch eine „Parallelwertung“ zu erfassen etc., 156 ff., auch 164 ff.

> rer moralischen Verantwortlichkeit folgenden Männer [...], welche über ihre Mitbürger urtheilen...".[99]

Dies erklärt auch, warum das Schöffengericht für Mittermaier die Idee der Jury untergräbt. Denn dem Schöffenprinzip liegt die Deliberation, die argumentative Auseinandersetzung und abschließend ein Abgleichen von unterschiedlichen Überzeugungen und Meinungen – also „Übersubjektivität" – zugrunde.[100] Und genau hier liegt bei aller Verschiedenheit die große Übereinstimmung sowohl derjenigen Gelehrten, die mit einem „Volksrechtsbewusstsein", als auch derjenigen, die ausschließlich mit der Wissenschaftlichkeit des Rechts argumentierten. Die Übereinstimmung liegt in der Ablehnung der argumentativen Übersubjektivität: Binding betonte, dass das Schöffenprinzip, in dem der Richter an den Vortrag eines anderen gebunden ist, „dem Gedanken des Richterthums zu widersprechen" scheint.[101]

Für *Köstlin* (1849) erschöpft sich der besondere Wert des Schwurgerichts nicht darin, dass es „ein volksthümliches Element in die Strafrechtspflege" bringe. Das Schwurgericht sei aufs Engste mit der *Beweisfrage* verbunden. Beweisen in Strafsachen heißt, die Überzeugung gewinnen, dass ein Verbrechen begangen wurde nach den Merkmalen des Strafgesetzes.[102] Die Beweisfrage umschließt zwei Aspekte: Einmal die äußere rechtsverletzende Tat und zum anderen die darin zu Tage getretene „verbrecherische *Willensbestimmung* eines Menschen".[103] Dieser letztgenannte Aspekt bildet für Köstlin aber den „Hauptnerv des Beweises in Strafsachen". Daraus leite sich die wahre Aufgabe der Jury ab: Da die Teilung der Tat- von der Rechtsfrage nicht möglich ist, urteilen die Laiengeschworenen auch über Rechtsbegriffe.[104] Diese Rechtsbegriffe seien aber dem „gemeinen Verstand" geläufig, weil sie keine wissenschaftlichen Neuschöpfungen seien, sondern dem „nationalen Rechtsbewußtsein" gegeben seien.[105] Daher sei es falsch, die Frage nach der

---

99 Mittermaier, Volksgericht in Gestalt der Schwur- und Schöffengerichte, 39.

100 Mittermaier glaubte nicht an die Möglichkeit eines Abgleichens verschiedener Meinungen und Überzeugungen zwischen Juristen und Nichtjuristen: Im Schöffengericht stehen sich zwei Parteien „kastenartig" gegenüber, „...von denen jede sucht, ihre Ansicht zum Siege zu bringen. Der dadurch entstandene geistige Kampf wird nicht zum Vortheile der Gerechtigkeit enden" (Volksgericht in Gestalt der Schwur- und Schöffengerichte), 38.

101 Binding, Drei Grundfragen der Organisation des Strafgerichts, 101.

102 Köstlin, Geschwornengericht für Nicht-Juristen, 6.

103 Ebd., 7.

104 Ebd., 196 f.

105 Ebd., 200 f.

Schuld nur als „rechtliches Moment“ zu bezeichnen, denn die Schuldfrage sei auch eine Frage der Moral und der Psychologie.[106]

Ähnlich wie Köstlin äußert sich *Gneist* (1849). Die Schuldfrage sei eine *Gewissensfrage*[107], sie sei ein Urteil über die verbrecherische Willensrichtung und als solche nicht rein juristischer Natur.[108] Während aber Köstlin die Leitung der Laiengeschworenen durch wissenschaftlich gebildete Männer keinesfalls anzweifelt, und sich daher auch gegen die Theorie der „omnipotence du jury“ verwahrt,[109] nimmt Gneist mehr eine Anti-Haltung hinsichtlich der Rechtswissenschaft ein.[110] Die Jury steht für ihn in Verbindung mit der „deutschen Freiheit“: „Die deutsche Nation ist zu ihren Unterscheidungsjahren gekommen. Sie wird zu wählen haben: zwischen deutscher Freiheit und französischem Konstitutionalismus“.[111] Die Freiheit, die Gneist meinte, sah er in England durch das Prinzip des „selfgovernment“ verwirklicht, das dem deutschen Volkscharakter nahe stehe, der sich dem äußerlichen „Gleichmachen nach abstracten Regeln und Kategorieen“ widersetze[112]:

> „Geschworenengerichte und freie Gemeindeverfassung, Rechtspflege und selfgovernment, sind untrennbar verwachsen, und bilden *das massive Fundament* eines deutschen Verfassungsbaues“.[113]

Die Abneigung gegenüber der französischen Gleichmacherei griff auch der Staatsrechtler Johann Kaspar Bluntschli 1876 auf. Für Bluntschli war politische Freiheit „Volksfreiheit“, die in einer Gesellschaft nicht durch ihre Verlautbarung garantiert ist, sondern durch ihre praktische Umsetzung.[114] Zur praktischen Umsetzung gehöre aber nicht nur das organisierte tätige politische Miteinander, sondern auch die sittlich-geistige Auseinandersetzung mit Staat und Gesellschaft. Diese sittlich-geistige Auseinandersetzung setzt er

---

106 Köstlin, Geschwornengericht für Nicht-Juristen, 197.

107 Hier bezieht sich Gneist auf das Gutachten über das Geschworenengericht der Rheinischen Immediat-Justizkommission (Bildung der Geschworenengerichte in Deutschland), 67.

108 Die Schuldfrage ist unterteilt in a) Ist der Angeklagte Urheber der Tat? und b) Ist ihm die Tat als Schuld zuzurechnen?, ebd., 68.

109 Köstlin, Geschwornengericht für Nicht-Juristen, 201.

110 So heißt es auch bei Gneist, dass „die Wissenschaft der Fakultäten nicht mehr der eigentliche Leitstern der Gesetzgebung ist“ (Bildung der Geschworenengerichte in Deutschland), V.

111 Ebd., III.

112 Ebd., 154.

113 Ebd., III.

114 J. K. Bluntschli, Lehre vom modernen Staat, 3. Bd. (Politik als Wissenschaft), 1876, 42.

nun der Idee nach *höher* an, als den „Rechtsbegriff der Freiheit".[115] Daher ist neben dem Gebrauch der „...verfassungsmäszigen Volksrechte und der patriotischen Uebung der öffentlichen Pflichten" auch „Volkstugend", „Volksbildung", „Patriotismus" und „Arbeit für das öffentliche Wohl" Ausdruck der politischen Kultur eines Volkes.[116] Wie Gneist grenzte auch Bluntschli die deutsche „Volksfreiheit" ab, dies aber sowohl gegenüber der französischen als auch gegenüber der englischen. Während die Franzosen die „Volksfreiheit" vom Standpunkt eines Menschenrechts betrachten und im Voraus auf die *„formelle Aussprache allgemeiner Rechtsgrundsätze* (Grundrechte)" abzielen, empfinden Engländer ihre Volksfreiheit als das Ergebnis der englischen Verfassungsgeschichte insgesamt. Sie sehen die „Volksfreiheit" an als ein von den Vorfahren überkommenes Stammgut.[117] Die deutsche „Volksfreiheit" sei aber eine andere:

> „Wir Deutsche bringen die Volksfreiheit in engsten Zusammenhang mit der *Naturanlage* des Volks und mit der *Bildung* desselben. Deszhalb ist die politische Volkserziehung und Volksbildung eine unentbehrliche Grundlage wahrer Volksfreiheit. Ein ungebildetes Volk hat die Fähigkeit nicht, selbstbewuszt und selbstthätig sein öffentliches Leben zu gestalten. Es wird leicht miszleitet und von falschen Autoritäten gefangen genommen. Ein politisch gebildetes ist zwar auch nicht vor Irrthum und Miszleitung völlig gesichert, aber es weisz sich doch leichter zurechtzufinden und versteht es besser, seine Kräfte dem öffentlichen Wohle zu widmen. Die intellectuelle Bildung allein reicht aber hier nicht aus; die Charakterbildung, die Uebung der öffentlichen Pflichten ist noch wichtiger. Je tüchtiger diese Volksbildung ist, um so freier und desto mächtiger wird das Volk".[118]

Im Folgenden spricht er die verschiedenen Bildungsmittel zur „Volksfreiheit" an: Volksschule, wissenschaftliche Bildung, allgemeine Wehrpflicht etc., aber auch „Uebung in den bürgerlichen Pflichten", beispielsweise in der Rechtspflege als Geschworener oder Schöffe.[119]

Zu dem theoretischen Verhältnis zwischen dem Gesetz und einem „Volksbewusstsein"/„Volksrechtsbewusstsein"/„Rechtsbewusstsein im Volke" muss für das ausgehende 19. Jahrhundert Folgendes festgehalten werden: Diese Begriffe waren der Gerechtigkeit in der Anwendung der Gesetze verpflichtet. In der Verwendung dieser Ausdrücke standen sich zwei Fraktionen gegenüber, nämlich diejenigen, die ein „Volksbewusstsein" etc. positiv bewerteten

---

[115] Bluntschli, Politik als Wissenschaft, 42.
[116] Ebd., 44.
[117] Ebd., 44.
[118] Ebd., 44 f.
[119] Ebd., 45.

und diejenigen, die diesem Ausdruck skeptisch gegenüber standen, weil ungeklärt blieb, welches seine Erkenntnisquellen waren.[120] Bei aller Kritik fällt aber auf, dass die grundlegende Idee eines in irgendeiner Form existenten und daher Geltung beanspruchenden „Rechtsbewusstseins" grundsätzlich *nicht* angezweifelt wurde. Auch wenn ein „Rechtsbewusstsein im Volke" schwer ermittelbar sei, sei es grundsätzlich kein Phantom, sondern eine „negative Schranke", die beachtet werden müsse, sagte Osenbrüggen 1854.[121] Es gab nun Wissenschaftler, bei denen das „Volksbewusstsein" mit der „öffentlichen Meinung" konvergierte. So zum Beispiel bei Bluntschli, der ähnlich wie dies im angloamerikanischen Kulturkreis der Fall ist, die „öffentliche Meinung" als das „selbständige Urtheil" der „Mittelclassen" definierte.[122] Die „öffentliche Meinung" sei eine „*geistige* und *moralische* Macht", wenngleich keine aktive[123]:

> „Sie übt mit Vorliebe *Kritik*, sie *controlirt*, sie regiert nicht".[124]

Sie sei für die Politik dasselbe, was der Wahrspruch der Geschworenen im Strafverfahren ist. Solche Gelehrte rekurrierten somit auf ein konkretes „Volksbewusstsein", das über die allgemeine Meinung der „Mittelclassen" fassbar und damit aussagekräftig war. Dann gab es aber Gelehrte, die – auch wenn sie positiv auf ein „Volksbewusstsein" verwiesen – diesen Begriff von der „öffentlichen Meinung" im Sinn einer in der Gesellschaft faktisch herrschenden Durchschnittsmeinung abgrenzten, und somit diesem „Volksbewusstsein" das konkrete, fassbare Fundament entzogen. Sie brachten sich damit in argumentative Nöte. Denn falls das „Volksbewusstsein" weder mit der autonomen Gewissensentscheidung noch mit einer tatsächlich herrschenden „öffentlichen Meinung" zusammenfiel, blieb dieser Ausdruck für den rechts*praktischen* Bereich als eine inhaltsleere Worthülse hinter seinem Anspruch, seiner eigentlichen moralischen Dimension zurück. Denn dieser lag die Forderung zugrunde, die rechtliche Regelung der Lebensverhältnisse auch

---

[120] Beispielsweise kann für Osenbrüggen das allgemeine „Rechtsbewusstsein im Volke" nicht mit einem sittlichen und rechtlichen Bewusstsein, das jeder Mensch in sich trage, zusammenfallen. Weil dies impliziert, dass die Urteile von Laiengeschworenen präjudizierbar wären. Die Praxis jedoch belege das Gegenteil: „Also so ganz leicht erkennbar und sicher ist denn doch wohl das *allgemeine* Rechtsbewußtsein im Volke nicht, wie das auch manche divergirende und in Opposition zu einander tretende Wahrsprüche von Geschworenen in gleichen Fällen anzeigen", Die Berufung auf das Rechtsbewußtsein im Volke, 163.

[121] Osenbrüggen, s.o. A. 14.

[122] Bluntschli, Politik als Wissenschaft, 188.

[123] Vgl. bei Ludwig von Bar ist die Moral „activ", wenigstens in gewissem Umfange (Geschichte des Deutschen Strafrechts), 312.

[124] Bluntschli, Politik als Wissenschaft, 189.

im Einklang mit der „Volksanschauung“, d.h. mit den allgemeinen Wertvorstellungen der Gesellschaft, zu handhaben. Insofern konnte unter dieses „Volksbewusstsein“ argumentativ vieles subsumiert werden: politische Parteiforderungen, christliche Moralvorstellungen etc. Daran hat wohl Binding gedacht, wenn er 1876 den Gedanken aufs schärfste verurteilte, die Laiengeschworenen seien berufen, das geltende Recht in Einklang mit der „Volksüberzeugung“ – „dieser wandelbarsten aller Ueberzeugungen“ – auszulegen.[125] Seine Kritik richtete sich nicht nur gegen die Laienrichter, sondern leitete sich von allgemeineren Überlegungen ab hinsichtlich der Trennung zwischen der richterlichen und der gesetzgebenden Gewalt:

> „Erst ein ausgebildetes System des Gesetzesrechtes ermöglicht die heilsame Trennung der richterlichen von der gesetzgebenden Gewalt in der Ausübung Beider: erst in Folge dessen wird der Richter und darf nichts anderes mehr sein als *der Anwender eines Rechtes, das er nicht selbst geschaffen hat*“.[126]

Daher betonte Binding, dass das Gesetz nur *einen* Sinn, und nur *einen* Willen habe. Entweder seien die Laiengeschworenen als Richter an diesen einen Gesetzessinn und -willen gebunden, dann würde aber die „volksthümliche Auslegung“ der Gesetze ad absurdum geführt, oder dieser eine Gesetzessinn existiere nicht, dann bräuchte der Staat allerdings keine Strafgesetzgebung mehr.[127] Hier wandte er sich an die Ausläufer der Theorie von der „omnipotence du jury“. In den 80er-Jahren formulierte Binding eine Auslegungstheorie von Gesetzen, die eine neue Antwort auf die Frage gab, welches Auslegungsziel bei der Gesetzesauslegung das rechtlich maßgebende sein sollte.[128]

---

[125] Binding, Drei Grundfragen der Organisation des Strafgerichts, 24.

[126] Ebd., 24.

[127] Ebd., 24.

[128] Damit formulierte Binding eine Theorie, die in den 80er-Jahren des 19. Jahrhunderts fast zeitgleich bei drei der bedeutendsten Rechtsgelehrten (Binding, Adolf Wach, Josef Kohler) aufkeimte – die sog. „objektive Auslegungstheorie“: „So ist es besser, statt den Willen des Gesetzgebers den Rechtswillen, der in einem Rechtssatz als einem Gliede des ganzen Rechtssystems seinen Ausdruck gefunden hat, nach Inhalt, Autorität und beabsichtigter Wirkung als Ziel der Auslegung dieses Satzes zu bezeichnen“, Binding, Handbuch des Strafrechts, Bd. I (einziger), 1885, 456; Eine solche Gleichzeitigkeit des Auftretens einer wissenschaftlichen Konzeption deutet immer darauf hin, dass diese einer vorherrschenden wissenschaftlichen Tendenz der Zeit entspricht. Die „objektive“ Auslegungstheorie bedeutet, dass bei der Gesetzesauslegung „nicht die vom Urheber gemeinte, sondern eine unabhängig davon zu ermittelnde 'objektive', dem Gesetz immanente Bedeutung die *rechtlich maßgebende* ist“, Larenz, Methodenlehre der Rechtswissenschaft, 1983, 32; Etwas ketzerisch heißt es aber bei Uwe Wesel, dass der Name „objektive“ Auslegungstheorie etwas irreführend sei, denn letztlich setze derjenige, der nach der objektiven Theorie verfährt, nur seine eigenen

Binding war Gesetzespositivist, wenn er – wie Feuerbach – jede *außerhalb* des Gesetzes liegende Rechtfertigung des Strafrechts für überflüssig hielt.[129] Im Gegensatz dazu ging beispielsweise Ludwig von Bar davon aus, dass dem Recht moralische Wertungen inhärent sind, die einer individuellen Geltungsüberprüfung enthoben sind und die das „Volksbewusstsein" repräsentiert.[130] In diesem Zusammenhang kritisierte er Karl Binding: Binding sehe die sittlichen Anschauungen der „öffentlichen Meinung" als viel zu schwankend an. Zudem stelle Binding diesen sittlichen Anschauungen die Souveränität des prüfenden Einzelgewissens gegenüber:

> „...der nicht prüfende Gehorsam gegenüber den sog. sittlichen Anschauungen der öffentlichen Meinung steht auf einer sehr geringen Stufe des sittlichen Werths".[131]

Genau dies wollte Ludwig von Bar nicht gelten lassen, denn nach seiner Meinung verwechselte Binding die „öffentliche Meinung" mit der „Tagesmeinung der grossen Masse" anstatt sie mit der – jeder individuellen moralischen Geltungsüberprüfung enthobenen – allgemein „anerkannten christlichen Moral" gleichzusetzen. Für Ludwig von Bar waren die sittlichen Anschauungen mit den Inhalten der christlichen Moral zusammengefallen. In der Binding'schen Argumentation sah nun Ludwig von Bar eine bewusste Verschiebung der Begriffe. Dies sei ein „bedenkliches Mittel der Polemik". Außerdem sei die von Binding verfochtene Souveränität des Einzelgewissens die „Repristination der Fichte'schen Moraltheorie", die „nach den neueren Forschungen unhaltbar" sei, denn

> „[das] Gewissen des Einzelnen ist auch ein Product der Geschichte und der Sittlichkeit der gesammten Nation".[132]

16 Jahre bevor die Schwurgerichte in Deutschland abgeschafft wurden, riefen die beiden Professoren M. Liepmann (Kiel) und Wolfgang Mittermaier (Gießen), beide überzeugte Schwurgerichtsanhänger, zu einem Sammelwerk auf, das Beiträge zur Fragen der Strafgerichtsverfassung enthalten sollte. In dem ersten Band, der 1908 erschienen war, machten sie die sichere Entwicklung des Staatslebens von einer „gesunden Strafrechtspflege" abhängig. Sie for-

---

Vorstellungen über das, was objektiv richtig ist, an die Stelle des Gesetzgebers. Damit sei die objektive Theorie also sehr viel subjektiver als die subjektive Theorie, s. Juristische Weltkunde, 1988, 182.

129 Karl Binding, in: Kleinheyer/Schröder, Deutsche und Europäische Juristen, 62.

130 „Die Wichtigkeit des verletzten oder gefährdeten Rechtes lässt sich nur nach der moralischen Werthschätzung des Volksbewusstseins bestimmen", L. v. Bar, Geschichte des Deutschen Strafrechts, 253.

131 Ebd., 314 A. 328.

132 Ebd., 314 A. 328, dabei verweist L. v. Bar u.a. auf Hegel, Jhering und Jellinek.

mulierten eine große Anzahl offener Fragen, die immer noch einer Klärung bedurften. Uneinigkeit herrschte immer noch hinsichtlich der Trennung der Schuld- von der Straffrage, die die personelle Trennung zwischen Laien- und Richterbank aufrechterhielt. Ein weiterer Problemkreis ergab sich aus dem Fehlen der Rechtskenntnisse der Geschworenen. Sie fragten, inwieweit man überhaupt eine Volkstümlichkeit der Rechtsprechung fordern und wünschen solle, welche politische Bedeutung ihr zukomme, und welche Berechtigung eigentlich die Auffassung der Laien von Strafrecht und Beweis habe. Eine der schwierigsten Fragen sei allerdings nach wie vor das Verhältnis der Gerichtsverfassung zum Staatsrecht und zur Politik:

> „Wie soll sich die Beteiligung des Volkes an der Rechtsprechung gestalten, wenn sie überhaupt notwendig ist? Ist insbesondere das Schwurgerichtsprinzip mit unserem heutigen Verfassungsprinzip wesensgleich? Inwieweit ist eine Übereinstimmung der beiden Grundsätze erwünscht? Ist aber umgekehrt das politische Leben von gutem oder schlechtem Einfluß auf die Rechtsprechung und in welcher Weise? Wie trägt die Rechtsprechung, besonders durch Nichtberufsrichter, zur Volkserziehung bei, – und wie können wir durch die Entwicklung der Erziehung und der politischen Bildung auf die Rechtsprechung einwirken?“[133]

Letztendlich ging es bei der Verknüpfung von Gerichtsverfassung, Staatsrecht und Politik um die heikle Frage, warum man „Nichtberufsrichtern“ gestatten sollte, die Schuldfrage im Einklang mit ihrem „gesunden Volksempfinden“ auszulegen. Dies konnte im extremsten Fall bedeuten, den Laien durch institutionelle Einbindung die Möglichkeit zu bieten, sich in entsprechenden Fällen über das geltende Gesetzesrecht zu stellen. Die Möglichkeit der Rechtsbeugung durch das „Volksempfinden“ der Laien wurde nun erstmals von den Schwurgerichtsanhängern offen bekundet. So gestand der Berliner Professor Wilhelm Kahl, dass

> „...die von den Juristen als Fehlsprüche getadelten Wahrsprüche der Geschworenen viel seltener auf positiven Fehlgriffen und Irrtümern des *Rechts*verständnisses beruhen, als auf außerhalb dieses gelegenen Gründen, auf Gefühlseinwirkung oder der Absicht, den Gesetzgeber zu korrigieren. [...] Das sind dann aber nicht Fehler des *Wissens*, sondern des *Willens*“.[134]

---

[133] Mittermaier/Liepmann (Hg.), Schwurgerichte und Schöffengerichte. Beiträge zu ihrer Kenntnis und Beurteilung, Bd. 1, 1908, 6.

[134] W. Kahl, in: Schwurgerichte und Schöffengerichte, Bd. 1, 1908, 14; Vgl. M. Reimann, Der Hochverratsprozeß gegen Gustav Struve und Karl Blind. Der erste Schwurgerichtsfall in Baden, 1985: Dieses Urteil der Geschworenen aus dem Jahre 1849 ist teilweise als „Fehlurteil“ getadelt worden. Nach Ansicht des Autors Reimann

Der „Fehler des Willens“ beruhe – so Kahl – darauf, dass es an einer gesetzlichen Anweisung mangele, die den Geschworenen zur Pflicht mache, ausschließlich nach rechtlichen Gesichtspunkten zu urteilen, und nicht nach ihren „Sentiments“.[135] Zudem werden die Geschworenen nicht darüber aufgeklärt, welche konkreten Pflichten mit ihrem Geschworenendienst eigentlich verbunden sind.[136] Johann Philipp Giessler schrieb in seiner Dissertation „Die Kontrollfrage im schwurgerichtlichen Verfahren“ von 1923, ein Jahr bevor die echten Schwurgerichte abgeschafft wurden:

> „Es ist eine nicht zu verkennende Schwäche der deutschen Strafprozeßordnung, daß die Geschworenen bei der Beantwortung der Schuldfrage souveräne Herren der Gesetzesanwendung auf den von ihnen für erwiesen erachteten Tatbestand sind. Alle diese möglichen Mißverständnisse, Irrtümer und Beugungen des Rechts durch die Laien sind jeder Anfechtung vor einer höheren Instanz entzogen“.[137]

Das Reichsgericht hatte den Wahrspruch der Geschworenen *auch* im Fall der „Beugung des Rechts“ für unanfechtbar erklärt.[138]

Man kann für das beginnende 20. Jahrhundert sagen, dass durch den Dissens in speziellen juristischen Sachpunkten[139] den Geschworenen faktisch ein erheblicher Freiraum für ihre Überzeugungsbildung eingeräumt worden war, der eine allgemeine Rechtssicherheit und eine gleichbleibende Proportionalität zwischen Verbrechen und Straffolgen zu unterwandern drohte. In diesem Sinn beschrieb der Altphilologe Ulrich von Wilamowitz-Moellendorff die ethisch oder auch sozial begründete Befangenheit der Geschworenen in ihrer Urteilsfindung in den ehemals preußischen Ostprovinzen, aus denen er stammte:

> „Als die Schwurgerichte eingeführt wurden, also viele polnische Bauern und Gutsbesitzer zu Geschworenen berufen wurden, sagte ein Richter, Brandstiftung und

---

zeuge die Entscheidung der Geschworenen aber „…nicht von Blindheit gegenüber Tatsachen, wohl aber von der Weigerung, sich widerstandslos ausschalten zu lassen. Gerade dadurch bewiesen sie [die Geschworenen] nicht Unfähigkeit zu ihrem Amt, vielmehr zeigten sie Zivilcourage und jene Selbständigkeit gegenüber der Justiz, in der das Schwurgericht seinen Sinn haben sollte“, 140.

135 Kahl, (Schwurgerichte und Schöffengerichte, Bd. 1), 14 f.

136 Ebd., 15.

137 J. P. Giessler, Die Kontrollfrage im schwurgerichtlichen Verfahren, ihre Entwicklung und Bedeutung, jur. Diss. Giessen 1923, 3.

138 Ebd., 3.

139 Natur der Tatfrage, Fragestellung an die Geschworenen, Rechtsbelehrung der Geschworenen durch den Richter, Kontrollfrage etc., seit 1907 wurde zunehmend die Forderung nach Kontrollfragen laut.

> Notzucht können wir nur selten bestrafen; da stimmt die Majorität aus Gewissensbedenken für nicht schuldig".[140]

Und der Abgeordnete Elard von Oldenburg-Januschau sagte in einer Reichstagsrede von 1904 über seine Tätigkeit als Geschworener:

> „Ich bin jetzt seit 21 Jahren Geschworener und ich muß Ihnen sagen, meine Herren, daß in dieser Tätigkeit mir sehr viele Urteile vorgekommen sind, von denen ich nicht den Eindruck gewonnen habe, daß sie human und gerecht waren".[141]

In einem letzten Aufbegehren betonte Liepmann in dem zweiten Band des Sammelbandes „Schwurgerichte und Schöffengerichte" von 1910 nochmals die Bedeutung einer politischen und rechtsphilosophischen Betrachtung des Schwurgerichts gegenüber einer rein formaljuristischen. Nur aus der Schwurgerichtsverfassung lasse sich entnehmen, ob die Strafgesetze „...den Zusammenhang mit dem Volksempfinden verloren haben und gewissenhaftem Laienverstand unverständlich geworden sind".[142] Das Schöffengericht sei abzulehnen, weil ihm die Bürgschaft fehle, dass die rein menschlichen Gesichtspunkte bei der Straffallsbeurteilung unverfälscht und selbständig zum Ausdruck gekommen sind oder eher durch die juristische Technik und Schablone erstickt wurden.[143] Insofern überrascht es nicht, wenn sich Liepmanns Kritik insbesondere gegen Binding wandte, der den Rechtssatz nur aus der „rechtlichen Regelung" begreifen wollte, und nicht nach dem „Volksbewusstsein" oder dem „gesunden Volksempfinden". Liepmann hingegen stellte das Recht in den Dienst allgemeiner kultureller und sozialer Aufgaben. Der Wert nicht nur des Geschworenengerichts, sondern jeder Rechtseinrichtung oder jedes Rechtssatzes bemaß sich für ihn danach, wie die Institutionen und Gesetze den sozialen Anforderungen einer Gesellschaft gerecht werden.[144]

Auf der Schwelle zum 20. Jahrhundert stellten moralphilosophische Überlegungen durch die behauptete Geltungsomnipotenz eines „Volksbewusstseins"

---

140 U. v. Wilamowitz-Moellendorff, Erinnerungen 1848-1914, 35, Hinweis v. K. v. See.

141 E. v. Oldenburg-Januschau, Erinnerungen, 1936, 79.

142 Liepmann, in: Schwurgerichte und Schöffengerichte, Bd. 2, Heft 2, 1910, 193.

143 Ebd., 193.

144 Liepmann betont, dass ausschließlich das Buch von Heinze den Versuch unternommen habe, das Schwurgericht unter diesem Gesichtspunkt zu behandeln (Schwurgerichte und Schöffengerichte, Bd. 2, Heft 2), 160; Heinze: „Hier erst, und am besten gewiß bei sorgfältiger Beobachtung des Verhaltens vertrauenswürdiger und urtheilsfähiger Geschworener, wird sicher und zeitig erkannt werden können, ob die gesetzgeberischen Erzeugnisse des wissenschaftlichen Studiums und der juristisch geschulten Praxis im Stande sind die Probe des Lebens zu bestehen, oder einer Aenderung bedürfen", Ein deutsches Geschworenengericht, 180 f.

zum einen die Autonomie des Einzelgewissens zunehmend in Frage, und zum anderen wurden Vorstellungen laut, die das Recht insgesamt als „nichts Anderes als die Moral des *Gemeinwesens*“ angesehen haben wollen.[145] Somit trat diese Moral des Gemeinwesens nun gegenüber dem Einzelnen nicht mehr nur appellativ auf, sondern erhielt einen zunehmend zwingenden Charakter.[146] Das moralische Urteil wurde mit der „Gewalt eines unwiderstehlichen Naturtriebes“ verglichen.[147] Moral als Normenkomplex besitzt im Vergleich zum Recht einen appellativen Charakter, weil sich die Moral auf das Innere, auf die Gesinnung des Menschen bezieht. Insofern unterscheidet man zwischen Recht und Moral nach der Verpflichtungsweise: Im Unterschied zur Moral zwingt das Recht. Auch ist ihm ein Moment staatlicher Macht inhärent. Im Laufe des 19. Jahrhunderts änderte sich hinsichtlich der Bewertung der Verpflichtungsweise von Moral im Unterschied zu Recht allerdings die Anschauung. Den Geboten der Sittlichkeit wurde ein zunehmend zwingender Geltungscharakter in der Art der Sumner'schen „mores“ unterstellt.

In einer schweizerischen Dissertation mit dem Titel „Recht und Moral in der deutschen Rechtsphilosophie seit Kant“ von 1937 hält der Autor Hans Nef fest, dass die in seiner Zeit häufig vertretene Ansicht laute, man müsse in Folge der Abhängigkeit des Rechts von der Moral sogar annehmen, dass es keine selbständigen rechtlichen Pflichten gäbe, sondern *alle Rechtspflichten eigentlich moralische Pflichten* seien.[148] Zur Zeit des Nationalsozialismus meinte ein Autor darauf hinweisen zu müssen, das es unmöglich sei, „daß alles, was sittlich ist, dem Rechtszwang unterliegt“.[149] Wenn somit das Recht nicht mehr rein rechtlich verpflichtet, sondern der normative Charakter des Rechts auf dem Gebiet der Sittlichkeit ruht, muss dann auch die Übertretung einer rechtlichen Norm grundsätzlich als ein Bruch der Moral eines Gemeinwesens angesehen werden? Wenn ja, schließt dann die rechtliche Bewertung des Sachverhalts notwendig eine moralische Beurteilung des Täters und seiner Persönlichkeit ein? Im Handbuch von Ludwig von Bar von 1882 heißt es:

> „Das missbilligende Urtheil gilt zunächst der That; aber es richtet sich mit Nothwendigkeit auch gegen den Thäter; denn eine That kann ohne Thäter nicht gedacht werden. Mag man den Thäter auch nicht individuell kennen, immer zeigt sich, wenn auch in nebelhaften, verschwommenen Umrissen bei der That das Bild

---

145 L. v. Bar, Geschichte des Deutschen Strafrechts, 312.
146 Ebd., 312.
147 Ebd., 313.
148 Jur. Diss. St. Gallen, 91.
149 Anhand einer graphischen Zeichnung weist dieser Autor die Trennung von Recht und Moral als einen früheren Zustand aus, der ideale und mögliche Zustand zeigt, dass das Recht nun *vollständig* in der Moral wurzelt, s. T. Süss (Dt. Rechtswisssenchaft, I, 1936), 368 A. 1.

> ihres Urhebers. Und mögen wir nun ausgehen von der Annahme weitgehender Freiheit menschlicher Handlungen oder von dem vollständigsten Determinismus, dem 'Operari sequitur esse' der Scholastiker oder *Schopenhauer's*: die That erscheint als Product des Wesens oder Charakters des Thäters. Indem wir daher die That missbilligen, sprechen wir in gewissem Umfange immer auch ein missbilligendes Urtheil über die Persönlichkeit des Thäters aus".[150]

Schon Leue hatte 1847 die Rechtsfindung der Laiengeschworenen im Geschworenengericht als die moralische Würdigung über den „Unwerth eines Mitbürgers" angesehen. Und sowohl Köstlin als auch Gneist hatten 1849 den Beweis in Strafsachen als die in der Tat zum Ausdruck kommende Willensbestimmung angesehen. Die Bestimmung der Schuldfrage wurde von beiden als ein Gewissensausspruch über den verbrecherischen Willen erklärt, wobei Gneist nun auch auf das germanische Recht zurückgriff: Auch im germanischen „Rechtsbewusstsein" habe das Gewissen des Richtenden immer auch die Überzeugung von der Schuld gefordert:

> „In diesem Sinne entwickelt sich das Geschworenengericht aus dem deutschen Beweisverfahren, *als nationalgermanisches Institut*".[151]

Für Gneist ging das neuzeitliche Geschworenengericht organisch aus dem Beweisverfahren des germanischen Rechtsgangs hervor. Dies war nun gänzlich falsch, denn Gneist ließ eines damit außer Acht: den strengen Formalismus des altdeutschen Verfahrens.

### 2. DIE JURY ALS EINE ORGANISCHE ENTWICKLUNG AUS DER GERMANISCHEN RECHTSORDNUNG?

Schon zu Beginn des 19. Jahrhunderts wurde das neuzeitliche Geschworenengericht in eine Traditionslinie zur mittelalterlichen deutschen Gerichtsverfassung gestellt. Die Rheinische Immediat-Justizkommission hatte die neuzeitlichen Laiengeschworenen mit den „Schöppen des Alt-Germanischen Rechts" und den Urteilern „der trefflichen *Carolina*" verglichen.[152] Damit wollten die Gutachter dem politischen Argument begegnen, das Juryinstitut als eine Erfindung der Französischen Revolution führe zwangsläufig zur „Volksjustiz". Sie verwiesen daher auf die Entwicklung des eigenen nationalen Rechts. In dem deutschen Sprachgebiet waren die Gerichte bis zur

---

[150] Die „Theorie der sittlichen Missbilligung", L. v. Bar, Geschichte des Deutschen Strafrechts, 314 f.

[151] Gneist, Bildung der Geschworenengerichte in Deutschland, 24.

[152] Landsberg, Gutachten über das Geschwornengericht, 174.

„Constitutio Criminalis Carolina“ (auch: „peinliche Halsgerichtsordnung“) Karls V. von 1532 aufgeteilt in eine Richterbank und eine Urteilerbank.[153] Die Urteilerbank wurde von Schöffen besetzt. Obgleich diese Schöffen keine Rechtsgelehrte waren, kam ihnen die eigentlich rechtsentscheidende Tätigkeit im Strafprozess zu, da der vorsitzende Richter von ihnen lediglich das Urteil erfragte. Die Urteiler (Schöffen) also – und nicht der Richter – wiesen das Urteil.[154] Zu dieser Zeit erachtete man juristische Gelehrsamkeit zur Rechtsfindung als nicht unbedingt erforderlich.[155] Während die Kommission die Traditionslinie nur bis zum mittelalterlichen Schöffengericht der CCC geknüpft hatte, ging Leue in seinem Buch „Das deutsche Schöffen-Gericht“ von 1847 zeitlich weiter zurück und verwies auf den germanischen Freiheitsto-

---

[153] Für Rüping hatte sich mit der „Constitutio Criminalis Carolina“ (CCC) allerdings die Form des Gerichts zu einem einheitlichen Kollegialgericht gewandelt. Rüping geht davon aus, dass der Richter nun in Strafsachen als Vorsitzender aktiv bei der Rechtsfindung mitwirkte. In Art. 81 CCC heißt es sinngemäß, dass der Richter und die Urteiler gemeinsam beratschlagen und gemeinsam Recht sprechen sollen (Grundriß der Strafrechtsgeschichte), 38; anders jedoch E. Döhring, Geschichte der deutschen Rechtspflege seit 1500, 1953, 35; wie Döhring auch P. Lenel: Die Scheidung von Richtern und Urteilern kam noch im 17. Jahrhundert vor. Sogar im 18. Jahrhundert sind Richter erst vereinzelt an der Urteilsfindung beteiligt worden, Lenel führt hier eine Reihe Rechtsquellen an, die die Trennung belegen, (Scheidung von Richter und Urteilern in der deutschen Gerichtsverfassung seit der Rezeption der fremden Rechte), in: ZRG GA 34, 1913, 440-447 (441).

[154] *Zur beliebten Vorstellung von der „Rechtsfindung“*: K. Kroeschell, „Rechtsfindung“. Die mittelalterlichen Grundlagen einer modernen Vorstellung, 1972, 498-517; Kroeschell sagt, dass der Begriff „Rechtsfindung“ ein „Kunstwort“ des neuzeitlichen juristischen Schrifttums ist (507). In der mittelalterlichen Vorstellungswelt von Recht und „Rechtsfindung“ war es so, dass man nicht ein Objekt fand (die objektive Rechtsordnung), „...sondern man findet *für* Recht, *durch* Recht, *mit* Recht, *nach* Recht“ (507). Kroeschells Untersuchung bezieht sich auf das deutsche Sprachgebiet des Mittelalters; Als die wertvollsten Zeugnisse für das germanische Altertum gelten die nordische Quellen: K. v. See hatte bereits 1962 festgestellt, dass die kontinentale Vorstellung der „Rechts- bzw. Urteilsfindung“ dem Norden überhaupt fremd ist. Unter den Ausdrükken, die im Norden Gesetz und Rechtsordnung bezeichnen, steht „alleinherrschend“ das Wort „lög“, das die Rechtsentscheidung als einen Akt bewussten Schaffens charakterisiert (Altnordische Rechtswörter), 101.

[155] Döhring, Geschichte der deutschen Rechtspflege, 37; Noch in der von der ökonomischen Gesellschaft in Bern gekrönten Preisschrift von H. E. v. Globig und J. G. Huster („Abhandlung von der Criminal-Gesetzgebung“ von 1783) heißt es über die juristische Gelehrsamkeit als Voraussetzung zum Richteramt: „Vorzüglich aber muß der Regent bemühet seyn, ehrliche rechtschaffene Männer zu Richtern zu wählen [...]. Gelehrte Männer wären eben nicht nöthig. Denn die Gesetze sollen nicht mehr eine schädliche Wissenschaft seyn. Eine wohl cultivierte natürliche Logik ist hinreichend. Die mittelmäßige Gelehrsamkeit ist sogar schädlicher, als die einfältige Unwissenheit, weil jene nach Vorurtheilen, diese nach Empfindungen handelt“, 385 f.

pos. Dabei stützte er sich auf eine Stelle aus der *Germania* des Tacitus, nach der alle freien Männer in germanischer Zeit ohne eine Obrigkeit über ihre Angelegenheiten entschieden haben: Trotz aller Unterschiede zwischen Einst und Jetzt sah Leue das Verbindende genau in diesem „Element“:

> „Es liegt darin, daß der freie Deutsche von keinem Fürsten und dessen Dienern, sondern von seinen Rechtsgenossen, das heißt von solchen Mitbürgern gerichtet wurde, die eben so wie er im vollen Besitz der gemeinen Freiheit und zu einer Rechts-Genossenschaft in der Gemeinde verbunden waren“.[156]

Dieser Vergleich war nicht neu: Schon Justus Möser hatte in seinem Werk „Osnabrückische Geschichte“, dessen erster Band erstmals im Jahre 1768 erschienen war, die grundlegende Behauptung aufgestellt, dass bei den Germanen in allen wesentlichen Angelegenheiten das ganze Volk entschieden habe.[157] Dabei stützte er sich auf Tacitus (Germania 11[158]). Über diese Textstelle heißt es in der germanistischen Rechtsgeschichtsforschung, dass sich die gesamte germanistische Wissenschaft der Romantik auf dieses Tacituszitat gründete.[159] Eine weitere Textstelle (Germania 12[160]) wurde von Möser als Beleg dafür angesehen, dass die Richter größerer Gemeinschaften (sog. Mannien) vom Volk gewählt worden seien.[161] Auch Leue bezog sich auf Germania 12. Diese Textstelle wurde von ihm folgendermaßen interpretiert:

> „Waren die allgemeinen Angelegenheiten des Volks [...] berathen und die peinlichen Anklagen verhandelt, so blieb schwerlich die Versammlung beisammen, um die Streitigkeiten der Nachbaren [sic] über ein Schaf oder ein Huhn zu entscheiden. Daher mußte schon sehr früh die Gewohnheit angenommen sein, die Entscheidung

---

156 Leue, Deutsches Schöffen-Gericht, 298.

157 Möser griff hier auf die Vorstellungen zurück, die Montesquieu 1748 in seinem Werk „De l'esprit des loix“ formuliert hatte, s. E. Sjöholm, Rechtsgeschichte als Wissenschaft und Politik. Studien zur germanistischen Theorie des 19. Jahrhunderts, 1972, 26.

158 Germania 11: „De minoribus rebus principes consultant, de majoribus omnes; ita tamen ut ea quoque quorum penes plebem arbitrium est apud principes praetractentur“, (Sjöholm, Rechtsgeschichte als Wissenschaft und Politik), 9.

159 Sjöholm, Rechtsgeschichte als Wissenschaft und Politik, 9.

160 Der Schluss von Germania 12 lautet: „Eliguntur in iisdem conciliis et principes, qui iura per pagos vicosque reddunt; centeni singulis ex plebe comites consilium simul et auctoritas adsunt“, (Sjöholm, Rechtsgeschichte als Wissenschaft und Politik), 26.

161 Der Text besagt das Gegenteil, so Sjöholm, Rechtsgeschichte als Wissenschaft und Politik, 26.

> über Civil-Klagen einzelnen vom Volk ernannten Richtern zu überweisen, die indeß immer eine Anzahl freier Männer zur Seite hatten".[162]

Leue folgerte, dass Strafsachen von der „Versammlung des ganzen Volks" und Zivilsachen von „Grafen" mit einer gewissen Anzahl Richter entschieden wurden.[163] In der altgermanischen Rechtsordnung habe jeder freie Germane in allen Klagen *nicht* unter einer Obrigkeit gestanden, „...sondern unter dem Gerichte der Gleichen, entweder des ganzen Volks oder einer Anzahl anderer Freien".[164]

Fast zeitgleich zu Leues Überlegungen, die Suche nach der moralischen Wahrheit vom *Gewissen* des Geschworenen abzuleiten, gab es unter den Wissenschaftlern, die sich mit den Vorstellungen über die germanische Rechtsordnung beschäftigten, Streit darüber, ob auch im germanischen Prozess Rücksicht auf die materielle Wahrheit genommen wurde (Wilhelm Eduard Wilda, Rudolf von Gneist), oder ob der Charakter des formellen Prozesses überwogen habe (Heinrich Brunner, Friedrich August Biener).[165] Dieser Streit war mit der Frage, ob sich das neuzeitliche Schwurgericht, das sich ja auch mit der materiellen Wahrheitssuche beschäftigt, aus dem germanischen Recht organisch entwickelt habe, eng verknüpft. Gneist behauptete 1849, dass der germanische Prozess auch Rücksicht auf die materielle Wahrheit genommen habe. Die subjektive Überzeugung von der Schuld habe man nicht „in der Prüfung der *Qualität* der Zeugenaussagen" gefunden, „sondern in der *Persönlichkeit* schwörender Männer".[166] Dadurch sei das Gewissen der Urteiler befriedigt gewesen:

> „Diese Geltung der Persönlichkeit ist das vorherrschende germanische Element, [...] *es ist der altgermanische Antheil in der Entwicklung der Jury*".[167]

Dem germanischen „Rechtsbewusstsein" nach sei das Urteil nicht bloß ein politischer Akt des Volkswillens gewesen, so wie in den Volksgerichten der antiken Republik, sondern das Gewissen des Richtenden habe *immer* auch

---

162 Leue, Deutsches Schöffen-Gericht, 281.

163 Ebd., 281.

164 Ebd., 281 f.; Dies scheint sich ab dem 5. und 6. Jahrhundert zu ändern, jetzt hielt der König selbst mit seinen ersten Beamten und Bischöfen Gericht, ebd., 282.

165 Gerade der Hegel'sche Freiheitsbegriff und seine Kombination von materieller und moralischer Wahrheit hatte die *Germanisten* in Bezug auf den formellen Charakter des germanischen Prozesses in ein Dilemma gebracht, s. im Detail: Sjöholm, Rechtsgeschichte als Wissenschaft und Politik, 43 ff.

166 Gneist, Bildung der Geschworenengerichte, 30.

167 Ebd., 31.

die Überzeugung von der Schuld gefordert.[168] Die germanische Volksgemeinde beruhte nach Ansicht Gneists auf republikanischen Grundsätzen:

> „Alle waffenfähigen Freien sind vollberechtigte Mitglieder, unter Vorsitz eines selbstgewählten Grafen. Die Volksversammlung ist zugleich das Gericht, in welchem die formelle Leitung dem Vorsitzenden, die Urtheilsfindung den freien Genossen zufällt".[169]

Gneist kombinierte nun das germanische Gewissenszeugnis mit der älteren englischen Auffassung der Jury als eines Gemeindezeugnisses.[170] Mit dem englischen Gemeindezeugnis verband sich die Vorstellung für die Frühform der englischen Jury, wonach die Jury eine Genossenschaft bildete, die „im Namen der Gesammtheit, in deren Mitte das Verbrechen geübt wurde, ein Zeugniß über das Verbrechen" ablegte.[171] Der germanische Beweis verlange nun entweder dieses Gemeindezeugnis oder das Geständnis des Angeklagten. Wenn weder das eine noch das andere zu erlangen war, wurde

> „...die Ueberzeugung der richtenden Gemeinde durch den Gewissensausspruch ehrenhafter Genossen des Angeklagten, durch den Glauben an die Wahrhaftigkeit ihres Worts, oder eine höhere göttliche Entscheidung bestimmt".[172]

Dieses „altgermanische Beweissystem" wurde nach Ansicht Gneists durch das kanonische Recht aufgelöst, weil der Gewissensausspruch der freien Genossen durch allgemein gültige objektive Regeln der Wahrheitsfindung ersetzt wurde, die sich damit zu einem „gelehrten Dogmatismus" entwickeln konnten:

> „Der Beweis gestaltet sich damit zu einem gelehrten Dogmatismus, dessen Handhabung nur gelehrten Richtern anheimfallen konnte; und das letzte volksthümliche Element der Gerichtsverfassung, das Schöffenthum, mußte darin rettungslos untergehn".[173]

Und Gneist zieht folgenden Schluss: Indem sich die Einsicht immer mehr durchgesetzt habe, dass die Entscheidung der Schuldfrage eben nicht logischer Natur ist, sondern vielmehr ein Gewissensfrage ist, führe diese neuzeitliche Erkenntnis deshalb zum Geschworenengericht zurück.[174] Spätestens mit

---

[168] Gneist, Bildung der Geschworenengerichte, 24.
[169] Ebd., 25.
[170] Ebd., 54.
[171] Mittermaier, Die Mündlichkeit, das Anklageprinzip..., 376
[172] Gneist, Bildung der Geschworenengerichte, 55.
[173] Ebd., 60, auch 59 f.
[174] Ebd., 67.

Heinrich Brunners Buch „Die Entstehung der Schwurgerichte“ von 1872 war die These von der organischen Entwicklung der neuzeitlichen Jury aus dem germanischen Recht nicht mehr aufrechtzuerhalten.[175] Denn Brunner verwies auf den strengen Formalismus des altdeutschen Rechts.[176] Innerhalb dieses Verfahrens waren die Eidhelfer ein formales Mittel. Sie dienten nicht der Wahrheitssuche, sondern der Beilegung des Rechtsstreits. Daher gab es im germanischen Recht kaum einen Ansatz für eine Suche nach materieller Wahrheit, d.h. für eine freie Beweiswürdigung:

> „Die Glaubwürdigung der Beweismittel beruht nicht wie nach dem modernen Grundsatz der freien Beweiswürdigung auf der subjektiven Überzeugung des Gerichts, sondern auf dem Glauben, welchen die allgemeine Volksüberzeugung bestimmten beweisrechtlichen Handlungen beilegt. Die germanischen Beweismittel sind formaler Natur. Der aus der Volksüberzeugung hervorgehende Gesamtwille bestimmt ein für allemal die Voraussetzungen, die erfüllt sein müssen, damit ein Beweis für erbracht gelten könne“.[177]

Da sich die Urteilsfinder mit peinlicher Genauigkeit an die Äußerlichkeiten des Verfahrens halten mussten, war das Urteil *kein* Gewissensausspruch, sondern für alle durch seinen formellen Charakter gekennzeichnet.[178] Rücksicht auf materielle Wahrheit wurde erst mit der Rechtsprechung der Königsgerichte in der fränkischen Zeit genommen. Danach trat an die Stelle des formalen *volksrechtlichen* Zeugenverfahrens mit Eidhelfern und Gottesurteil die Auswahl und Vernehmung vereidigter Zeugen durch den Richter (inquisitio) zur Feststellung der materiellen Wahrheit.[179] Entgegen Gneist habe die Christianisierung der Germanen – und die damit zusammenhängende Einflussnahme der Kirche auf die Rechtsbildung – auf die Grundsätze des altdeutschen Gerichtsverfahrens keinen Einfluss genommen.[180] Damit sagte Brunner, dass sich die Jury *erst* aus der königsrechtlichen Justiz und *nicht* aus der autonomen Gerichtsgemeinde der altgermanischen Zeit entwickelt hat.

---

175 Sjöholm, Rechtsgeschichte als Wissenschaft und Politik, 85 f.

176 H. Brunner, Die Entstehung der Schwurgerichte, 1872, 43.

177 Brunner, Deutsche Rechtsgeschichte I, 181, zitiert nach Sjöholm, Rechtsgeschichte als Wissenschaft und Politik, 5.

178 Brunner, Entstehung der Schwurgerichte, 45.

179 *Zur königsrechtlichen Justiz mit Inquisitionsverfahren in fränkischer Zeit*: Mitteis/Lieberich, Deutsche Rechtsgeschichte, Kap. 20.II.2., vorausgegangen war eine Umgestaltung der Gerichtsverfassung im Zeichen wachsenden Einflusses des Königtums. So entstand das Königsgericht. In die Volksgerichte drangen verstärkt königliche Beamte ein, ebd., Kap. 15.

180 Brunner, Entstehung der Schwurgerichte, 60.

Brunners Entwicklungstheorie, die sich in der Forschung durchgesetzt hat, war somit in der Lage, zwei Vorstellungen im Hinblick auf das moderne Schwurgericht den historischen Boden zu entziehen:

a) das moderne Schwurgericht weist keine organische Entwicklungslinie zur richtenden Volksgemeinde in altgermanischer Zeit auf, weil es sich später und außerdem aus der königsrechtlichen Justiz entwickelt hat und
b) der formale Charakter des germanischen Prozesses widerspricht der materiellen Wahrheitssuche im modernen Schwurgericht.

Interessanterweise haben sich zeitgleich zu Brunners Entwicklungstheorie der Jury die Verfechter des modernen Geschworenengerichts stets in der Defensive befunden.

Zur selben Zeit wurde jetzt aber der Grundstein zu einer Theorie gelegt, die die Vorstellung eines kollektiven Rechtsbewusstseins aus altgermanischen Rechtstraditionen erklären wollte: Durch Karl von Amira, einem germanistischen Rechtshistoriker. Das germanische Recht sei ein Volksrecht gewesen, dass im Gefühl jedes Volksgenossen lebte. Dabei verarbeitete Amira auch Theorien über das germanische Recht des Juristen Wilhelm Eduard Wilda von 1842. Amiras Theorien wurden später von seinem Schüler Claudius Freiherr von Schwerin weitergeführt.

### 3. VORSTELLUNGEN ÜBER DIE GERMANISCHE GEMEINSCHAFTSORDNUNG UND ÜBER DIE RECHTSGESINNUNG DER GERMANEN

In den rechtshistorischen Darstellungen des ausgehenden 19. und beginnenden 20. Jahrhunderts fällt die Tendenz auf, zeitgebundene Rechtsinstitutionen (Geschworenengericht) eher als Produkte der eigenen nationalen Geschichte historisch ausweisen zu wollen als im Rahmen der eigenen Möglichkeiten kritisch zu hinterfragen. Zudem werden in einigen rechtshistorischen Darstellungen Tugendkataloge (Redlichkeit, Sittlichkeit, Rechtschaffenheit etc.) in die eigene Vergangenheit zurückprojiziert und zu Ausgestaltungen eines besonderen „germanischen Wesens“ oder „germanischer Rechtsgrundsätze“ verklärt. So titelt ein Aufsatz des Rechtshistorikers Claudius von Schwerin: „Der Geist des altgermanischen Rechts, das Eindringen fremden Rechts, und die neuerliche Wiedererstarkung germanischer Rechtsgrundsätze“.[181] Schwe-

[181] In: H. Nollau (Hg.), Germanische Wiedererstehung. Ein Werk über die germanischen Grundlagen unserer Gesittung, 1926, 205-291.

rin ist für die rechtshistorische Germanistik vor 1933 als ein führender Forscher bezeichnet worden.[182]

Friedrich Carl von Savigny hatte das Recht als Produkt der nationalen Geschichte definiert. Damit erhob sich das durch die historische Rechtsschule neu definierte Fach der Rechtswissenschaft zur „geschichtlichen“ Rechtswissenschaft.[183] Obwohl sich die historische Rechtsschule als eine „geschichtliche“ begriff, und sie rechtshistorische Forschungen ermutigte als Mittel für das Verständnis des geschichtlich gewordenen Rechts, blieb alle Rechtsgeschichtsforschung auf die Erkenntnis des geltenden Rechts gerichtet. In diesem Punkt waren sich Germanisten und Romanisten der historischen Rechtsschule einig. Karl Friedrich Eichhorn, Mitbegründer des germanistischen Zweiges und Mitherausgeber der „Zeitschrift für geschichtliche Rechtswissenschaft“ bestimmte den Zweck seiner Geschichtsschreibung dahingehend, dass sie dem geltenden dogmatischen Recht zu dienen habe.[184]

Dies ist der Punkt, an dem Amiras Kritik einsetzte, die er in seiner 1875 gehaltenen akademischen Antrittsrede „Über Zweck und Mittel der germanischen Rechtsgeschichte“ zum Ausdruck brachte, und die nach den Worten seines Nachfolgers Claudius von Schwerin eine Kampfansage an die historische Schule war, insofern diese das geschichtliche Recht um des geltenden willen betrieb.[185] Karl von Amira war 1892 in München die Nachfolge von Paul Roth angetreten und lehrte bis zu seinem Tod 1930 unter anderem Deutsche Rechtsgeschichte und System des Deutschen Privatrechts.[186] Zu seiner Zeit leitete er eine neue Epoche der Rechtsgeschichte ein, da er in seiner provokanten Antrittsrede einer neuen Betrachtungsweise Ausdruck verlieh, die den Blick auf eine „juristische“ Rechtsgeschichte warf, im Ge-

---

182 S. den Fragebogen zur Lage der Deutschen Rechtsgeschichte 1932-1945, in: Rükkert/Willoweit, Die Deutsche Rechtsgeschichte in der NS-Zeit, 344.

183 „Die geschichtliche Schule nimmt an, der Stoff des Rechts sey durch die gesammte Vergangenheit der Nation gegeben, doch nicht durch Willkühr, so daß er zufällig dieser oder ein anderer seyn könnte, sondern aus dem innersten Wesen der Nation selbst und ihrer Geschichte hervorgegangen“, Savigny, Über den Zweck der Zeitschrift für geschichtliche Rechtswissenschaft, Bd. 1, 1815, 1-12.

184 Amira, Über Zweck und Mittel der germanischen Rechtsgeschichte, 1876, 6; s. auch Dilcher/Kern, Die juristische Germanistik des 19. Jahrhunderts und die Fachtradition der Deutschen Rechtsgeschichte, ZRG GA 101, 1-46 (10).

185 Schwerin, Nachruf auf Amira, 1931, XXXV.

186 Thieme, Über Zweck und Mittel der Germanischen Rechtsgeschichte, 1975. Thieme nimmt die 100jährige Wiederkehr des Tages, an dem Amira seine Antrittsrede gehalten hatte, zum Anlass der Frage nachzugehen, was von dem Programm Amiras in die rechtsgeschichtliche Germanistik eingeflossen ist; s. auch P. Puntschart, Karl von Amira und sein Werk, 1932.

gensatz zur „geschichtlichen“ Rechtswissenschaft der historischen Rechtsschule: In Abkehr von der dogmatisch orientierten deutschen Rechtsgeschichte zielte Amira auf eine als Teil der Kulturgeschichte begriffene germanische Rechtsgeschichte ab, die das Recht aller germanischen Stämme einbezieht und nach Methode und Ziel der Geschichtswissenschaft zugeordnet werden sollte. Amira, der von Jacob Grimm beeinflusst war, sah das Recht als einen Faktor des Kulturlebens an.[187] Da ihm das Wesen des Rechts eine Seite der Kultur war, verstand Amira das Recht vornehmlich aus diesem Zusammenhang heraus. Somit wurde ihm auch das „Studium der Volkskunde nicht minder zu einer Notwendigkeit wie das der Religion und der Völkerpsychologie“.[188] Rechtsgeschichte wurde zum Teil der Kulturgeschichte. Für unseren Zusammenhang ist Amiras kulturgeschichtliche Betrachtungsweise, in die sich seine rechtshistorischen Forschungen einbetteten, besonders interessant. Amira ging davon aus, dass das Recht in germanischer Zeit

> „...ähnlich wie die Sprache und der Glaube als geistiges Besitzthum jedes einzelnen Rechtsgenossen, als Zubehör zur Persönlichkeit galt, daß eben deswegen alles Recht wesentlich vom Volk ausging, gleichwie das Recht Niemand wußte noch auch zwangsweise verwirklichte, wenn nicht das Volk, daher denn auch das Rechtsbewußtsein in der Rede wie im Handeln rein volksmäßig-sinnenfällig sich äußerte“.[189]

Somit sei das germanische Recht ein „Volksrecht“ gewesen, dass im Bewusstsein aller Volksgenossen, der „Gesammtheit der Freien“[190], lebte:

> „In der Frühzeit war alles, im Mittelalter war das meiste Recht *Volksrecht* [...]. Vom gemeinen Mann ging es aus, in seinem Bewußtsein und mehr noch in seinem Gefühl lebte es“.[191]

Amiras Vorstellung von der Rechtsordnung in frühester germanischer Zeit war durch den Gedanken geprägt, dass sie mit einer öffentlich-rechtlichen Ordnung im modernen Sinne vergleichbar sei. Dieser Gedanke wird besonders deutlich, wenn er die Folgen auf das Rechtsleben beschreibt, die aus der Herausbildung des Feudalsystems resultierten: Damit kam „das allgemeine

---

187 Schwerin, Nachruf auf Amira, XIX; Puntschart, Karl von Amira, 47.

188 Schwerin, Nachruf auf Amira, XIX.

189 Amira, Zweck und Mittel der germanischen Rechtsgeschichte, 14.

190 Ebd., 15; Amiras Vorstellung von einer „Gesammtheit der Freien“ stützte sich wahrscheinlich auf Paul Roths Auffassung von einer „demokratischen Verfassung“ der Germanen, in der die Souveränität bei der Volksversammlung lag, Kroeschell, Die Germania in der deutschen Rechts- und Verfassungsgeschichte, in: Jankuhn/Timpe (Hg.), Beiträge zum Verständnis der Germania des Tacitus, 1989, 198-215 (207).

191 Amira, Germanisches Recht, Bd. I, 1960, 5.

Rechtsbewußtsein in's Schwanken".[192] Das allgemeine Rechtsbewusstsein wurde durch das Feudalsystem aufgelöst, weil nunmehr eine öffentlichrechtliche Selbstverwaltung von Untertanen unmöglich war.[193] Die Angehörigen eines Landes verkümmerten zu Zubehör zu Grund und Boden, die unmittelbar dem jeweiligen Grundherrn unterstanden, der in seinem „Privatinteresse" regierte.[194] Zur germanischer Zeit jedoch, sei die Rechtsordnung eine allgemeine Friedens- und Schutzordnung gewesen.[195] Ausgehend von dieser Vorstellung wollte Amira beweisen, dass die Germanen auch ein öffentliches Strafrecht besessen haben. Dies setzt notwendig voraus, dass in frühester Zeit ein allgemeines oder öffentliches Interesse an der Bestrafung Einzelner bestanden habe. Er ging davon aus, dass das Prinzip der germanischen „Friedlosigkeit", d.h. des Ausschlusses eines Individuums aus dem Friedensverband, dem „urgermanischen Strafrecht" innewohnte.[196] Hinter diesem Prinzip stehe die Vorstellung vom Strafen eines Missetäters, der durch seine Tat zum „Feind des Volkes" geworden und dadurch in der Gemeinschaft nicht länger haltbar sei.[197] In dem Wunsch, diesen Missetäter auszuschließen, zeige sich nun das öffentliche Interesse der germanischen Gemeinschaft. Amira leitete das öffentliche Strafrecht der Germanen aus der Vorstellung ab, das germanische Rechtswesen habe sich innerhalb einer sakral orientierten Gesamtordnung des Lebens entwickelt. Innerhalb dieser Lebensordnung werde ein Verbrechen gegen einen Volksgenossen auch als ein Verbrechen gegen die Ge-

---

192 Amira, Zweck und Mittel der germanischen Rechtsgeschichte, 15.

193 Amira, „Zur Erinnerung an den 1. Januar 1806", 83 f.; Diese Rede hielt Amira 1905 bei der Gedenkfeier zum 100jährigen „Todestag" des Heiligen Römischen Reiches Deutscher Nationen an der Münchener Universität.

194 Ebd., 82.

195 Amira, Zweck und Mittel der germanischen Rechtsgeschichte, 13.

196 Ebd., 50.

197 Vgl. F. Beyerle: „...als *soziale* Macht freilich setzt die Friedlosigkeit bereits das Bestehen eines größeren Verbandes, des Staatswesens voraus. Obgleich nun diese Auffassung des zeitlichen Verhältnisses von Fehde zu Friedlosigkeit kaum auf ernsthaften Widerspruch stoßen wird, hat man sich doch seit *Wildas* grundlegendem Gedankenaufbau daran gewähnt, die Friedlosigkeit zum Ausgangspunkt aller strafrechtlichen Reaktionen zu erheben. Man betont, daß die *Fehde außerhalb des Bereichs der Friedlosigkeit unmöglich habe anerkannt* werden können, seit es überhaupt ein Staatswesen gegeben habe. Denn ihre freie Ausübung *widerspreche der Vorstellung des Friedensverbandes* aller Volksgenossen, den der Begriff einer Friedlosigkeit notwendig voraussetze. Hier liegt allerdings ein Trugschluß versteckt. Denn aus der Erscheinung einer allgemeinen Friedlosigkeit gewisser Verbrechen folgt natürlich keineswegs, daß das Volk jedem, der jener Friedlosigkeit nicht verfiel, den Frieden *garantierte*", Das Entwicklungsproblem im germanischen Rechtsgang, (I. Sühne, Rache und Preisgabe in ihrer Beziehung zum Strafprozeß der Volksrechte), in: K. Beyerle (Hg.), Deutschrechtliche Beiträge, 1915, 217 f.

meinschaft angesehen. Somit war ihm das germanische Strafrecht weit mehr als „blos ein System von öffentlichen Strafen", wie es im Kap. 12 der Taciteischen „Germania" (distinctio poenarum ex delicto) erscheine.[198] In seinem Spätwerk aus dem Jahre 1922 bestimmte Amira den Zweck der öffentlichen Todesstrafen der Germanen folgendermaßen:

> „Mit Vergeltung haben sie [die öffentlichen Todesstrafen] nichts zu schaffen, nichts auch mit Abschreckung, überhaupt nichts mit irgend einem der Zwecke, die moderne Philosopheme der öffentlichen Strafe unterlegen".[199]

Das Verständnis des allgemeinen Zweckes der öffentlichen Todesstrafen eröffne sich von „der Grundauffassung des Neidingswerkes als Entartungszeichen".[200] „Neidingswerke" waren „unehrliche" Verbrechen, wie Mord, Diebstahl und Notzucht. Diese Verbrechen seien „Ausfluß einer schändlichen Gesinnung", Werke „eines Entarteten".[201] So kam Amira zu dem Schluss:

> „Durch die öffentliche Todesstrafe wollte die Gesellschaft so energisch als möglich *ausmerzen, was aus ihrer Art geschlagen war. Die öffentliche Todesstrafe entsprang also dem Trieb zur Reinhaltung der Rasse*...".[202]

In der aktuellen Rechtsgeschichtsforschung ist Amiras sakrale Todesstraftheorie überwunden. Seine rechtsgeschichtliche Forschungen, die in eine globale kulturgeschichtliche Betrachtungsweise eingebettet waren, ließen das rationale Zweckdenken, dass auch im vorstaatlichen Leben seinen Platz hatte, in den Hintergrund treten. Seine Einstellung resultierte nach Ansicht Klaus von Sees aus einer speziellen wissenschaftsgeschichtlichen Tradition der Rechtsgeschichtsforschung, die der Romantik insofern verpflichtet blieb, als sie das Recht weniger auf seinen Zweck, Nutzen und Funktion hin zu be-

---

198 Amira, Zweck und Mittel der germanischen Rechtsgeschichte, 50; vgl. K. v. See: die beiden „Strafen" (Henken und Vermooren), die Tacitus erwähnt, basieren auf seinem Irrtum, dass er diese urtümlichen Vergeltungsaktionen juristisch institutionalisierte, indem er sie als förmliche „Strafen" interpretierte (Kontinuitätstheorie und Sakraltheorie in der Germanenforschung, Antwort an Otto Höfler, 1972), 31.

199 Amira, Die germanischen Todesstrafen. Untersuchungen zur Rechts- und Religionsgeschichte, 67.

200 Ebd., 67.

201 Ebd., 65.

202 Ebd., 67; In der NS-Zeit berief sich der Rassenideologe Hans F. K. Günther in seinem Aufsatz „Die Rassen- und Erbgesundheitspflege der Germanen und ihr Ursprung aus der germanischen Frömmigkeit" (1934) ausdrücklich auf Amira, s. K. v. See, Barbar, Germane, Arier. Die Suche nach der Identität der Deutschen, 202.

trachten pflegte, sondern mehr als Ausdruck, Zeugnis und Spiegelbild von Gesinnungen, religiösen Vorstellungen und volkstümlichen Traditionen.[203]

Aufgrund der fehlenden Rechtsaufzeichnungen in germanischer Zeit geht die Forschung von einer Autonomie des germanischen Rechts aus. Amiras Schüler Schwerin folgerte zudem, dass das germanische Recht nicht nur ungeschrieben, sondern seinem Wesen nach sogar *schriftfeindlich* gewesen sei:

> „Das Recht [...] ist in germanischer Zeit nicht das Erzeugnis einer bewußten Rechtssetzung oder Gesetzgebung [...]. Es ist die im Volke, in der Brust jedes einzelnen lebendige, und daher unbemerkt sich entfaltende und ändernde Überzeugung von dem Richtigen und Billigen, die von allen anerkannte Friedensordnung. Daher ist es ungeschrieben nicht nur, sondern auch schriftfeindlich. Kundgetan wird es in der Urteilsfindung durch das Gericht".[204]

In seiner Abhandlung „Der Geist des altgermanischen Rechts, das Eindringen fremden Rechts, und die neuerliche Wiedererstarkung germanischer Rechtsgrundsätze" hatte Schwerin gesagt, dass sich die Rechtfortbildung in germanischer Zeit aufgrund des in jedem Einzelnen befindlichen „Rechtsempfindens" unbewusst vollziehe:

> „Ohne Eingreifen irgend einer gesetzgebenden Gewalt bildete sich der Rechtssatz im Denken und Fühlen des Volkes völlig unbewußt, ohne jede Überlegung. Er war nichts anderes als die Volksüberzeugung [...]. Ein Recht dieser Art konnte schon um deswillen der Niederschrift entbehren, es war ungeschriebenes Recht".[205]

Und weiter:

> „Mit der Gleichheit von Recht und Volksüberzeugung hängt aber noch anderes zusammen. Zunächst eine größere Beweglichkeit, als sie dem geschriebenen Recht des Gesetzgebers eigen zu sein pflegt. Die Wandlungen des Rechts erfolgen gewissermaßen von selbst. [...] Aufhebung und Neubildung vollziehen sich unbewußt. Das Rechtsempfinden paßt sich ohne einen äußeren Eingriff an".[206]

Die substantielle Flexibilität des germanischen Rechts resultiere aus einer allgemeinen Volksüberzeugung, die das Recht fortwährend weiterbilde. Bernhard Rehfeldt schrieb 1950 über Claudius Freiherr von Schwerin, dass gerade diese oben genannte Schrift am deutlichsten zeige, woran – jenseits

---

203 *Zum Streit um die „Sakraltheorie" in der deutschen Germanenforschung*: K. v. See, Europa und der Norden im Mittelalter, 1999, 109 ff.

204 Schwerin, Grundzüge der deutschen Rechtsgeschichte, 1941, § 8, 20.

205 Schwerin, Der Geist des altgermanischen Rechts..., 209.

206 Ebd., 209.

von Scharfsinn und Kritik – das Herz dieses Forschers gehangen habe. Sie zeige gleichsam, in welchem Maße ihm das Germanische ein „Wert“ gewesen ist, und wie sehr der skeptische Mann auch fähig gewesen ist, an diesen Wert zu glauben.[207]

Die Lehre von der germanischen *Friedlosigkeit* ist wohl eines der umstrittensten Denkmodelle in der deutschen Rechtsgeschichtsforschung. Einen historischen Beleg scheint die Vorstellung von der Friedlosigkeit – und insbesondere die *Lehre vom Wolfscharakter des Friedlosen* – durch den Titel 55 der Lex Salica (das Stammesrecht der salischen Franken) zu erhalten, der besagt, dass derjenige, der einen Grabfrevel begeht, als „wargus“ zu behandeln sei.[208] „Wargus“ wurde schon 1828 von Jacob Grimm in seinen „Deutschen Rechtsalterthümern“ mit den Ausdrücken „Wolf“ und „Räuber“ übersetzt. Bestimmte Verbrechen machten den Täter friedlos (rechtlos), so dass der Friedlose aus der Rechtsgemeinschaft verbannt wurde. Der Ausgestoßene wurde zum Waldläufer, zum Wolf. Der Vergleich mit dem Wolf versinnbildlicht eine zusätzliche Wirkung der Friedlosigkeit, denn der Friedlose durfte gleich dem Wolf ungestraft getötet werden.[209] Für den weiteren Verlauf um die Vorstellung von der Friedlosigkeit wurde das Hauptwerk Wilhelm Eduard Wildas, eines Holsteinischen Juristen, bedeutsam: „Das Strafrecht der Germanen“ von 1842, das Wilda Jacob Grimm und Friedrich Christoph Dahlmann gewidmet hatte. Wilda folgte hier der verbreiteten Ansicht, dass die nordischen Rechtsquellen die ursprünglichen Zeugnisse germanischen Altertums seien. Hier hatte er den Bogen vom „wargus“ der Lex Salica zum „vargr“ (Verbrecher, Wolf) der nordischen Quellen des Mittelalters geschlagen.[210] Dies sollte sich entscheidend auf die weitere Rechtsgeschichtsforschung auswirken:

> „Durch die Verletzung des Rechts des Einzelnen war zugleich *an ihm* der Friede Aller gebrochen worden“.[211]

Den Zweck der germanischen Rechtsordnung sah Wilda in dem Schutz des heiligen Friedens. Von der Friedlosigkeit hing für ihn die richtige Auffassung

---

207 Rehfeldt, Nekrolog auf C. v. Schwerin, in: ZRG GA 67, 1950, 492-501 (500).

208 H. Nehlsen, Der Grabfrevel in den germanischen Rechtsaufzeichnungen – zugleich ein Beitrag zur Diskussion um Todesstrafe und Friedlosigkeit bei den Germanen, in: Jankuhn u.a. (Hg.), Zum Grabfrevel in vor- und frühgeschichtlicher Zeit, 1978, 107-168 (108); auch K. v. See, Europa und der Norden im Mittelalter, 119.

209 S. Mitteis/Lieberich, Deutsche Rechtsgeschichte, Kap. 9.III.2.

210 Nehlsen, Grabfrevel in den germanischen Rechtsaufzeichnungen, 108.

211 W. E. Wilda, Das Strafrecht der Germanen, 1842, 226.

fast des ganzen Strafrechts der Germanen ab.[212] Damit wollte man weniger die äußere Tat als vielmehr den *verbrecherischen Willen* bestrafen, denn wolle man die Nichtberücksichtigung des Willens behaupten, „...vertilgt man die Begriffe von Recht und Unrecht aus dem Leben der Germanen“, – so Wilda.[213] Das Neue an dieser Vorstellung war die moralische Verurteilung des Rechtsbrechers, der sich durch seine Missetat als „entartet“ auswies. Dieses entartete Individuum löse durch seine Tat, die es zum Feind der Gemeinschaft werden ließ, „die allgemeine Genossenpflicht zur Rechtshilfe“[214] aus. Diese Rechtshilfe galt aber gegenüber der Gemeinschaft und nicht gegenüber dem Individuum.

Wildas Friedlosigkeitstheorie fand in die rechtshistorischen Darstellungen der späteren Generation Aufnahme, so bei Amira, Konrad Maurer und Schwerin. Durch die Vorstellung, dass Missetaten bei den Germanen, die sich gegen die Gemeinschaft richteten, besonders schwer geahndet wurden, wurde die Vorstellung einer besonderen Gemeinschaftsgebundenheit der germanischen Lebens- und Rechtsformen etabliert. Es ist bezeichnend, dass kritische Einwände, die seitens skandinavischer Rechtshistoriker eingebracht wurden, die Lehre von der gemeingermanischen Friedlosigkeit nicht antasten konnten. Dass die skandinavische Kritik nicht die Anerkennung erhielt, die sie verdiente, hing nicht zuletzt mit Claudius von Schwerin zusammen, der alle Arbeiten dieser Richtung einer ablehnenden Kritik unterzog.[215] Dass sich

---

212 Wilda, Das Strafrecht der Germanen, 278.

213 Ebd., 149; Heute geht man davon aus, dass das Willensmoment unter dem Einfluß der kirchlichen Bußpraxis in fränkischer Zeit im Rechtsgang stärker berücksichtigt wurde, so Mitteis/Lieberich, Deutsche Rechtsgeschichte Kap. 19.I.5.; s. auch H. Rüping, Grundriß der Strafrechtsgeschichte, § 1.3.

214 Amira, Die germanischen Todesstrafen, 36; Schwerin: Alle Rechtspflege sei in germanischer Zeit Aufgabe der Rechtsgenossen gewesen. Jeder Volksgenosse war verpflichtet, zur Durchsetzung des Rechts mitzuhelfen (Grundzüge der deutschen Rechtsgeschichte, 1941), § 11, 26; Noch 1950 sprach H. Planitz von einer „religiösen Pflicht aller Volksgenossen, den Feind des Volkes zu vernichten...“, Deutsche Rechtsgeschichte, 27.

215 Schwerins Gaedeken-Rezension, ZRG GA 1937, 493-503: Gaedekens Buch „Retsbrudet og Reaktionen derimod i gammeldansk og germansk Ret“ von 1934 stellte nach Ansicht Schwerins einen massiven Angriff auf Grundanschauungen dar, die die Rechtsgeschichtsforschung seit Wilda anerkenne (493). Gaedeken vertrat u.a. die Meinung, dass die altdänischen Quellen keinen Beweis für die von Wilda aufgestellte These sind, dass jede vorsätzliche Rechtsverletzung einen Verlust des Rechtschutzes zur Folge hatte. Schwerin, der die Friedlosigkeitstheorie gegenüber Gaedekens Einwänden verteidigte, machte darauf aufmerksam, dass sich Gaedekens Überlegungen mit Andreas Heuslers Werk „Strafrecht der Isländersagas“ von 1911 berühren. Auch Heusler hatte die Meinung vertreten, dass die Isländersagas nicht als Beleg angeführt werden können, die Rechtsordnung sei eine Friedensordnung gewesen; Heuslers

die traditionelle Auffassung vom Friedensbruch und von der Friedlosigkeit kaum noch als ältestes gemeingermanisches Recht halten lassen kann, haben wortgeschichtliche Untersuchungen skandinavischer Rechtstermini ergeben. Die Untersuchungen konnten nachweisen, dass die sog. „fridr“-Terminologie im engen Zusammenhang mit der hochmittelalterlichen Landfriedensbewegung steht, die aus der vom Königtum initiierten Gesetzgebung etwa seit Mitte des 13. Jahrhunderts resultierte, und überindividuelle Gesichtspunkte zur Geltung brachte. Diese Untersuchungen konnten ebenfalls bestätigen, dass das skandinavische Recht während des frühen Mittelalters unter anderem insbesondere vom kanonischen Recht stark beeinflusst worden war, was nicht ohne Auswirkung auf die Strafrechtsterminologie geblieben ist. Das Prinzip der Friedlosigkeit zeigt deutliche Parallelen zur geistlichen Strafe der Exkommunikation auf. Dass zudem die Friedlosigkeit gerade zu dieser Zeit im skandinavischen Recht an Boden gewann und nicht von der Kirche bekämpft wurde, macht die Friedlosigkeit als ursprünglich germanisches Rechtsinstitut fragwürdig.[216]

Abschließend ist festzuhalten, dass die Amira‘sche Theorie, wonach die germanische Rechtsordnung sich innerhalb einer heiligen Lebensordnung entwickelt habe, stark einem Germanenbild ähnelt, das der dänische Schriftsteller Vilhelm Grönbech in seinem großen Germanenwerk „Unser Volk in der Frühzeit“ im ersten Jahrzehnt des 20. Jahrhunderts verfasst hatte. Die altgermanische Lebensordnung sei zweigeteilt in „Mitgard“ und „Utgard“. „Mitgard“ sei das friedvolle „Drinnen“, das dem Einzelnen Friede gewährt, solange er im heiligen Verband seiner Sippe lebt. „Utgard“ sei das friedlose „Draußen“, das Reich der Neidinge und Entarteten.[217] Wie wirkmächtig die Idee eines friedlosen „Draußen“ war, sieht man daran, dass im Nationalsozialismus die neue Ausbürgerungsgesetzgebung mit dem „Rechtsgedanken“ der germanischen „Friedlosigkeit“ verglichen wurde.[218] Auch die Idee, dass das Recht im Bewusstsein aller Volksgenossen lebt, fand in der NS-Zeit einen praktischen Niederschlag: 1935 wurde das „gesunde Volksempfinden“ in die Strafgesetze eingefügt.

---

„Strafrecht der Isländersagas“ stieß schon 1912 auf Schwerins ablehnende Kritik (s. ZRG GA 1912, 491-520); In Rehfeldts Nachruf auf Schwerin, heißt es, Schwerin habe in Heuslers „Strafrecht“ den „Schulbegriff von der Friedensordnung des germanischen ‚Staates‘ ins Wanken“ geraten gesehen, ZRG GA 1950, 499; s. Überblick über die skandinavische Kritik bei K. v. See, Altnordische Rechtswörter, 140.

216 Schon K. v. See, Altnordische Rechtwörter, 140; jetzt auch Nehlsen, Grabfrevel in den germanischen Rechtsaufzeichnungen, 157, 166 f.

217 K. v. See, Barbar, Germane, Arier, 198 f.

218 So durch H. Göring, s. A. 115, Kap. V.3. dieser Arbeit.

# V. Kapitel
# Das „Rechtsempfinden des Volkes“ in Rechts- und Gemeinschaftsvorstellungen des beginnenden 20. Jahrhunderts bis 1945

## 1. Die Gemeinschaft als höhere Lebenseinheit und die überindividuelle „Volksempfindung“

In den zeitgenössischen Theorien über Gemeinschaftsverhältnisse des ausgehenden 19. und beginnenden 20. Jahrhunderts wird *Gemeinschaft* damit erklärt, dass sie nicht aus einer bloßen Summierung Einzelner resultiert, sondern sich durch ein „Mehr“ auszeichnet, das rational nicht fassbar ist. In seiner Abhandlung „Das Wesen der menschlichen Verbände“ von 1902 beschreibt Otto von Gierke Gemeinschaft als ein „wirkendes Etwas“:

> „Jedenfalls also ist die Gemeinschaft ein wirkendes Etwas. Nun sind aber die Wirkungen, die wir der Gemeinschaft zuschreiben müssen, so beschaffen, dass sie sich aus blosser Summirung individueller Kräfte nicht erklären lassen. [...] Somit kann [...] die wirkende Gemeinschaft nicht mit der Summe der sie bildenden Individuen zusammenfallen, muss vielmehr ein Ganzes mit überindividueller Lebenseinheit sein“.[1]

Für ihn hatte die historische Rechtsschule und insbesondere die Savigny'sche „Volksgeistlehre“, die er als einen „Ausgangspunkt vertiefter Soziallehre“ verstand,[2] das Fundament für eine Betrachtungsweise gelegt, die sich an geschichtlicher Kontinuität orientierte. Das Recht ist ein geschichtliches Erzeugnis. Es ist „Teilvorgang der Kulturentwicklung“: Als solches entwickelt es sich in Wechselwirkung mit den in einem gesellschaftlichen Organismus lebendigen Kräften.[3] Somit war ihm „das Recht der Gegenwart um so lebensvoller [...], je fester es im Recht der Vergangenheit wurzelt“. Damit offenbare sich die Überlegenheit des organisch Gewordenen gegenüber dem künst-

---

1 Gierke, Das Wesen der menschlichen Verbände, 1902, 20 f.

2 „Für jede Betrachtungsweise aber, die das menschliche Gemeinleben als das Leben überindividueller Wesenheiten begreift, wird die Einführung des Volksgeistes in die Rechtstheorie ein Ausgangspunkt vertiefter Soziallehre bleiben“, Gierke, Die historische Rechtsschule und die Germanisten, 1903, 8.

3 Ebd., 7.

lich Gemachten.[4] In seiner Abhandlung von 1902 beschäftigte sich Gierke mit den „organisirten Gemeinschaften“ (Verbandsperson), die die Rechtswissenschaft als „juristische Personen“ bezeichnet. Gierke versuchte eine Antwort zu geben, welche Wirklichkeit diesem Rechtsphänomen zu Grunde liegt.[5] Hierbei wandte er sich gegen die sog. Fiktionstheorie, nach der juristische Personen nur dem Begriff nach existieren, „kraft dessen sie für das Recht als etwas gelten, was sie in Wirklichkeit nicht sind“.[6] Gierke begann mit der Überlegung, wie organisierte Verbände juristisch einzustufen sind, denn seien

> „...nur die einzelnen Menschen willensbegabte Einheiten, so können auch nur sie Subjekte von Rechten und Pflichten sein“.[7]

Diese Frage verlange gerade auch für das Staatsrecht eine befriedigende Lösung, da sonst die „Staatspersönlichkeit“ als ein bloßes Begriffswesen erscheinen müsse.[8] Die Lösung fand Gierke im Gedanken „der selbständigen Persönlichkeit des organisierten Ganzen“, denn in Vergangenheit drohte immer wieder die Staatspersönlichkeit entweder in einem „souveränen Herrscher oder in einer souveränen Volksgesammtheit zu verschwinden“.[9] Gierke war davon überzeugt, dass dieser selbständigen Persönlichkeit des organisierten „Ganzen“ eine reale Existenz zukommt, die er zu beweisen versuchte. Er sprach sich gegen die neueren Staats- und Rechtslehren aus, für die Gemeinschaft nur ein „Aggregat“ von Individuen sei.[10] Denn in Ablehnung der naturrechtlichen Gesellschaftslehre habe seit dem 18. Jahrhundert „die wissenschaftliche Ueberzeugung von der Wesenhaftigkeit der Gemeinschaften sich stetig ausgebreitet“.[11] Die antike Staatslehre und die Gesellschaftslehre des Mittelalters betrachteten den Staat und andere Verbände als soziale Organismen:

---

4 Gierke, Die historische Rechtsschule und die Germanisten, 9.

5 Gierke, Wesen der menschlichen Verbände, 5.

6 Ebd., 6 f.

7 Ebd., 7.

8 „Giebt es keine wahren Personen ausser den Individuen, so kann auch der Staat als solcher, falls er Person ist, nur eine fingirte Person sein. Dann aber scheint der Sieg denen zu gebühren, die den Begriff der Staatspersönlichkeit überhaupt aus dem Staatsrecht verbannen. Der Staat ist ein Zustand, vielleicht auch ein Rechtsverhältniss, vielleicht auch ein Rechtsobjekt. Ein Rechtssubjekt ist er nicht“, ebd., 8.

9 Ebd., 9.

10 „Seit es eine Wissenschaft von Staat und Recht giebt, kämpft mit der Auffassung, für die alle Gemeinschaft nur ein Aggregat von Individuen ist, eine andere Auffassung, die in den gesellschaftlichen Körpern selbständige Ganze mit eigener Wesenheit erblickt“, ebd., 10 f.

11 Ebd., 11.

> „Sie behauptet also das Dasein von Gesammtorganismen, deren Theile die Menschen sind, *über* [Herv. d. Verf.] den Einzelorganismen“.[12]

Obwohl diese „organische Soziallehre“ im 19. Jahrhundert durch die Verwendung biologischer Analogien vielfach in eine einseitige naturwissenschaftliche Richtung eingeschlagen sei, weil sie gesellschaftliche Verbände „als reine Naturerzeugnisse“ behandelte, hält Gierke an dem Vergleich zwischen natürlichen und sozialen Körpern fest[13]:

> „Richtig verstanden sagt der Vergleich nichts weiter aus, als dass wir in dem gesellschaftlichen Körper eine Lebenseinheit eines aus Theilen bestehenden Ganzen erkennen, wie wir sie ausserdem nur bei den natürlichen Lebewesen wahrnehmen. Wir vergessen nicht, dass die innere Struktur eines Ganzen, dessen Theile Menschen sind, von einer Beschaffenheit sein muss, für die das Naturganze kein Vorbild bietet; dass hier ein geistiger Zusammenhang stattfindet, der durch psychisch motivirtes Handeln hergestellt und gestaltet, bethätigt und gelöst wird; dass hier das Reich der Naturwissenschaft endet und das Reich der Geisteswissenschaft beginnt. Allein wir betrachten das soziale Ganze gleich dem Einzelorganismus als ein Lebendiges und ordnen die Gemeinwesen zusammen mit den Einzelwesen dem Gattungsbegriff des Lebewesens unter“.[14]

Die Gegner dieser Auffassung lehnen die Annahme realer Lebenseinheiten jenseits der Lebenseinheit des Individuums ab. Sie stellen daher den *realen* Einzelwesen *abstrakte* Gesamtorganismen gegenüber. Gierke hingegen löst diese Scheidung auf, indem er alles vom realen Einzelwesen ableitet. Wie in der arithmetischen Mengenlehre ist der Mensch sowohl „als Individuum in sich beschlossen“ als auch „als Glied oder Organ einem sozialen Ganzen eingefügt“.[15] Die größeren Lebenseinheiten sind real, weil sie Gierke in die *Doppelnatur* des Menschen zurückversetzt.[16] Diese „Lebenseinheiten“ sind zwar nicht sinnlich wahrnehmbar, dennoch sind sie für Gierke „das Wirkliche“.[17] Ein unmittelbarer Beweis, dass diese „sozialen Lebenseinheiten“ wirklich existieren sei zwar nicht möglich, aber ausgehend von den „Gemeinschaftswirkungen in uns“ könne man einen mittelbaren Beweis ableiten.[18] Daher spreche man auch von „Volksseele“, „Volksempfindung“ und

---

12 Gierke, Wesen der menschlichen Verbände, 13.

13 Ebd., 15; s. G. Rümelins Kritik an solchen biologischen Analogien, Kap. I.1. dieser Arbeit bei A. 40.

14 Ebd., 15 f.

15 Ebd., 18.

16 Der Mensch ist ein „Ganzes für sich und Theil höherer Ganzen“, Gierke, ebd., 25.

17 Ebd., 18.

18 Ebd., 22.

„Volkswillen“ etc.[19] Mit diesen Begriffen nehme man auf *reale* psychische Mächte Bezug.[20]

1936 bemerkte der Berliner Professor Reinhard Höhn, dass viele Gierkes Lehre von der realen Verbandpersönlichkeit als eine geeignete dogmatische Grundlage für den neuen nationalsozialistischen Staat ansehen.[21] Gierkes Zeitgenossen kritisierte Höhn, dass sie seine Vorstellung von der „Realität der juristischen Person“ überhaupt nicht verstanden haben. So habe man spöttisch gefragt, ob ein Verband dann „auch fühlen, wahrnehmen und denken“ könne oder sogar ein Selbstbewusstsein habe.[22] Interessanterweise verteidigte Höhn hier Gierkes Auffassung von der leiblich-geistigen Einheit der sozialen Ganzen, um sie gleichzeitig von der Grundauffassung seiner Zeit abzugrenzen. Denn für Höhn war Gierkes Argument der Verortung der realen Gemeinschaft im Individualbewusstsein nur ein künstliches, aus theoretischen Erwägungen notwendiges Mittel:

> „Die Eingliederung des einzelnen in eine *unsichtbare Einheit muß Gierke aber nur deshalb annehmen, weil eine wirkliche Einheit im Staat nicht mehr vorhanden ist.* [...] Wenn Gierke eine unsichtbare Einheit konstruieren muß, um die Gesamtheit mitzudenken, so zeigt sich zugleich, daß ihm eine konkrete Gemeinschaft nicht gegenwärtig ist“.[23]

Wie stark Gierke mit der individualistischen Vorstellungswelt verflochten sei, sah Höhn dadurch bestätigt, dass Gierke die Einheit der „höheren Ganzen“ doch nur wieder mit dem Begriff der Person (Gesamtperson) auszudrücken vermochte. Gierke verblieb damit in der „Personenvorstellung“ und konnte den Gegensatz zwischen der individuellen und gemeinschaftsmäßigen Sphäre gedanklich nicht überwinden.[24] Gierke sei auf halbem Wege stehen geblieben, weil er mit dem „staatsrechtlichen Begriffssystem“ seiner Zeit nicht konsequent gebrochen habe. Er bleibe der Gedankenwelt des 19. Jahrhunderts verhaftet, die für die NS-Zeit als überwunden gelte.[25] Für Höhn erschienen daher diejenigen,

---

19 Gierke, Wesen der menschlichen Verbände, 22.

20 Ebd., 22.

21 R. Höhn, Otto von Gierkes Staatslehre und unsere Zeit, 1936, 39.

22 Ebd., 40.

23 Ebd., 41 f.

24 Ebd., 42.

25 Ebd., 42 f.; Dieses Denken, wonach der Einzelne in eine „unsichtbare“ höhere Wesenseinheit gedanklich eingegliedert werde, lasse sich maßgeblich in der Rechtsphilosophie aufzeigen, Höhn verweist hier auf Julius Binder, ebd., 42 A. 2.

„…die das individualistische Denken der Beziehung von Persönlichkeiten zueinander ohne die Vorstellung von der Realität der Staatspersönlichkeit zu Ende führen, konsequenter und mehr im Recht“.[26]

## 2. DAS „RECHTSBEWUSSTSEIN DER VOLKSGENOSSEN“ UND DAS GESETZ

Der Tübinger Jurist Max Rümelin äußerte sich in seiner Rede „Erlebte Wandlungen in Wissenschaft und Lehre“ von 1930 unter anderem zu den Rechtsfindungsmethoden und zum Verhältnis zwischen der Rechtswissenschaft und der Gesetzgebung. Seiner Zeit wies Rümelin eine Vertrauenskrise zwischen Rechtsprechung und Rechtswissenschaft aus, die für ihn auch mit der sog. *Freirechtsbewegung* in Zusammenhang stand.[27]

Die Freirechtsbewegung wurde mit Eugen Ehrlichs Vortrag „Freie Rechtsfindung und freie Rechtswissenschaft“ von 1903 eingeleitet. Ehrlich richtete sich gegen die Auffassung, dass alles Recht in den staatlichen Gesetzen enthalten ist, denn naturgemäß sei das Gesetzesrecht lückenhaft. Falls im geltenden Recht eine klare Regel fehlt, solle an die Stelle einer „technischen“ eine „freie Rechtsfindung“ treten. Die beste Gewähr für diese „freie Rechtsfindung“ liege in der Person des Richters und dessen „Empfinden für die Bedürfnisse der Gegenwart“. Ehrlich war der Meinung, dass jede Rechtsfindung eine mehr oder weniger schöpferische Gesellschaftsgestaltung sei.[28]

Für Rümelin verbarg sich hinter dem Begriff „Freirecht“ die Bestrebung, den Richter weitgehend von der gesetzlichen Bindung zu emanzipieren. Die Tendenz, den richterlichen Ermessensraum in Abkehr vom geschriebenen Gesetz zu vergrößern, fand für ihn in der „Freirechtsbewegung“ aber nur ein Forum, denn sie ließ sich auch in anderen Formen aufzeigen, so in der Theorie von der objektiven Auslegung des Gesetzes oder in verschiedenen „Rechtsgefühlstheorien“.[29] Man könne nicht die Geltung der Gesetze von ihrer Über-

---

26 Höhn, Otto von Gierkes Staatslehre und unsere Zeit, 43.

27 M. Rümelin, Erlebte Wandlungen in Wissenschaft und Lehre, 1930, 40 f.

28 So Kleinheyer/Schröder, Deutsche und Europäische Juristen aus neun Jahrhunderten, 118; Ehrlichs theoretische Überlegungen gehen teilweise auf Beseler zurück, ebd., 54.

29 „Zum Teil gelangte man zu dem freilich nicht von allen Freirechtslehrern und nicht von ihnen allein gelehrten Satz, daß der Richter dem Gesetz unter Umständen den Gehorsam verweigern oder wie manchmal (noch unpassender) gesagt wurde, das Gesetz abändern dürfe“, Rümelin, Erlebte Wandlungen in Wissenschaft und Lehre, 42, auch 48 f.; Als die Mitglieder des Reichsgerichts zur ersten Steuernotverordnung Stellung nahmen, drohten sie mit einem „Gesetzesungehorsam“: „Dieser Gedanke von Treu und Glauben steht außerhalb der einzelnen Gesetze, außerhalb einer einzelnen positiv-

einstimmung mit dem Rechtsgefühl der Mehrheit der Volksgenossen abhängig machen und dem Richter die Prüfung überlassen, ob diese Übereinstimmung auch faktisch bestehe.[30] Letztlich war an Rümelins Kritik deutlich abzulesen, dass das Verhältnis zwischen einem „Rechtsbewusstsein im Volke" und dem geltenden Recht, – die Kardinalfrage in der Auseinandersetzung um die Einbindung von Laien in die Rechtspflege, die im 19. Jahrhundert teilweise als die eigentlichen Vertreter eines „Volksbewusstseins" angesehen worden waren, und die daher befugt seien, das geltende Recht anhand ihres „Volksbewusstseins" einer Geltungsüberprüfung zu unterziehen („omnipotence du jury") –, immer noch ein ungelöstes Problem darstellte, das mit dem Wegfall der Laiengeschworenen im echten Schwurgericht nun aber auch in Bezug auf die gelehrte Richterschaft thematisiert wurde.

Ähnlich wie schon Mittermaier warnte auch Rümelin vor den Gefahren eines „kollektiven Richtersubjektivismus", der durch den „ésprit de corps" und die gemeinsamen Interessen hervorgerufen werde.[31] Sowohl die Vorstellung von einer Übereinstimmung zwischen dem Rechtsgefühl des Richters und dem „Rechtsbewusstsein des Volkes" als auch die Vorstellung, dass das Rechtsgefühl des Richters die „oberste Rechtsquelle" sei, seien falsch.[32] Die einzige Instanz, die sich über widerstreitende Interessen stellen und rechtlich maßgebend sei, ist nicht die Rechtsprechung, sondern die Gesetzgebung.[33]

Die ersten drei Jahrzehnte des 20. Jahrhunderts sind durch den großen Aufschwung der philosophischen Betrachtungsweise des Rechts bestimmt, was mit der Zurückdrängung der rechtsphilosophischen Betrachtungsweise durch

---

rechtlichen Bestimmung. Keine Rechtsordnung, die diesen Ehrennamen verdient, kann ohne jenen Grundsatz bestehen. Darum darf der Gesetzgeber nicht ein Ergebnis, das Treu und Glauben gebieterisch fordert, durch sein Machtwort vereiteln. Es wäre ein schwerer Verstoß gegen das Ansehen der Regierung und des Rechtsgefühls, wenn jemand, der sich auf ein neues Gesetz beriefe, damit vom Gericht abgewiesen würde, weil seine Berufung auf das Gesetz gegen Treu und Glauben verstieße" (Jur. Wochenschrift, 1924), aus F. L. Neumann, Der Funktionswandel des Gesetzes im Recht der bürgerlichen Gesellschaft, 1937, 61 f.; s. zu diesem richterlichen „Gesetzesungehorsam", auch Hattenhauer, Wandlungen des Richterleitbildes im 19. und 20. Jahrhundert, 19 f.; *zur objektiven Auslegungstheorie*: s. Karl Binding in Kap. IV.1. dieser Arbeit bei A. 128, außerdem s.u. A. 80.

30 Rümelin, Erlebte Wandlungen in Wissenschaft und Lehre, 47.

31 Ebd., 45.

32 Ebd., 47 f.

33 Ebd., 47.

die historische Rechtsschule zusammenhänge.[34] In seiner Abhandlung „Irrationalismus und Ganzheitsbetrachtung in der deutschen Rechtswissenschaft“ aus dem Jahre 1938 sah Erich Schwinge die Wissenschaft vom Recht in eine Auseinandersetzung eingetreten zu sein, die andere Wissenschaften bereits durchschritten haben.[35] Irrationalismus und ganzheitliche Betrachtungsweise als Ersatz für das rational-begriffliche Denken hat – so Schwinge – seine philosophischen Wurzeln in der „Lebensphilosophie“.[36] Die erkenntnistheoretischen Implikationen, die mit dieser Betrachtungsweise für die Rechtslehre verbunden sind, bildeten für ihn den Antrieb, sich mit diesem Phänomen kritisch auseinander zu setzen:

> „Erkenntnistheoretisch geht die Meinung dieser Lebensphilosophen übereinstimmend dahin, daß es unhaltbar sei, nur die Ratio als Weg zur Erkenntnis gelten zu lassen. Wahrhaft an das 'Wesen' der Dinge heran führe nicht der Verstand, sondern einzig und allein der Instinkt, die Intuition, die Wesensschau oder wie man diese irrationalistischen Erkenntniskräfte sonst bezeichnen mag. Das nach Allgemeingültigkeit strebende abstrakte Begriffsdenken, so wird immer wieder betont, bleibe an der Schale der Dinge haften und verfälsche damit das Leben. Dem Rationalismus der bisherigen Wissenschaft, der nur den mit Begriffen rechnenden Verstand als Erkenntnismittel gelten lasse, müsse der Irrationalismus der Zukunft entgegenstellt werden, der den außerverstandesmäßigen Erkenntnisfaktoren endlich ihr Recht zuweise“.[37]

---

34 So Rümelin, Erlebte Wandlungen in Wissenschaft und Lehre, 54; auch E. Riezler spricht in seinem Buch "Das Rechtsgefühl" davon, dass die Rechtsphilosophie in Deutschland lange Zeit zurückgesetzt gewesen sei, nun aber zu neuem Leben erwache, 1946, 1; Riezlers Buch ist zuerst erschienen im Jahre 1923.

35 Volkswirtschaftslehre, Theologie, Geisteswissenschaften und sogar die Medizin, s. E. Schwinge, Irrationalismus und Ganzheitsbetrachtung in der deutschen Rechtswissenschaft, 1938, 1 ff.

36 Ebd., 2 f.

37 Ebd., 3 f.; Schwinge zählt folgende Lebensphilosophen auf: Bergson, Nietzsche, Dilthey, Simmel, Husserl und Klages. Nach Ansicht Schwinges habe die Intuitionsphilosophie in die Rechtswissenschaft erst relativ spät Eingang gefunden. Josef Kohler sei der Erste gewesen, der auf sie aufmerksam gemacht hat. Erster Vorkämpfer für die Intuitionsphilosophie nach dem Ersten Weltkrieg sei der Berliner Rechtsanwalt Ludwig Bendix gewesen. Was bei Kohler und Bendix philosophisch unausgeführt blieb, habe Hermann Isay 1929 weitergeführt. Isay verfasste 1929 seine Abhandlung „Rechtsnorm und Entscheidung“. Die anfängliche Abwehrhaltung gegen die Intuitionsphilosophie sei in der Rechtswissenschaft nach 1933 geschwunden, was umso erstaunlicher sei, da die „Lebensphilosophie“ *ansonst überall im Abklingen* begriffen war, ebd., 11-16.

Für den durch die Nationalsozialisten ausgewiesenen Juristen Franz Leopold Neumann war die Periode zwischen 1918 und 1930 durch die Durchsetzung der Freirechtsbewegung charakterisiert, deren Lehre auf die Zerstörung der Rationalität und Berechenbarkeit des Rechts hinauslaufe.[38] Die formal-rationalen Normen des Gesetzesrechts wurden durch die sog. Generalklauseln oder „Blankettnormen" („Treu und Glauben", „gute Sitten", „wichtiger Grund" etc.) zunehmend überformt. Diese Generalklauseln waren ursprünglich – so Neumann – Stiefkinder des Rechts. Dank der Freirechtsbewegung wurden sie zu „verzärtelten Lieblingskindern"[39], die der Richterschaft einen Freiraum für ihre subjektiven Bewertungen und ihr individuelles Gerechtigkeitsempfinden boten.

Die Gründe, die die Einstellung gegenüber den Generalklauseln verändert haben, seien sowohl wirtschaftlicher als auch politischer Natur gewesen. Politisch, weil in der Akzeptanz der Freirechtslehre letztlich die feindselige Einstellung der Richterschaft zur Demokratie zum Ausdruck kam.[40] Die Ablehnung der Demokratie durch die Richterschaft bedeutete die Ablehnung der formal-rationalen Normen der Parlamentsgesetze, die in ihrer egalisierenden Wirkung auch den sozial und ökonomisch Schwachen in einer Gesellschaft Schutz boten. Die Wirtschaftskrise und die politische Reaktion nach 1930 führten zu einer „Flucht in die Generalklauseln", die damit eine Unberechenbarkeit der juristischen Entscheidungen zur Folge hatte.[41] Generalklauseln blieben nicht nur auf das Zivilrecht beschränkt, sie griffen auch in das öffentliche Recht und das Verwaltungsrecht ein. Damit überformten sie das gesamte Rechtssystem.[42] Von einer Flucht in die Generalklauseln sprach 1933 auch der Jurist Justus Wilhelm Hedemann in seiner Abhandlung mit dem gleichnamigen Titel. Diese Flucht bedrohte Recht und Staat:

> „Alle Usurpatoren, Diktatoren, Eroberer der Weltgeschichte haben rasch genug das Verlangen gehabt und es meisterhaft verstanden, ihr Tun mit einer Zielformel wie 'Staatswohl', 'Sicherheit und Ordnung', 'Gerechtigkeit' oder dergleichen in Verbindung zu bringen. Aber gerade das deckt, über die Zeiten und Völker hinweg, die

---

38 Neumann, Die Herrschaft des Gesetzes, 329 f.; Franz Neumann war Jurist und einer der ersten, dem die deutsche Staatsbürgerschaft aberkannt wurde. Schon im Mai 1933 floh er nach England, wo er seine zweite Dissertation verfasste mit dem Titel „Die Herrschaft des Gesetzes", diese wurde in London 1936 veröffentlicht; *zu seiner Person*: Rückert, Franz Leopold Neumann (1900-1954) – ein Jurist mit Prinzipien, in: M. Lutter u.a. (Hg.), Der Einfluß deutscher Emigranten auf die Rechtsentwicklung in den USA und in Deutschland, 1991.

39 Neumann, Funktionswandel des Gesetzes im Recht der bürgerlichen Gesellschaft, 65.

40 Neumann, Herrschaft des Gesetzes, 332.

41 Ebd., 333.

42 Ebd., 332.

> *äußerste Gefahr der Generalklauseln* auf. Wo eine übergeordnete Macht Generalklauseln setzt und unabhängige Richter die Klauseln handhaben, bleiben die Klauseln trotz ihrer großen Beweglichkeit Maßstäbe. Wenn aber der Staat als oberste Macht selbst die Generalklauseln für sein *eigenes* Verhalten setzt, *fließt der Beweglichkeitsfaktor mit dem Machtfaktor in Eins zusammen*, die Generalklausel hört auf Maßstab zu sein und wird zur einseitig und unkontrollierbar zu führenden Waffe".[43]

Wie bekannt war Hedemanns Kritik 1933 bereits überholt, denn der Nationalsozialismus propagierte nun eine politische Wertordnung und empfahl deren Umsetzung durch die Einbruchstellen der Generalklauseln.[44] In seiner Rezension der Hedemann'schen Schrift formulierte Karl Larenz die neuen politischen Möglichkeiten, die mit diesen Einbruchstellen verbunden waren:

> „Auf der anderen Seite haben sich die Generalklauseln gerade heute als Einbruchsstellen neuer Rechtsauffassungen in die Rechtsanwendung bewährt. Sie erfüllen damit wenigstens während einer Übergangszeit die wichtige Aufgabe, dem neuen Geist auch ohne Änderung des Gesetzestextes Rechnung zu tragen".[45]

## 3. „GESUNDES VOLKSEMPFINDEN" UND „GEMEINSCHAFTSGESITTUNG" IN DER NS-ZEIT

Die Zeit nach 1933 war für Neumann dadurch gekennzeichnet, dass der Nationalsozialismus in „Theorie und Praxis dem Postulat der Gesetzesherrschaft feindlich gegenübersteht" und die „Gesetzesgeneralität" mit einer Vielzahl von individuellen Gesetzen unterwanderte, die allesamt

> „...Privilegien gewähren oder Monopole regulieren. Die Widerrufung der Gesetzesgeneralität enthüllt den Feudalcharakter der Gesetzgebung".[46]

Der Kulminationspunkt nationalsozialistischer Unterwanderung der Gesetzesgeneralität findet sich für Neumann im § 2 StGB von 1935 und dem darin enthaltenden Verweis auf das „gesunde Volksempfinden".[47] Sätze, die auf

---

[43] Hedemann, Die Flucht in die Generalklauseln, 51 f.

[44] Art. Nationalsozialistisches Recht (Handwörterbuch zur deutschen Rechtsgeschichte, III), Sp. 875 mit dem Hinweis auf BverfGE 7, 198.

[45] K. Larenz (Zeitschrift f. d. gesamte Handelsrecht und Konkursrecht 100, 1934), 381; *zur Bedeutung der Generalklauseln im autoritären Staat*: Neumann, Funktionswandel des Gesetzes im Recht der bürgerlichen Gesellschaft, 67.

[46] Neumann, Herrschaft des Gesetzes, 349 f.

[47] Ebd., 350.

„gute Sitten", „public policy" oder „gesundes Volksempfinden" verweisen, seien keine Rechtssätze und keine allgemeinen Gesetze, weil sie eine *falsche Allgemeinheit* repräsentieren:

> „Denn eine Einigkeit darüber, ob eine Handlung im konkreten Fall sittenwidrig oder unreasonable ist, ob eine Bestrafung dem gesunden Volksempfinden entspricht oder zuwiderläuft, ist in der gegenwärtigen Gesellschaft nicht herzustellen. Sie haben daher keinen eindeutigen Inhalt".[48]

Bei aller Kritik gegenüber den Generalklauseln fällt auf, dass Neumann die Generalklauseln als Möglichkeit für die Verwirklichung einer „materialen Gleichheit" nicht vollständig zurückweist. Materiale Gleichheit kann sehr wohl mittels individueller Eingriffe herbeigeführt werden, ob dies aber der Fall ist oder nicht, hängt im Zivilrecht immer von der Sozialstruktur ab, auf die sich das Gesetz bezieht, schrieb Neumann aus seinem unfreiwilligen Exil in London 1936.[49] Hieße dies aber in Bezug auf das Strafrecht das Zulassen individueller Eingriffe des Richters über Formeln wie das „gesunde Volksempfinden" für die Herbeiführung materialer Gerechtigkeit? In seiner ersten Dissertation von 1923 hatte Neumann geschrieben, dass die gesamte Rechtsphilosophie nichts weiter sei als die Behandlung der großen Antithesis Individuum und Gemeinschaft:

> „Wie noch [...] zu zeigen sein wird, kann diese Spannung nur gelöst werden durch ein klares Bekenntnis zum einen oder anderen".[50]

In Deutschland wurde nach 1933 diese Spannung durch das Bekenntnis zur Gemeinschaft aufgelöst. Der Ausdruck „gesundes Volksempfinden" determinierte rechtsphilosophisch eine ganz bestimmte Betrachtung der Lebenswirklichkeit, die von dem Primat der Gemeinschaft und ihrer „Gemeinschaftsgesittung" ausging. Diese Wirklichkeitsbetrachtung bestimmte den Sinn, der mit der Formel „gesundes Volksempfinden" verbunden war, und der in das positive Recht hineingetragen wurde. Das „gesunde Volksempfinden" sei eine „Rechtsquelle", die Karl Larenz 1938 in seiner Arbeit „Über Gegenstand und Methode des völkischen Rechtsdenkens" mit den Begriffen „gesunde Volksüberzeugung" oder „Rechtsgewissen des Volkes" umschrieb.[51] In den amtlichen Begründungen zu den Gesetzesänderungen von 1935 gab der Gesetzgeber zum „gesunden Volksempfinden" folgende Richtlinien:

---

48 Neumann, Funktionswandel des Gesetzes im Recht der bürgerlichen Gesellschaft, 38.

49 Neumann, Herrschaft des Gesetzes, 326.

50 Neumann, Rechtsphilosophische Einleitung zu einer Abhandlung über das Verhältnis von Staat und Strafe, 1923, 34.

51 Larenz, Über Gegenstand und Methode des völkischen Rechtsdenkens, 10.

> „Diese Einheit der Weltanschauung ermöglicht es dem Richter, als einheitliche Quelle und Grundlage des Strafrechts wie des Rechts überhaupt die völkische Rechts- und Friedensordnung zu erkennen. Als erste und vornehmste Erkenntnisquelle ihren rechtlichen Willens wird der Richter wie bisher das Gesetz anzuerkennen haben; neben das einzelne Strafgesetz aber tritt als weitere Rechtsquelle der Rechtsgedanke, der ihm – vielleicht unvollkommen zum Ausdruck gelangt – zugrunde liegt, in Verbindung mit dem gesunden Volksempfinden: Erfordert dieser Rechtsgedanke und das gesunde Volksempfinden Strafe in einem Falle, auf den das Gesetz unmittelbar sich nicht anwenden läßt, so soll der Richter künftig ebenfalls befugt sein, Strafe auszusprechen“.[52]

Damit werde es dem Richter – dem „verständnisvollen Verbündeten des Gesetzgebers“ – ermöglicht, *wahre Gerechtigkeit* zu verwirklichen und das der Volksgemeinschaft zugefügte Unrecht zu „ahnden“.[53] In einer juristischen Dissertation von 1940 über das „gesunde Volksempfinden“ wurde darauf hingewiesen, dass man der Bedeutung des Begriffes nicht gerecht werde, betrachte man ihn nur im Rahmen der Bestimmungen, in denen er aufgenommen wurde.[54] Die amtliche Strafrechtskommission des Reichsjustizministeriums hatte in ihren Vorarbeiten zur Novellierung des Strafgesetzbuches ursprünglich beschlossen, dem Richter eine Auslegungsregel an die Hand zu geben, die folgendermaßen lauten sollte:

> „Der Richter darf nicht am Wortlaut des Gesetzes haften, sondern muß nach dessen Sinn und Zweck entscheiden, die er aus den ihm zugrunde liegenden Rechtsgedanken, der gesunden Volksanschauung und dem Kundmachungen des Führers ermitteln muß“.[55]

Diese Vorschrift wurde fallen gelassen, nicht, weil man sie als falsch erachtete, sondern weil ihre Richtlinie schon jetzt allgemein gehandhabt werde, insbesondere, wenn es sich um die Auswertung der Kundmachungen des Führers als Mittel zur Erkenntnis der Ziele der Gesetze und ihrer Inhalte handele.[56] Die Statuierung des „gesunden Volksempfindens“ durch den Gesetzgeber war eine politische Antwort auf die Frage, nach welchen Kriterien sich

---

52 Amtliche Sonderveröffentlichungen der Deutschen Justiz, Heft 10, Die Strafrechtsnovellen v. 28. Juni 1935 und die amtlichen Begründungen zu diesen Gesetzen, 28.

53 Ebd., 28.

54 R. Bartsch, Das „gesunde Volksempfinden“ im Strafrecht, jur. Diss. Hamburg 1940, 10; *Zu den Texten und Bestimmungen, in die das „gesunde Volksempfinden“ hineingenommen wurde*: s. Bartsch, ebd., 9 ff.; auch Rückert, Das „gesunde Volksempfinden“ – eine Erbschaft Savignys?, 214 ff.; *Zu der Aufnahme der Formel in den richterlichen Urteilsbegründungen*: s. Bartsch, ebd., 36 ff.

55 Bartsch, Das „gesunde Volksempfinden“ im Strafrecht, 9.

56 Ebd., 9.

die richterliche Überzeugung bei der Rechtsfindung richten sollte. Die Rechtswissenschaft schien ausgedient zu haben, formuliert sie doch in der Auslegungslehre auch die leitenden Kriterien für den Umgang mit dem gegebenen Recht und bestimmt damit ihre Rolle gegenüber dem Gesetz und der Gesellschaft. Rechtsfindung zur Zeit des Nationalsozialismus war eine originär gesellschaftspolitische Aufgabe, die der Idee nach auf die „völkische Lebens- und Friedensordnung"[57] ausgerichtet war, faktisch aber auf die nationalsozialistischen Parteistatuten. Im Nationalsozialismus rekurrierte man stärker auf den Rechtspraktiker, den „Rechtswahrer", als auf den Rechtstheoretiker. Die praktische Seite der Rechtsanwendung schien vor der Wissenschaft vom Recht Priorität zu haben. Die Wissenschaft unternahm Versuche, „gesundes Volksempfinden" zu deuten und zu erklären. Seiner begrifflichen Unbestimmtheit versuchte man damit zu begegnen, indem man betonte, dass gerade dieses Moment neue Chancen eröffne:

> „Tatsächlich finden wir keine eindeutige, klare, rationell erfaßbare Bestimmung des Volksgeistes. Aber das, was in dieser Beziehung zum Vorwurf erhoben wird, findet heute gerade Anerkennung und Verständnis. Nicht auf eine eindeutige Definition kommt es an. Vielmehr müssen wir uns damit begnügen, daß Geschichte, Erfahrung und Leben immer wieder die Wirksamkeit eines das Volk als Einheit kennzeichnenden Denkens, Fühlens und Wertens, eben des Volksgeistes, erweisen".[58]

Auf die Frage, warum der Nationalsozialismus eine weitere „Rechtsquelle" in sein Strafrechtssystem aufgenommen habe, gab der Jurist Bartsch in seiner Dissertation zwei Antworten: Erstens hege der Nationalsozialismus eine andere Auffassung von „Volk" und Staat, im Vergleich zur Auffassung der Aufklärung und des Liberalismus.[59] „Volk" in der Sprache des Nationalsozialismus definiere sich über die folgenden drei Wesensmerkmale: 1. Die gemeinsame Abstammung der Volksgenossen mache diese zu einer „Gemeinschaft des Blutes", von der sich neben den typisch wiederkehrenden körperlichen Eigenschaften auch die gleichen geistigen Grundeigenschaften ergeben. 2. Aus der Verwurzelung mit dem heimatlichen Boden würden die gleichen moralischen Empfindungen und ethischen Werte entstehen. 3. Das wichtigste Bindemittel des Volkes sei die Sitte, d.h. die Pflege der gemeinsamen Gebräuche und der Religion, die nicht mit Konfession zu verwechseln

---

[57] Die Strafrechtsnovellen v. 28. Juni 1935 und die amtlichen Begründungen zu diesen Gesetzen, 28.

[58] Peters, Das gesunde Volksempfinden, 340; ähnlich Bartsch, Das „gesunde Volksempfinden" im Strafrecht, 36.

[59] Bartsch, Das „gesunde Volksempfinden" im Strafrecht, 11.

sei.[60] Der Staat nun sei nichts anderes als die „organisierte Volksgemeinschaft“.[61] Von der Grundanschauung des Primats der Volksgemeinschaft leite sich der Sinn des Rechts ab. In diesem Zusammenhang wurden Vorstellungen geäußert, die stark an die germanische Friedlosigkeitstheorie erinnern: Wenn das Individuum gegen die Interessen der Volksgemeinschaft handle, verletze es die „völkische Sittenordnung“ und fordere damit das „Unwerturteil der Gemeinschaft“ heraus. Die Gemeinschaft gebe diesem „Unwerturteil“ mit der Strafe Ausdruck.[62]

Zweitens gehe es bei der Novellierung des Strafgesetzes um die „Überordnung der materiellen über die formale Gerechtigkeit“.[63] Dies erkläre gleichzeitig, warum das geschriebene Gesetz dem Richter als einzige Rechtserkenntnisquelle nicht mehr ausreiche. Das Prinzip der „formalen Gerechtigkeit“ erklärte Bartsch im Vergleich zur „vornationalsozialistischen Strafrechtsauffassung“: Diese „erblickte im Verbrechen einen Verstoß gegen die gesetzlich gezogenen Grenzen und Verletzungen der staatlich geschützten Rechtsgüter des Einzelnen. Moralisch verwerfliche und auch den Einzelnen schädigende Handlungen, die nicht durch Gesetze ausdrücklich verboten waren, blieben der strafrechtlichen Staatsgewalt entzogen“.[64]

In der ursprünglichen Fassung der Strafrechtskommission hatte der Wortlaut des § 2 StGB auf die „gesunde Volks*anschauung*“ abgestellt. Die Änderung von „gesunde Volksanschauung“ in „gesundes Volksempfinden“ sei in voller Absicht geschehen, um das „gesunde Volksempfinden“ gegenüber den Begriffen wie „Rechtsüberzeugung“ bzw. „Rechtsbewusstsein“ abzugrenzen, in denen sich schon ein klares und deutliches „Rechtsbewußtwerden“ manifestiert habe. Das „gesunde Volksempfinden“ sei hingegen das „latent im Volke ruhende Rechtsempfinden“.[65] Für den Präsidenten des Volksgerichtshofes, Roland Freisler, musste das Recht *sittengebunden* sein: Nur ein „sittengebundenes“ Recht könne „Träger einer Gemeinschaftsgesinnung“ sein.[66] Daher verlange der Nationalsozialismus, dass das Recht die natürliche Ordnung des Volksorganismus sei, und als solches „vom Volk empfunden wird“ und in ihm wirke.[67] 1937 schrieb er in dem Sammelband „Der Volksrichter in der neuen deutschen Rechtspflege“:

---

60 Bartsch, Das „gesunde Volksempfinden“ im Strafrecht, 12.

61 Ebd., 12.

62 Ebd., 13.

63 Ebd., 14.

64 Ebd., 13.

65 Ebd., 33, s. 33 A. 154.

66 R. Freisler, Grundlegende Denkformen des Rechts im Wandel unserer Rechtserneuerung, 1941, 10.

67 Ebd., 11.

> „Das Volk erlebt sein Strafrecht nicht so, wie es im Strafgesetzbuch seinen Ausdruck gefunden hat, sondern so, wie es im Strafverfahren angewandt wird. Erst in seiner Anwendung wird das Recht lebendig. Und alles kommt darauf an, daß das Volk dieses lebendige Strafrecht als sein Recht, diese Strafrechtspflege als eine Handlung des Volkes selbst, als unmittelbare und natürliche Äußerung seines Eigenlebens empfindet“.[68]

Dieser Gedanke war ganz wesentlich für Freisler, denn er betont eine Seite weiter:

> „Alles kommt darauf an, daß das Volk [...] fühlt: Dies ist *meine* Rechtspflege; die Persönlichkeit, die hier Recht spricht, bin ich selbst, das Volk“.[69]

Erste Voraussetzung für die Entstehung dieses Gefühls sei

> „...die nie endende Erziehung des Volkes zur Rechtlichkeit...“.[70]

Die nationalsozialistische Volkserziehung zur „Rechtlichkeit“ mutet in der rückwärtigen Betrachtung der tatsächlichen Verhältnisse und des großen Leids, das der Nationalsozialismus verursacht hat, makaber an. Der Soziologe Helmut Schelsky betonte in einem anderen Zusammenhang, dass wenn die sozial- und normgestalterische Kraft einer Gesellschaft es vollbringt, sozial gesetzte Normen absolut zu setzen, das Verhalten danach in der Gesellschaft als „natürlich“ empfunden wird. Der Ausdruck des „Natürlichen“ ist dann ein Zeichen dafür, dass die Normen unbezweifelt sind.[71] Wenn also die Geltung gewisser Normen unbezweifelt ist, und eine Verständigung über diese Normen im Sinn von „Übersubjektivität“ entbehrlich geworden ist, können sie mit dem zweifelhaften Prädikat „natürlich“ beziehungsweise „gesund“ versehen werden. Und genau hier lag das Ziel der nationalsozialistischen Parteiideologie in Richtung Gesellschaft: Bestimmte Inhalte, die aber nicht die Gesellschaft als Ganzes, sondern nur eine bestimmte Minderheit festsetzte, sollten für das erstrebte Verhalten und die erstrebte Gesinnung aller Mitglieder der Volksgemeinschaft verbindlich festgesetzt werden. Was die Inhalte des „sittengebundenen“ Rechts anbelangt, sollten diese vom Individuum nicht kritisch hinterfragt werden, sondern es sollte „Sich-eins-fühlen“, d.h. *im Präreflexiv-Habituellen verbleiben*. Das „Sich-eins-fühlen“ war keine Kann-Bestimmung, sondern ein kategorisches Gebot:

---

[68] Freisler, Der Volksrichter in der neuen deutschen Rechtspflege, 1937, 8 f.
[69] Ebd., 10.
[70] Ebd., 11.
[71] A. Gehlen, Urmensch und Spätkultur, 1986, 103.

> „Das Vertrauen, das Sich-eins-fühlen des gesunden und anständigen Volksgenossen mit seinem Volk und seinem Staat ist für uns selbstverständlich; auf das Mißtrauen des Mannes mit dem schlechten Gewissen aber bauen wir unsere Gesetze nicht auf“.[72]

Das „gesunde Volksempfinden“ fungierte wie ein trojanisches Pferd, mit dem man diese Inhalte jederzeit in die rechtliche Normenordnung transferieren konnte. Dies harmonierte mit den dynamischen und teleologischen Merkmalen der nationalsozialistischen Rechtslehre.[73] Der Sinn, der mit dem „gesunden Volksempfinden“ in das Recht als Normkomplex hineingetragen wurde, diente *nicht* dazu, ein neues Verständnis von Recht als einer rechtlichen Normenordnung zu etablieren. Sondern es galt in Richtung Rechtspraktiker, – als denjenigen, der nun einer politisierten und pseudo-moralisierten Auffassung von Recht in der Rechtsanwendung Geltung verschaffen musste, – dessen letzten Endes freien Willensakte, die seine individuelle Wertrangordnung konstituieren, und die zu einem gewissen Teil seine Rechtsanwendung (über sein persönliches Rechtsgefühl) beeinflussen, zur moralisch-politischen Durchformung des sozialen Lebens in der Gemeinschaft zu mobilisieren. Im Nationalsozialismus veränderte sich die Auffassung vom Gesetz als Teil einer institutionalisierten Normenordnung. 1938 betonte Larenz:

> „Wir verstehen das Recht nicht mehr nur als eine Summe von Vorschriften, deren Geltung auf verbindlicher Anordnung durch eine dazu befugte Macht beruht, sondern als die unserem Volke eigentümliche Ordnung, die sich in dem Leben der Gemeinschaft als dessen inneres Maß und Gesetz herausbildet und entfaltet, und die die Einheit und Ganzheit dieses Gemeinschaftslebens zu gewährleisten hat. Das Gesetz ist ein Gestaltungsmittel der Volksordnung, es ist *eine*, aber keineswegs die einzige Erscheinungsform des Rechts und darf daher auch nicht isoliert betrachtet werden“.[74]

Das rechtliche Urteil ist auch Resultat des verstandesmäßigen Abwägens von Argument und Gegenargument über ein objektives Drittes. Die Begründung für die Entscheidung erfolgt über dieses Dritte (Gesetzesnorm, Präjudiz, Natur der Sache, Moral usw.). Damit ist das Urteil jederzeit überprüfbar und

---

[72] Freisler, Der Volksrichter in der neuen deutschen Rechtspflege, 10.

[73] H. Hildebrandt schrieb in seiner Abhandlung „Rechtsfindung im neuen deutschen Staate“ von 1935: In Abkehr vom Liberalismus seien die Rechtsgrundsätze des Nationalsozialismus: „[Erstens] die unbedingte Ausrichtung der Rechtsrichtigkeit am Wohl und der Zukunft der deutschen Blutsgemeinschaft; zweitens der regelmäßige Wertungsvorrang der Rechtsrichtigkeit vor der Rechtssicherheit; und dann drittens: die stärkere Beachtung der Rechtsbewegung vor der Rechtsstetigkeit“, 31.

[74] Larenz, Über Gegenstand und Methode des völkischen Rechtsdenkens, 10.

einer rationalen Kritik zugänglich. In der Rechtsvorstellung, die dem „gesunden Volksempfinden“ zugrunde lag, wurde das Urteil vom „Rechtswahrer“, aus dem „Born des gesunden Volksempfindens“ geschöpft. Der Fiktion nach war das juristische Denken kein Denken über ein dem Rechtsanwender gegenüberliegendes Objekt mehr, das sich ihm im Zweifelsfall entfremden könnte. Auch musste sich die subjektive Gewissheit eines Individuums nicht mehr mit der subjektiven Gewissheit eines anderen Individuums messen, um über den Abgleich der Gewissheiten „Übersubjektivität“ herzustellen, die erkenntnissichernd wirken könnte. Aus der Perspektive der Vorstellung vom „gesunden Volksempfinden“ waren Meinung, Argumentation und abschließender Konsens überflüssig geworden.

Als Vertreter der sog. subjektiven Theorie bei der Gesetzesauslegung verlangte Friedrich Carl von Savigny 1840, dass derjenige, der das Gesetz auslegt, die Tätigkeit des Gesetzgebers in seinem Geist wiederholen und das Gesetz in seinem Denken neu entstehen lassen sollte.[75] Damit verlangte er eine *eigene geistige* Tätigkeit. Die in der Auslegung enthaltene „freie Geistestätigkeit“ lasse sich – so Savigny – dahingehend bestimmen, dass „wir das Gesetz in seiner Wahrheit erkennen“.[76] Bevor der Nationalsozialismus den Richter zum soldatischen „Rechtswahrer“ stutze, sprach man noch in der Weimarer Zeit vom Richter als einem „Rechtsführer“: Der Freirechtler Ernst Fuchs konstatierte, dass die *eigentliche* Berechenbarkeit des Rechts in der „Sachkunde und Persönlichkeit des Richters“ liege.[77] Der Nationalsozialismus brachte gegenüber dem Richter als einer führenden Richterpersönlichkeit nur mehr bedingt Vertrauen mehr auf, denn im neuen Gesetz und in der Strafprozessordnung von 1935 wurde über das „gesunde Volksempfinden“ hinaus *auch* auf den „Grundgedanken eines Strafgesetzes“ verwiesen.[78] Damit gestand der Gesetzgeber dem „gesunden Volksempfinden“ letztlich keine höhere Maßgeblichkeit zu als dem „Grundgedanken eines Strafgesetzes“. Bei

---

75 Larenz, Methodenlehre der Rechtswissenschaft, 1983, 16 A. 5.

76 Ebd., 16 A. 5.

77 Rückert, Richtertum als Organ des Rechtsgeistes: Die Weimarer Erfüllung einer alten Versuchung, 1994, 299.

78 § 2: „ Bestraft wird, wer eine Tat begeht, die das Gesetz für strafbar erklärt oder die nach dem Grundgedanken eines Strafgesetzes und nach gesundem Volksempfinden Bestrafung verdient“, Gesetz zur Änderung des Strafgesetzbuches, v. 28.6.1935 (RGBl. I, 839); § 267a: „Ergibt die Hauptverhandlung, daß der Angeklagte eine Tat begangen hat, die nach gesundem Volksempfinden Bestrafung verdient, die aber im Gesetz nicht für strafbar erklärt ist, so hat das Gericht zu prüfen, ob auf die Tat der Grundgedanke eines Strafgesetzes zutrifft und ob durch entsprechende Anwendung dieses Strafgesetzes der Gerechtigkeit zum Siege verholfen werden kann (§ 2 des StGB)“, Gesetz zur Änderung von Vorschriften des Strafverfahrens und des Gerichtsverfassungsgesetzes, v. 28.6.1935 (RGBl. I, 844).

der Gesetzesauslegung muss der Rechtsanwender verschiedene Kriterien beachten.[79] Ein Kriterium sind die subjektiven Vorstellungen des Gesetzgebers.[80] Dass dieses Kriterium vorrangig entscheidend für den zeitgenössischen Rechtsanwender sein sollte, macht schon der Akt der Novellierung des Strafgesetzbuches deutlich. Denn der nationalsozialistische Gesetzgeber hätte die „alten" Strafgesetzbücher doch nur mit der Formel „gesundes Volksempfinden" aufzufüllen brauchen.[81] In seiner 1935 verkündeten „Revision" der althergebrachten Rechtsanschauung verwies Larenz auf Carl Schmitt. Schmitt ist der umstrittenste Staatsrechtler zwischen dem 1. und 2. Weltkrieg.[82] Normen und deren Aufgaben beschrieb Schmitt 1934 folgendermaßen:

> „Die Norm oder Regel schafft nicht die Ordnung; sie hat vielmehr nur auf dem Boden und im Rahmen einer gegebenen Ordnung eine gewisse regulierende Funktion mit einem relativ kleinen Maß in sich selbständigen, von der Lage der Sache unabhängigen Geltens".[83]

Wenn die Rechtsnorm insgesamt aber keine Ordnung schafft, welche Bedeutung kommt dann dem „gesunden Volksempfinden" als Teil einer Rechtsnorm zu? Ihre Bedeutung liegt in ihrer Vielseitigkeit: Denn unter Berufung auf das „gesunde Volksempfindung" konnte vor allem die Möglichkeit einer richterlichen Rechtsfortbildung unterbunden werden. Rechtspflege konnte somit auch *statisch* werden. Der Richter war „Rechtswahrer", die Entwicklung des Rechts schien nicht mehr Teil seiner Aufgaben zu sein. Der Ausschließlichkeitsanspruch der nationalsozialistischen Parteidoktrin machte

---

79 Wortsinn, Bedeutungszusammenhang innerhalb des Gesetzes, subjektive Vorstellungen des Gesetzgebers und objektiver Zweck des Gesetzes.

80 Bei den juristischen Auslegungstheorien unterscheidet man zwischen der objektiven und der subjektiven Theorie: Nach der subjektiven Auslegungstheorie wird der Sachgehalt des Gesetzes und damit das Auslegungsziel durch die subjektiven Vorstellungen des Gesetzgebers bestimmt, die zur Zeit des Erlasses des Gesetzes galten. Nach der objektiven Auslegungstheorie gibt der objektive Zweck des Gesetzes den Ausschlag und nicht das „subjektive Meinen und Wollen" des Gesetzgebers, Engisch, Einführung in das juristische Denken, 88; s. auch die Kritik Hildebrandts an der objektiven Theorie, die für ihn den „bewußten Ungehorsam" gegenüber den Zielen des Gesetzgebers organisiere und außerdem im „autoritären" Führerstaat „vollends eine Unerträglichkeit" sei (Rechtsfindung im neuen deutschen Staate), 55.

81 Rückert: Die bekannte, scharf gespaltene Haltung der NS-Jurisprudenz zum Gesetz, je nach dessen Herkunft, (freisetzend gegen alte Gesetze, scharf bindend für neue) bahnt sich an (Richtertum als Organ des Rechtsgeistes), 280.

82 Larenz, Volksgeist und Recht (Zeitschrift für Deutsche Kulturphilosophie, Bd. 1, 1935), 40.

83 C. Schmitt, Über die drei Arten des rechtswissenschaftlichen Denkens, 13.

vor der Justiz keinen Halt. An die Adresse des Richters gerichtet betonte Freisler die „soldatische" Grundeinstellung des Nationalsozialisten: Der Richter

> „...darf da nicht sich Gesetzesrevisionsgewalt anmaßen, denn es ist nicht seine Aufgabe, den Willen der Staats- und Volksführung zu bestimmen, sich an die Stelle des Führers zu stellen. Er ist nicht Willensführer des Volkes, sondern ein Garant der Beachtung des Führerwillens im Volke".[84]

Der Vorstellungsinhalt des „gesunden Volksempfindens" war mit einer „deutschen Gemeinschaftsgesittung" bzw. einer „völkischen Sittenordnung" verbunden.[85] Klarheit über die Elemente einer neuen rechtlichen Gemeinschaftsgestaltung sei „aus der unmittelbaren Anschauung dessen" zu gewinnen, „*wie die Grundforderungen unserer deutschen Gemeinschaftsgesittung das Leben gestalten...*".[86] Der Richter, der Gesetze zur Anwendung bringt, muss diese auslegen[87] und interpretieren. Interpretieren ist Sinnermittlung. Der übergreifende Sinn, der mit dem Topos „gesundes Volksempfinden" verbunden war, leitete eine Bewegung ein, die sich gegen hergebrachte Rechtsgrundsätze und Rechtsanschauungen wandte. Nicht umsonst verkündete Larenz 1935 in „Volksgeist und Recht" die „*Revision* der Rechtsanschauung der historischen Schule":

> „Die für die letzten Jahrzehnte deutscher Rechtswissenschaft kennzeichnende Denkweise des juristischen Positivismus ist aufgegeben und eine neue Rechtsanschauung jenseits von Naturrecht und Positivismus bricht sich immer stärker Bahn. Wir betonen die Verwurzelung alles Rechts im Volk und Volkstum und suchen es nicht so sehr als abstrakte Norm oder willkürliche Setzung, denn als die konkrete Lebensform der völkischen Gemeinschaft zu begreifen".[88]

---

84 Freisler, Volk, Richter und Recht, 1163.

85 Ebd., 1161.

86 Freisler, Grundlegende Denkformen des Rechts, 12.

87 Larenz: „Um eine abgeschlossene Methodenlehre der Rechtswissenschaft vorzulegen, fehlt uns noch die Zeit und der Abstand gegenüber den drängenden Problemen und inhaltlichen Neugestaltungen. Aus dem großen Umkreis der Fragen sollen hier drei herausgegriffen werden: das Problem der Gesetzeslücken und der Lückenergänzung, das sogenannte konkrete Ordnungsdenken und die Möglichkeit der Bildung konkreter Rechtsbegriffe. Die eigentliche Gesetzes*auslegung* wird dabei in den Hintergrund treten. Lückenergänzung und Begriffsbildung sind diejenigen methodischen Probleme, für die sich das neue Rechtsdenken am stärksten auswirkt", Gegenstand und Methode des völkischen Rechtsdenkens, 9.

88 Larenz, Volksgeist und Recht (Zeitschrift für Deutsche Kulturphilosophie, Bd. 1, 1935), 40.

Dabei galt es, das selbstbestimmte Individuum nicht vollends zu unterdrükken, sondern einzuspeisen in das lebensphilosophisch-völkische Ganze. Das „gesunde Volksempfinden“ musste dabei eine Übereinstimmung herstellen zwischen dem Rechtsgefühl des Einzelnen und dem Lebensprinzip, das sich in diversen Anschauungen von

- „Leben in der Gemeinschaft“,
- „Freiheit durch soziale Gebundenheit“ und
- „Rechtsordnung als Friedensordnung“ u.ä.

manifestiert hatte. Die Vorstellung eines „gesundes Volksempfindens“ konnte sich dabei die alten Kritiken hinsichtlich einer vermeintlichen Lebensferne des Rechts zunutze machen. Immer wieder war ja den Juristen der Vorwurf gemacht geworden, dass sich ihr gelehrtes Rechtsbewusstsein von einem „Rechtsbewusstsein im Volke“ zu sehr entfernt habe. Das „gesunde Volksempfinden“ entzog der Entfremdungslegende argumentativ den Boden. In Wirklichkeit spiegelte der Ausdruck nur die Politisierung des Rechts nach Maßstäben und Grundsätzen wieder, die sich aus der vermeintlichen „völkischen Weltanschauung“ speisten. Die Rechtsordnung wurde nicht mehr als positives Regelwerk verstanden, das durch den Rechtsanwender im Prozess der Urteilsfindung auch um seiner selbst willen immer wieder aufs neue verwirklicht, und dessen Geltungsanspruch somit immer wieder bestätigt wird, sondern die Rechtsordnung war mit der Lebenswirklichkeit (im Nationalsozialismus: mit der *politischen* Gemeinschaftsordnung) zusammengefallen. Die Rechtsphilosophie griff dies auf, indem man sagte, das Recht sei die „Lebensform der Volksgemeinschaft, ihre wirkliche Daseinsordnung, nicht nur ein Sollen, sondern ein Sein“.[89]

Rechtsbegriffe wurden nun in den Rang theologischer Heilsbegriffe erhoben, die dem Volk verkündet wurden. Der Rechtspraktiker war kein Sachverständiger mehr, ein Kenner seines Fachs, sondern ein „Volksrichter“, das bedeutete jetzt aber ein „Seelsorger des Rechtes, Priester einer *Rechtsgemeinde*“.[90] Dass dadurch die Wissenschaftlichkeit und Rationalität des Rechts und damit die Rechtssicherheit auf dem Spiel stand, war wohl vielen klar, offen dazu geäußert haben sich aber nur wenige. Dass diese Ausrichtung auf das „völkische Rechtsdenken“ bzw. die „deutsche Gemeinschaftsgesittung“ u.ä. letztlich keinen Fortschritt, sondern eine handfeste Gefahr für Wissenschaft und Praxis des Rechts bedeuteten, mahnte Erich Schwinge 1938 an:

> „Im Verlaufe eines knappen Jahrzehnts hat diese Strömung [der Irrationalismus, Anm. d. Verf.] innerhalb der Rechtswissenschaft derart *zentrale* Bedeutung erlan-

[89] Larenz, Rechtsperson und subjektives Recht, 1935, 19.

[90] F. Rostosky, Recht und Rechtsgang als Erlebnis (Dt. Rechtswissenschaft, I, 1936), 142.

> gen können, daß heute die 'Wendung zum Irrationalismus' geradezu als Forderung der Zeit [...] erscheint, und daß man riskiert, rückständig gescholten zu werden, wenn man es wagt, vor dieser Entwicklung zu warnen und ihr entgegenzutreten. Das darf indessen nicht hindern, die Frage aufzuwerfen, ob das [...] dem Interesse exakter Wissenschaft entspricht und wirklich mit dem Geiste des neuen Staates und Rechtes in Einklang gebracht werden kann. Es handelt sich dabei um ein Problem, das von der allergrößten praktischen Bedeutung ist, denn es geht um nicht weniger als die *Gesamthaltung* des deutschen Rechtswahrers in Wissenschaft und Praxis!"[91]

In seinen Lebenserinnerungen erklärt Schwinge, dass zur Zeit des Nationalsozialismus von der Parteidoktrin abweichende Meinungen von politischem Einschlag nur dann die Möglichkeit hatten, sich durchzusetzen oder zumindest eine gewisse Beachtung zu finden, wenn der Autor durch das Einflechten einiger systemkonformer Äußerungen einen gewissen äußeren Schein wahrte.[92] Ein anschauliches Beispiel dafür ist die Rezension der Larenz'schen Arbeit „Über Gegenstand und Methode des völkischen Rechtsdenkens" von Wilhelm Merk aus dem Jahre 1938, die die nationalsozialistische Parteidoktrin und ihre kategorische Ausrichtung auf den „Führer" konterkariert. Merk begegnet der Idee, dass das „gesunde Volksempfinden" der Ausdruck einer neuen Lehre sei, wonach die „Volksüberzeugung" bzw. „Rechtsüberzeugung des Volkes" nun als Rechtsquelle gelte, geradezu ironisch: Zu Beginn entschuldigt Merk den Autor Larenz, dieser sei nicht überall zu gutbegründeten, einwandfreien und klaren Ergebnissen gekommen. Dies könne „...aber in dieser Zeit des Umbruchs, in gewisser Weise einer Zeit 'des Sturms und Drangs' auf dem Gebiete der Rechtswissenschaft, im allgemeinen auch nicht erwartet werden".[93] Merks Rezension ist dem rechtsstaatlichen Grundsatz verpflichtet, dass der Gesetzgeber eindeutige gesetzliche Regelungen schaffen muss. Da er dies 1938 nun nicht offen bekunden konnte, schlug er einen argumentativen Bogen, der aber seine eigentliche politische Einstellung deutlich werden ließ. Er kritisierte die Möglichkeit, sich auf irgendeine unbestimmte „Volksüberzeugung" berufen zu können. Denn damit

> „...würde sich sonst eine unerwünschte Rechtsunsicherheit im höchsten Grade ergeben: niemand könnte sich mehr auf die bestehenden Gesetze [...] verlassen und sicher sein, daß nicht jemand als sog. lebendiger Vertreter des angeblichen Volks-

---

91 Schwinge, Irrationalismus und Ganzheitsbetrachtung, 1.

92 Erich Schwinge. Ein Juristenleben im 20. Jahrhundert, 1997, 58.

93 W. Merk, Rez. zu Larenz, Gegenstand und Methode des völkischen Rechtsdenkens (Dt. Literaturzeitung, 1938), 1857-1868 (1858).

> gewissens ohne weitere Ermächtigung durch die Staatsführung Eingriffe vornimmt, was zur politischen und rechtlichen Unordnung führen würde".[94]

Stattdessen verwies Merk auf die Staatsführung. Dass er aber nicht nationalsozialistisch gesinnt war, belegen seine Formulierungen, die nun die handfeste politische Kritik offenbaren: Das Oberhaupt des neuen Staates sei „[der] aus der Volksgemeinschaft kommende und von ihr getragene Führer und Reichskanzler…".[95] Diese Formulierungen, in denen Merk das Bild der politischen Volkssouveränität zeichnet, passen aber schlecht in ein totalitäres Ordnungssystem. Merk folgerte, dass der von der Volksgemeinschaft kommende Reichskanzler bestimmen solle, „…was künftig rechtens sein soll, und niemand kann sich demgegenüber auf eine angeblich abweichende sog. Volksüberzeugung berufen".[96]

Merk betonte also die Notwendigkeit der inhaltlichen Bestimmtheit der Gesetze und damit die Notwendigkeit – jenseits jedes Führerkultes[97] und einer vermeintlichen „Volksgesittung" – der rechtlichen Orientierung durch schriftlich niedergelegte, klar und bestimmt formulierte und damit für jedermann einsichtige und aussagekräftige Gesetze. Damit legte er den wichtigsten Machtpfeiler des neuen Staates bloß, nämlich die rechtliche Unbestimmtheit seiner neuen Gesetze. Das Bestimmtheitsgebot galt für Merk auch bezüglich der Gesetze „aus der Zeit vor der Machtergreifung". Auch hier müsse durch den Reichskanzler offen bekundet werden, inwieweit diese außer Kraft gesetzt werden oder nicht, dies gelte insbesondere für

> „…bestimmte Vorschriften der als solcher noch nicht aufgehobenen Weimarer Verfassung wie über die parlamentarische Regierungsweise usw."[98]

Die Schwierigkeiten im Umgang mit dem Strafrechtsgrundsatz des § 2 StGB aus dem Blickfeld der juristischen Praxis beschrieb Ferdinand Kadecka in seiner Abhandlung „Gesundes Volksempfinden und gesetzlicher Grundgedanke", wobei auffällt, dass er nicht die Bedeutung des Begriffes „gesundes

---

94 Merk, Rez. zu Larenz, Gegenstand und Methode des völkischen Rechtsdenkens, 1862 f.

95 Ebd., 1862.

96 Ebd., 1862.

97 „[Für] uns ist Recht, was das deutsche Volk als Recht empfindet. Und in den Augen unseres Volkes sind die Worte unseres Führers Gesetz, weil es in ihm sich selbst wiedergefunden hat", K. A. Eckhardt, Richteramt (Dt. Rechtswissenschaft, I, 1936), 131.

98 Merk, Rez. zu Larenz, Gegenstand und Methode des völkischen Rechtsdenkens, 1862; Die Weimarer Verfassung wurde unter der nationalsozialistischen Diktatur nicht formell aufgehoben, sie wurde aber durch die Gesetzgebung, die nach dem Ermächtigungsgesetz vom 24.3.1933 nun auch der Reichsregierung zustand, durchbrochen, s. R. Zippelius, Allgemeine Staatslehre, 1999, § 32 V.

Volksempfinden“ im Hinblick auf die Rechtsfindung problematisiert, sondern die Frage stellt, was eigentlich unter dem *Grundgedanken eines Strafgesetzes* zu verstehen sei.[99] Für Kadecka erfordere der „Grundgedanke des Strafgesetzes“ die eindeutige Bestimmung des Sinnes der strafgesetzlichen Tatbestände überhaupt.[100] Er diskutierte nachfolgend ausführlich die verschiedenen Auffassungen von dem Verbrechen als einem Ungehorsam, einer Rechtsgüterverletzung, einer Pflichtverletzung[101] und einer speziellen Variante, von der er sagte:

> „Es gibt noch eine vierte mögliche Auffassung des Verbrechens. Sie ist schon einige Zeit auf dem Marsch, wenn auch noch lange nicht 'arrivée'. Sie kündigt sich in den Schlagworten: Täterstrafrecht, Tätertyp, Willensstrafrecht und dem wachsenden Interesse an, dem der mit diesen Schlagworten angedeutete Frontwechsel im Schrifttum begegnet.“[102]

In dieser vierten Auffassung werden objektive Tatbestände subjektiviert, so dass sich im Ergebnis ein sog. „Willensstrafrecht“ konstituiert. In dem von Kadecka angedeuteten Frontwechsel im Schrifttum zeige sich, dass die Tat nicht nur als „Gesinnungsausdruck“ erscheine, sondern ihren „Eigenwert als Willens*verwirklichung*“ behalte.[103] Die Merkmale, die in den Gesetzen aufgenommen sind, würden einen bestimmten „Tätertypus“ offenbaren. Auf diesen Typ nehme der Gesetzgeber mit seiner Strafandrohung Bezug.

Die nationalsozialistischen Bestrebungen einer „Rechtserneuerung“ haben sich auch in der Privatrechtslehre in der Verwendung neuer Begriffe niedergeschlagen: Hier korrespondierte die „konkrete Lebensform“ à la Larenz nicht mehr mit dem subjektiven Rechtsanspruch jedes Rechtsindividuums im Savigny'schen Sinne. Savigny, der sich an der Kantischen Philosophie orientiert hatte, hatte 1840 das subjektive Recht als die „der einzelnen Person zustehende Macht“ definiert, als „ein Gebiet, worin ihr Wille herrscht“.[104] Für die Zeit des Nationalsozialismus sind die Äußerungen von Karl Larenz in diesem Zusammenhang besonders aufschlussreich, da er aus der Gruppe der

---

99 Kadecka, Gesundes Volksempfinden (Zeitschrift für die gesamte Strafrechtswissenschaft, 1944), 1-27 (5 f.); E. Kohlrausch, Hehler und Nutznießer (Deutsches Strafrecht, Heft 4-5, 1939), 113-125.

100 Kadecka, Gesundes Volksempfinden, 14.

101 Die Straftat ist im nationalsozialistischem Staat eine Pflichtverletzung gegenüber der Gemeinschaft, s. Bartsch unter Verweis auf Schaffstein, Das „gesunde Volksempfinden“ im Strafrecht, 13.

102 Kadecka, Gesundes Volksempfinden, 17.

103 Kadecka bezieht sich auf die Autoren Gallas und E. Mezger, ebd., 17 f.

104 Savigny, System des heutigen Römischen Rechts, Bd. 1, 1840, § 4, 7 und § 52, 332.

sog. Kieler Schule herausragt, die sich eingehend mit der Rechtsfigur des subjektiven Rechts beschäftigt haben.[105] Außerdem wurden in ministeriellen Richtlinien für das Studium der Rechtswissenschaft die Studenten aufgefordert, die rechtswissenschaftliche Fakultät in Kiel zu bevorzugen, da sie als „politischer Stoßtrupp" ausersehen war.[106] Nach Auffassung von Larenz sollte sich die künftige Privatrechtsordnung nicht mehr auf den Grundbegriff der Person als dem abstrakt gleichen Träger von Rechten und Pflichten gründen. Er forderte stattdessen den „konkreten Begriff". Die abstrakten Begriffe, mit denen das Privatrecht in Vergangenheit operiert habe, sollten mit solchen Begriffen kompensiert werden, die „aus dem Gedanken des Gemeinschaftsrechts abgeleitet sein müßten", somit keine privatrechtlichen Züge tragen dürften.[107] Dabei wollte Larenz nicht den Begriff als solchen überwinden, sondern den „abstrakten Allgemeinbegriff":

> „Ohne Zweifel hat die hinter uns liegende Zeit die Bedeutung abstrakt-allgemeiner Begriffe ungemein überschätzt. Sie war bestrebt, im Interesse der Übersichtlichkeit und 'Berechenbarkeit' der Rechtsnormen und Entscheidungen ganz verschiedenartige Lebensverhältnisse und Rechtsgebilde unter möglichst weit gefaßte und daher möglichst inhaltsarme, formale Allgemeinbegriffe zu pressen und vernichtete damit den Reichtum, die gegliederte Fülle der wirklichen Lebensordnungen, an deren Stelle sie ein abstrakt erdachtes, logisch geschlossenes System setzte".[108]

Der sog. „konkrete Begriff" sollte nun die abstrakten Rechtsbegriffe ersetzen, weil der Bezugspunkt des privaten Rechts nicht mehr die abstrakte Person, sondern das „konkrete Glied" sei.[109] Indem Larenz das rechtsfähige Subjekt des § 1 BGB durch die „konkrete Persönlichkeit" ersetzen wollte, die sich nach der „Zugehörigkeit des Menschen zu seinem Volke, zu einem Stande, einer Religionsgemeinschaft oder einer Familie..." bestimmte, kam er dazu,

---

[105] *Zur Kieler Schule und ihren Lehren*: P. Thoss, Das subjektive Recht in der gliedschaftlichen Bindung. Zum Verhältnis von Nationalsozialismus und Privatrecht, 1968, 39 ff.

[106] Ebd., 12 A. 11.

[107] Larenz, Rechtsperson und subjektives Recht, 5 f.

[108] Ebd., 6.

[109] Ebd., 6; Offensichtlich sei die Forderung nach einem „konkreten Begriff" zuerst und ausführlich von Julius Binder in seiner „Philosophie des Rechts" von 1925 erhoben worden. Larenz bezieht sich hier auf ihn, ebd., 6 A. 2; Binder sprach vom „konkreten" oder „historischen" Begriff: die Rechtswissenschaft brauche allgemeine Begriffe, die sie als Hilfsbegriffe verwendet, um sich des Besonderen im geschichtlich Gegebenen bewusst zu werden. Die Rechtswissenschaft ist eine „historisch-interpretative Wissenschaft". Sie sucht nicht im Besonderen nach dem Allgemeinen. Das Ziel ist die gegenständliche Erfassung des Besonderen in seiner Besonderheit, d.h. der konkrete oder historische Begriff, s. Binder, Philosophie des Rechts, 1925, 888.

unter Rechtsfähigkeit nur noch die Fähigkeit zu „bestimmten Gliedstellungen“ zu verstehen:

> „So wenig also die Rechtsfähigkeit jedem Menschen als solchem zusteht, so wenig bedeutet sie für jeden Volksgenossen das gleiche. Sie ist niemals die Fähigkeit, Subjekt *aller* nur denkbaren Pflichten und Rechte zu sein, sondern immer *die Fähigkeit zu bestimmten Gliedstellungen innerhalb der Volksgemeinschaft*, die teils allen Volksgenossen offen stehen, teils an weitere Voraussetzungen geknüpft sind“.[110]

Larenz hatte damit den Grundsatz der *allgemeinen* Rechtsfähigkeit durch die Fähigkeit „zu *bestimmten* Gliedstellungen“ ersetzt. Durch die Lehre der Rechtsstellung hob Larenz Rechtsfähigkeit, Personenbegriff und subjektives Recht auf, weil sich diese Begriffe am *Einzelnen* orientierten, seine Theorie hingegen an der *Gemeinschaft*.[111] In der Lehre von der Rechtsstellung sah Larenz die strikte Trennung zwischen der Rechtsnorm und dem Lebensverhältnis überwunden: Er hatte damit erreicht, dass das Recht ausschließlich als Gemeinschaftsrecht anzusehen war.[112] Das bedeutete für das private Rechtssubjekt, dass dem Einzelnen – als Glied des Volksganzen – nun kein subjektives Recht mehr zustehen konnte, sondern nur noch eine Rechtsstellung:

> „Im Rechte stehen heißt nicht, in Beziehung zu anderen Individuen stehen, sondern heißt, *in der Ordnung eines Volkslebens seine bestimmte Stelle, seine Funktion, seine Gliedstellung haben.* [...] Es ist, wenn man so will, eine besondere Qualität nicht des Menschen schlechthin, sondern des Volksgenossen. *Rechtsgenosse ist nur, wer Volksgenosse ist*; Volksgenosse ist, wer deutschen Blutes ist. Dieser Satz könnte an Stelle des die Rechtsfähigkeit 'jedes Menschen' aussprechenden § 1 BGB an die Spitze unserer Rechtsordnung gestellt werden“.[113]

Die konkrete Gliedstellung bedeutete für den Volksgenossen keine persönliche Willensmacht mehr, sondern übertrug ihm Befugnisse, die zielgebunden und pflichtbestimmt gegenüber der Gemeinschaft waren.

Es ist von besonderem Interesse, dass die Forderung, das Privatrecht solle nicht mehr vom Einzelnen ausgehen, nicht erst von Larenz während der NS-Zeit aufgestellt worden ist. Denn schon 1929 schrieb der Germanist Herbert Meyer in seiner Rektoratsrede, dass „dem Deutschen das Recht“

---

110 Larenz, Rechtsperson und subjektives Recht, 22 f., auch 9.
111 P. Thoss, Subjektives Recht in der gliedschaftlichen Bindung, 45.
112 Ebd., 46.
113 Larenz, Rechtsperson und subjektives Recht, 20 f.

> „...ein einheitliches Ganzes [...] [ist], eine objektiv gegebene Friedensordnung [...]. Nicht vom subjektiven Recht geht unser Volksgeist aus, nicht vom Anspruch des Einzelnen; sondern dieser ist nur ein Ausfluß einer allgemeinen Ordnung, wie das Individuum überhaupt, auch in seinen persönlichsten Interessen, stets als Glied höherer Gemeinschaften behandelt wird. So kennt der Deutsche nicht die individualistische Ausgestaltung des Privatrechts [...]. Die höheren Interessen der Gemeinschaft gehen den Einzelinteressen vor".[114]

In Meyers Schrift fehlen Anmerkungen, aus denen man ersehen könnte, aus welchen Quellen er geschöpft hat. Da er unter anderem aber Karl von Amira benennt, kann man annehmen, dass die „objektiv gegebene Friedensordnung" aus den Münchener Lehren über das germanische Recht stammte. In dem Kapitel über Amiras und Schwerins Theorien über das germanische Recht wurde bereits herausgestellt, dass der Postulierung einer allgemeinen Friedensordnung und der Ausschluss aus der Friedensordnung bei besonders schweren Verbrechen gegen die Gemeinschaft die Vorstellung zugrunde lag, dass der Rechtsbrecher durch seine Tat nicht mehr in der Gemeinschaft haltbar sei. Nun impliziert die gliedhafte Rechtsstellung des Volksgenossen in der Gemeinschaft in den zeitgenössischen Theorien der NS-Zeit auch ihr Gegenteil, nämlich die Aberkennung der gliedhaften Stellung. Tatsächlich zeigen sich an diesem Punkte Parallelen zu der germanischen Friedlosigkeitstheorie.[115] Im „Verfassungsrecht des Großdeutschen Reiches" hieß es in diesem Sinn:

> „In schweren Fällen tritt die *Verwirkung der Rechtsstellung* ein. Diese Verwirkung ist eine allgemeine Erscheinung der neuen Ordnung. [...] Eine solche Verwirkung ist kein Eingriff von außen und oben in ein grundsätzlich unantastbares Recht, sondern sie ist eine Folge, die sich wesensnotwendig aus der Bindung ergibt, die in der gemeinschaftsbezogenen Rechtsstellung von Anfang an erhalten ist".[116]

---

[114] H. Meyer, Recht und Volkstum, 22.

[115] Beispielsweise Hermann Göring, Die Rechtssicherheit als Grundlage der Volksgemeinschaft, 1935. Göring verweist hier auf den vom Nazi-Regime geschaffenen Ausbürgerungsparagraphen, der die Vorstellungen von der *germanischen Friedlosigkeit* aufgreift und realisiert: „Man ächtete gewisse Elemente, machte sie vogelfrei und stellte sie damit außerhalb des Rechtes und des Gesetzes. Damit waren sie nicht nur vom Gericht abzuurteilen, sondern in diesem Fall konnte sogar der einzelne Volksgenosse eingreifen, er konnte nicht strafbar gemacht werden, weil sich der andere selber durch seine Taten [...] gesetzlos gemacht hatte. Unsere Vorfahren erklärten solche Staatsfeinde für friedlos; [...] Wir stoßen solche Elemente aus und haben diesem Rechtsgedanken in dem von uns geschaffenen Ausbürgerungsparagraphen in allerdings humanerer Form, aber im alten germanischen Sinne wieder Gestalt gegeben", 9.

[116] E. R. Huber, Verfassungsrecht des Großdeutschen Reiches, 1937/39, 366.

Zur NS-Zeit erkannte man der Gemeinschaft einen *eigenen Persönlichkeitskern*[117] zu, die sich zum Schutz ihrer Persönlichkeit eine sog. „Ehrengerichtsbarkeit" schaffte, die als schwerste Ehrenstrafe die Ausstoßung für denjenigen kannte, dessen Verbleiben mit der Ehre der Gemeinschaft als nicht mehr vereinbar angesehen wurde.[118] Da der Nationalsozialismus das Strafrecht wieder zum Ausdruck der „Volksgesittung" gemacht hatte, war es nach Ansicht Klaus Anderbrügges „jetzt nur noch ein kleiner Schritt, sogar der staatlichen Strafrechtspflege die höheren Weihen einer Ehrenrechtspflege zu verleihen".[119] Die Ehrloserklärung sollte in ihren Folgen nicht auf den öffentlichen Bereich beschränkt bleiben, sondern für den von ihr betroffenen „Volksschädling" zur Aberkennung der gesamten „volksgenössischen" Rechtsstellung führen.[120] In diesem Sinn fasste Freisler in seiner Arbeit mit dem Titel „Grundlegende Denkformen des Rechts im Wandel unserer Rechtserneuerung" von 1941 zusammen:

> „*...seinem Volk ist jeder eingeboren; sein Volk ist sein Schicksal. Weder Zusammentritt, noch Beitritt, noch Austritt ist da möglich. Der Weg aus der Volkszugehörigkeit heraus ist nur Ausstoßung* (von seiten des Volkes) *oder Verrat* (von seiten des Volksgliedes)".[121]

Dies war die moderne Fassung der germanischen Friedlosigkeit, die im Nationalsozialismus nun Wirklichkeit wurde.

---

[117] „Ehre" ist der „Persönlichkeitskern" der Gemeinschaft, so Freisler, Grundlegende Denkformen des Rechts im Wandel unserer Rechtserneuerung, 21.

[118] Anderbrügge, Völkisches Rechtsdenken, 149; Im Handwörterbuch zur deutschen Rechtsgeschichte heißt es, dass wichtige Fragekomplexe des NS-Rechts wie auch die sog. „Ehrengerichtsbarkeit" bisher überhaupt nicht oder nur mangelhaft behandelt worden sind, Art. Nationalsozialistisches Recht, Bd. III, Sp. 876.

[119] Anderbrügge, Völkisches Rechtsdenken, 149.

[120] Ebd., 150 A. 95.

[121] Freisler, Grundlegende Denkformen des Rechts, 29.

# SCHLUSS

> „Man thut dem Volke großes Unrecht, wenn man ihm nur Rechtsgefühl, oder Rechtssinn, wenn man ihm nicht vielmehr auch ein Rechtsbewußtsein einräumt; und zwar ein geschichtlich überkommenes und geschichtlich gebildetes Rechtsbewußtsein, und auch ein, schon darum eben, allgemeines. Man lebe mit dem Volke, und man wird es erkennen".

So lautete die Antwort des Münsteraner Oberlandesgerichtspräsidenten Temme an den Schweizer Juristen Osenbrüggen im Jahr 1854.[1] Im Zusammenhang mit der Berufung auf ein „Rechtsbewusstsein im Volke" hatte Osenbrüggen bezweifelt, ob ein solches überhaupt existiert, und die Frage aufgeworfen, welches denn seine Erkenntnisquellen seien. Für Temme leitete sich das „konkrete Rechtsbewusstsein des Volkes" vom sittlichen Bewusstsein ab, das jeder Mensch in sich trage. Nach eigenen Angaben hatte er in seinem 1853 erschienenen „Lehrbuch des preußischen Strafrechts" die Auslegung und Anwendung des neuen preußischen Strafgesetzbuchs *durchgängig* auf das „im Volke lebende Rechtsbewußtsein" hinzuleiten versucht.

Die Arbeit über den Topos „gesundes Volksempfinden" und über die Vorgeschichte der darauf bezogenen Rechtsvorstellung hat gezeigt, dass im Verlauf des 19. Jahrhunderts Begriffe, die auf ein *Rechtsempfinden* abzielen, zunehmend auf ein Rechtsempfinden eines *bestimmten* Volkes abstellen. Im 19. Jahrhundert hat man von einem angeborenen Rechtsgefühl als eine allen Menschen eingepflanzte Eigenschaft im naturrechtlichen Sinn abgesehen.[2] Dem Rechtsempfinden, wie im obigen Zitat bei Temme, kam somit keine allgemeinmenschliche Qualität mehr zu, sondern war bezogen auf die Moralvorstellungen einer Gemeinschaft, die mit deren geschichtlichen Entwicklung in Verbindung stehen. Autoren, die sich seit den 40er-Jahren des 19. Jahrhunderts auf ein „Rechtsbewußtsein im Volke" (J. D. H. Temme), „Volksbe-

---

1 J. D. H. Temme, Die Berufung auf das Rechtsbewußtsein im Volke (Archiv des Criminalrechts), 600; s. Osenbrüggen A. 120, Kap. IV.1. dieser Arbeit.

2 1835 sprach Ludwig Frey vom „innativen Rechtsgefühl", aus dem der Geschworene seine Urteile ableite (Das Geschwornengericht aus historischen, straf- und staatsrechtlichen Gesichtspunkten betrachtet), 39 f.; Erwin Riezler bemerkte, dass seit Jhering die „historisch-empirische Anschauung über den Ursprung des Rechtsgefühls" wohl als die in der Wissenschaft überwiegende bezeichnet werden kann. Damit verwarf man die Vorstellung eines angeborenen Rechtssinns oder Rechtsinstinkts (Das Rechtsgefühl), 39.

wusstsein“ (L. v. Bar) oder „Volksrechtsbewusstsein“ (C. J. A. Mittermaier) berufen haben, stellten auf das sittliche Bewusstsein des Einzelnen ab. Der Einzelne ist aber in seiner Entwicklung mit einer bestimmten Gemeinschaft verwoben. So konstatierte Ludwig von Bar 1882:

> „Das Gewissen des Einzelnen ist auch ein Product der Geschichte und der Sittlichkeit der gesammten Nation“.[3]

Im Gegensatz zu einem *geschichtlich gewordenen* sittlichen Bewusstsein einer Nation rekurrierte man im Nationalsozialismus nun aber auf die biologischen Anlagen der „Artgemeinschaft“, aus der die *gleichen* geistigen Grundeigenschaften und die *gleichen* moralischen Empfindungen hervorgehen würden. Das „gesunde Volksempfinden“ nahm der Idee nach auf eine Homogenität der geistigen Grundeigenschaften Bezug. Einer Verständigung im Sinn von „Übersubjektivität“ über die konkreten Inhalte des „gesunden Volksempfindens“ musste man schon deshalb entbehren, weil man damit die Idee des „gesunden Volksempfindens“ konterkariert hätte, denn tragender Pfeiler der „nationalsozialistischen“ Weltanschauung war die „natürliche“, stillschweigend vorausgesetzte und *nicht* die menschengemachte Gemeinschaftsordnung. Für die Rechtsordnung und Rechtslehre bedeutete dies:

> *„Rechtsordnung muß natürliche Volksordnung sein.* Darauf arbeitet die nationalsozialistische Rechtssetzung, insbesondere die des Gesetzgebers, hin. Auf dieser Grundlage muß auch die geistige Rechtserfassung durch die Rechtslehre erfolgen; auf ihr muß die praktische Rechtsanwendung, vor allem durch die Rechtspflege, aufbauen“.[4]

Mit dem „gesunden Volksempfinden“ war die Vorstellung eines ererbten völkischen Wertekanons verbunden. In der Forschung ist festgehalten, dass sich im Sprachgebrauch zur NS-Zeit neben dem „gesunden Volksempfinden“ nur noch das „Rechtsgewissen des Volkes“ halten konnte.[5] „Rechtsgewissen“ bezog sich dabei weniger auf die fachlichen Kenntnisse um die Inhalte und den Aufbau des kodifizierten Rechts, sondern in einem allgemeineren Sinn auf das Wissen *um* Recht und Unrecht. Damit baute das „gesunde Volksempfinden“ auf einer Vorstellung über das germanische Recht auf: dessen *Autonomie.* Gerade die Rechtsgeschichtsforschung hatte betont, dass dem Deut-

---

3 L. v. Bar, Geschichte des Deutschen Strafrechts, 314 A. 328.
4 Freisler, Grundlegende Denkformen des Rechts, 3.
5 Gernhuber, Das völkische Recht, 169.

schen die „lex“ im „Blut“ liege, somit eine Verständigung über deren Inhalte entbehrlich sei.[6]

Die Entwicklung innerhalb der beiden Zeitmarken, die das Gutachten der Rheinischen Immediat-Justizkommission von 1818 und die Statuierung des „gesunden Volksempfindens“ im Gesetz zur Änderung des Strafgesetzbuchs von 1935 gesteckt haben, hat zum Verhältnis zwischen Recht, Sitte, Gesetz und einem „Rechtsempfinden des Volkes“ Folgendes deutlich gemacht:

Die Immediat-Justizkommission erhoffte sich durch die Einbindung von Laien und ihres „gemeinen Verstandes“ im Juryinstitut langfristig eine reale Zusammenführung der Normenkomplexe – Recht und Moral – im Gemeinwesen. Die Kommission dachte hier an das ethosgebundene Sittlich-Richtige einer Gemeinschaft, das sich durch das Verinnerlichen der Lebensformen und der daraus abgeleiteten Sichtweisen und Beurteilungsgewohnheiten aus den Sittengesetzen einer Gemeinschaft ausbildet. Das Recht bedarf auch der Verankerung im ethosgebundenen Sittlich-Richtigen einer Gemeinschaft. Umgekehrt profitiert auch das Gemeinwesen von der judiziellen Aktivität der Laien im Gericht. Dies durch die Ausbildung des Rechtsgefühls, das die Laien in ihr bürgerliches Leben mit zurücknehmen. Das Rechtsgefühl ist ein künstlich Erzeugtes. Es zeigt sich in der Achtung vor dem Gesetz wie auch vor den rechtlichen Institutionen, die das Gesetzesrecht umsetzen.

Die Theorie von der „omnipotence du jury“ hat in Deutschland den Nährboden bereitet, auf dem die Vorstellung einer „Allmacht der Volksmoral“ gedeihen konnte. Maßgeblicher Verfechter dieser Idee war Friedrich Gottfried Leue. Bei ihm hatte sich die Überzeugung gebildet, dass die Frage nach der Schuld, die von den Laienrichtern beantwortet wurde, notwendig aus dem Bereich des Gesetzesrechts hinausweise. Der Wahrspruch der Geschworenen sei ein moralisches Urteil und beinhalte die Aussage, dass Strafe *verdient* sei. Leue zweifelte an der Wirksamkeit selbst der „vollkommensten Gesetze“, weil sie nicht enthalten, was die wesentliche Bedingung einer gerechten Würdigung einer Tat sei: „die Religion, Denkart und Sitte des Volks“.[7] Der Ausspruch der Geschworenen repräsentierte bei Leue das Werturteil der bürgerlichen Gesellschaft als Ganzes. Auf der Lübecker Germanistenversammlung 1847 wurde die Vorstellung von der „omnipotence du jury“ aufgegriffen. Der Jurybefürworter Mittermaier argumentierte, dass die Entscheidungen

---

6 „Der Deutsche kann nicht leben ohne 'das Recht', ohne die lex, die ihm im wahrsten Sinne des Wortes 'im Blute' liegt, so daß er sie nicht erst wie der Römer [...] zu 'vereinbaren' braucht. Er braucht sie nur zu suchen in sich und seinem Rechtsbewußtsein; und er wird finden, daß sie schon da ist, ehe er sie überhaupt vereinbaren kann...“, W. Schönfeld, Das Rechtsbewußtsein der Langobarden auf Grund ihres Edikts, 1934, 25.

7 Leue, Deutsches Schöffen-Gericht, 148 f.

der Laienrichter, die obgleich sich über das Gesetz stellen, materielle Gerechtigkeit realisieren. Dies sei keine willkürliche Allmacht oder bloße Empfindelei. Die Laien könnten eher materielle Gerechtigkeit realisieren, weil sie mit den „Volksansichten" mehr vertraut seien als rechtgelehrte, beamtete Richter.

Im Nationalsozialismus diente die Strafrechtspflege „dem Leben des Volkes". Das Recht müsse sich „nach den völkischen Lebensbelangen" ausrichten.[8] Jetzt kann von einem antagonistischen Verhältnis zwischen einer „Volksmoral" und dem Gesetzesrecht dem Begriff nach nicht mehr gesprochen werden, weil die Trennung der beiden Normenkomplexe – Recht und Moral – als *überwunden* erachtet wird:

> „Im Gegensatz zu früheren Anschauungen erblicken wir in diesen Maßstäben [Treu und Glauben, guten Sitten, Ehrbahrkeit, soziale Ehre] nicht die Verweisung auf eine *neben* der Rechtsordnung stehende Sittenordnung und Ehrenordnung, vielmehr ist uns das, was diese Maßstäbe zum Ausdruck bringen, *Recht* – ungeformtes, aber sich ständig im Volksbewußtsein und in der Rechtsprechung konkretisierendes Recht der Gemeinschaft. Gerade diese Einbeziehung des 'ungeformten' Rechtes ist ein wesentliches Kennzeichen unserer völkischen Rechtsauffassung…".[9]

Sittenordnung und Rechtsordnung sind im völkischen Rechtsdenken des Nationalsozialismus der Idee nach konvergiert. Die Folge, dass Recht und Moral als Normenkomplexe nun nicht mehr exakt begrifflich voneinander geschieden werden können, empfindet beispielsweise Larenz bezeichnenderweise *nicht* als Problem.[10] Eine Folge dieser *Rechtsmoralisierung* ist, dass man behauptet, dass das völkische Recht zwar durch Gesetze gewiesen wird, aber einer erschöpfenden Normierung nicht zugänglich sei.[11] Dem „gesunden Volksempfinden" lag die Idee zugrunde, dass das Recht als ein gemeinsames Rechtsgefühl in jedem Volksgenossen wirke. Dies bedeutete gleichzeitig, dass nun jeglicher Unterschied zwischen dem Berufsrichter und dem Laienrichter, zwischen dem „wissenschaftlich gebildeten Verstand" und dem „gemeinen gesunden Menschenverstand" begrifflich aufgehoben war. Der Richter war zu einem „Volksrichter", zu einem „Priester des Volksgewissens"

---

8 Freisler, Der Volksrichter in der neuen deutschen Strafrechtspflege, 13 Anm.

9 Larenz, Gegenstand und Methode des völkischen Rechtsdenkens, 13.

10 Nef: „Wir brauchen präzise Begriffe und gegenseitige Abtrennungen, um die Wirklichkeit verstehen zu können. Und so wird auch durch die begriffliche Trennung von Recht und Moral ihre Zusammengehörigkeit und mannigfache Durchdringung nicht geleugnet", Recht und Moral, 5.

11 Wieacker, Der Stand der Rechtserneuerung auf dem Gebiet des bürgerlichen Rechts, s. Kap. Einleitung dieser Arbeit, A. 36.

geworden.[12] Gravierend war zudem, dass der Nationalsozialismus die Frage, wie sich individuelles Gewissen und kollektives Bewusstsein zueinander verhalten, nun zu Gunsten des kollektiven Bewusstseins auflösen wollte. Dieses sollte durch individuelle Geltungsüberprüfung nicht mehr in Frage gestellt werden. Die Idee, dass letztlich auch das, was man als kollektives Bewusstsein bezeichnet, auf Werturteilen beruht, die erst einmal im persönlichen Gewissen ausgekämpft werden müssen, war mit der Vorstellung von dem „gesunden Volksempfinden" nicht zu vereinbaren.

In der NS-Zeit wurde der menschlichen Freiheit des Einzelnen nicht mehr zugestanden, sich über den vorausgesetzten völkischen Wertekanon zu erheben. Der Einzelne (der „gesunde und anständige Volksgenosse") musste mit dem völkischen Wertekanon, der aus der „natürlichen Volksordnung" resultierte, *„Sich-eins-fühlen"*.[13] Wie zu Beginn der Arbeit erwähnt, ist im Begriff „gesundes Volksempfinden" das Individuum als Hort des Empfindens und Träger der Inhalte des „gesunden Volksempfindens" komplett ausgeblendet. Die Moral der Volksgemeinschaft – die sogenannte „Gemeinschaftsgesittung" – hatte sich das moralische Empfinden und das Rechtsgefühl des Einzelnen zum Untertan gemacht.

---

12 Freisler, Der Volksrichter in der neuen deutschen Strafrechtspflege, 11.

13 Freisler, s. Kap. V.3. dieser Arbeit, A. 72.

# Literaturverzeichnis

## 1. Lexika und Nachschlagewerke

Allgemeines Handwörterbuch der philosophischen Wissenschaften nebst ihrer Literatur und Geschichte von W. T. Krug, Neudruck der 2. verbess. u. verm. Aufl., Leipzig 1832-38, Stuttgart-Bad Cannstatt 1969

Handwörterbuch zur deutschen Rechtsgeschichte (HRG), hrsg. von A. Erler, E. Kaufmann, Berlin 1971ff.

Reallexikon der deutschen Literaturgeschichte, hrsg. von Werner Kohlschmidt, Wolfgang Mohr, 2. Aufl., Berlin 1965ff.

Trübners Deutsches Wörterbuch, hrsg. von W. Mitzka, 8 Bde., Berlin 1939ff.

Deutsches Wörterbuch von J. und W. Grimm, 33 Bde., Leipzig 1854ff., (Reprint München 1984)

Historisches Wörterbuch der Philosophie, 9 Bde., hrsg. von J. Ritter / K. Gründer, Basel 1971ff.

## 2. Literatur

Albersmeyer-Bingen, H., Common Sense. Ein Beitrag zur Wissenssoziologie, Berlin 1986

Amira, K. v., Zur Erinnerung an den 1. Januar 1806, Festrede, in: Süddeutsche Monatshefte, Januar 1906, 80-87

Amira, K. v., Die germanischen Todesstrafen. Untersuchungen zur Rechts- und Religionsgeschichte, München 1922

Amira, K. v., Germanisches Recht, 4. Aufl., bearb. v. K. A. Eckhardt, Bde. I/II, Berlin 1960ff.

Amira, K. v., Ueber Zweck und Mittel der germanischen Rechtsgeschichte, München 1876

Anderbrügge, K., Völkisches Rechtsdenken. Zur Rechtslehre zur Zeit des Nationalsozialismus, Berlin 1978

Aster, E. v., Geschichte der Philosophie, 17. Aufl., Stuttgart 1980

Bamberger, L., Die Französelei am Rhein, wie sie kam und wie sie ging, in: Ders., Studien und Meditationen, Berlin 1898, 126-191

Bar, C. L. v., Geschichte des Deutschen Strafrechts und der Strafrechtstheorien, 1. (einziger) Band des Handbuchs des deutschen Strafrechts, Neudruck d. Ausgabe Berlin 1882 mit Vorbemerkungen von Ludwig Schnorr v. Carolsfeld, Aalen 1974

Bartsch, R., Das „gesunde Volksempfinden" im Strafrecht, jur. Diss. Hamburg 1940

Beckmann K. u.a. (Hg.), Individuum versus Kollektiv. Der Kommunitarismus als „Zauberformel"?, Frankfurt am Main 2000

Benz, U., Zur Rolle der Laienrichter im Strafprozeß, Lübeck 1982

Beseler, G., Zur Beurteilung der sieben Göttinger Professoren und ihrer Sache, Rostock 1838

Beseler, G., Erlebtes und Erstrebtes, 1809–1859, Berlin 1884

Beseler, G., Patriotische Phantasien über Recht und Gericht, in: Kieler Correspondenzblatt vom 8.–15. Mai 1833, No. 37 (169-171), No. 38 (177-179), No. 39 (181-182)

Beseler, G., Volksrecht und Juristenrecht, Leipzig 1843

Binding, K., Die drei Grundfragen der Organisation des Strafgerichts. Für Juristen und Nichtjuristen, Leipzig 1876

Blasius, D., Der Kampf um die Geschworenengerichte im Vormärz, in: H.-U. Wehler (Hg.), Sozialgeschichte Heute. Festschrift f. H. Rosenberg, 1974, 148-161

Blühdorn, J. / Ritter, J. (Hg.), Positivismus im 19. Jahrhundert, Frankfurt am Main 1971

Blühdorn, J. / Ritter, J. (Hg.), Recht und Ethik. Zum Problem ihrer Beziehung im 19. Jahrhundert, Frankfurt am Main 1970

Bluntschli, J. K., Lehre vom modernen Staat, 3 Bde., Neudruck der Ausgabe Stuttgart 1876ff., Aalen 1965

Bock, H., Common Sense als Lebenshaltung und Philosophie in England, in: Archiv für das Studium der neueren Sprachen, 104. Jg., Bd. 189, Braunschweig 1953, 119-144

Bollnow, O. F., Die Objektivität der Geisteswissenschaften und die Frage nach dem Wesen der Wahrheit, in: Zeitschrift für philosophische Forschung, Bd. XVI, 1962, 3-25

Böttges, W., Die Laienbeteiligung in der Strafrechtspflege. Ihre Geschichte und heutige Bedeutung, jur. Diss. Bonn 1979

Brandes, E., Ueber den Einfluß und die Wirkungen des Zeitgeistes auf die höheren Stände Deutschlandes, Erste und Zweite Abtheilung, Reprint der Ausgabe Hannover 1810, Kronberg/Ts. 1977

Brunner, H., Die Entstehung der Schwurgerichte, Neudruck der Ausgabe Berlin 1872, Aalen 1967

Brunner, H., Grundzüge der deutschen Rechtsgeschichte, Leipzig 1905

Burckhard, G. W. (Hg.), Aus der Praxis deutscher Geschworenengerichte. Erörterungen in zwanglosen Heften, 1. Heft, Weimar 1849

Conrad, H., Deutsche Rechtsgeschichte, Bd. I, Karlsruhe 1954

Conrad, H., Individuum und Gemeinschaft in der Privatrechtsordnung des 18. und beginnenden 19. Jahrhunderts, Karlsruhe 1956

Conrad, H., Richter und Gesetz im Übergang vom Absolutismus zum Verfassungsstaat, Graz 1971

Conrad, H. / Dulckeit, G., Mitteilungen. Bericht über den 5. Deutschen Rechtshistorikertag in Tübingen vom 12.–15. Oktober 1936, in: ZRG 57 (Zeitschrift d. Savigny-Stiftung f. Rechtsgeschichte, Romanist. Abt.), 1937, 534-543

Cramer, D., Das französische Schwurgericht. Geschichte und Problematik, jur. Diss. Marburg 1968

Dahlmann, F. C., Kleine Schriften und Reden, Stuttgart 1886

Daniels, H. G. W., Gesetzbuch über das gerichtliche Verfahren in Criminal-Sachen oder Criminal-Prozeß-Ordnung. Aus dem Französischen nach dem officiellen Texte übersetzt, Köln 1812

Dilcher, G. / Kern, B.-R., Die juristische Germanistik des 19. Jahrhunderts und die Fachtradition der Deutschen Rechtsgeschichte, in: ZRG 101 (Zeitschrift d. Savigny-Stiftung f. Rechtsgeschichte, Germanist. Abt.), 1984, 1-46

Dilthey, W., Einleitung in die Geisteswissenschaften. Versuch einer Grundlegung für das Studium der Gesellschaft und der Geschichte, 1. Bd., 2. Aufl., Leipzig und Berlin 1923

Döhring, E., Geschichte der deutschen Rechtspflege seit 1500, Berlin 1953

Döhring, E., Die gesellschaftlichen Grundlagen der juristischen Entscheidung, Berlin 1977

Dubber, M. D., The German Jury and the Metaphysical *Volk*: From Romantic Idealism to Nazi Ideology, 1993

Ebel, W., Geschichte der Gesetzgebung in Deutschland. Eine staatsbürgerliche Einführung, 1. Teil, Hannover 1956

Ehmke, H., Karl von Rotteck, der 'politische Professor', Karlsruhe 1964

Elias, N., Die Gesellschaft der Individuen (1939), in: M. Schröter (Hg.), Die Gesellschaft der Individuen, 1. Aufl., Frankfurt am Main, 15-98

Emmel, H., Das Gericht in der deutschen Literatur des 20. Jahrhunderts, Bern und München 1963

Engisch, K., Einführung in das juristische Denken, Stuttgart 1964

Engisch, K., Die Idee der Konkretisierung in Recht und Rechtswissenschaft unserer Zeit, Heidelberg 1953

Engisch, K., Wahrheit und Richtigkeit im juristischen Denken. Vortrag gehalten beim 491. Stiftungsfest der Ludwig-Maximilian-Universität München, 6. Juli 1963

Epstein, K., Die Ursprünge des Konservativismus in Deutschland, Frankfurt am Main 1973

Ewald, U., Interview mit Ezzat A. Fattah, Der O.J. Simpson-Prozeß – Farce oder Normalität?, in: Neue Justiz 2 (1996), 72-73

Fest, J. / Siedler, J. W. (Hg.), Arthur Schopenhauer, Schriften zur Moral und zum richtigen Leben, Zürich 1987

Feuerbach, P. J. A. v., Betrachtungen über das Geschwornen-Gericht, Landshut 1813

Feuerbach, P. J. A. v., Betrachtungen über die Oeffentlichkeit und Mündlichkeit der Gerechtigkeitspflege, Gießen 1821

Feuerbach, P. J. A. v., Erklärung über meine angeblich geänderte Überzeugung in Ansehung der Geschwornen-Gerichte, in: Anselms von Feuerbach kleine Schriften vermischten Inhalts, Nürnberg 1833, 229-251

Fikenscher, W., Methoden des Rechts in vergleichender Darstellung, Bd. 2, Anglo-Amerikanischer Rechtskreis, Tübingen 1975

Fliess, W., Die Begriffe Germanisches Recht und Deutsches Recht bei den Rechtshistorikern des 19. und 20. Jahrhunderts, jur. Diss. Hannover 1968

Freisler, R., Grundlegende Denkformen des Rechts im Wandel unserer Rechtserneuerung, Berlin 1941

Freisler, R., Volk, Richter und Recht, in: Deutsche Justiz, 97. Jg., 2. Halbj., Nr. 27-52, Berlin 1935, 1160-1163

Freisler, R. (Hg.), Der Volksrichter in der neuen deutschen Strafrechtspflege, Berlin 1937

Frey, L., Das Geschwornengericht aus historischen, straf- und staatsrechtlichen Gesichtspunkten betrachtet, Bern 1835

Fürbeth, F. (Hg.), Zur Geschichte und Problematik der Nationalphilologien in Europa. 150 Jahre Erste Germanistenversammlung in Frankfurt am Main (1846–1996), Tübingen 1999

Gadamer, H.-G., Wahrheit und Methode, 3. erweiterte Auflage, Tübingen 1972

Ganz, P. F., Der Einfluß des Englischen auf den deutschen Wortschatz 1640–1815, Berlin 1957

Gehlen, A., Urmensch und Spätkultur, 5. Aufl., Wiesbaden 1986

Genzmer, F., Rez. zu: Richard von Kienle, Germanische Gemeinschaftsformen, (Deutsches Ahnenerbe), Stuttgart 1939, in: Historische Zeitschrift 164, 1941, 563-567

Genzmer, F., Die germanische Sippe als Rechtsgebilde, in: ZRG 67 (Zeitschrift d. Savigny-Stiftung f. Rechtsgeschichte, Germanist. Abt.) 1950, 34-49

Gernhuber, J., Das völkische Recht. Ein Beitrag zur Rechtstheorie des Nationalsozialismus, in: Tübinger Festschrift f. E. Kern, 1968, 167-200

Gierke, O. v., Der deutsche Volksgeist im Kriege, in: E. Jäckh (Hg.), Politische Flugschriften, Stuttgart-Berlin 1915

Gierke, O. v., Der germanische Staatsgedanke, in: U. v. Wilamowitz-Moellendorff (Hg.), Staat, Recht und Volk, Berlin 1919

Gierke, O. v., Die historische Rechtsschule und die Germanisten, Berlin 1903

Gierke, O. v., Das Wesen der menschlichen Verbände, Berlin 1902

Giesen, B. (Hg.), Nationale und kulturelle Identität. Studien zur Entwicklung des kollektiven Bewußtseins in der Neuzeit, Frankfurt am Main 1991

Giessler, J. P., Die Kontrollfrage im schwurgerichtlichen Verfahren. Ihre Entwicklung und Bedeutung, jur. Diss. Giessen 1923

Globig H. E. v. / Huster J. G., Abhandlung von der Criminal-Gesetzgebung, unveränderter Neudruck d. Ausgabe 1783, Frankfurt am Main 1969

Gneist, R. v., Die Bildung der Geschworenengerichte in Deutschland, Neudruck der Ausgabe Berlin 1849, Aalen 1967

Gneist, R. v., Vier Fragen zur Deutschen Strafproceßordnung, Berlin 1874

Gneist, R. v., Zur Lehre vom Volksrecht, Gewohnheitsrecht und Juristenrecht, in: Juristische Abhandlungen, Festgabe f. G. Beseler, Berlin 1885, 221-252

Goethe, J. W., Maximen und Reflexionen. In sieben Abteilungen, (Anordnung nach d. ersten Ausg. v. Riemer und Eckermann), in: Sprüche in Prosa, Dortmund 1947

Golbery, v., Über die sogenannte Allmacht des Geschwornengerichts in Frankreich, in: Mittermaiers Kritische Zeitschrift für Rechtswissenschaft und Gesetzgebung des Auslandes, Bd. 3, 1831, 284-306

Gollwitzer, H., Zum politischen Germanismus des 19. Jahrhunderts, in: Festschrift f. H. Heimpel zum 70. Geb., Bd. 1, Göttingen 1971, 282-356

Gottzmann, C. L., Njáls Saga. Rechtsproblematik im Dienste soziokultureller Deutung, in: Europäische Hochschulschriften, Reihe 1, Deutsche Sprache und Literatur, Bd. 577, Frankfurt und Bern 1982

Green T. A., The English Criminal Trial Jury and the Law-Finding Traditions on the Eve of the French Revolution, in: Schioppa, A. P. (Hg.), The Trial Jury in England, France, Germany 1700–1900, Berlin 1987, 41-73

Grönbech, W., Kultur und Religion der Germanen, Bd. 1, Hamburg und Wandsbek 1937

Gürtner, F. / Freisler, R., Das neue Strafrecht, Berlin 1936

Gutenbrunner, S., Rez. zu: Richard von Kienle, Germanische Gemeinschaftsformen, (Deutsches Ahnenerbe), Stuttgart 1939, in: ZRG 61 (Zeitschrift d. Savigny-Stiftung f. Rechtsgeschichte, Germanist. Abt.), 1941, 308-312

Haber, G., Probleme der Strafprozeßgeschichte im Vormärz, in: Zeitschrift für die gesamte Strafrechtswissenschaft 99, 1979, 590-636

Haber, G., Strafgerichtliche Öffentlichkeit und öffentlicher Ankläger in der französischen Aufklärung, Berlin 1979

Hadding, G., Schwurgerichte in Deutschland. Der Schwurgerichtsgedanke seit 1848, Kassel 1974

Hager, G., Gesund bei Goethe. Eine Wortmonographie, Berlin 1955

Hahn, W. W., Die Entwicklung der Laiengerichtsbarkeit im Großherzogtum Baden während des 19. Jahrhunderts unter Berücksichtigung des Laienrichtertums in Württemberg, Berlin 1974

Hammerich, L. L., Was ist germanische Rechtsgeschichte?, in: Saga Och Sed, Bd. 5, Uppsala 1958-1962, 177-199

Hattenhauer, H., Die geistesgeschichtlichen Grundlagen des Rechtes, 3. überarb. u. erw. Aufl., Heidelberg 1983

Hattenhauer, H., Wandlungen des Richterleitbildes im 19. und 20. Jahrhundert, in: R. Dreier / W. Sellert (Hg.), Recht und Justiz im „Dritten Reich", Frankfurt am Main 1989, 9-33

Haverkate, G., Gewißheitsverluste im juristischen Denken. Zur politischen Funktion der juristischen Methode, Berlin 1977

Hedemann, J. W., Die Flucht in die Generalklauseln. Eine Gefahr für Recht und Staat, Tübingen 1933

Heffter, H., Die deutsche Selbstverwaltung im 19. Jahrhundert. Geschichte der Ideen und Institutionen, Stuttgart 1969

Hegel, G. W. F, Grundlinien der Philosophie des Rechts, Berlin 1821, Ed. Moldenhauer/Michel, Frankfurt am Main 1996

Heinze, C. F. R., Ein deutsches Geschworenengericht, 2. umgearbeitete Ausgabe, Leipzig 1865

Herberger, M., Die Staats- und Gesellschaftstheorie des Freiherrn vom Stein, in: Rechtsgeschichte als Kulturgeschichte, Festschrift f. Adalbert Erler, Aalen 1976, 611-648

Hildebrandt, H., Rechtsfindung im neuen deutschen Staate. Ein Beitrag zur Rezeption und den Rechtsquellen, zur Auslegung und Ergänzung des Gesetzes, Berlin und Leipzig 1935

Höhn, R., Otto von Gierkes Staatslehre und unsere Zeit, zugleich eine Auseinandersetzung mit dem Rechtssystem des 19. Jahrhunderts, Hamburg 1936

Huber, E. R., Aufstieg und Entfaltung des deutschen Volksbewusstseins, Strassburg 1942

Huber, E. R., Verfassungsrecht des Großdeutschen Reiches, Hamburg 1937/39

Hubmann, G., Ethische Überzeugung und politisches Handeln. Jakob Friedrich Fries und die deutsche Tradition der Gesinnungsethik, Heidelberg 1997

Kadecka, F., Gesundes Volksempfinden und gesetzlicher Grundgedanke, in: Zeitschrift für die gesamte Strafrechtswissenschaft, Berlin 1944, 1-27

Kägi, O. W., Zur Entstehung, Wandlung und Problematik des Gewaltenteilungsprinzipes. Ein Beitrag zur Verfassungsgeschichte und Verfassungslehre, jur. Diss. Zürich 1937

Kant, I., Werke, 12 Bde., hrsg. v. W. Weischedel, Frankfurt am Main

Kantorowicz, H., Volksgeist und historische Rechtsschule, in: Historische Zeitschrift 108, 1912, 295-325

Kern, B.-R., Georg Beseler. Leben und Werk, Berlin 1982

Kern, E., Geschichte des Gerichtsverfassungsrechts, München und Berlin 1954

Kienle, Germanische Gemeinschaftsformen, (Deutsches Ahnenerbe, Reihe B: Fachwissenschaftliche Untersuchungen, Abt. Arbeiten zur Germanenkunde, Bd. 4), Stuttgart 1939

Kleger, H., Common Sense als Argument. Zu einem Schlüsselbegriff der Weltorientierung und politischen Philosophie, Teil 1 u. 2, in: Archiv für Begriffsgeschichte, Bd. 33, 1990, 22-59

Klemperer, V., LTI – Lingua Tertii Imperii. Notizbuch eines Philologen, Leipzig 1999

Kluckhohn, P. (Hg.), Die Idee des Volkes im Schrifttum der alten Bewegung von Möser und Herder bis Grimm, Berlin 1934

Körver, H., Common Sense. Die Entwicklung eines englischen Schlüsselwortes und seine Bedeutung für die englische Geistesgeschichte zur Zeit des Klassizismus und der Romantik, phil. Diss. Bonn 1967

Köstlin, C. R., Das Geschwornengericht für Nicht-Juristen, Tübingen 1849

Köstlin, C. R., Der Wendepunkt des deutschen Strafverfahrens im 19. Jahrhundert und die Darstellung der Entstehung der Schwurgerichte, Tübingen 1849

Köstlin, C. R., Die Zukunft des Strafverfahrens in Deutschland, in: Deutsche Viertelsjahrsschrift, 1846, 1. Heft, 315-347

Kohler, J., Recht und Persönlichkeit in der Kultur der Gegenwart, Stuttgart 1914 / Die Ideale im Recht, Berlin 1891, Neudruck beider Schriften in einem Band Aalen 1984

Kohlrausch, Hehler und Nutznießer. Ein Beitrag zur Analogiefrage und zur Frage der Ersatzhehlerei, in: Deutsches Strafrecht, 1939, Heft 4/5, 113-125

Kroeschell K., Die Germania in der deutschen Rechts- und Verfassungsgeschichte, in: H. Jankuhn / D. Timpe (Hg.), Beiträge zum Verständnis der Germania des Tacitus, Göttingen 1989, 198-215

Kroeschell, K., Germanisches Recht als Forschungsproblem in: Festschrift f. H. Thieme, Sigmaringen 1986, 3-19

Kroeschell, K., „Rechtsfindung". Die mittelalterlichen Grundlagen einer modernen Vorstellung, in: Festschrift f. H. Heimpel, Bd. 3, Göttingen 1972, 498-517

Kroeschell, K., Die Sippe im germanischen Recht, in: ZRG 77 (Zeitschrift d. Savigny-Stiftung f. Rechtsgeschichte, Germanist. Abt.), 1960, 1-25

Kühne, J.-D., Die Reichsverfassung der Paulskirche. Vorbild und Verwirklichung im späteren deutschen Rechtsleben, Frankfurt am Main 1985

Kuhn, H., Die Rangordnung der Daseinswerte im alten Sittengedicht der Edda, in: Zeitschrift für deutsche Bildung, Jg. 15, 1939, 62-71

Küper, W., Die Richteridee der Strafprozessordnung und ihre geschichtlichen Grundlagen, Berlin 1967

Landau, P., Schwurgerichte und Schöffengerichte in Deutschland im 19. Jahrhundert bis 1870, in: Schioppa, A. P. (Hg.), The Trial Jury in England, France, Germany 1700–1900, Berlin 1987, 241-304

Landsberg, E., Die Gutachten der Rheinischen Immediat-Justiz-Kommission und der Kampf um die rheinische Rechts- und Gerichtsverfassung 1814–1819, Bonn 1914

Langbein, J. H., The English Criminal Trial Jury on the Eve of the French Revolution, in: Schioppa, A. P. (Hg.), The Trial Jury in England, France, Germany 1700–1900, Berlin 1987, 13-39

Larenz, K., Rez. zu: J. W. Hedemann, Die Flucht in die Generalklauseln, in: Zeitschrift für das Gesamte Handelsrecht und Konkursrecht, Bd. 100, Stuttgart 1934, 378-382

Larenz, K., Über Gegenstand und Methode des völkischen Rechtsdenken, Berlin 1938

Larenz, K., Methodenlehre der Rechtswissenschaft, Berlin 1983

Larenz, K., Rechtsperson und subjektives Recht. Zur Wandlung der Rechtsgrundbegriffe, Berlin 1935

Larenz, K., Volksgeist und Recht. Zur Revision der Rechtsanschauung der Historischen Schule, in: Zeitschrift für Deutsche Kulturphilosophie, Bd. 1, 1935, 40-60

Laufs, A., Recht und Gericht im Werk der Paulskirche, Heidelberg und Karlsruhe 1978

Lehmann, K. / Schnorr v. Carolsfeld, H., Die Njálssage insbesondere in ihren juristischen Bestandtheilen, Berlin 1883

Lenel, P., Scheidung von Richter und Urteilern in der deutschen Gerichtsverfassung seit der Rezeption der fremden Rechte, in: ZRG 34 (Zeitschrift d. Savigny-Stiftung f. Rechtsgeschichte, Germanist. Abt.), 1913, 440-447

Leue, F. G., Das deutsche Schöffen-Gericht, Leipzig 1847

Leue, F. G., Die Grundlagen des Geschwornengerichts für Criminalsachen, in: Der Gerichtssaal, Zeitschrift für volksthümliches Recht, 1. Jg., Erlangen 1849, 56-76

Liermann, H., Das deutsche Volk als Rechtsbegriff im Reichs-Staatsrecht der Gegenwart, Berlin und Bonn 1927

Loock, H.-D. / Schulze, H. (Hg.), Parlamentarismus und Demokratie im Europa des 19. Jahrhunderts, München 1982

Meier, C., Zur Diskussion über das Rechtsgefühl: Themenvielfalt – Ergebnistrends – neue Forschungsperspektiven, jur. Diss. Zürich 1985

Meisner, J., Goethe als Jurist, Berlin 1885

Merk, W., Rez. zu: Karl Larenz, Über Gegenstand und Methode des völkischen Rechtsdenkens, Berlin 1938, in: Deutsche Literaturzeitung, 1938, Heft 52, Sp. 1857-1867

Meyer, H., Recht und Volkstum. Rektoratsrede gehalten bei der Jahresfeier der Georg-August-Universität am 5. Juni 1929, Göttingen

Mirievsky, E., Die Volksanschauung und ihre Berücksichtigung in der Strafrechtswissenschaft des 19. Jahrhunderts und der bisherigen Rechtsprechung des Reichsgerichts in Strafsachen, jur. Diss. Leipzig 1940

Mitteis, H., Deutsche Rechtsgeschichte, neubearb. von H. Lieberich, 19., erg. Auflage, München 1992

Mittermaier, C. J. A., Das deutsche Strafverfahren in der Fortbildung durch Gerichts-Gebrauch und Partikular-Gesetzbücher und in genauer Vergleichung mit dem englischen und französischen Straf-Prozesse, Heidelberg 1832f.

Mittermaier, C. J. A., Erfahrungen über die Wirksamkeit der Schwurgerichte in Europa und Amerika über ihre Vorzüge, Mängel und Abhülfe, Erlangen 1865

Mittermaier, C. J. A., Die Mündlichkeit, das Anklageprinzip, die Oeffentlichkeit und das Geschwornengericht, Stuttgart und Tübingen 1845

Mittermaier, C. J. A., Das Volksgericht in Gestalt der Schwur- und Schöffengerichte, Berlin 1866

Mittermaier, W. / Liepmann M. (Hg.), Schwurgerichte und Schöffengerichte. Beiträge zu ihrer Kenntnis und Beurteilung, Heidelberg 1908-1910

Möller, H., Vernunft und Kritik. Deutsche Aufklärung im 17. und 18. Jahrhundert, Frankfurt am Main 1986

Möser, J., Patriotische Phantasien, in: Sämtliche Werke, hrsg. v. B. R. Abeken, 1. Teil, Berlin 1842

Mommsen, T., Rez. zu: G. Beseler, Volksrecht und Juristenrecht, in: Gesammelte Schriften, Bd. 3, Berlin 1907, 494-500

Nef, H., Recht und Moral in der deutschen Rechtsphilosophie seit Kant, jur. Diss. St. Gallen 1937

Nehlsen, H., Der Grabfrevel in den germanischen Rechtsaufzeichnungen. Zugleich ein Beitrag zur Diskussion um Todesstrafe und Friedlosigkeit bei den Germanen, in: H. Jankuhn u.a. (Hg.), Zum Grabfrevel in vor- und frühgeschichtlicher Zeit, Göttingen 1978, 107-168

Neumann, F., Der Funktionswandel des Gesetzes im Recht der bürgerlichen Gesellschaft, 1937, in: Ders., Demokratischer und autoritärer Staat. Studien zur politischen Theorie, Frankfurt am Main 1967, 31-81

Neumann, F., Die Herrschaft des Gesetzes, (The Governance of the Rule of Law, London 1936), Frankfurt am Main 1980

Neusüss, W., Gesunde Vernunft und Natur der Sache. Studien zur juristischen Argumentation im 18. Jahrhundert, Berlin 1970

Nörr, K. W., Eher Hegel als Kant. Zum Privatrechtsverständnis im 19. Jahrhundert, Paderborn 1991

Oehler, M., Schwurgerichte und Schöffengerichte. Beitrag zur historischen Entwickelung und gegenwärtigen Bedeutung, Berlin 1896

Oldenburg-Janouschau, E. v., Erinnerungen, Leipzig 1936

Oppen, O. H. A. v., Geschworne und Richter. Beitrag zur Revision der Gesetze, Köln 1835

Osenbrüggen, E., Die Berufung auf das Rechtsbewußtsein im Volke, in: Archiv des Criminalrechts, N.F., Jg. 1854, 152-170

Peters, K., Das gesunde Volksempfinden. Ein Beitrag zur Rechtsquellenlehre des 19. und 20. Jahrhunderts, in: Deutsches Strafrecht, N.F. Bd. 5 (1938), 337-351

Puntschart, P., Karl von Amira und sein Werk, Weimar 1932

Radbruch, G., Eine Feuerbach-Gedenkrede, Tübingen 1952

Raumer, Fr. v., Geschichtliche Entwicklung der Begriffe von Recht, Staat und Politik, 2. verb. und verm. Aufl., Leipzig 1932

Reese-Schäfer W., Was ist Kommunitarismus?, Frankfurt am Main 1995

Reimann, M., Der Hochverratsprozeß gegen Gustav Struve und Karl Blind. Der erste Schwurgerichtsfall in Baden, Sigmaringen 1985

Reu, F., Rez. zu: R. Höhn, Rechtsgemeinschaft und Volksgemeinschaft, Hamburg 1935, in: Zeitschrift für Handelsrecht 1936, 216-224

Rintel, G. C. N., Von der Jury. Ihre Nothwendigkeit und Stellung im Strafverfahren; ihre Geschichte und verschiedene Bedeutung in England und Frankreich; ihre Einführung in Preußen, Münster 1844

Ritter, G., Stein. Eine politische Biographie, 3. Aufl., Stuttgart 1958

Rottleuthner, H., Rechtspositivismus und Nationalsozialismus, in: Recht und Politik 1983/4, 195-201

Rückert, J., Autonomie des Rechts in rechtshistorischer Perspektive, Hannover 1988

Rückert, J., Das „gesunde Volksempfinden“ – eine Erbschaft Savignys?, in: ZRG 103 (Zeitschrift d. Savigny-Stiftung f. Rechtsgeschichte, Germanist. Abt.), 1986, 199-247

Rückert, J., Richtertum als Organ des Rechtsgeistes: Die Weimarer Erfüllung einer alten Versuchung, in: K. W. Nörr u.a. (Hg.), Geisteswissenschaften zwischen Kaiserreich und Republik, Stuttgart 1994, 267-313

Rückert, J. / Willoweit, D. (Hg.), Die Deutsche Rechtsgeschichte in der NS-Zeit, ihre Vorgeschichte und ihre Nachwirkungen, Tübingen 1995

Rümelin, G., Kanzlerreden, Tübingen 1907

Rümelin, G., Rechtsgefühl und Gerechtigkeit, in: E. Wolf (Hg.), Deutsches Rechtsdenken, Heft 10, Frankfurt am Main, 5-41

Rümelin, M., Erlebte Wandlungen in Wissenschaft und Lehre, Tübingen 1930

Rüping, H., Funktionen der Laienrichter im Strafverfahren, in: Juristische Rundschau, Jg. 1976, 269-274

Rüping, H., Grundriß der Strafrechtsgeschichte, München 1981

Rüthers, B., Die unbegrenzte Auslegung. Zum Wandel der Privatrechtsordnung im Nationalsozialismus, Tübingen 1968

Savigny, F. C. v., Vom Beruf unsrer Zeit für Gesetzgebung und Rechtswissenschaft, Heidelberg 1814, in: Thibaut und Savigny. Ihre programmatischen Schriften, München 1973

Savigny, F. C. v., Die Prinzipien in Beziehung auf eine neue Strafprozeß-Ordnung (Ueber Schwurgerichte und Beweistheorie im Strafprozesse), in: Goltdammers Archiv, Bd. 6, Berlin 1858, 469 ff.

Schäffle, A., Bau und Leben des socialen Körpers, Bd. 1, 1. Aufl., Tübingen 1875

Schmidt, E., Einführung in die Geschichte der deutschen Strafrechtspflege, Göttingen 1951

Schneider, P., „...ein einzig Volk von Brüdern". Recht und Staat in der Literatur, Frankfurt am Main 1987

Schönfeld, W., Das Rechtsbewußtsein der Langobarden auf Grund ihres Edikts. Entwurf einer deutschen Rechtslehre, Weimar 1934

Schubert, W., Die deutsche Gerichtsverfassung 1869–1877, Entstehung und Quellen, in: Ius Commune, Sonderheft 16, Frankfurt am Main 1981

Schubert, W., Französisches Recht in Deutschland zu Beginn des 19. Jahrhunderts, Köln, Wien 1977

Schulze, W., Vom Gemeinnutz zum Eigennutz. Über den Normenwandel in der ständischen Gesellschaft der frühen Neuzeit, in: Historische Zeitschrift, Bd. 143, 1986, 591-626

Schwab, D., Zum Selbstverständnis der historischen Rechtswissenschaft im Dritten Reich, in: Kritische Justiz, 2, 1969, 58-70

Schwab, D., Die „Selbstverwaltungsidee" des Freiherrn vom Stein und ihre geistigen Grundlagen. Zugleich ein Beitrag zur Geschichte der politischen Ethik im 18. Jahrhundert, Frankfurt am Main 1971

Schwerin, C. v., Freiheit und Gebundenheit im germanischen Staat, Tübingen 1933

Schwerin, C. v., Der Geist des altgermanischen Rechts, das Eindringen fremden Rechts, und die neuerliche Wiedererstarkung germanischer Rechtsgrundsätze, in: H. Nollau (Hg.), Germanische Wiedererstehung. Ein Werk über die germanischen Grundlagen unserer Gesittung, Heidelberg 1926, 205 ff.

Schwerin, C. v., Grundzüge der deutschen Rechtsgeschichte, 2. Aufl., Berlin 1941

Schwerin, C. v., Nachruf auf Karl von Amira, in: ZRG 51 (Zeitschrift d. Savigny-Stiftung f. Rechtsgeschichte, Germanist. Abt.), 1931, XI-XLV

Schwerin, C. v., Nachruf auf Otto von Gierke, in: Leipziger Zeitschrift für Deutsches Recht vom 1. November 1921, Nr. 21, XV. Jahrg., 633-638

Schwinge, E., Irrationalismus und Ganzheitsbetrachtung in der deutschen Rechtswissenschaft, Bonn 1938

Schwinge, E., Ein Juristenleben im 20. Jahrhundert, Frankfurt am Main 1997

Schwinge, E., Der Kampf um die Schwurgerichte bis zur Frankfurter Nationalversammlung, Breslau 1926

See, K. v., Altnordische Rechtswörter. Philologische Studien zur Rechtsauffassung und Rechtsgesinnung der Germanen, Tübingen 1964

See, K. v., Barbar, Germane, Arier. Die Suche nach der Identität der Deutschen, Heidelberg 1994

See, K. v., Europa und der Norden im Mittelalter, Heidelberg 1999

See, K. v., Die Ideen von 1789 und die Ideen von 1914. Völkisches Denken in Deutschland zwischen Französischer Revolution und Erstem Weltkrieg, Frankfurt am Main 1975

Sellert, W. / Rüping, H. (Hg.), Studien- und Quellenbuch zur Geschichte der deutschen Strafrechtspflege, Bd. 2, Aalen 1994

Sjöholm, E., Rechtsgeschichte als Wissenschaft und Politik. Studien zur germanistischen Theorie des 19. Jahrhunderts, Berlin 1972

Sontheimer, K., Antidemokratisches Denken in der Weimarer Republik, München 1962

Spael, W., Common sense oder Gesunder Menschenverstand und sein Ausdruck bei Justus Möser, Essen 1947

Stadelmeyer, F., Otto von Gierke und unsere Zeit, in: Hochland, 33. Jg., Bd. 1, 1935-36, 518-529

Stephen, L., History of English Thought in the Eighteenth Century, Vol. II, Third Edition, New York 1949

Stern, F., Kulturpessimismus als politische Gefahr. Eine Analyse nationaler Ideologie in Deutschland, Bern und Stuttgart 1963

Stolleis, M., Gemeinwohlformeln im nationalsozialistischen Recht, Berlin 1974

Stolleis, M., „Perversion des Rechtsdenkens" im Nationalsozialismus. Was heißt das?, in: Recht und Politik, 1983/1, 1-4

Stolleis, M., Staatsraison, Recht und Moral in philosophischen Texten des späten 18. Jahrhunderts, Meisenheim am Glan 1972

Stolleis, M. / Simon, D. (Hg.), Rechtsgeschichte im Nationalsozialismus. Beiträge zur Geschichte einer Disziplin, Tübingen 1989

Strasser, M., „Das Recht als allgemeiner Wille". Allgemeine Anmerkungen zu den kognitiven Entstehungsbedingungen des Frühliberalismus aufgezeigt am Beispiel des Rechtsvoluntarismus Carl von Rottecks, in: D. Mayer-Maly u.a. (Hg.), Recht als Sinn und Institution, Berlin 1984, 43-58

Stutz, U., Rez. zu: Karl von Amira, Die germanischen Todesstrafen, in: ZRG 43 (Zeitschrift d. Savigny-Stiftung f. Rechtsgeschichte, Germanist. Abt.), 1923, 334-343

Sumner, W. G., Folkways. A Study of the Sociological Importance of Usages, Manners, Customs Mores, and Morals, Boston 1940

Temme, J. D. H., Die Berufung auf das Rechtsbewußtsein im Volke, in: Archiv des Criminalrechts, N.F., Jg. 1854, 586-602

Thieme, H., Was bedeutet uns Otto von Gierke?, in: M. Harder / G. Thielmann (Hg.), De iustitia et iure, Festgabe für U. v. Lübtow zum 80. Geb., Berlin 1980, 407-424

Thieme, H., Über Zweck und Mittel der germanischen Rechtsgeschichte, in: Juristenzeitung 30, 1975, 725-727

Thoss, P., Das subjektive Recht in der gliedschaftlichen Bindung. Zum Verhältnis von Nationalsozialismus und Privatrecht. Frankfurt am Main 1968

Tönnies, F., Die Entstehung meiner Begriffe Gemeinschaft und Gesellschaft, in: Kölner Zeitschrift für Soziologie und Sozialpsychologie, N.F., 7. Jg., 1955, Heft 3, 463-467

Uhle-Wettler, F., Staatsdenken und Englandverehrung bei den frühen Göttinger Historikern, Diss. Marburg 1956

Urban, G., Die Stellung der Paulskirche zur Gerichtsverfassung und Strafverfahren, jur. Diss. Tübingen 1946

Vogel, U., Konservative Kritik an der bürgerlichen Revolution. August Wilhelm Rehberg, Darmstadt und Neuwied 1972

Wackernagel, J., Die geistigen Grundlagen des mittelalterlichen Rechts, Tübingen 1929

Wasserstrom, R. A., The Judicial Decision. Toward a Theory of Legal Justification, Stanford 1961

Weber, M., Grundriss der Sozialökonomik, III. Abt., Wirtschaft und Gesellschaft, Tübingen 1922

Wehler, H.-U., Deutsche Gesellschaftsgeschichte, Bd. 1 (1700-1815), Bd. 2 (1815-1845/49), Bd. 3 (1849-1914), München 1989ff.

Weise, A., Einflüsse englischer Rechtsgedanken auf die Reformbestrebungen im deutschen Gerichtswesen vom Anfang des 19. Jahrhunderts bis 1914, jur. Diss. Erlangen 1948

Weiser, C. F., Shaftesbury und das deutsche Geistesleben, 2. unveränd. Auflage, Stuttgart 1969

Welcker, C. T., Jury, Schwur- oder Geschworenengerichte als Rechtsanstalt, in: K. v. Rotteck / C. T. Welcker (Hg.), Staats-Lexikon, Bd. VII, 1847

Wesel, U., Frühformen des Rechts in vorstaatlichen Gesellschaften, Frankfurt am Main 1985

Wesel, U., Juristische Weltkunde, 4. Aufl. Frankfurt am Main 1988

Westhoff, U., Über die Grundlagen des Strafprozesses mit besonderer Berücksichtigung des Beweisrechts, Berlin 1955

Wigard, F. (Hg.), Stenographischer Bericht über die Verhandlungen der deutschen constituirenden Nationalversammlung zu Frankfurt am Main, 9 Bde., Frankfurt am Main 1848ff.

Wilamowitz-Moellendorff, U. v., Erinnerungen 1848-1914, Leipzig 1928

Wilda, W. E., Das Strafrecht der Germanen, Neudruck der Ausgabe 1842, Aalen 1960

Wilda, W. E., Über den Ursprung der Geschwornengerichte, in: Verhandlungen der Germanisten zu Lübeck 27.-30. September 1847, Lübeck 1848, 249-260

Wieacker, F., Das römische Recht und das deutsche Rechtsbewußtsein, Leipzig 1944

Wieacker, F., Der Stand der Rechtserneuerung auf dem Gebiete des bürgerlichen Rechts, in: Deutsche Rechtswissenschaft, 2. Bd., Hamburg 1937, 3-27

Wohlhaupter, E., Rez. zu: Walther Schönfeld, Das Rechtsbewußtsein der Langobarden auf Grund ihres Edikts, in: Zeitschrift für Deutsche Kulturphilosophie, Bd. 1, 1935, 301-306

Zentner, J., Das Geschworenengericht mit Öffentlichkeit und Mündlichkeit, Freiburg 1830

Zimmerl, L., Sachverständige Laienrichter?, Tübingen 1934

Zippelius, R., Die Bedeutung kulturspezifischer Leitideen für die Staats- und Rechtsgestaltung, Mainz 1987

Zippelius, R., Das Wesen des Rechts, München 1997

Zwengel, O., Paul Johann Anselm von Feuerbachs Leben und Wirken, Bad Homburg, o. J.

Zwilgmeyer, F., Die Rechtslehre Savignys. Eine rechtsphilosophische und geistesgeschichtliche Untersuchung, Leipzig 1929

Amtliche Sonderveröffentlichungen der Deutschen Justiz, amtliches Blatt der deutschen Rechtspflege, „Die Strafrechtsnovellen v. 28. Juni 1935 und die amtlichen Begründungen zu diesen Gesetzen“

Denkschrift des Zentralausschusses der Strafrechtsabteilung der Akademie für Deutsches Recht über die Grundzüge eines Allgemeinen Deutschen Strafrechts, in: H. Frank (Hg.), Schriften der Akademie für Deutsches Recht, Heft 1, Berlin 1934

Protokoll der Konferenz-Verhandlungen der Immediat-Justiz-Kommission mit dem Herrn Geheimrath und General Staats-Prokurator Daniels über mehrere der ersten und wichtigsten Gegenstände der Rechts- und Gerichts-Verfaßung und Verwaltung, Köln 11. Mai 1817, Geheimes Staatsarchiv, I, HA Rep 74, R IX, Nr. 1a, Bd. 2, 70-111

Stenographische Berichte über die Verhandlung der durch die Allerhöchste Verordnung...einberufenen Zweiten Kammer (Preußisches Abgeordnetenhaus), 33. Sitzung vom 2. März 1852, 570-591

Verhandlungen der Germanisten zu Lübeck, 27.–30. September 1847, Lübeck 1848

## PERSONEN- U. SACHREGISTER

ZAHLEN=SEITEN

**Frankfurter Beiträge zur Germanistik**

Universitätsverlag
C. WINTER
Heidelberg

Herausgegeben von Volker Bohn und Klaus von See

Band 35: JÖRG BONG
## Texttaumel
Poetologische Inversionen von Spätaufklärung und Frühromantik bei Ludwig Tieck
2000. VIII, 424 Seiten. Kartoniert.
ISBN 3-8253-1117-1

Band 34: CAROLA HILMES
## Das inventarische und das inventorische Ich
Grenzfälle des Autobiographischen
2000. 446 Seiten. Gebunden.
ISBN 3-8253-1048-5

Band 33: UWE WIRTH
## Diskursive Dummheit
Abduktion und Komik als Grenzphänomene des Verstehens.
1999. XII, 369 Seiten. Kartoniert.
ISBN 3-8253-0965-7

Band 32: MICHELA FABRIZIA CESSARI
## Der Erwählte, das Licht und der Teufel
Eine literaturhistorisch-philosophische Studie zur Lichtmetaphorik in Wolframs »Parzival«.
2000. XIV, 266 Seiten. Gebunden.
ISBN 3-8253-1025-6

Band 31: STEPHAN FUCHS
## Hybride Helden: Gwigalois und Willehalm
Beiträge zum Heldenbild und zur Poetik im frühen 13. Jahrhundert.
1997. II, 425 Seiten. Gebunden.
ISBN 3-8253-0482-5

Frankfurter Beiträge zur Germanistik

Universitätsverlag
C. WINTER
Heidelberg

Band 30: GERALD HUBMANN
**Ethische Überzeugung und politisches Handeln**
Jakob Friedrich Fries und die deutsche Tradition der Gesinnungsethik
1999. 391 Seiten, 4 Abb. Gebunden
ISBN 3-8253-0536-8

Band 29: HANS R. VELTEN
**Das selbst geschriebene Leben**
Eine Studie zur deutschen Autobiographie im 16. Jahrhundert
1995. VIII, 397 Seiten. Leinen.
ISBN 3-8253-0286-5

Band 28: RUTH EWERTOWSKI
**Das Außermoralische**
Friedrich Nietzsche – Simone Weil – Heinrich von Kleist – Franz Kafka
1994. 283 Seiten. Leinen.
ISBN 3-8253-0221-0

Band 27: JÜRGEN ZETZSCHE
**Die Erfindung photographischer Bilder im zeitgenössischen Erzählen**
Zum Werk von Uwe Johnson und Jürgen Becker
1994. 352 Seiten. Kartoniert.
ISBN 3-8253-0213-X

Band 26: NORBERT ALTENHOFER
**Poesie als Auslegung**
Schriften zur Hermeneutik.
Hrsg. v. Bohn, Volker/Fiedler, Leonhard, M.
1993. 331 Seiten, 1 Frontispiz.
Kartoniert. ISBN 3-8253-0090-0
Leinen. ISBN 3-8253-0121-4